EL CELLER DE CAN ROCA

—JOAN, JOSEP E JORDI ROCA

TRADUÇÃO
MARIA DEL CARMEN FERRER BRIONES
SANDRA TRABUCCO VALENZUELA
FABIANA BRUNINI DUPONT

EDITORA SENAC SÃO PAULO - SÃO PAULO - 2014

Dados Internacionais de Catalogação na Publicação (CIP)
(Jeane Passos Santana - CRB 8ª/6189)

Roca, Joan
El Celler de Can Roca / Joan Roca, Josep Roca, Jordi Roca; tradução de Maria del Carmen Ferrer Briones, Sandra Trabucco Valenzuela, Fabiana Brunini Dupont. - São Paulo : Editora Senac São Paulo, 2014.

Título original: El Celler de Can Roca.
Glossário.
ISBN 978-85-396-0498-2

1. Gastronomia catalã 2. Culinária catalã 3. Restaurante El Celler de Can Roca : Cardápios (Receitas e preparo) I. Título. II. Roca, Josep. III. Roca, Jordi.

14-212s CDD-641.5092
641.59467

Índices para catálogo sistemático:

1. Restaurante El Celler de Can Roca :
Cardápios (Receitas e preparo) 641.5092
2. Gastronomia catalã : Culinária catalã 641.59467

— NOTA À EDIÇÃO BRASILEIRA

El Celler de Can Roca, dos irmãos Joan, Josep e Jordi Roca, foi considerado, em 2013, o "melhor restaurante do mundo" pela revista britânica *Restaurant*. Situado na cidade de Girona, Catalunha, começou de maneira bastante humilde e seus proprietários nem sonhavam que o restaurante alcançaria tal distinção.

Com mais de 25 anos de existência, El Celler de Can Roca propõe transversalidade, ousadia, liberdade. Transforma vinho em doces, literatura em pratos, dá concretude ao perfume, captura a alma, sem perder o senso de humor – presente, por exemplo, na sobremesa Gol de Messi!

Em todo o processo que envolve a criação de um prato, os chefs buscam explorar os sentidos, as emoções, propiciar ao cliente uma verdadeira experiência por meio do paladar, criando um ambiente de poesia, fantasia, afetividade, que tanto pode evocar memórias como romper convenções sociais que nos afastam da real experiência.

Imbuídos desse espírito, os irmãos Roca lançam este livro, rico, criativo, repleto de informações e receitas preciosas. Talvez nem todas possam ser executadas em uma cozinha convencional, já que exigem tecnologia avançada ou ingredientes nem sempre encontráveis no mercado nacional. Mesmo assim, vale a pena aproximar-se desse universo por seu poder inspirador, livre e realmente autêntico.

El Celler de Can Roca é indispensável para os amantes da alta cozinha, pesquisadores da área gastronômica, alunos, professores e críticos da boa mesa. Como um verso ou uma canção, o disfrute do paladar é como a efêmera arte que só deixa na memória aquele gosto inesquecível de algo a ser recordado, sempre, e de coração. Experimente!

MOTIVAÇÃO INTERNA

III. ANEXOS

JOAN

Joan Roca

JOSEP

JORDI

ROCA

Joan Roca

—PREFÁCIO

JOAN, JOSEP E JORDI ROCA

Os livros são sempre uma forma de processar o conhecimento; nossa intenção nas páginas que seguem é mostrar o que somos e o que temos aprendido. O desafio deste trabalho foi sintetizar e organizar de forma rigorosa o nosso pensamento, abrir uma porta que permitisse mostrar o que fazemos, como e por que o fazemos. Dessa forma, para o leitor que não nos conhece suficientemente, será uma oportunidade de interpretar nossa maneira de ser e nossas origens – Girona, um lugar privilegiado.

Desejávamos reconstruir nossa experiência vital e profissional mais doce e frutífera. Nós, que bebemos de diversas fontes culinárias, queremos agora ser uma fonte que flui. Como três rochas[1] que foram lapidadas ao longo do tempo, queremos mostrar a combinação de nossos três estilos, a convivência fraternal, o aperfeiçoamento profissional... E ilustrar como demos asas ao processo criativo: com seis mãos, três cérebros e um só chapéu.

O livro *El Celler de Can Roca: una sinfonía fantástica* (Jaume Coll, 2006) acentuou nosso respeito pela literatura gastronômica. Jaume Coll, doutor em filologia, nos presenteou com uma obra literária de alto nível, adaptada com sabedoria e talento à linguagem culinária. Aquele livro, publicado às vésperas de inaugurarmos o novo restaurante, nos homenageava em suas últimas linhas, nas quais o autor manifestava o desejo de completar o que ele chamava "o quinto movimento de uma sinfonia fantástica", ou seja, continuar, em um segundo volume, o processo literário e gastronômico empreendido no primeiro. Agora, no entanto, sentíamos a necessidade de deixar aflorar um tom próprio, o nosso tom. Um tom modesto, mas sentido em primeira pessoa e destinado a explicar o que melhor conhecemos: nosso trabalho transversal, que desemboca na cozinha de vanguarda. Como diria o doutor Jaume Coll: *ars culinaria nova*.

Mas não quisemos prescindir dessa confluência entre o "objeto livro de cozinha" e as artes literárias, razão pela qual confiamos uma parte do livro ao prestigioso escritor Josep Maria Fonalleras. Ele aborda cada capítulo com precisão linguística, lucidez e brilhantismo. Além do mais, ao longo do livro será possível resgatar um relato de sua autoria, fragmentado em forma de crônica de um dia no restaurante El Celler. Um texto cativante, rico em detalhes e preciso nas palavras.

A mudança de endereço do restaurante, a partir de 15 de novembro de 2007, marca de maneira decisiva o nosso trabalho. Melhoramos a rastreabilidade com um equipamento completo, abrangendo desde a brasa de azinheira até o Rotaval, máquina de destilar sólidos a baixas temperaturas. Reforçamos a capacidade de sedução. Cresce a expectativa de quem nos visita, e isso nos estimula. Agora dispomos de condições insuperáveis para penetrar nos caminhos secretos da cozinha, passamos a ter uma fábrica de sonhos, uma utopia tornada realidade e muitos desafios para o futuro. Vem daí o desejo de compartilhar nossa trajetória e mostrar as vias do processo culinário que transformaram em sinfônico o que começou acústico. Queremos reiterar nossa vitalidade criativa, comparti-la e ser fiéis às concepções didáticas, transmitindo maturidade conceitual. Queremos consolidar e estabelecer uma base de cozinha criada, vivida e compartilhada com a família (nunca poderemos agradecer o suficiente pelo tempo que nos dedicaram Montse, Josep, Anna, Marc, Marina, Encarna, Martí, Maria, Ale, os avós Payet, Paquita, Salvador, Encarna, Angeleta...), além de uma equipe competente, que tem se renovado ao longo dos anos e que agora se encontra espalhada por todos os pontos do planeta.

Devemos também a todos eles uma parte do mérito deste trabalho, a eles e aos inúmeros colaboradores e amigos, cozinheiros e garçons que, no decorrer destes primeiros 25 anos, fizeram sua a nossa história, trabalhando lado a lado conosco. Temos consciência da riqueza humana e afetiva que seu apoio nos brindou ao longo de todo esse tempo cozinhando valores. A eles, que se sentiram próximos a Montse, ao *Chefe* e à *iaia*[2] *Angeleta*, a musa a quem Salvador Garcia-Arbós dedicou uma emotiva lembrança, devemos mostrar nossa gratidão.

Especial gratidão e reconhecimento também a tanta gente que sente um grande carinho por nosso restaurante e que, inclusive, cresceu gastronomicamente conosco. A verdade é que, se antes tínhamos clientes, agora acreditamos ter amigos e seguidores. Este trabalho também é dedicado a eles. Não podemos nos esquecer, igualmente, de agradecer o papel imprescindível e decisivo dos jornalistas gastronômicos, porta-vozes atentos e brilhantes, com uma sensibilidade especial para divulgar a vitalidade da cozinha.

Em último lugar, cabe reconhecer ainda que esta obra que agora apresentamos não teria sido possível sem o apoio de Cèlia Pujals, que, juntamente com a equipe de Bisdixit, preservou sua coerência temática, esmerando-se no projeto gráfico e na edição. Tudo é mais fácil quando se tem alguém como ela para ordenar as ideias. As fotografias dos pratos, sob a responsabilidade de Francesc Guillamet, nos permitiram mostrar uma visão rigorosa, luminosa e precisa da cozinha. A ambientação de David Ruano, criando um efeito pátina poético, foi capaz de evocar o calor e a intimidade de uma conversa sussurrada ao ouvido.

Em suma, este livro que ora entregamos ao público reúne projetos e lembranças de mais de 25 anos, além de incluir, à guisa de síntese evolutiva, um catálogo documental com alguns dos pratos mais emblemáticos de nossa casa, criados ao longo de uma história que começa em agosto de 1986.

Trata-se de uma tentativa de resumir a *joie de vivre*, a gastronomia com maiúsculas e em primeira pessoa, de mostrar uma vida obstinada na procura do sabor e do saber sentir. Uma vida plena de aprendizado, sorte, alegria, teimosia, perseverança, divertimento, fé e paixão. Queremos deixar um registro material e duradouro de nossa experiência e, ao mesmo tempo, cumprir o objetivo de escrever uma crônica da cozinha de vanguarda do final do século XX e princípio do século XXI, os melhores anos de nossa vida.

1. Alusão ao sobrenome *Roca*, que significa "pedra", "rocha", tanto em espanhol quanto em catalão. (N. T.)

2. "Vovó", em catalão. (N. T.)

Atualmente, a gastronomia mostra sua face mais poliédrica, como receptora da transformação que experimentam os parâmetros do luxo. Os rituais da riqueza hoje observam a qualidade dos detalhes, cuja realização requer certa liberdade e sensação de bem-estar. Cresce a importância daquilo que poderíamos chamar "a força das intenções". O luxo se sustenta agora no terreno das emoções, que entraram em cheio e pela porta principal no mundo da gastronomia, provocando uma grande reviravolta.

Nós nos sentimos identificados com a ideia da revolução emocional, equipados com uma tecnologia invisível, fruto do diálogo com a ciência e transmitida de geração em geração. Temos total empatia com o termo "cozinha tecnoemocional", criado por Pau Arenós (*La cocina de los valientes*, 2011). Acreditamos cegamente na força das emoções, na capacidade de explorar os impactos sensoriais provocados pelo sabor e no poder de evocar as lembranças que se encontram no cerne das emoções daqueles que nos visitam. Sabemos que a contundência sápida de cada ingrediente pode ser uma ferramenta capaz de romper a couraça que todos construímos para proteger-nos. As pessoas nos concedem seu tempo e se deixam seduzir, de braços abertos e com todos os sentidos alerta, nossa intenção é sermos sensíveis à gestão das emoções.

Neste livro, dividimos o processo criativo em dezesseis capítulos que levarão o leitor a compreender que onde havia disciplina e rigidez tentamos colocar ousadia e transgressão. Que procuramos transformar a frieza distante em proximidade e a visão pouco comprometida em sustentablilidade, recuperando o diálogo, às vezes descuidado, com o produtor e com a paisagem. Que buscamos substituir a subserviência e a sobriedade das propostas pelo senso de humor e a fantasia; a maturidade estancada pela inocência e a imaginação; o classicismo pela modernidade ousada; a rotina pela reflexão e pela vontade de abrir caminhos transversais. E, finalmente, que o vinho, sempre presente, entra agora na cozinha para ficar.

Os avanços da ciência, alimentados pelas tecnologias da informação e da comunicação, nos colocaram, às portas do terceiro milênio, num novo mundo gastronômico que vivenciamos ativamente. Nessa nova realidade emerge uma espécie de triângulo do conhecimento, formado pelos âmbitos da física, da biologia e das novas tecnologias, que permite a criação de sinergias fascinantes entre uns e outros, capazes de proporcionar momentos de grande bem-estar emocional.

3. Nas comunidades locais da Europa, atividade que emprega recursos da agropecuária para fins ocupacionais, educativos e de inclusão social, entre outros. (N. T.)

Tratamos de representar as cores das emoções, tanto do tipo interno como externo, através dos sabores, dos aromas e do aspecto visual. Queremos que nossa cozinha flerte com a poesia. Queremos despertar um desejo, um anseio, e conseguir saciá-lo de recordações. É nesse ponto que a cozinha tecnoemocional substitui a *nouvelle cuisine*, e nossa aposta é, decididamente, na primeira. Desejamos nos deleitar cada vez mais com o aroma e o sabor, assim como a textura de nossas lembranças. Insistir na insinuação e na essência nos aproxima daquele sentido que tem o maior poder de evocação, o mais vinculado às emoções e às imagens dos relatos de nossa memória: o olfato. A cozinha que propomos abre-se em várias vertentes, para mostrar colorido, temporalidade, consciência, ciência, ousadia e agricultura social,[3] além de revelar uma origem geoclimatológica concreta, porém sem deixar de refletir a mestiçagem oriunda de gerações passadas e de lugares longínquos. Nossa inspiração, nós a recebemos do Mediterrâneo, da luminosidade, do espírito de liberdade, da força de uma cultura ancestral que nos guiou, com o sabor como fio condutor, e nos imbuiu de uma luz clara e não ofuscante, uma luz privilegiada. Numa sociedade de tendências globais, buscamos mostrar com orgulho as tradições culturais. Pensar com visão universal e agir realçando nossos produtos agroalimentícios mais próximos.

A nosso ver, a cozinha do futuro oscilará entre a tendência produtivista e a elaboracionista, como sempre ocorreu na história da gastronomia. Estamos convencidos de que os canelones, os croquetes de presunto ibérico e o *gazpacho* podem conviver com a esferificação e os artifícios miméticos.

A cozinha do Celler de Can Roca quer ser uma proposta nova e reflexiva, que se despe e se veste (como se despir-se e vestir-se fossem uma única coisa) valendo-se de técnicas resultantes da maturidade conceitual, porém meramente insinuadas e priorizando sempre o sabor.

O processo criativo plasmado nos dezesseis capítulos deste livro – Tradição, Memória, Academicismo, Produto, Paisagem, Vinho, Cromatismo, Doce, Transversalidade, Perfume, Inovação, Poesia, Liberdade, Ousadia, Magia e Senso de humor – é uma realidade vital e de pensamento, construída com base no que temos feito nos últimos 25 anos.

Embora a vocação de cozinheiros nos leve pelos caminhos do artesanato, o objetivo se aproxima mais da ourivesaria, tendo a atitude artística e inovadora como incentivo fundamental. Em nossa opinião, o cozinheiro não é exatamente um artista, mas sem dúvida deve agir com liberdade, reivindicando constantemente a criatividade e navegando numa cozinha cálida, na qual se acomodem tanto a alternativa acústica, de formato direto, quanto a opção sinfônica, de construção mais complexa. A tendência culinária que desejamos seguir tem quatro pontos cardeais: autenticidade, audácia, generosidade e hospitalidade. Apostamos em uma atitude simples e proativa, que leve a novos horizontes culinários de revolução emocional. Nós “cozinhamos para fazer sentir”.

Este livro quer ser uma prova de nosso compromisso tenaz e de nossa convicção de que é preciso saber viver saborosamente e acreditar que a cozinha é um caminho no qual se encontra a felicidade, a cultura e a identidade própria.

Agora, virem a página e nós lhes revelaremos os segredos da cozinha do Celler de Can Roca, através de uma porta totalmente aberta.

I.

—O CAMINHO QUE LEVA AO NOVO CELLER

I.

— BREVE CRÔNICA DAS ORIGENS

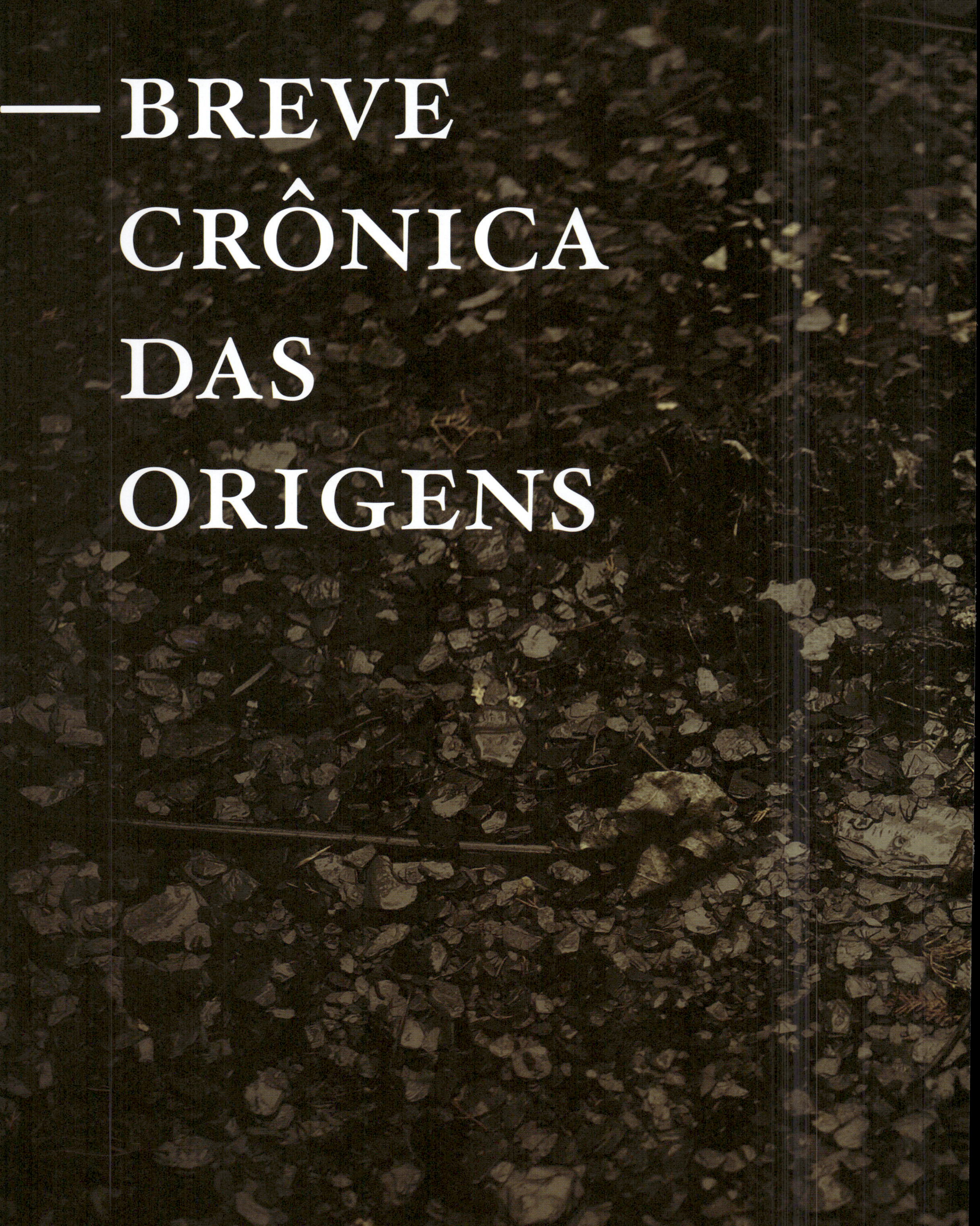

Desde o começo, estava escrito que o destino dos irmãos Roca era dedicar-se à cozinha. Ou, talvez, eles mesmos tenham escrito esse destino com as próprias mãos, com o esforço, a paciência e o rigor que os têm caracterizado ao longo destes 25 anos, e que ainda os definem. Esses três irmãos conquistaram por méritos próprios o reconhecimento e a posição que ocupam hoje; mas é evidente que o ambiente no qual se criaram foi decisivo em sua trajetória.

Can Roca, a casa de refeições que seus pais fundaram em 1967 em Taialà – bairro periférico de migrantes andaluzes de Girona – foi o ambiente no qual os três cresceram, brincando de futebol com tampinhas de garrafa, fazendo as lições de casa e assistindo ao antigo programa de televisão *Un, dos, tres*. "Nossa mesa no bar ficava ao lado de um aquecedor a óleo", lembra Joan. Com o bar sempre lotado, era difícil que seus pais lhes dedicassem as tardes e os fins de semana – pelo menos com exclusividade; sendo assim, a cozinha e o salão do restaurante se transformaram no lugar perfeito para passar as horas, primeiro como espectadores do movimento e depois, rapidamente, como parte integrante do próprio restaurante. Josep comenta: "Os avós e mesmo os clientes, que muitas vezes também eram amigos, cuidavam de nós. Aquela casa era muito divertida, convivíamos com muita gente e aconteciam muitas coisas". No andar de cima do bar havia cinco ou seis quartos que serviam para hospedar trabalhadores de Navarra, Andaluzia ou Aragão, que vinham procurar trabalho nas fábricas de Girona, como a Nestlé, que ficava ao lado de casa, ou nas obras de construção da autoestrada AP-7. "De repente, nossa família tornou-se muito grande. Compartilhávamos o teto e, às vezes, até mesmo a mesa com toda essa gente que ia chegando. Convivíamos com eles, e isso foi, para nós, gratificante e enriquecedor", explica Joan.

O irmão mais velho cuidava dos menores; era o responsável, o ponderado, o mais rigoroso e organizado. Desde pequeno, Joan Roca assumiu esse papel. Aplicado, trabalhador, sério e apaixonado pela profissão da avó Angeleta e de sua mãe, Montserrat, cozinheira do Can Roca. Quando Joan tinha apenas 9 anos de idade, sua mãe já o vestia com uma jaqueta de cozinheiro, feita sob medida, que ele guarda até hoje e que, em mais de uma ocasião, serviu de fantasia para seu filho. O menino Joan passava as tardes na cozinha e, inconscientemente, começou a forjar seu futuro. Quando chegou o momento, não hesitou em decidir o que queria fazer quando fosse adulto: "Eu via que no restaurante de meus pais as pessoas eram felizes". E isso bastava, ele queria continuar fazendo as pessoas felizes.

Os aromas de sua infância foram os da *escudella i carn d'olla*, os dos caldos e, à tarde, o da baunilha dos flãs. Naquela época, havia muito trabalho no Can Roca, nunca descansavam e quando terminavam os três turnos do almoço, já estava na hora de preparar os pratos para o dia seguinte ou para toda a semana. Quando saía do colégio, Joan ajudava no que fosse preciso. "Toda terça-feira à tarde, eu fazia *butifarras* com meu pai. Moíamos a carne, depois temperávamos e embutíamos o preparado. Eu praticava tanto com o moedor de carne manual, que ganhava todas as competições de braço de ferro da escola!" Na cozinha sempre estavam a vovó Angeleta, a vovó Francisca e outras senhoras idosas, amigas das avós, que descascavam alho, cebola ou vagens e passavam a tarde conversando e resolvendo os problemas do mundo. Era, afinal de contas, a cozinha de casa.

Embora tivesse certeza de sua vocação, Joan tirava boas notas e, naquela época, um menino aplicado tinha de seguir uma carreira. A formação profissionalizante estava estigmatizada, mas o destino lhe sorriu quando uma das duas únicas escolas públicas de hotelaria do país foi inaugurada justamente em Girona, a poucos quilômetros da casa da família. "A vida está cheia de circunstâncias que fazem com que tudo caminhe em determinada direção, e certamente a escola de hotelaria foi o que determinou que eu pudesse estudar cozinha naquele momento. Se eu não o tivesse feito, tudo teria sido diferente". A escola de hotelaria não apenas condicionou o destino de Joan, mas também o de seus irmãos, que seguiram seus passos anos depois.

No esperem el blat,

NÃO ESPEREMOS PELO TRIGO

sense haver sembrat,

SEM HAVER PLANTADO

no esperem que l'arbre

NÃO ESPEREMOS QUE A ÁRVORE

doni fruits sense podar-lo;

DÊ FRUTOS SEM PODÁ-LA;

l'hem de treballar,

DEVEMOS TRABALHÁ-LA

l'hem d'anar a regar,

DEVEMOS REGÁ-LA

encara que l'ossada ens faci mal.

AINDA QUE NOS DOAM OS OSSOS.

. . .

Cal anar endavant

É PRECISO IR AVANÇANDO

sense perdre el pas.

SEM PERDER O PASSO.

Cal regar la terra amb la suor

É PRECISO REGAR A TERRA COM O SUOR

del dur treball.

DO TRABALHO DURO

Cal que neixin flors a cada instant.

É PRECISO QUE NASÇAM FLORES A CADA INSTANTE.

«CAL QUE NEIXIN FLORS A CADA INSTANT»
(É PRECISO QUE NASÇAM FLORES A CADA INSTANTE), LLUÍS LLACH

Josep lembra perfeitamente a primeira vez que serviu uma porção de batatas fritas a um cliente e embolsou o dinheiro. Seu pai reagiu prontamente, advertindo-o de que as coisas, em casa, não funcionavam assim. Foi dessa forma que ele tomou consciência de que aquela era sua casa, mas também um bar onde era preciso fazer negócios.

Os olhos de Josep se iluminam quando explica que, com apenas 5 ou 6 anos, lhe deram a tarefa de encher de vinho a granel – da variedade carinhena, proveniente do Empordà – as garrafas vazias que usavam para o serviço. Um menino nervoso e travesso como ele era incapaz de esperar com os braços cruzados o tempo de encher uma garrafa: "Eu brincava de imaginar quantas garrafas era possível encher ao mesmo tempo, e sempre acabava derramando o vinho de alguma delas. Para mim, era uma brincadeira com cheiro de vinho". Josep brincava e se encharcava de vinho. Evidentemente, aquele mundo o fascinava e, pouco a pouco, tudo se converteu em algo mais que brincadeira. "Aos 8 anos, eu saía para pescar com meu tio, e o que mais me entusiasmava era a hora do café da manhã, porque eu sabia que meu tio ia trazer a bota de vinho cheia e que eu poderia experimentá-lo. Alguns iam pescar com o objetivo de voltar para casa trazendo peixes. Meu objetivo era outro". Sem saber, o menino ia armazenando na memória os sabores daqueles goles infantis, não só dos vinhos, mas também, com o passar dos anos, dos destilados: "O balcão do bar era como a ONU, havia licores do mundo inteiro. Eu experimentava tudo, e lembro que os meus favoritos eram o Quina San Clemente e o Ponche Caballero. No entanto, não gostava de Cynar, licor de alcachofra, muito seco e amargo".

Josep tinha um interesse especial pela terra. Era apaixonado por vinhos, mas também pela geologia e pela botânica, estudos aos quais pretendia se dedicar como carreira futura. Mas essa opção implicava estudar matemática – que para ele representava um estorvo; por outro lado, também abandonou a filosofia e as letras – que tanto o atraíam: "Eu me interessava por uma parte da terra, mas igualmente pelo pensamento filosófico. Tudo era puro demais e extremo demais para que eu conseguisse me decidir por uma coisa ou outra". E foi naquele momento de dúvida, quando o empenho de seu irmão Joan, dois anos mais velho, lhe apontou a solução: "Joan sempre teve uma capacidade especial para tornar compreensível qualquer loucura e para comprometer-se com um método científico; desde criança, já era rigoroso, metódico e minucioso. Eu, no entanto, era justamente o contrário: atrapalhado, travesso, irrequieto, moleque... Irritava meu pai, minha mãe, os clientes... Não parava no lugar e me sentia inseguro; era canhoto e achava que não saberia servir com as pinças, tirar as espinhas de um peixe ou descascar uma laranja na frente de um cliente". Mas, graças à paixão de Joan, Josep decidiu seguir o caminho que sempre havia conhecido em casa, o da gastronomia, descobrindo as novas sendas da vertente acadêmica.

Agora, temos de avançar no tempo para falar da infância de Jordi, quatorze anos mais jovem que Joan e doze em relação a Josep, uma diferença de idade que o marcou desde pequeno. Era o caçula, o mimado, o que não queria estudar. Era o bebê da casa, que suspirava pelos camarões, berbigões e pelo *jamón de Jabugo*, que ele sabia perfeitamente distinguir do *jamón serrano*, mais comum, quando tentavam vender-lhe gato por lebre. "Por morar num bar, eu tinha ao meu alcance muito mais luxo que meus amigos. Sempre havia uns mariscos abertos, umas azeitonas, um presunto curado, ou até um *Bollycao*![1]" Os tempos eram diferentes, e os pais lhe permitiam coisas que seus irmãos provavelmente nem teriam imaginado.

Jordi começou a ter de ajudar no negócio dos pais e a dar uma mão no restaurante dos irmãos, que naquela época eram, para ele, como outros dois pais a quem devia dar explicações e demonstrar certa responsabilidade. Mas não era só isso; para ele, Joan e Josep eram um modelo, uma referência, dois ídolos que admirava: "Eu me lembro do primeiro dia em que um desconhecido chegou ao restaurante perguntando por Pitu (Josep). Naquele instante percebi que Pitu era conhecido por gente que não era de minha família, que não pertencia ao nosso círculo próximo – era gente da profissão. Isso ficou gravado na minha memória".

A infância de Jordi transcorreu, portanto, entre cozinhas e clientes, sem nenhuma vocação evidente para a gastronomia, mas com a esperança – talvez escondida no subconsciente – de poder fazer alguma coisa da qual a família se orgulhasse, como seus irmãos mais velhos. Então, aos 14 anos e sem ter nada bem decidido, deixou-se levar pela inércia e matriculou-se na Escola de Hotelaria de Girona. Naquela época, Joan e Josep ainda não podiam imaginar que o garotinho da casa seria uma peça essencial no futuro do Celler.

1. Pãozinho com recheio de chocolate. (N. T.)

Joan, Josep e Jordi se tornaram adultos entre as salas de aula da Escola de Hotelaria de Girona e os fogões de Can Roca. Mas também entre santuários. Josep ri, irônico, quando se lembra dos passeios organizados pelos pais, pouco acostumados a pensar no lazer. Aos sábados à tarde, único instante de descanso semanal para a família, eles saíam para descobrir o mundo: "Nosso grande passatempo era visitar santuários. Divertidíssimo! Levavam-nos a Sant Miquel del Faig, à Salut ou ao santuário dels Àngels. Uns passeios muito animados! Nossos amigos perguntavam: 'Vocês não saem?' E eu respondia: 'Não, nós temos hábitos muito monacais'".

Era impossível fechar as portas num domingo, o dia mais movimentado; era o dia dos almoços familiares dos moradores do bairro. Só depois de muito batalhar, Montserrat conseguiu convencer o "chefe", e a família pôde permitir-se algumas horas de intimidade, sem clientes e sem menus, aos sábados, primeiro somente à tarde e, depois, o dia inteiro. No entanto, o pai rompeu o pacto e deixou entrar os clientes habituais para o café da manhã, de forma meio clandestina: pela porta dos fundos! Pela primeira vez, o Can Roca estava fechado, mas o restaurante estava cheio de gente, como sempre. "Era um misto de generosidade, afeto e também medo de não recuperar aquela clientela que, encontrando o restaurante fechado no sábado, poderia ser levada a tomar café na concorrência. Isso deixava uma sensação de algo pela metade, uma sensação estranha e difícil de digerir para todos; para meu pai, mas principalmente para nós, porque não entendíamos nada", lembra Josep.

Quando os clientes, apreciadores clandestinos de anisete e *barreja*, já haviam ido embora, chegava o momento mais esperado da semana, o aperitivo familiar que tanto marcou a memória gustativa dos três irmãos: "Era a hora do sagrado Bitter Kas, do 'enfim, sós!', e esse instante se convertia em um festival com mariscos e lulas".

Joan passou a infância e a adolescência no Can Roca, onde aprendeu a cozinhar com a mãe e a avó; mas foi na escola de hotelaria que descobriu que, por trás da sopa de lentilhas, da *escudella*, dos macarrões e da salada de maionese que serviam em casa, existiam as *ravigotes*, *meunières, veloutés* ou *parmentières* da cozinha clássica francesa. Eram palavras desconhecidas em casa, mas que durante os anos de formação acadêmica começaram a ter um significado e a fazer parte de seu imaginário gastronômico. *Le guide culinaire* de Auguste Escoffier, *El arte culinario moderno* de Henri Paul Pellaprat e algumas obras do gastrônomo catalão Ignasi Domènech eram os livros de referência nas aulas. Apresentações elaboradas, molhos contundentes e opulência – ensinavam-lhe – definem a cozinha francesa, da qual a lagosta *à la parisienne*, o linguado *à la meunière* ou a lagosta à *Thermidor* são alguns exemplos. Joan se lembra bem dos professores daquela época, cozinheiros que infundiam respeito: "O senhor Barberá tinha muita autoridade, vinha dos grandes restaurantes de Barcelona; o senhor Andreu era *maître*, uma pessoa admirável; e depois chegaram de Granada os professores Romero e Ruiz, que ainda hoje dão aula e têm feito um grande trabalho como formadores".

Como em todo o país só existiam as escolas de Girona e de Madri, o centro de formação se converteu num lugar de acolhida de estudantes de Múrcia, de Valência, de Aragão e de todas as comarcas da Catalunha. No último andar do edifício, construído pelo antigo sindicato franquista, encontravam-se os quartos dos estudantes do primeiro ano. Depois, quando já conheciam melhor a cidade e a dinâmica das aulas, os alunos passavam a dividir apartamentos. Joan se juntou ao "grupo de Lleida": "Os de Lleida moravam num apartamento perto de casa, e eu me uni ao grupo junto com Salvador Brugués. Frequentávamos todas as festas e saraus que havia em Girona naquela época. Era muito divertido". Foi com esses amigos que Joan começou a descobrir a boa comida e a desfrutar da vida fora da cozinha.

Completar 18 anos significava fazer o serviço militar. Joan foi destinado a Alicante, mas transferiram-no para Valência porque havia sido designado como cozinheiro do comandante em chefe: "Lembro-me de que no primeiro dia tive muito medo. Quando dizem a um recruta que ele tem de cozinhar para o comandante-chefe, ele fica apavorado. Porém, logo estabelecemos uma boa relação, e a mulher do comandante nos tratava com muito carinho, como se fossemos seus filhos". No quartel de Valência, Joan se deparou com uma cozinha muito mais equipada que a do restaurante da família, mas isso não foi de grande serventia, já que a esposa do comandante seguia uma dieta leve, quase ascética, aceitando pouco além de verduras cozidas, omeletes e carne grelhada. O rapaz resignou-se a essa simplicidade, mas os passeios pelo mercado de Russafa e os frequentes dias de folga para visitar a família facilitavam a adaptação à nova vida militar. Ao regressar a Girona, Joan tinha a oportunidade de recuperar a verdadeira cozinha: a de casa e a que aprendera na escola de hotelaria.

Josep era um rapaz esperto e desembaraçado, passava o dia pensando no jogo de futebol da tarde ou do fim de semana e aproveitava os minutos entre o atendimento de uma mesa e da seguinte para dar alguns chutes na bola. "Era um pouco moleque e esportista de rua. Eu convencia os amigos a jogar futebol usando a porta da cozinha como trave. Praticávamos chutes a gol, e eu era o goleiro. Era fácil detectar o gol: se ouvíamos o barulho da porta metálica da cozinha acompanhado do grito de minha mãe, então era gol".

O jovem ajudava na cozinha, mas sempre procurava divertimentos adicionais, fazendo rir os companheiros e os clientes, sempre querendo relaxar o duro trabalho da hotelaria com brincadeiras. "Quando você está descascando cebolas, muitas cebolas – e olhe que eu descascava alguns sacos todas as terça e quintas –, você quer enxugar as lágrimas com a manga da camisa. Nada mais errado: quando a mão encosta nos olhos, eles começam a arder de uma forma insuportável, e você começa a chorar. Cansado de chorar sem querer e com o humor que me caracteriza, decidi não chorar mais. Então, a primeira ideia que tive foi usar uns óculos de natação. Nos primeiros minutos, tudo bem, mas quando o ácido sulfúrico subia pelas fossas nasais, os olhos ficavam muito irritados. A solução foi usar uma máscara de mergulho: nariz e olhos cobertos, respirando pelo tubo e evitando que as malditas cebolas feridas e zangadas me espirrassem na cara".

Os sacos de batatas e cebolas eram seu maior problema. E logo ficou evidente que Josep funcionava melhor no salão. Aos 15 ou 16 anos, ele se impôs o desafio de carregar o maior número de pratos nos braços: fazia malabarismos e brincava como se estivesse montando um quebra-cabeça, encaixando coxas de frango com bistecas de porco e macarrão com sopa. Embora canhoto e muito desajeitado, essa falta de destreza não se manifestava no salão do restaurante porque os pratos e as bandejas se convertiam em apêndices naturais de suas mãos e dançavam ao som da música que ele próprio tocava.

Em seu primeiro dia na escola de hotelaria, Josep percebeu que, enquanto seus colegas tinham de se esforçar para não perder o equilíbrio com a bandeja, ele era capaz de fazer piruetas. Enquanto os outros começavam a praticar a técnica dos cafés, ele já havia interiorizado o movimento que devia fazer com o "braço cafeteiro". Assim, desapareceu a sensação de insegurança, provocada pela comparação com a habilidade culinária de Joan. Josep dominava os aspectos mais mecânicos do salão, mas percebeu que ainda lhe faltava um mundo de conhecimentos: "A profissão de garçom é fascinante porque engloba tudo. Tudo o que representa a cozinha e o que representa o caráter multifacetado da gastronomia, na qual estão incluídos os vinhos, os pães, os azeites, os produtos, a psicologia, a química, a física e a geologia". Foi essa complexidade que fez crescer ainda mais sua paixão pela profissão para a qual ele havia nascido. Além disso, com o tempo, aumentou sua admiração pelo mundo do vinho e, sem se dar conta, Josep arrastou os amigos para o seu domínio e estabeleceu como ponto de encontro um bar de Girona chamado *El Museu Del Vi*: "Eu assumia o controle e os fazia tomar um vinho de missa antes de saírmos para a rua. Um vinho, dois, três ou quatro".

E Josep não só os incitava a beber vinho de missa. Aqueles eram anos de tentativa e erro, de investigação e de descoberta do mundo das acrobacias coqueteleiras. "O escritório do salão de cima do bar de meus pais era só meu e de meus amigos. Eu, valentão, exibia minhas habilidades acrobáticas e eles se saciavam de álcool açucarado. Para isso, eu usava garrafas de Bacardi. Quando ficavam vazias, eu tornava a enchê-las alargando o orifício da tampa dosadora. Depois, eu vedava parte do furo com fita adesiva, para fazê-lo voltar ao tamanho original de conta-gotas das garrafas novas. Assim, eu podia praticar muitas vezes e ficava contando os segundos que demoravam para o conteúdo ser esvaziado até um terço, metade, dois terços, etc. Era uma brincadeira para mim, mas um pesadelo para os pais de meus amigos".

Jordi terminou a educação básica e não pensou em continuar os estudos. Não gostava de estudar, nem conseguia boas notas: "Eu fazia tudo por obrigação, sem ligar, era isso que tinha aprendido em casa. Meus irmãos faziam o que desejavam e conseguiam bons resultados. Eu, no entanto, não tinha um projeto próprio. Estava no meio, entre meus pais e meus irmãos. Eu me sentia responsável porque tinha de demonstrar algo a eles."

As circunstâncias aumentavam a pressão porque na escola de hotelaria, na qual Jordi começou aos 14 anos, seu irmão já era uma referência: bom estudante e bom professor. "Ter meu irmão como professor era incômodo para ambos. Joan não queria que ninguém pensasse que ele me favorecia e, por isso, não me apoiava oficialmente, embora conhecesse minhas qualidades. Ele me dava notas mais baixas do que eu merecia". Na classe, os dois irmãos quase não se falavam, permaneciam distantes – uma relação um pouco estranha.

Jordi recorda especialmente um semestre, quando foi reprovado em tudo, exceto em educação física. No entanto, estudou muito e tinha tanta vontade de ser aprovado que em dois meses recuperou todas as matérias: essa era a prova de que, se não conseguia melhores notas nos estudos, não era por falta de capacidade, mas por falta de interesse. Em casa, levou uma bronca enorme que, no entanto, o levou a perceber que estava desperdiçando tempo na escola.

Durante esses anos, Jordi fazia de tudo no Can Roca, ajudando onde fosse preciso. "Todos os fins de semana, havia quatro garçons, toda a família. Eu, que era o mais novo, sempre recebia a pior parte. Nem pensava em ir para a cozinha; parecia um mundo tão complicado e tão proibido... Era outro universo". Mas eis que chegou o momento de ajudar os irmãos e, durante um verão, Jordi tentou trabalhar no salão do Celler. "Eu tinha 18 anos e terminava de trabalhar só às 3 da madrugada. Mas eu queria sair por aí. Então, percebi que os cozinheiros acabavam à meia-noite e decidi que preferia a cozinha. Foi por isso que eu passei para a cozinha!" Jordi continuava sem rumo, tomando um caminho ou outro, levado pelas circunstâncias externas, pouco convencido do que fazia e sem encontrar seu próprio espaço. Para ajudar o irmão mais novo, Joan pensou que era preciso fazê-lo sair de casa, trabalhar em outro ambiente. Enviou-o ao Hotel Aiguablava, de Begur. "Estive lá durante o verão, sem ter um dia sequer de folga, trabalhando das 8 da manhã às 2 da madrugada. Essa primeira experiência de trabalho fora do ambiente familiar surtiu efeito, porque foi a partir daí que eu compreendi o quanto era bom trabalhar em casa". E Jordi acabou voltando para casa, onde, pouco tempo depois, apareceu Damian Allsop, que teria uma importância crucial na formação do triângulo Roca.

Joan tinha 22 anos e acabava de voltar do serviço militar. De tanto preparar omeletes para o comandante-chefe de Valência, nesse momento tinha mais certeza que nunca de que queria cozinhar de verdade. Por sua vez, Josep, então com 20 anos, recebeu a notícia de que havia um excedente de alistados e, portanto, não teria de vestir-se de soldado. Esse era o momento certo. Os dois irmãos estavam em casa, haviam terminado os estudos de hotelaria e acalentavam, havia algum tempo, a ideia de abrir um restaurante gastronômico, sem saber muito bem o que isso significava. "Para nós, era simplesmente fazer algo mais divertido do que nossos pais faziam, sempre o mesmo menu: segunda-feira, arroz à cubana; terça, macarrão", comenta Joan. "Na escola de hotelaria, havíamos aprendido o *demi-glace*, o molho holandês, o molho tártaro, tudo aquilo que representa a cozinha de Escoffier e a cozinha acadêmica mais importante do final do século XIX e princípio do século XX. Queríamos mostrar às pessoas tudo o que nos haviam ensinado. É uma grande reviravolta estar acostumado a preparar uma salada verde ou uma salada catalã e passar a fazer uma salada de camarões com vinagrete de framboesa. É extraordinário, uma coisa não tem nada a ver com a outra", explica Josep.

Os dois irmãos desejavam, principalmente, que as pessoas desfrutassem da experiência de comer no Celler: "Nós víamos o prazer que os clientes de nossos pais sentiam: mesmo comendo uma refeição de mil pesetas, eles estavam satisfeitos. Nós queríamos o mesmo; que nossos clientes comessem bem e se sentissem bem. E, pouco a pouco, fomos conseguindo nosso objetivo".

Para pôr seu projeto em funcionamento, os irmãos pediram licença aos pais, pois precisavam usar a casa que esses lhes haviam comprado para quando se casassem, e que ficava justamente ao lado do Can Roca. Efetivamente, Joan e Josep se casaram, mas o primeiro casamento que aquelas paredes presenciaram foi o dos dois irmãos com a cozinha. "Jamais havia pensado em abrir um restaurante lá. Isso não estava nos meus planos. Mas meus filhos tomaram conta de meus planos e também da casa", reconhece, com humor, Montserrat, a mãe dos irmãos Roca.

Abrir um restaurante gastronômico em meados dos anos 1980, num bairro de operários na periferia de Girona, parecia uma loucura. Uma fileira de galpões improvisados, construídos para acolher os migrantes vindos do sul da Espanha, separava o bairro de Taialà da parte nobre de Girona. "Para muitas pessoas, era uma barreira difícil de ultrapassar. Nosso bairro, definitivamente, não era mais do que uma terra de acolhida e de trânsito de migrantes. Estávamos entre Sant Gregori, um lugarejo tradicional de *pagès*[2] autóctones, e a Girona da burguesia mais exclusivista e reclusa. Era preciso fazer um grande esforço para vir nos visitar", ressalta Josep.

A mãe tentava entender a situação e os incentivava: "O esforço, o sacrifício e, principalmente, a coragem são valores que aprendemos de nossa mãe. Ela nos animou a seguir em frente, entendeu o conceito de 'audácia'; nosso pai, não. Ele estava desconcertado na ocasião: tínhamos um restaurante que funcionava bem, com três turnos diários. Para ele, parecia absurdo fazer uma coisa diferente", relembra Joan. "O chefe" – Josep Roca pai – sempre havia sido um homem pragmático. Motorista de ônibus, foi ideia sua abrir o Can Roca justo em frente a uma das paradas por onde ele passava todos os dias, vendo no movimento constante dos transeuntes a oportunidade de um bom negócio. E, agora que a casa de refeições funcionava perfeitamente e estava lotada todos os dias, os meninos, que haviam estudado para dar continuidade ao trabalho, queriam abrir outro estabelecimento ao lado. Só podia pensar que haviam perdido o juízo.

Apesar das dúvidas, das reticências familiares e por mais estapafúrdia que a ideia pudesse ser a princípio, Joan e Josep levaram o projeto a cabo. Com suas próprias mãos e o entusiasmo de ver o que começava a ser gestado, iniciaram a obra: "Derrubamos as quatro paredes que separavam os cômodos e cobrimos com cimento branco as marcas que as paredes demolidas deixaram no chão; o resultado foi um horror!" Joan se lembra com um leve sorriso daquele trabalho malfeito, mas cheio de carinho, que deu origem ao primeiro Celler, decorado também por eles mesmos, com plantas penduradas por todo o salão e luzes enfeitadas com fitas tiradas de algum velho baú poeirento.

2. Em catalão, "gente simples, rústica"; "aldeões". (N. T.)

Finalmente, um dia de agosto de 1986, o sonho deu o primeiro passo para transformar-se em realidade: El Celler de Can Roca abriu as portas. "Não nos lembramos exatamente quando abrimos. Provavelmente foi no dia em que puseram as letras de neon com o nome 'El Celler de Can Roca'. E não entrou ninguém". É significativo que, como diz Joan, não recordem a data, porque esse fato revela a dimensão da ingenuidade, da simplicidade e da humildade com que começaram aquele primeiro restaurante próprio, sem pensar no quanto cresceria, sem nenhum tipo de pretensão. "Não nos pareceu que a data fosse importante, não quisemos fazer uma inauguração nem fizemos propaganda. Achamos que tínhamos de abrir do nosso modo e que mais tarde os clientes iriam chegando. Sabíamos que, se não desse certo, poderíamos voltar ao restaurante da família", explica Josep, que, ao contrário, se lembra perfeitamente de quem foi o primeiro a entrar no novo local: "Foi o então prefeito de Girona, Quim Nadal, que certamente passava por ali com a intenção de ir ao Can Roca e, quando viu o que os rapazes haviam feito, entrou para dar uma olhada".

O Celler do começo era muito diferente daquele que atualmente ocupa os primeiros lugares nos *rankings* mundiais dos restaurantes; era um Celler que dava os primeiros passos com uma infraestrutura bastante precária, com uma parte dos aparelhos na cozinha do Can Roca e a outra nas novas instalações. "Nós mesmos fabricamos uma chapa de cromo duro. Fomos ao serralheiro e ele pôs uma cobertura de cromo sobre uma chapa de aço; então, nós a colocamos sobre umas formas de pudim inclinadas sobre uma pia, para que a gordura fosse escorrendo. Uma improvisação total!", exclama Joan.

Naquele tempo, as funções de cada um ainda não estavam bem definidas; era preciso arregaçar as mangas e ajudar em tudo. Josep era o encarregado do salão e também dos pedidos, mas fazia as vezes de garçom se fosse preciso, sem nunca deixar de lado sua personalidade: "Eu entrava na cozinha para ajudar no que fosse preciso. Tentava jogar futebol dentro da cozinha enquanto esperava que a máquina descascasse as batatas; afinal, eu sabia que tinha de esperar 'n' minutos pelas batatas. No começo, o importante era ajudar tirando a energia de onde fosse". A verdade é que ele ousava fazer muito mais do que descascar batatas. Quando Joan começou a docência na Escola de Hotelaria de Girona, era Josep quem organizava a *mise en place*, sempre sob a direção culinária do irmão mais velho.

O primeiro prato do Celler foi MERLUZA COM VINAGRETE DE ALHO E ALECRIM, inspirado numa viagem que Joan havia feito ao País Basco poucas semanas antes de inaugurar o restaurante.

Nos primeiros cardápios é possível ver claramente a influência da cozinha tradicional basca, e também a dos pratos franceses, muito mais elaborados, que os irmãos aprenderam dos livros, como O ROBALO COM RECHEIO DE MARISCO: "Pobre robalo, como nós o maltratávamos! Lembro-me de que retirávamos a espinha, recheávamos o peixe com uma pasta de mariscos, amarrávamos bem e, ainda por cima, cortávamos o coitado em rodelas para depois esquentá-lo outra vez e cobri-lo com um molho à base de vinho branco. Os clientes ficavam admirados. Era um prato novo e muito elaborado, nada habitual para eles". Naquela época, as pessoas estavam acostumadas a comer e cozinhar lulas recheadas, mas nunca um robalo como o que começava a ser oferecido pelos irmãos Roca. Isso era *alta cozinha* num tempo em que, em Girona, ainda não existia uma cultura gastronômica.

Os gironenses que experimentavam os pratos do primeiro Celler de Can Roca se surpreendiam também com o FRANGO COM CAMARÕES OU O *FIDEUEJAT* COM VÔNGOLES, uma interpretação da *fideuà*, que haviam aprendido a preparar em casa, mas que ainda não era habitual nos restaurantes. Daqueles primeiros anos de experimentações, destacam-se também o *PARMENTIER* DE *BOGAVANTE* (1988) ou o *CARPACCIO* DE PEZINHOS DE PORCO (1989). Mais tarde, apareceria o TIMBALE DE MAÇÃ E *FOIE GRAS* COM AZEITE DE BAUNILHA (1996), uma das criações mais destacadas e elaboradas da história do restaurante.

O *gran finale* das refeições, naquela época, era o carrinho de sobremesas, um luxo que há anos ofereciam outros restaurantes, como El Bulli e o Hotel Empordà. Bolos, *mousses*, flãs, cremes e frutas eram apresentados aos clientes como um espetáculo de doçura e frescor, com uma ornamentação especial. Jordi ainda era menino quando seus irmãos preparavam essas delícias, mas já se sentia atraído por elas: quando saía da escola, a primeira coisa que fazia ao chegar em casa era passar pela cozinha do Celler e tomar um lanche com uma pequena porção de algum bolo que houvesse sobrado do almoço. O garoto ainda não imaginava que um dia seria ele próprio que revolucionaria essa parte da cozinha do restaurante.

O Celler também impressionava os primeiros clientes ao incorporar rituais do serviço francês, como descascar uma laranja com garfo e faca diante do cliente, uma grande surpresa para os sentidos naqueles anos 1980. Era a época dos desenhos com cremes e *coulis* feitos sobre as sobremesas, tudo preparado diante do cliente, com decorações elaboradas por Encarna, mulher de Josep, integrada à equipe do restaurante em 1987.

No verão de 1989, Joan passou um mês e meio trabalhando com a praça de comida fria do El Bulli; foi lá que se deu conta

do que estava começando a acontecer na Cala Montjoi.[3] Era uma época de grandes apreensões, de viagens, de prática, de experimentações, de aprendizagem com outros colegas de profissão, tudo com o intuito de assentar as bases do que seria o futuro da alta gastronomia na Catalunha e no mundo. Também era um tempo de insegurança, porque, enquanto a casa de refeições tradicional dos pais ficava completamente lotada em todos os horários, o novo restaurante continuava vazio. Josep, capaz de ver o lado positivo de tudo, aproveitava as horas vagas para jogar pebolim, instalado num canto do salão: "Foi um presente que deram a Jordi e que ficou para nós. A mesa foi instalada no salão dos fundos, que normalmente não tinha muitos clientes, e que se tornou o nosso espaço de jogo. Ficávamos até zangados quando chegava alguém no momento mais emocionante da partida!"

Entre meados e final dos anos 1980, começaram a chegar à Catalunha notícias da nova cozinha basca e da consolidação da *nouvelle cuisine* francesa. Em 1991, os dois irmãos empreenderam uma viagem pelas melhores cozinhas do país vizinho, com resultados reveladores. "Quando visitamos o Pic de Valence ou o Troisgros de Roanne, os grandes três estrelas da França, começamos a ter um sonho, nos reafirmamos em nosso rumo. Ocasiões como essa nos permitiram ver que realmente queríamos seguir esse caminho, que queríamos ser cozinheiros, pessoas que se divertem com o que fazem!", explica Joan, com convicção. Os Roca haviam estudado a grande cozinha francesa, mas nunca a haviam visto de perto. E sua primeira experiência os cativou, os deixou boquiabertos. Eram restaurantes com grande infraestrutura, com praças ou setores bem organizados e uma concepção muito mais elevada do que é cozinhar e também do que é comer. "Percebemos que nesses restaurantes os clientes eram muito mais felizes, e que certamente os cozinheiros também eram, porque tinham mais meios, mais recursos e uma estrutura ideal, trabalhando com os melhores produtos. Quando se visualiza um sonho, é preciso persegui-lo", comenta Joan, com entusiasmo.

E Josep concorda, fascinado principalmente pelas imagens da visita ao restaurante do avô Pic (André Pic, três estrelas Michelin desde 1934): "Ver o avô Pic foi como ver o papa. Não sei o que sentem os cristãos muito devotos quando veem o Santo Padre, mas eu tive a sensação de ter conhecido alguém muito importante. Se eu tivesse de mencionar as personalidades que me marcaram e com as quais eu estive frente a frente, a primeira seria Dalí e a segunda, *monsieur* Pic".

Daquele dia, Josep recorda especialmente os sorvetes que descobriu: "Não eram nem de bola, nem de casquinha, nem de

3. Localidade turística espanhola situada no Parque Nacional de Cap de Creus, que se distingue por suas belezas naturais e bons restaurantes, entre os quais o El Bulli, fechado em 2011. (N. T.)

tijolo. Eram um *parfait*, sorvete em forma de retângulo, mas que não se cristalizava. Aquilo, nos anos 1980, me pareceu algo alucinante, um sorvete gelado com textura de creme". Josep não ficou encantado apenas com aquele sorvete, mas também com a grande diferença que pôde apreciar, à primeira vista, no nível da gastronomia francesa. "Parâmetros de sabor, de interpretação, de qualidade de produtos, de textura dos molhos, de estética, de abundância na variedade de pães e de queijos, além de três *sommeliers* ao nosso dispor, uma decoração em cada prato, a troca de talheres nas sobremesas, o uso de talheres dourados... Era a excelência em matéria de restauração. Tudo aquilo despertou os nossos sentidos, era um mundo do qual queríamos nos apropriar".

A partir do momento em que visualizaram seu sonho, realmente começaram a persegui-lo. Aquele era um mundo que queriam para si. De repente, o caminho a seguir estava muito claro e todos os obstáculos haviam desaparecido. O desejo era compartilhado pelos dois irmãos, e eles mergulharam de cabeça em sua direção.

Pouco a pouco, por engano ou curiosidade, os clientes começavam a entrar. O restaurante ia se consolidando, e as mesas se enchiam de frequentadores. A cidade de Girona começava a apreciar o que os dois irmãos haviam criado, e o zunzum de um possível reconhecimento do Michelin era cada vez mais intenso.

Em 1991, pela primeira vez, um inspetor do famoso guia francês tentou visitar o Celler de Can Roca. Tentou, mas não conseguiu. Talvez porque também nessa ocasião o destino interferiu e decidiu que ainda não era o momento para uma primeira estrela: o crítico se enganou e entrou no velho restaurante dos pais, em vez de ir ao restaurante gastronômico dos filhos.

Um ano mais tarde, no entanto, o crítico voltou e entrou no lugar certo. Josep, que naquele momento não sabia que estava falando com Victoriano Porto Canosa, um dos chefões mais importantes do Michelin, serviu-lhe um guisado de lulas com lentilhas e um filé com *foie*: "Servi o filé num prato de mármore frio, daqueles tão bonitos que tínhamos antes. Ao terminar, perguntei-lhe se estava tudo bem. Ele me disse: 'Eu sou um pouco obsessivo e achei que o filé estava frio por dentro'. E logo acrescentou: 'Mas saiba que sou muito minucioso'". A partir desse encontro, Josep e o senhor Porto Canosa estabeleceram uma relação cordial.

Também em 1992, receberam a primeira visita de Rafael García Santos, um almoço que Josep recorda perfeitamente: "Pela primeira vez, depois de seis anos, veio almoçar em casa alguém que soube descrever a arte de meu irmão exatamente como eu a via. Foi a primeira vez que deparei com um crítico coerente, consciente, talentoso e com uma profundidade de degustação que eu nunca havia visto antes. Foi assim que descobri a verdadeira crítica gastronômica. Provavelmente era a pessoa mais visionária da cozinha naquele momento."

Desde então, os irmãos começaram a ter uma sensação de reconhecimento e um conceito gastronômico puro. Não havia nenhuma necessidade urgente de conseguir estrelas Michelin, porque podiam saborear o que estava acontecendo na gastronomia catalã. Em 1995, o cozimento a vácuo de Joan – que utilizava o Roner, equipamento desenhado por ele mesmo, juntamente com Narcís Caner e Salvador Brugués, que permite a cocção a baixas temperaturas – surge no restaurante, com um prato que se converteu em uma grande referência: O BACALHAU MORNO COM ESPINAFRE, CREME DE QUEIJO *IDIAZÁBAL*, *PINOLI* E REDUÇÃO DE PEDRO XIMÉNEZ. A nova técnica representou uma verdadeira revolução nos métodos de cocção dos alimentos e abriu muitas portas para o futuro do restaurante e da alta gastronomia.

A primeira estrela Michelin, que finalmente chegou em 1995, encontrou-os com a lição de casa feita. "Foi uma enorme emoção, um feito histórico. A primeira estrela coloca um restaurante no mapa gastronômico, e nós a conseguimos em condições muito precárias", explica Joan.

Josep, entretanto, estava convencido de que aquela primeira estrela não era tão importante para o ambiente de Girona quanto a participação do Celler na elaboração do menu do casamento da infanta Elena de Borbón em Sevilha. "Em Girona, ninguém sabia o que era uma estrela Michelin. Por outro lado, todos – republicanos, independentistas, convergentes ou socialistas – estavam muito contentes porque era a festa de casamento da primeira infanta e os Roca estavam cozinhando em Sevilha. Esse casamento fez com que saíssemos na mídia. Hoje isso é comum, mas naquela época um cozinheiro aparecer na televisão era uma coisa excepcional".

No entanto, para os irmãos Roca, o mais importante de tudo aquilo era ter conquistado a confiança dos clientes. "O ponto culminante da vida de um cozinheiro é o momento em que o cliente confia plenamente nele e vai a seu restaurante para se sentir feliz. Isso representa tudo, porque, a partir daí, você tem espaço para criar e também para brincar; você estabelece o diálogo e o compromisso, que dão sentido ao nosso trabalho e que tanto nos agradam", enfatiza Joan.

Com esse grande passo, surgiu a necessidade, cada vez mais urgente, de ter uma cozinha mais ampla e com melhor infraestrutura. Foi então que começou a gestação do segundo Celler de Can Roca.

O restaurante de Joan e Josep havia completado onze anos. A casinha contígua ao Can Roca havia servido até então – embora tudo indicasse o contrário – não apenas para pôr em andamento o projeto, mas também para situar os irmãos no panorama gastronômico e conquistar uma estrela Michelin. No entanto, estava cada vez mais difícil prosseguir: tropeçavam uns nos outros, espremidos entre as quatro paredes daquela pequena cozinha, de apenas 30 metros quadrados, onde no começo só havia duas pessoas trabalhando, mas agora eram sete ou oito. Continuavam realizando seu trabalho, muito embora quase não pudessem se mexer. Ainda dependiam da cozinha dos pais para poder funcionar: sua mãe enrolava os canelones, rodeada de garçons vestidos a rigor, que passavam de lá pra cá, enquanto os cozinheiros do Celler retiravam o arroz do fogo, porque precisavam preparar ali um caramelo de azeite de oliva. As taças Riedel eram lavadas na pia do balcão do bar, no qual uma cotovelada acidental de um cliente, entre uma *barreja* e um *carajillo*, sempre acabava quebrando alguma.

"As necessidades e o ritmo de crescimento sempre foram determinados por nós. O que nos levou a melhorar foi a nossa própria exigência", afirma Joan. O reconhecimento dos guias gastronômicos e a presença da crítica não foram os únicos fatores que determinaram a necessidade de ampliação do espaço; o desejo íntimo de evoluir levou-os a estudar as melhores opções para fazê-lo.

Em 1993, os irmãos compraram a propriedade chamada Torre de Can Sunyer, com a intenção de mudar-se para lá algum dia. Em plena crise financeira dos anos 1990, com juros de 16% ao ano, eles se viram obrigados a procurar saídas para quitar a dívida com o banco, como explica Joan: "Para pagar o empréstimo, tivemos a ideia de oferecer banquetes na nova propriedade; foi o que fizemos durante dezesseis anos. Trabalhávamos sete dias por semana: de segunda a sexta no restaurante e nos fins de semana organizando festas de casamento e comemorações. Decidimos economizar para não ter ônus financeiros no futuro, e assim passamos dez anos sem descansar. Foram anos muito difíceis".

De fato, quando compraram o edifício, a ideia inicial não era somente organizar banquetes festivos; na verdade, queriam conciliar o trabalho no novo local com o dia a dia do restaurante. No entanto, Josep não se esquece do dia em que compreenderam que isso era inviável: "No dia 12 de fevereiro de 1995, com o primeiro banquete, percebemos que a nossa intenção era impossível de ser concretizada. O espaço era insuficiente, a intimidade de uma festa de casamento era contraproducente em vista do que representava o serviço *à la carte*. Esse foi um momento de decepção, um sonho frustrado".

Em face desse sentimento, a chave para seguir adiante e não desanimar era a paciência, uma das virtudes mais importantes dos Roca ao longo de toda sua trajetória. Ir pouco a pouco, respirando profundamente, passo a passo – essa foi a atitude que os ajudou a encontrar a melhor resposta às necessidades daquele momento. Tinham consciência de que ainda não dispunham de recursos próprios suficientes para realizar uma mudança definitiva. Além do mais, depois de ter assumido uma dívida para a compra do novo edifício, não desejavam mais depender excessivamente dos bancos. A questão era não ter de perder a liberdade para elaborar sua cozinha, isto é, não ser obrigados a fazer concessões aos conceitos mais comerciais da gastronomia, o que certamente poderia trazer maiores benefícios econômicos, mas não a satisfação pessoal e profissional que sempre haviam buscado.

Desse modo, surgiu a ideia de reinvestir as economias na remodelação e ampliação do primeiro Celler. Joan confessa que essa decisão não significava, ao menos não para ele, o fim do caminho; era apenas mais uma etapa antes de chegar ao topo: "Ainda não era o momento de o sonho se tornar realidade. Fizemos uma concessão ao tempo, fomos cautelosos e decidimos começar a reforma. Essa decisão simbolizou um ponto de inflexão importante, uma mudança de estrutura. Porém, a verdade é que já intuíamos que as limitações voltariam. Nós sabíamos que mais adiante teríamos de dar outro passo". No entanto, apesar desse pressentimento, ambos queriam que a nova localização parecesse definitiva, que tanto o público quanto o meio gastronômico a vissem como uma atitude madura, fruto de reflexão. O idealismo e a prudência voltavam a ser as bases da evolução dos irmãos.

O projeto de remodelação foi encomendado a um designer de interiores de Girona, Joan Bosch, que entendeu desde o princípio as necessidades do restaurante. Durante os três meses de trabalho dos pedreiros, marceneiros e eletricistas, a atividade foi transferida para a Torre de Can Sunyer, como uma espécie de ensaio premonitório. Joan reconhecia que a melhora era substancial: "Conseguimos criar um espaço intimista, confortável, cálido, sóbrio, austero e ao mesmo tempo elegante, onde tudo estava bem integrado. Uma das vantagens era obter um espaço compacto: a cozinha, o salão e até mesmo a pequena adega de uso diário estavam juntas".

O segundo Celler de Can Roca implicou mudanças bastante significativas na organização do trabalho, começando pela incorporação de mais funcionários, para finalmente poder organizar a cozinha em praças, como fazem todos os grandes estabelecimentos gastronômicos. Comparando o antes e o depois, Joan exclama: "No primeiro Celler, tínhamos uma pessoa para os pratos quentes e outra para os pratos frios! No entanto, agora podíamos ter uma praça de carnes, uma de peixes, uma de antepastos e uma de sobremesas. Ou seja, começávamos a articular a cozinha com uma equipe mais convencional; já parecíamos um verdadeiro restaurante".

Em 1997, Jordi também se juntou de forma definitiva à equipe, como responsável, ao lado do *pâtissier* Damian Allsop, pela elaboração dos doces. "Foi um momento importante, um ponto de inflexão que propiciou um ar mais livre e ousado à cozinha que, pouco a pouco, íamos concebendo", declara Joan. Assim, com a chegada dessa brisa fresca e jovial, consolidou-se o triângulo Roca: cozinha salgada, cozinha doce e vinhos; três mundos magistralmente representados pelos três irmãos.

A tudo isso, é preciso somar um fator muito importante: a ampliação do espaço, que permitiu a instalação de todo o equipamento necessário para levar a cabo as ideias dos cozinheiros, contribuindo, dessa forma, para o início de uma etapa de absoluta ebulição criativa. Para compreendermos bem a transformação, devemos lembrar que, até esse momento, as tortas e os bolos do Celler eram feitos em um forno a gás convencional, sem controle de temperatura. O forno de convecção, profissional, só chegaria com a reforma de 1997.

Uns dois anos antes, o cozimento a vácuo havia aparecido no cardápio do restaurante (com o BACALHAU MORNO COM ESPINAFRE, CREME DE QUEIJO *IDIAZÁBAL*, *PINOLI* E REDUÇÃO DE PEDRO XIMÉNEZ). Porém, foi somente no final dos anos 1990 que o espaço possibilitou a instalação do Roner na cozinha do Celler: "Ter o Roner na cozinha nos permitiu realizar processos técnicos e obter resultados mais precisos, ou seja, inserir a tecnologia em nosso cotidiano, tornando-o mais prático".

Nessa etapa, também foram desenvolvidos outros conceitos inovadores, como a destilação ou a "perfume-cocção" – cocção de produtos, basicamente crustáceos, aos quais se incorpora, durante o processo, o aroma de alguma especiaria ou licor. Algumas criações destacadas de Joan com base nessa ideia são a LAGOSTA NA FUMAÇA DE AÇAFRÃO (2004) OU O LAGOSTIM PERFUMADO DE CARDAMOMO E CÍTRICOS (2005).

Esse foi o momento mais fervilhante, em termos criativos, de toda a trajetória do restaurante, explica Joan: "Era uma etapa muito frutífera, no que diz respeito às técnicas, às ideias e à criatividade. Essa fase nos trouxe muitas alegrias e muitos bons momentos. Os momentos culminantes de nosso trabalho ocorrem quando descobrimos algo novo, porque é isso o que nos dá energia e prazer. Mas chegar a esse ponto fica cada vez mais difícil, porque nos tornamos mais exigentes. Porém, quando isso acontece, é fantástico. E, naquela época, acontecia com frequência. Tudo era muito efervescente".

O ambiente afetivo e profissional do Celler de Can Roca reclamava, já havia algum tempo, a segunda estrela Michelin, que os encontrou, assim como a primeira, com a lição bem aprendida. Quando, finalmente, em 2002, chegou essa segunda distinção, Joan, Josep e Jordi conquistaram a merecida credibilidade de todo o meio gastronômico e a necessária tranquilidade para trabalhar sem pressão. Montserrat, a mãe, foi quem mais se emocionou com a segunda estrela: os três filhos estavam em casa quando chegou a notícia e tanto o Can Roca quanto o Celler uniram-se num grande abraço, num mar de risos e congratulações: "Hoje em dia, é comum recebermos notícias boas, mas naquela época eram mais raras e vividas com maior intensidade. Naquele dia, liberamos muita tensão, muitas emoções e muita, muita alegria".

As alegrias e os triunfos do Celler são sempre comemorados com a grande família Roca, composta não apenas pelos pais e irmãos, mas também pelos clientes fiéis da velha casa de comidas. O universo dos Roca tem duas facetas: a mais rigorosa e aprimorada – representada pelo luxo do restaurante gastronômico – e a mais descontraída e familiar – caracterizada pelo movimento desenfreado de um bar de beira de estrada. Segundo Joan, são dois mundos num só, separados naquela época apenas por uma parede: "A proximidade do Can Roca não era somente física, mas também de convívio. O *backstage* do Celler era o balcão do bar de nossos pais: era lá que os nossos garçons costumavam ir buscar café e o *barman* lavava as taças Riedel do Celler". Para os velhos clientes do bar, era divertido contemplar o espetáculo: observavam o trabalho dos bastidores de um estabelecimento mundialmente reconhecido. Os empregados de terno e gravata do restaurante gastronômico confundiam-se com a clientela dos pais e, todos juntos, tomavam o café da manhã, o lanche da tarde, o almoço e até assistiam aos jogos do Barcelona. "Aquele era também nosso espaço", conclui Joan. Talvez, por essa razão, tenha sido tão difícil cortar o cordão umbilical que os unia à casa dos pais e empreender a mudança para o que seria o terceiro e definitivo Celler de Can Roca.

El Celler de Can Roca se converteu num triângulo perfeito quando Jordi completou o vértice da cozinha doce. Em 1997, o caçula dos três irmãos passou, definitivamente, a fazer parte do restaurante, embora – uma vez mais – levado pela inércia. Naquele tempo, as sobremesas se resumiam ao clássico carrinho, vitrine de delírios doces que não se encaixava totalmente no estilo da casa. Era uma época na qual os bolos e tortas eram servidos acompanhados de filigranas desenhadas com alguns molhos doces, como o creme inglês ou o *coulis* de frutas vermelhas. Joan se sentia incomodado, não estava satisfeito com o que era oferecido por essa praça do restaurante: "A cozinha é anarquia, e as sobremesas requerem precisão. Era evidente que nós fazíamos uma *pâtisserie* de cozinheiros. Naquele tempo, as sobremesas eram para nós um mal necessário, uma obrigação a ser enfrentada". Precisávamos de alguém que desse impulso à praça de doces. Foi então que apareceu uma pessoa fundamental para a história do Celler: o galês Damian Allsop.

Allsop era, naquele momento, um dos melhores *chefs pâtissiers* da Europa. Havia passado pelas cozinhas de Alain Ducasse, Joël Robuchon e Gordon Ramsay, e conhecia perfeitamente as técnicas da *pâtisserie* tradicional. Ele havia chegado a Girona por motivos pessoais e começou a trabalhar no restaurante La Magrana, onde estabeleceu amizade com os irmãos Roca, com quem tinha afinidades. "Nós costumávamos comer no La Magrana e achávamos as sobremesas fantásticas", relembra Joan.

Quando Allsop decidiu voltar para seu país, Joan ofereceu-lhe a oportunidade de permanecer em Girona, para trabalhar com eles, e o galês aceitou. Esse foi um dia decisivo. Jordi, que havia passado por diferentes praças do restaurante, logo se colocou como seu ajudante, sentindo-se atraído por esse personagem singular, que o fez descobrir um novo mundo. "A primeira vez que o vi trabalhando, me pareceu alguém especial, diferente. Tudo o que ele propunha parecia muito técnico, complicado, mas, ao mesmo tempo, divertido e eficaz. Com suas mãos ágeis, Allsop ia corrigindo cada prato, dispondo cada componente, para finalmente entregar as sobremesas com um gesto de perfeição, de ponto final" recorda Jordi.

Damian transmitia-lhe, com paixão e constância, os fundamentos da cozinha doce: os mil-folhas, os suflês, os cremes, as massas *sablées*... Então, tendo aposentado o carrinho, o Celler deixou de oferecer sobremesas clássicas, como a *TATIN* DE FIGOS ou a TORTA DE MEL E QUEIJO *MATÓ*, para acrescentar ao cardápio propostas inovadoras, como a MAÇÃ, DENTRO DE UMA MAÇÃ, DENTRO DE OUTRA MAÇÃ.

"Durante o ano em que Damian esteve aqui, nossas sobremesas adquiriram outro aspecto, outra relevância, e nós percebemos que esse era realmente outro tipo de cozinha, outra história", reconhece Joan, agradecido. Allsop trouxe rigor e método aos pratos doces do Celler, introduzindo técnicas como a do açúcar soprado, que até então os irmãos só haviam visto nas referências de algum livro antigo. Eles aprenderam que uma maçã Royal Gala não tem nada a ver com uma Golden, quando se trata de determinadas elaborações; ele é exato, tanto com a técnica quanto com o produto.

Para Jordi, aquela temporada com Damian foi como um mestrado intensivo, não só de cozinha, mas também de humildade: para conseguir um bom suflê, ele tinha de tentar repetidas vezes, até perceber a dificuldade das técnicas da *pâtisserie* e a importância de dominar os fundamentos antes de poder criar algo novo: "Nós fazíamos um suflê incrível, tecnicamente perfeito. No entanto, eu queria obter algo mais leve, ao meu modo; então, fiz uma adaptação. É óbvio que fui reprovado!" Um, dois, três, quatro erros... Cada um representava um desafio a ser superado, um exercício de paciência, de obediência aos mestres e de simplicidade. Assim, pouco a pouco, Jordi foi aprendendo. Contudo, ainda seria preciso esperar dois anos para que suas criações próprias revolucionassem essa parte da cozinha do Celler.

No começo de 1998, Allsop sofreu um acidente e foi hospitalizado. Jordi devia – pela primeira vez – enfrentar

“Se eu permanecesse submetido aos ensinamentos de casa, teria chegado a ser o segundo *maître* ou o segundo da cozinha, e ficaria cada vez mais complexado. Teria me conformado com esse papel de menino que não sabe direito o que fazer. Porém, tive a sorte de um dia ter aparecido no Celler uma pessoa muito interessante, que não era da família. O fato de esse alguém ter me ensinado coisas que nem Joan nem Josep sabiam me trouxe um conhecimento próprio. Finalmente, eu tinha um valor a agregar, um espaço dentro da minha própria casa, um discurso.”

JORDI ROCA

uma grande responsabilidade no restaurante dos irmãos. Naquele instante, decidiu "pegar o touro pelos chifres" e mostrar o que havia aprendido, aproveitando a oportunidade para deixar bem claro que ele também tinha muito a contribuir com a casa.

Durante sua primeira etapa no comando da praça de doces, Jordi reproduzia as criações do mestre Allsop e, timidamente, ia introduzindo algumas novidades. Suas primeiras sobremesas foram a *MOUSSE* DE CHOCOLATE COM FRUTAS VERMELHAS e o *MOJITO*, ambos do ano 2000. Pela primeira vez, Jordi não apenas descobriu que era aquilo que ele realmente queria fazer, que lhe dava prazer e motivação, mas também que tinha talento. Os irmãos mais velhos entenderam que o caçula já não era tão menino e que dispunha de conhecimentos teóricos, além de ter adquirido uma prática com as sobremesas muito superior à que eles tinham. "Jordi descobriu um mundo que nem Josep nem eu dominávamos. E, graças a isso, ele pôde ocupar seu próprio lugar nesse triângulo. Um espaço que lhe deu segurança e que também lhe trouxe, com o tempo, protagonismo e relevância", ressalta Joan.

Foi dessa mesma maneira que Jordi viveu aquele momento, sentindo-se afortunado: "Se eu permanecesse submetido aos ensinamentos de casa, teria chegado a ser o segundo *maître* ou o segundo da cozinha, e ficaria cada vez mais complexado. Teria me conformado com esse papel de menino que não sabe direito o que fazer. Porém, tive a sorte de um dia ter aparecido no Celler uma pessoa muito interessante, que não era da família. O fato de esse alguém ter me ensinado coisas que nem Joan nem Josep sabiam me trouxe um conhecimento próprio. Finalmente, eu tinha um valor a agregar, um espaço dentro da minha própria casa, um discurso".

Não era nada fácil incorporar-se à dupla formada pelos irmãos mais velhos, tendo em conta que eles eram um modelo para o trabalho do caçula. Além disso, a diferença de idade criava uma distância emocional difícil de superar, mas que se diluiu, conforme passou o tempo e cada um consolidou sua personalidade, através das próprias experiências.

Jordi logo assumiu a missão de imprimir à cozinha doce o mesmo selo de identidade que Joan havia conferido aos pratos salgados do restaurante: "Minha obsessão era aproximar a cozinha do Celler das sobremesas, e isso é o que tenho feito: elaborar um discurso próprio, que complementa o trabalho de Joan e Josep, mas com a minha marca pessoal". Talvez o caminho tenha sido um pouco mais difícil para Jordi, mas, assim como aconteceu com seus irmãos, quando o sonho se tornou claro, ele se lançou à sua conquista.

Um ano depois de ousar com as primeiras criações, Jordi entrou no universo dos sorvetes, guiado por Angelo Corvitto, um siciliano estabelecido em Torroella de Montgrí. Foi Angelo quem lhe ensinou a necessidade da pureza do ar na hora de elaborar os sorvetes. No entanto, a partir dessa ideia, Jordi chegou à conclusão exatamente oposta: contaminar o ar para conseguir, por exemplo, um sorvete de fumaça! Com a ajuda de Josep – ambos compartilham a habilidade e o gosto pelas invenções –, Jordi fabricou uma bomba para aspirar a fumaça do charuto, sem a necessidade de fazê-lo com a boca, transferindo a fumaça para um recipiente. Dessa forma, nasceu uma de suas criações mais geniais: O CHARUTO GELADO PARTAGÁS, que, juntamente com o *MOJITO*, formaria a VIAGEM A HAVANA, um dueto de sobremesas cubanas que já transmitia uma noção do novo estilo doce do Celler.

Aos 23 anos, Jordi passou um verão na praça de sobremesas do restaurante El Bulli. Para ele, essa experiência representou uma revelação semelhante àquela que haviam vivido seus irmãos durante suas primeiras viagens aos grandes restaurantes franceses: "Eu era ainda menino, e aquele verão me impressionou muito... Estava num grande restaurante, que tinha uma projeção extraordinária. Ainda não era uma referência mundial, mas as pessoas da cozinha do El Bulli já diziam, com orgulho, que trabalhavam no melhor restaurante do mundo. Na época, já era possível sentir o espírito de equipe, a paixão. Como o time do Barcelona, atualmente!" Ao lado de Rubén García (naquela época, Albert Adrià trabalhava no ateliê), Jordi mergulhou na cozinha doce da Cala Montjoi.

Naquele mesmo ano, o caçula dos Roca deu início a uma vertente criativa que marcaria sua carreira: a adaptação de perfumes. Um amigo que se dedicava à comercialização de frutas e plantas enviou ao restaurante algumas caixas de bergamota, cítrico pouco conhecido naquela época, que despertou a curiosidade olfativa dos irmãos. Josep estava convencido de que o aroma dessa fruta estava presente no perfume Eternity de Calvin Klein e, consultando a composição, comprovou sua teoria. Surgiu então a ideia: reunir, num prato, todos os ingredientes que apareciam nessa fragrância, para que fosse possível, além de sentir o perfume, comê-lo. Creme de baunilha, gelatina de água de flor de laranjeira, molho de manjericão, gelatina de xarope de bordo, granizado de tangerina e sorvete de bergamota... eram os ingredientes que compunham o novo ETERNITY de El Celler, feito não para cheirar, mas para comer. "Cheguei à conclusão de que essa era uma boa forma de criar novos pratos, a partir de referências que nada tinham a ver com a cozinha. Aprendi a identificar aromas e a associá-los a ingredientes comestíveis. Os perfumes mais frutados eram os candidatos mais apropriados", relembra Jordi, que para sua experimentação devia fazer algumas visitas às perfumarias, de onde saía carregado de fragrâncias. "As vendedoras perguntavam se eu queria todos aqueles perfumes femininos embalados para presente e, quando eu respondia que não, elas, evidentemente, me olhavam como se eu fosse um cara muito estranho", explica, entre risadas. Assim, cheirando perfumes, descobrindo seus ingredientes e reproduzindo as fórmulas em sua versão comestível, vieram outras sobremesas, como o MIRACLE OU O TRÉSOR DE LANCÔME, O POLO SPORT DE RALPH LAUREN e O ANGEL DE THIERRY MUGLER, só para citar alguns. Jordi conseguiu fazer com os perfumes o mesmo que Joan fazia com os vinhos: transferir para o prato suas essências, decifradas por Josep.

Em 2003, pouco tempo depois de iniciar a investigação com os perfumes, Jordi foi considerado o melhor *pâtissier* do ano e autor das melhores sobremesas pelo guia *Lo Mejor de la Gastronomía*, distinções que o consolidaram como uma referência da *pâtisserie* internacional. A partir de então, Joan e Josep começaram a levar mais a sério o irmão caçula e, assim, os três foram aproximando-se cada vez mais. Dessa forma, fortaleceu-se a relação fraterna que forjou um dos melhores restaurantes do mundo.

Cozinha salgada, cozinha doce e vinhos. A conjunção desses três vértices torna possível que, no Celler de Can Roca, a concepção dos pratos seja feita a três vozes. Cada irmão desempenha um papel diferente, mas de igual importância. Josep fornece as notas de degustação de um vinho, e a engrenagem começa a funcionar: os outros dois, na cozinha, procuram introduzi-las numa nova proposta, com as texturas mais apropriadas, as cocções mais precisas e as proporções mais adequadas.

Exemplo perfeito de criação a três vozes é a OSTRA AO CHABLIS, prato que relaciona uma ostra da Bretanha com o vinho de Chablis. Josep explica que nessa região o solo é formado exatamente por pequenas conchas de ostras decompostas... E, para representá-las, Jordi elaborou alguns *candies* em forma de pedras de aguardente de mel de acácia. Josep indicou que era preciso introduzir um molho aveludado, no qual a ostra se mostrasse vegetal, mas que também permitisse apreciar o calor de um ano de bonança, e imediatamente Joan criou uma sopa de ostras e erva-doce. Josep comentou, então, que o Chablis tem matizes sutis de *champignon*, e Joan inventou um ar de *champignon*. Josep fez referência às notas de maçã verde de um ácido málico muito presente no vinho e Joan logo apresentou um purê de maçã verde. Josep mencionou essências de caráter mineral no vinho, e Joan elaborou um destilado terroso, que é como interpretar a terra em seu estado mais puro. "Tudo isso configura um prato no qual os matizes aromáticos se integram por meio das técnicas de cocção de cozinha doce e salgada, formando um único conceito. O triângulo criativo, claro", conclui Josep. Desaparecem, assim, as barreiras entre cozinha salgada e cozinha doce. As sobremesas já não são indispensáveis para introduzir o toque doce. Ou talvez as sobremesas se misturem com os pratos salgados. Ou, quem sabe, não seja nenhuma das duas coisas, já que, simplesmente, tudo é um.

IRMÃOS E COMPANHEIROS DE TRABALHO

Muita gente se pergunta como é possível que três irmãos trabalhando juntos durante tantas horas, dia após dia, mantenham uma relação tão excelente. A resposta de Joan é curta e simples: "Não sabemos fazê-lo de outro modo. Sempre trabalhamos juntos". E acrescenta com ar pensativo: "Acho que nunca nos fizemos essa pergunta, não pensamos muito no assunto. Provavelmente é porque nos entendemos, gostamos do que fazemos; o tipo de restaurante que temos é o que queremos ter, com suas virtudes e complexidades. Tivemos essa sorte. Não temos uma estratégia nem somos mais inteligentes que ninguém, porém as circunstâncias favoráveis foram se encadeando no tempo". As circunstâncias favoráveis acabaram encaixando perfeitamente as três peças desse quebra-cabeça que é o Celler. Quando um deles tem um mau dia, os outros dois o compensam. Quando os três estão muito sérios no trabalho, um deles reage, faz uma brincadeira e dilui a tensão do momento.

"É divertido e curioso, pois tenho a sorte de estar perto de dois homens nos quais tenho plena confiança e que, além do mais, são dois craques". Jordi sempre venerou seus irmãos e continua a admirá-los, agora que compartilha com eles reconhecimento e prestígio. Essa devoção, que em certo período da adolescência foi um peso, converteu-se, hoje, num motivo a mais para valorizar o trabalho que ele faz e apreciar a oportunidade de aprendizado constante que os irmãos lhe proporcionam: "Eles têm uma sabedoria que foi adquirida com o tempo, através da relação com os outros. Sabem muito sobre tudo. É mais importante aprender essa sabedoria que Pitu e Joan demonstram do que as combinações de produtos ou as técnicas".

Contudo, nesse triângulo dos Roca, a juventude e a vivacidade de Jordi também foram determinantes. Ele mesmo explica, com ar brincalhão: "Se não fosse eu, as coisas seriam mais entediantes no Celler. Eles se divertem muito comigo; eu conto coisas da minha vida, faço brincadeiras... Além disso, quando você fica mais velho, é fácil perder a perspectiva do que acontece com a geração mais jovem e, como os cozinheiros do restaurante têm a minha idade, sou eu que mantenho mais contato com eles. Para Joan e Pitu, eu sou a ponte de união com o pessoal mais jovem".

Na vida, as batalhas envolvendo três lados geralmente são ganhas por dois a um; mas no Celler não é assim. Nas discussões entre os três Roca, quem ganha é a minoria: quando um não concorda com os outros dois, ele sempre acaba por convencê-los. É uma relação fraterna muito "democrática", segundo Jordi, que está convencido dessa teoria: "No final, os desejos e os sonhos de cada um sempre se tornam realidade".

Josep, que, graças a essa democracia de minorias, pôde construir seu santuário do vinho, define o triângulo criado com estas palavras: "Se El Celler de Can Roca fosse um vinho, seria um Cava. Um vinho espumante feito aqui, sob o sol mediterrâneo, com as três variedades peculiares de uva, de raiz velha e seiva nova.

"A partir de um mosto-flor franco, um vinho de base humilde (o restaurante de nossos pais, Can Roca, uma excelente casa de refeições popular) conta com uma segunda oportunidade, uma mudança de ciclo. Um caldo de cultura que é a família e a formação (na querida Escola de Hotelaria de Girona), além de um segundo projeto, de longa *crianza*,[4] que adquire suas melhores qualidades com a maturação. Não há uma sensação repentina, mas sim uma serenidade brilhante e uma pequena borbulha, de qualidade. Uma longa *crianza* que também se expressa no aspecto cromático, potencializando os sabores.

"Pureza, identidade, diversidade, além de um vínculo muito bem construído entre as três variedades: a estrutura, a força para percorrer longas distâncias, o esqueleto, é o *xarel-lo*, Joan; o perfume, a fruta, a procura da inovação com ardor, os aromas mais anisados da calmaria são proporcionados pelo *macabeo*, Josep; e a parte mais fresca, viva, brilhante, até mesmo comovedora, vem do *parellada*, Jordi".[5]

Joan entra no jogo metafórico e reflete: "Se El Celler fosse um prato, poderia ser uma criação recente, como o CORDEIRO COM PÃO COM TOMATE. Porque, embora novo, ele nasce das lembranças da infância. Porque incorpora a reflexão (por exemplo, a partir do conhecimento de tratamentos orientais, como o pato laqueado à moda de Pequim, no qual o mais importante é a pele) e também dá testemunho das vivências pessoais (o aroma do cominho, experimentado em viagens pelo norte da África). Começa com o trabalho de investigação de um produto interessante (o cordeiro é da raça *ripollesa*, uma amostra da pequena criação de gado de linhagens antigas que ainda se conserva em nosso país). Combina o saber fazer tradicional com a implementação experimental dos últimos recursos técnicos, a cocção a temperatura controlada (na qual o Celler é uma referência, pois há vários anos realiza pesquisas, desenvolvendo tecnologia e colaborando com cientistas). Por outro lado, também existe o divertimento (o pão com tomate está dentro e o cordeiro, fora), o aspecto mais imaginativo e lúdico".[6]

O irmão mais novo, Jordi, se encarrega de imaginar qual de suas sobremesas poderia definir o Celler: "Talvez ANARQUIA (uma sobremesa muito complexa e elaborada, uma palheta embaralhada com dezenas de componentes diferentes, que o cliente e o acaso combinam ao seu bel prazer, um caos que gera novas experiências organolépticas personalizadas). Para mim, esse prato prova que tudo é possível, que – ao menos em princípio – tudo pode funcionar. Isso significa não colocar limites entre o salgado, o doce e o líquido. Também expressa a liberdade, que é, do meu ponto de vista, a própria definição do Celler. Talvez o fato de haver menos referências no universo da *pâtisserie* de restaurante – e o que não existe é o que pode vir a existir – demonstre que a harmonia geralmente emana de fontes culturais ou herdadas. O prato nasceu um dia em que nós três estávamos analisando como construir um *consommé* de *perretxikos* com abacate e procurávamos o porquê de tudo, de cada ingrediente, de cada técnica, obsessivamente. Naquele instante, eu pensei: por que é preciso haver um porquê? Não precisamos analisar tanto. Esse pensamento acendeu o estopim. Sim, a liberdade. O 'por que não?'"[7]

4. O termo *crianza* – "envelhecimento", "maturação" – refere-se a todo vinho espanhol tinto que passou por um período mínimo de 24 meses de envelhecimento antes de ser comercializado. (N. T.)

5. T. MASSANÉS, "El Celler de Can Roca; un restaurant que enlluerna", em *Què fem?*, Barcelona, La Vanguardia, 28-11-2008T.

6. *Ibidem*.

7. *Ibidem*.

—2007: O TERCEIRO CELLER

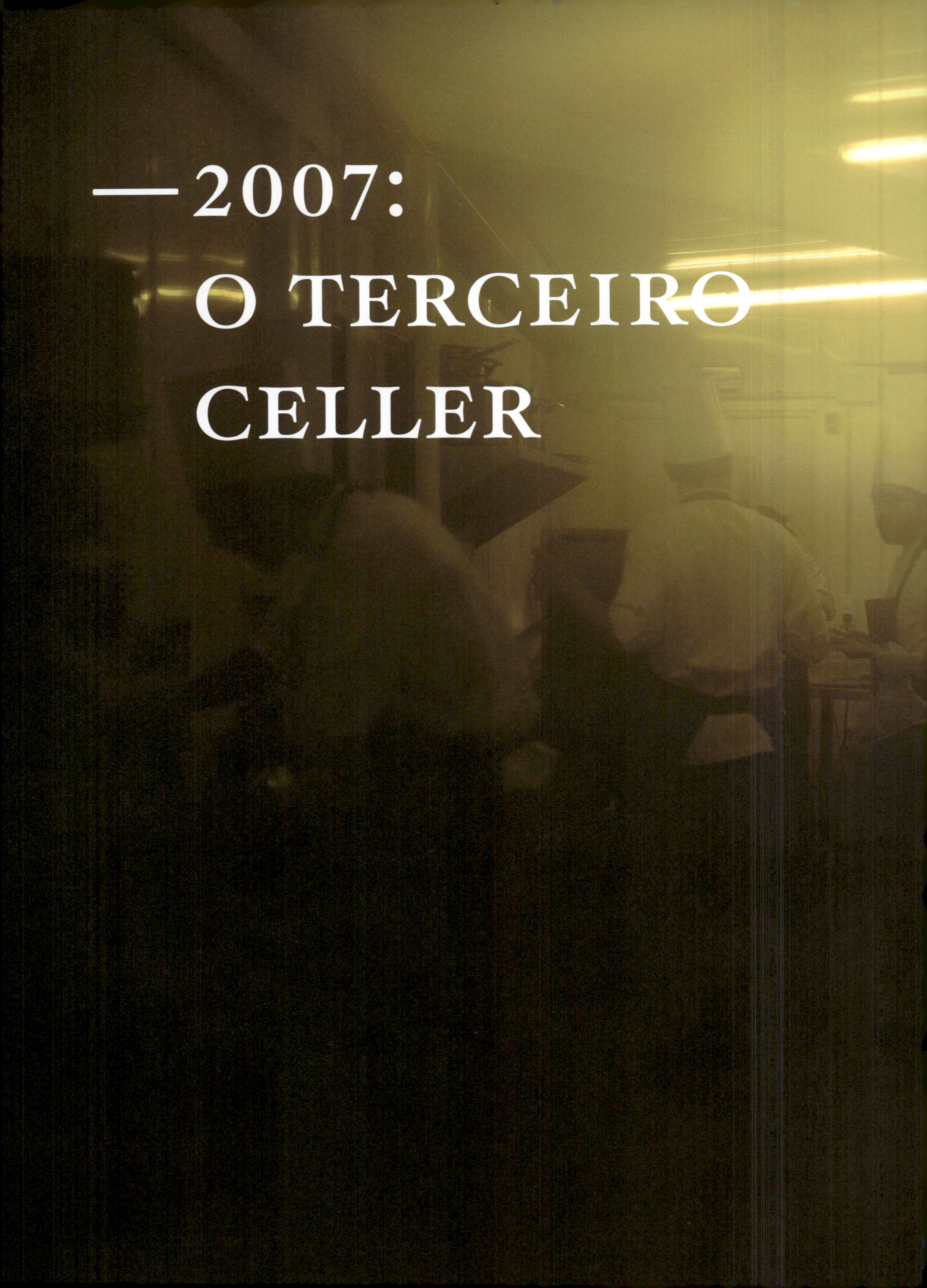

Se, em 1997, havia surgido a necessidade de abandonar a primeira cozinha e fazer uma importante remodelação do espaço, dez anos mais tarde, a reforma se mostrou insuficiente e a precariedade voltou a representar um empecilho. Jordi estava à frente da praça de sobremesas, cuja equipe chegava a ter cinco pessoas, mas num espaço físico que comportava apenas três: os outros dois cozinheiros tinham de trabalhar na cozinha do velho Can Roca. Dispunham de uma mesa de um metro e meio de comprimento, com uma geladeira embaixo e um forno pendurado na parede. Para aquecer algum ingrediente no micro-ondas ou para bater o creme *chantilly*, precisavam ir à cozinha dos pais. Algo tão necessário – e tão delicado – em *pâtisserie*, como aquecer o chocolate, tornara-se uma verdadeira odisseia: era preciso fazê-lo de manhã, na sala de refeições, com o ar-condicionado à máxima potência. "Havia certos dias em que eu acordava otimista e tentava imaginar que, com essa dispersão de infraestruturas e equipamentos, era como se eu tivesse um local de 50 metros quadrados à minha disposição. Mas, depois, logo voltava a pôr os pés no chão e percebia que isso não era real. Eu usava a imaginação, me organizava como podia e, assim, descobri o rigor da ordem", relembra Jordi. A verdade era que ele contava com um espaço concebido para elaborar apenas um carrinho de sobremesas, semelhante ao dos primeiros tempos, com uma superfície limitada e onde fazia muito calor.

O estoque de vinhos de Josep ia crescendo com os anos e, por falta de espaço, sua coleção de referências ia se espalhando por garagens e depósitos próximos ao Celler, alugados para esse fim. Com sua memória excepcional, Josep era o único capaz de recordar que o Borgonha estava a duas ruas acima ou que os Riesling repousavam no estacionamento atrás da casa. A adega começava a converter-se, assim, num quebra-cabeça original, mas não muito prático.

Cogitaram várias opções que lhes permitissem continuar crescendo e voltaram a pensar na ideia de transferir o restaurante, definitivamente, para a Torre de Can Sunyer. No entanto, isso significaria ter de encontrar um novo lugar para os banquetes, e eles começaram a estudar alternativas nas áreas próximas. Descobrir a solução perfeita não era fácil, recorda Jordi: "Passaram-se cinco anos desde que começamos a falar da mudança até conseguirmos iniciar as obras. Fizemos diversos projetos, imaginando como seria o Celler e cada um de nós visualizava seu próprio espaço, embora sem saber qual seria a localização exata. Depois do trabalho, passávamos horas conversando e desenhando, às vezes até as 4 ou as 5 da madrugada, procurando a melhor resposta. Tomávamos uma decisão, íamos dormir e, na manhã seguinte, mudávamos de opinião. Chegou a ser obsessivo".

Contudo, todas essas preocupações e as noites em branco acabaram dando seus frutos. Decidiram começar a reforma integral da Torre de Can Sunyer e chegou o momento de dar forma ao projeto. Joan, Josep e Jordi estavam seguros de que o trabalho devia ser financiado sem recorrer aos bancos nem pedir empréstimos. Escaldados pelo aperto financeiro provocado anteriormente pela compra do edifício, agora queriam dar esse novo passo unicamente com as economias conseguidas durante os anos de intenso trabalho. "O novo restaurante não era racional. Sabíamos que era como comprar um iate ou uma Ferrari. Na verdade, você não precisa dela, porque pode se locomover com outro tipo de carro. Além do mais, como se tratava de um presente para nós mesmos, era preciso consegui-lo por nossos próprios meios; não queríamos que os clientes pagassem por ele." Essa é uma reflexão carregada de ética e sensatez, dois valores geralmente subestimados pela sociedade em época de vacas gordas, mas que, no Celler, sempre estão presentes e dão resultado. Paradoxalmente, os últimos anos, os da crise econômica mais selvagem, têm sido os de maior projeção internacional, os de maiores reconhecimentos, tanto dentro como fora do país, e os de maior satisfação pessoal para eles.

Seguindo esses mesmos princípios, a premissa inicial da mudança de endereço não era ter mais espaço para poder acolher mais visitantes e aumentar a rentabilidade do restaurante; pelo contrário, procuravam oferecer mais satisfação e conforto, não somente aos clientes, mas também ao pessoal. "Queríamos continuar sendo fiéis ao que fazíamos.

“Assim fechava-se o círculo,
cumpríamos o sonho
que havia começado a se
formar 25 anos antes.”

JOAN ROCA

“Esse novo restaurante foi,
durante muitos anos,
uma incerteza.”

JOSEP ROCA

“O novo Celler virou
uma obsessão.”

JORDI ROCA

Desejávamos ampliar, não para faturar mais, porém para trabalhar melhor. Isso as pessoas entenderam muito bem", explica Joan. A ampliação do espaço normalmente repercute na qualidade do atendimento ao cliente; no Celler, no entanto, a mudança satisfez a todos, porque todos os aspectos da transição foram positivos.

Durante anos, a equipe de cozinha teve de se espremer fisicamente para obter um rendimento máximo, num espaço diminuto. Por esse motivo, quando finalmente chegou a hora de realizar o sonho, era evidente que a mudança devia ser realizada sem condicionantes, sem obstáculos, sem nenhum porém nem meios-termos. Era preciso partir para o tudo ou nada. Desde o início, Josep sabia muito bem que a cozinha era o ponto mais importante das novas instalações: "Os clientes vêm aqui pela cozinha, e os que precisam das melhores condições para trabalhar são os cozinheiros; por essa razão, cabe primeiramente a eles escolher o espaço que lhes convém. O espaço que sobrar, que ficar livre, será para minha adega".

A equipe de designers de interiores comandada por Sandra Tarruella e Isabel López foi encarregada da metamorfose da Torre de Can Sunyer. Apesar de estabelecerem com as profissionais uma relação de absoluta confiança, os três irmãos impuseram, desde o início, algumas condições indispensáveis para que o novo restaurante fosse exatamente como eles imaginavam. "Queríamos que o restaurante tivesse luz, materiais orgânicos, madeira, que pudéssemos ver o passar do tempo, que houvesse pequenos espaços reservados, que esses espaços fossem decorados com móveis funcionais para o serviço e que existisse uma circulação de garçons e de clientes totalmente diferente", explica Josep, detalhadamente e com muita propriedade. Além de pensarem no espaço físico, preocupavam-se com outros conceitos sensoriais ou ambientais que para eles eram muito importantes: "Estávamos obcecados pela sonoridade e pela privacidade das conversas, isto é, queríamos que houvesse um ruído de fundo suficiente para podermos conversar descontraidamente sem sermos ouvidos pelo resto dos clientes".

Com os desejos formulados, só restava esperar que o Papai Noel os atendesse e que o resultado final coincidisse com a imagem que durante anos haviam construído em seus sonhos.

O RESULTADO

A Torre de Can Sunyer é um espaço íntimo, acolhedor, especial. O triângulo, que define a história do Celler com a união dos três irmãos, é tomado como referência na hora de elaborar o projeto arquitetônico: por isso se valorizou a planta triangular do salão (reformada em 1994) em torno da qual se articulam três jardins diferentes.

A equipe de designers de interiores recebeu, desde o início, a incumbência de estruturar um salão para um número específico de clientes, exatamente os mesmos que cabiam no antigo Celler. Essa é a prova de que a base de todo o projeto era continuar sendo fiéis ao discurso e à filosofia que sempre os distinguiram. **"Uma forma radical de evitar que pudéssemos colocar mais mesas foi desocupar o triângulo central e colocar um jardim"**, explica Joan. Assim, com um jardim central, reduziram, estruturalmente, o espaço disponível, ao mesmo tempo que o organizaram. Essa foi uma das ideias das designers que mais os surpreendeu: agora contavam com um pequeno bosque dentro do salão, que lhes permitia ver passar as horas do dia, as estações do ano... Em suma, o tempo. **"Não imaginávamos que conseguissem essa riqueza de ambiente. Um espaço onde de dia tudo é calmo e zen, e de noite é recolhimento e jogo de espelhos, com uma luz muito intimista"**, ressalta Josep.

O salão foi transformado em um claustro triangular que recebe a luz natural desse bosque interior, permitindo organizar a passagem dos garçons, criar um espaço mais reduzido e dar mais calor ao ambiente. Agora, só faltava colocar as mesas dispondo-as duas a duas com alguns móveis auxiliares, de modo a delimitar os ambientes e, assim, dar privacidade a cada grupo de clientes e a cada conversação. Sobre cada mesa, três pedras brancas simbolizando, mais uma vez, o triângulo.

O novo Celler multiplicou por quatro as dimensões da cozinha do antigo restaurante. "Passei muitas tardes com o projetista, fazendo croquis da cozinha, tentando encontrar o lugar exato para cada coisa, distribuindo os espaços. Redesenhamos tudo até 32 vezes!", comenta Joan. Se, durante duas décadas, vinte pessoas haviam trabalhado amontoadas em menos de 50 metros quadrados, agora a equipe de cozinheiros tinha 200 metros para organizar as diferentes praças e contava, até mesmo, com um forno a lenha para as preparações com brasa, fumaça ou chama.

À direita do *hall* de entrada da cozinha, Joan instalou um pequeno escritório com tudo o que precisava para realizar suas tarefas diárias com a maior praticidade e comodidade: as estantes contendo sua coleção de livros de consulta, uma mesa com computador e, com um simples girar da cabeça, toda a cozinha ao alcance de seus olhos.

A nova adega de Josep merecia uma atenção especial. Se o novo Celler era um sonho tornado realidade para todos os irmãos, em seu caso essa mudança teve conotações singulares, emotivas. Ele não deixou que o design definisse seu espaço, porque desejava criar uma nova dimensão que revelasse sua paixão pelos vinhos: **"Eu queria que fosse minha interpretação intimista do vinho. Tinha a intenção de abrir caminhos de sedução com uma perspectiva subjetiva, que acionasse os mecanismos da inteligência emocional. Tentava contar coisas sobre mim mesmo, transmitir energia, me despir, preencher de valores intangíveis aqueles conceitos que sempre haviam sido vistos como tangíveis: a garrafa, a etiqueta"**. Josep negou-se a mostrar o vinho como símbolo de luxo, exclusividade ou ostentação, preferindo expor uma nova concepção desse universo, por meio dos sentidos.

Então, ele mesmo começou a reunir várias caixas de madeira para construir o envoltório do que seriam as cinco "capelas" ou receptáculos, dedicadas a seus cinco imprescindíveis: Borgonha, Riesling, Priorato, Xerez e Champanhe: **"Cinco vinhos, cinco capelas, cinco sentidos para explicar tudo numa**

oferta que é fruto do crescimento pessoal através do vinho". Em cada capela, uma tela de plasma exibe imagens do lugar de origem das vinhas e músicas diferentes, escolhidas a dedo, acompanham cada ambiente. Josep é capaz de interpretar cada variedade de forma multissensorial, o que explica o porquê de também incorporar o tato. Esferas de aço definem o Champanhe, representando a efervescência das borbulhas e o clima frio. Seda verde, que sugere sutileza, define os Riesling alemães. Pequenas bolsas de veludo vermelho mostram a elegância do Borgonha. Ardósia sobre um recipiente de madeira de oliveira explica a dureza das vinhas selvagens do Priorato. Com 14 graus de temperatura, mais de 2.500 referências, umas 30 mil garrafas e 25 anos de repouso, esse espaço se converteu num paraíso do vinho.

Antes da mudança para o novo restaurante, entre os anos de 2003 e 2006, Josep se empenhou na elaboração de uma carta de vinhos digital, que oferecesse ao cliente a possibilidade de saber a região de origem de cada garrafa, ver fotografias de suas paisagens, ter informação de cada safra... "Era um projeto ambicioso, com mais de 5.500 fotos que eu já possuía. No entanto, quando eu cheguei aqui e comecei a mostrar a adega aos clientes usando esse método, entendi que o meu projeto já não fazia nenhum sentido, e eu já não tinha coragem de pedir mais atenção da parte deles". Mas todo esse material não foi compilado em vão: com alguns desses conteúdos, foi elaborado um aplicativo para *smartphone* com os vinhos favoritos de Josep (*The Top 153 Wines of 2010*).

Antes de mudar-se para as novas instalações, Josep, que nunca abandonou sua visão poética da vida, queria que seus amigos o ajudassem a transportar, numa noite de lua cheia, as garrafas dos antigos armazéns e garagens para o novo lugar e terminar com um café da manhã, de madrugada, para comemorar a realização do sonho. "Como eu era ingênuo! No instante de fazer a mudança, percebi que o transporte dos vinhos demoraria vários meses". Por conseguinte, a transferência da adega teve de ser feita gradualmente.

A instalação definitiva e a estreia do novo restaurante, como tudo no Celler, foram feitas sem cerimônias, sem grandes festejos nem inaugurações: ao meio-dia, serviram o almoço no antigo restaurante e, à tarde, mudaram-se para a Torre de Can Sunyer e prepararam o jantar com as novas panelas, sem testes prévios. Jordi, que havia interiorizado o rigor da ordem até o ponto mais profundo de sua metodologia, não se sentiu confortável. Sentia-se perdido naquela área gigantesca, nova e à sua inteira e exclusiva disposição: "Quando viemos para cá, foi uma verdadeira loucura. Não fizemos nenhum teste para saber como funcionava a cozinha, e a minha praça, proporcionalmente, era a maior de todas. Não me lembro de ter tido uma dor de barriga tão grande quanto a que tive naquele dia. Demorei um mês para me adaptar ao novo espaço. Tinha saudade do meu caos, não conseguia encontrar nada!"

Jordi, que talvez fosse o que mais sonhara com aquele momento, demorou em apropriar-se da nova cozinha. Contudo, sabe-se o quanto é fácil acostumar-se às melhorias. Em poucas semanas, os três estavam adaptados à Torre de Can Sunyer e tinham plena consciência do significado desse passo: sentiam a satisfação do sonho realizado.

MEMORIAL DESCRITIVO DO PROJETO DE INTERIORES DO RESTAURANTE EL CELLER DE CAN ROCA

SANDRA TARRUELLA E ISABEL LÓPEZ

2007

O novo restaurante El Celler de Can Roca está situado na antiga Torre de Can Sunyer e edificações adjacentes, nas quais até então eram realizados banquetes e grandes festas. Essa propriedade, que data de 1911, foi objeto de duas ampliações: um grande salão de planta triangular aberta com vistas para a rua, erguido em 1994, e uma varanda de planta curva no jardim dos fundos, de 1999. Ambas as estruturas, conectadas com o edifício original através da antiga varanda, proporcionavam ao conjunto mais superfície para as festas, embora funcionassem de forma independente.

Criar um novo restaurante pensado para um número restrito de visitantes (dado o caráter elaborado e requintado da cozinha) e gerar uma atmosfera descontraída e íntima implicava opor-se frontalmente às características do espaço existente.

O sucesso do restaurante El Celler de Can Roca baseou-se, ao longo dos anos, na contribuição de todos os irmãos Roca, um trabalho tripartite que conseguiu uma perfeita harmonia entre a cozinha, as sobremesas e a adega, além de um esmerado serviço.

Esse trabalho harmônico foi o ponto de partida para gestar o novo projeto de arquitetura, razão pela qual se desejou valorizar a planta triangular do salão existente e trabalhar com a ideia de três jardins de características totalmente diferentes, mas que se complementam.

A intervenção arquitetônica quis conectar visualmente todos os espaços e abrir-se para o entorno imediato dos jardins – o primeiro, de acesso, e o segundo, oculto trás do edifício onde está a horta –, com a finalidade de valorizá-los e, ao mesmo tempo, criar outros novos espaços que organizem o interior.

O projeto está baseado em um grande vazio que penetra o corpo da edificação do salão principal. Essa intervenção, juntamente com a abertura de grandes janelas e a presença dos reflexos das superfícies de espelhos, ajudou a criar relações até então inexistentes; todos os espaços confluem num único conjunto que se observa de todas as partes e com elas dialoga. Essas operações relacionam o exterior imediato com o interior, ampliando os limites dos salões, e ajudam a hierarquizar os espaços e a organizar seus usos.

Na planta triangular do salão existente, a proposta "perfura" o volume com uma caixa triangular de vidro que proporciona luz e transparência ao interior. Esse vazio no cheio, esse novo elemento exterior no interior, reorganiza as circulações e os visitantes ao seu redor. Do mesmo modo, introduz mais força e luz ao salão e equilibra a superfície restante, levando em conta o espaço íntimo que requer esse tipo de cozinha. Essa intervenção cria um espaço de contemplação, de intimidade, de introspecção, que pode ser observado de todos os cantos, mas que não se mostra totalmente graças ao reflexo do vidro e à nova vegetação que cresce em direção ao céu. Nasce assim o terceiro jardim.

Vista da rua, uma nova fachada revestida de madeira esconde a porta pela qual se entra no jardim de acesso. Através de uma rampa intencionalmente estreita, escura e cheia de vegetação, acentua-se a passagem dramática que leva ao primeiro dos jardins, onde nos deparamos com o efeito contrário: um espaço aberto e claro.

O jardim de acesso é uma reinterpretação do pátio existente, no qual um piso de peças de concreto pré-fabricado introduz dinamismo, em contraposição à hierática fachada principal do edifício, e conduz o visitante à entrada principal. Esse é um lugar de boas-vindas no qual se estabelece unicamente um diálogo entre a vegetação e o piso, e entre a fachada do edifício existente e os novos revestimentos e as aberturas executadas.

A fachada do edifício se manteve, mas fechou-se totalmente a varanda anexa que dava acesso ao interior, com um revestimento de madeira de teca reciclada além disso, abriu-se a edificação anexa do salão principal com uma grande caixa de vidro que introduz transparência à sala de charutos e favorece a comunicação visual com o salão interior.

Situada na antiga varanda do edifício, a recepção não conserva nenhum vestígio de sua aparência original, exceto pelo arco catalão. Ao atravessar a porta cega de entrada, o visitante descobre, de ambos os lados, duas superfícies brancas laqueadas, dois volumes introduzidos de maneira a enquadrar a passagem e acentuar, com um ritmo marcado, os acessos aos espaços adjacentes, salientando as passagens intersticiais a estes. É um lugar de contraste entre a rugosidade do teto original e as novas superfícies laqueadas, entre a tranquilidade inicial e o ir e vir dos garçons e visitantes, entre a opacidade da porta e a luz do reflexo do jardim que se anuncia ao final. É aqui que o cliente começa a descobrir os olhares cruzados entre os espaços, os reflexos através dos espelhos.

A sala da cave de charutos se abre à direita do acesso. É um salão retangular, com a cave e a adega ao fundo e as paredes longitudinais conferindo transparência entre o salão e o jardim. É uma vitrine, uma caixa branca na qual apenas o contraponto da cor vinho da mobília rompe essa serenidade. A partir desse espaço de repouso e contemplação, com uma situação privilegiada, cria-se o jogo de olhares cruzados das pessoas que chegam ou saem, daqueles que desfrutam do salão.

O acesso à sala de refeições é feito através do volume branco de recepção, por duas rampas estreitas e compridas que levam ao grande salão presidido pelo pátio triangular central. A primeira visão tangencial do pátio organiza a circulação ao seu redor, situando as mesas somente em dois de seus lados, afastadas em direção ao perímetro do salão; o vaivém dos garçons se dá, assim, ao redor dessa caixa de luz. Da mesma forma que a folhagem das bétulas plantadas no novo jardim, o salão joga com essa dualidade de tons; o revestimento de madeira de carvalho das paredes juntamente com lâminas metálicas ligeiramente inclinadas cria uma dupla visão branco-carvalho, de acordo com o sentido do percurso. Essa combinação de branco brilhante e madeira de carvalho reveste toda a sala: o teto, o piso e o mobiliário.

Ao cruzar o vestíbulo, aparece outra vez, ao fundo, a imagem do terceiro jardim. O primeiro, de boas-vindas; o segundo, de contemplação e introspecção, e o último, de experimentação e criação. Lá, atrás da cozinha, escondem-se a horta e as ervas aromáticas, cúmplices da experimentação culinária e das essências. À entrada da antiga varanda curva, uma superposição e sucessão de planos inclinados, feitos de espelhos, escondem os toaletes e os escritórios, que se mostram no reflexo do jardim detrás do edifício. E, à medida que se avança na direção desses planos, deixam entrever a nova adega.

Cinco grandes caixas de madeira, desordenadamente dispostas sobre o jardim posterior, penetram no arco de fechamento da antiga varanda curva, simulando a dança de caixas de vinhos que esperam ser abertas para saborear seu conteúdo. Vistos de fora, esses volumes escondem, sob o revestimento de antigas caixas de vinhos recicladas, o conteúdo de diferentes regiões muito especiais, em cuja degustação participam todos os sentidos. O restante da adega, protegido sob a antiga varanda, obedece à ordenação das prateleiras de vinhos, distribuídas em forma de leque.

Finalmente, o mais importante: a cozinha. Oculta no coração do antigo edifício, ela é o centro da criação culinária ao redor do qual gira todo o projeto. Através da porta principal do edifício, a cozinha mostra-se ao visitante de uma forma espontânea e delicada, e, em seu percurso longitudinal, traça a relação entre o jardim de acesso e o jardim posterior.

O contraste e a surpresa estão presentes em todo o percurso do restaurante. A dualidade de conceitos opostos – como a opacidade da porta principal e a transparência da sala de charutos, a luminosidade do jardim de acesso e a penumbra reservada do *hall* de recepção, os materiais quentes, foscos e naturais sobrepondo-se aos tons frios, brancos e brilhantes do salão – será um recurso constantemente utilizado para manter o diálogo e a surpresa desejados.

Cria-se, assim, a metáfora da arquitetura que veste a gastronomia não apenas epidermicamente, mas também buscando a mesma impressão de surpresa inicial para, finalmente, acolher e acomodar o visitante. Um doce equilíbrio de sensações.

Dessa forma, podemos dizer que El Celler de Can Roca se veste de um novo espaço que tem a determinação de manter e reforçar a expectativa, a surpresa, o contraste e a qualidade que sempre marcou o espírito do restaurante.

Dos três restaurantes que fizeram a história do Celler, o terceiro é o mais completo, mais espaçoso, mais bem pensado, mais equipado e mais espetacular. "Vir aqui significa não sofrer restrições", assinala Joan. A nova localização representa a possibilidade de ter à disposição não só o espaço físico adequado, mas também as ferramentas e a equipe necessárias para conseguir a excelência; ou seja, rodear-se de tudo o que é preciso para continuar construindo o sonho.

Entretanto, o mais difícil para eles foi afastar-se do Can Roca, a casa familiar que durante tantos anos serviu de sala de estar, camarim e laboratório de testes. A distância – embora de apenas alguns metros – era o preço emocional que deviam pagar para poder avançar, segundo Joan: "A mudança nos fez crescer profissionalmente porque nos tornou mais rigorosos. Antes sempre havia aquela parte descompromissada por trás; aqui tudo é mais sério". Porém, os escassos 200 metros que separam os dois mundos permitem manter o vínculo com a casa-mãe, e, assim, todos os dias, por volta do meio-dia, uma legião de cozinheiros e garçons do Celler desfila com seus uniformes pela estrada de Taialà, para ir comer as lentilhas, o macarrão ou o tradicional arroz à cubana de Montserrat, pratos que Joan costuma saborear em pé, na cozinha, ao lado de sua mãe. Compartilhar as refeições, os cafés ou as partidas de futebol com a grande família do bar ajuda a manter os pés no chão e a não esquecer as origens.

"Nós construímos um ambiente onde nos sentimos à vontade, e isso é o que dá sentido a tudo. A vida consiste em ir construindo um mundo próprio, e este é, definitivamente, o nosso", esclarece Joan. Ele estabeleceu o domícilio familiar na própria Torre de Can Sunyer, separado do restaurante por apenas uma escada. Aí, ele criou um espaço privado para viver, trabalhar e meditar, um ambiente propício não só para a criatividade, mas também para a conciliação entre as duras jornadas de trabalho e os momentos junto à família. Quando as crianças chegam da escola, antes de fazer a lição de casa, podem passar pela cozinha do Celler para cumprimentar o pai.

Nas novas instalações, os Roca conseguiram o espaço perfeito para trabalhar intensamente e, ao mesmo tempo, relaxar quando é preciso. Transformaram o edifício em seu pequeno, embora complexo, universo, e talvez por isso são capazes de cumprir uma jornada de quinze horas e levantar-se no dia seguinte com o mesmo entusiasmo do dia em que começaram. "Temos uma grande capacidade de regeneração", comenta Joan, "deitamos tarde, exaustos, e no dia seguinte nem nos lembramos mais. O dia começa de novo e voltamos a dar as boas-vindas aos clientes". O ambiente, sem dúvida, representa um papel importante; porém, o contato com pessoas diferentes, de diversas áreas de conhecimento, também permite que a cada dia surjam momentos interessantes. A leitura que os irmãos fazem da mudança não poderia ser mais positiva: "Faz quatro anos que viemos para cá e estamos realmente contentes. De manhã, quando chego ao restaurante, eu agradeço, em pensamento, à cidade e às pessoas". Joan, assim como Josep e Jordi, é grato aos gironenses por terem estado sempre a seu lado. Certamente, El Celler de Can Roca é o restaurante de alta gastronomia mais arraigado ao seu território. Esse fato ficou comprovado no dia em que receberam dos vizinhos e amigos o prêmio mais importante.

O restaurante estava lotado todos os dias e, no entanto, os Roca sofriam por seus seguidores, que cobravam novamente mais uma estrela do guia Michelin: a terceira. Os inspetores – como sempre – faziam-se de rogados; mas em 2009, dois anos depois da mudança definitiva para o novo edifício, chegou a tão ansiada estrela. Um dia depois da notícia ter se tornado pública, os três Roca estavam no restaurante, recém-chegados de Madri, digerindo o significado daquela nova conquista, quando ouviram um vozerio lá fora. Ao sair, depararam-se com dezenas de pessoas diante da porta que os aplaudiam intensa e afetuosamente. Os moradores de Girona estavam contentes, sentiam-se participantes do sucesso e haviam convocado uns aos outros por mensagens de celular, para se encontrarem às 8 da noite na porta do Celler. "Foi a homenagem mais bonita que recebemos, porque ficou claro que todos viam o nosso projeto como sendo deles também. Os gironenses apoiaram muito a nossa decisão de nos estabelecer neste bairro de operários que, aparentemente, era o lugar menos indicado. E tudo isso é fruto do trabalho, do compromisso, da capacidade de superação. A nossa história é muito sentimental, mas, ao mesmo tempo, muito compreensível". Quando os irmãos passeiam pela cidade,

as pessoas se aproximam e agradecem; e eles, naturalmente humildes, não conseguem evitar a emoção, porque esses são os gestos que dão sentido a todo o trabalho realizado. Até mesmo os colegas de profissão, outros *restaurateurs* da cidade, lhes manifestam sua gratidão por terem desempenhado tão bem seu papel de embaixadores da cozinha local: agora, o visitante chega a essa região convencido de que vai comer bem.

A terceira estrela Michelin, embora não tenha alterado em nada a essência do Celler de Can Roca, fez crescer a repercussão de seu trabalho, como diz Joan: "É evidente que [a terceira estrela] mudou algumas coisas, porque entramos para o seleto clube das casas que mantêm um nível de excelência aceito por muitos *gourmets* de toda parte. O mundo é muito grande e, para quem não nos conhece, as estrelas são como uma espécie de ISO já estabelecida". De repente, o trabalho dos três irmãos adquiriu uma dimensão internacional, e começaram a chegar a Girona visitantes de todos os lugares do mundo. Quando os Roca viajam ao exterior para participar de congressos, percebem o total consenso que existe atualmente a respeito de sua cozinha. Olhando em retrospectiva, eles admitem que o novo espaço serviu para transformar a percepção do público e da crítica: "Tínhamos um grande reconhecimento profissional por parte do setor, mas devíamos dar esse passo para convencer de vez os guias internacionais e os votantes das grandes listas de restaurantes".

Na primavera de 2011, El Celler de Can Roca foi escolhido como o segundo melhor restaurante do mundo pela revista britânica *The Restaurant Magazine*, uma das publicações de maior prestígio e mais seguidas pelo público *gourmet*. A excelente classificação repetiu-se em 2012.

Mais prêmios, mais criações, mais conferências, mais posições de destaque em outros *rankings*... Sem perceber, completaram 25 anos. Mas, como nas ocasiões anteriores, não prepararam nenhuma comemoração: "Não sabemos organizar festas", dizem. Não dão especial importância a esse aniversário, nem se lembram de sua data exata. Sabem que foi em agosto de 1986 que abriram as portas, e, portanto, em agosto de 2011 deveriam ter comemorado as bodas de prata. Não houve festejos, mas sim a satisfação pessoal pelo grande sucesso conseguido a fogo muito lento, durante esses 25 anos.

"Um restaurante precisa de tempo para ser construído; é um projeto de longo prazo, é um estilo de vida, um caminho, e é necessário tentar ser feliz durante o trajeto, porque os momentos de sucesso passam muito rápido: recebe-se uma estrela, e no dia seguinte é preciso ir trabalhar. Recebe-se a segunda, e ocorre exatamente a mesma coisa; vem a terceira, e tudo é exatamente igual. A vida prossegue, e devemos estar satisfeitos com o dia a dia, porque isso é o que perdura", conclui Joan.

—BASES E VERTENTES CRIATIVAS

—INSPIRAÇÃO EXTERNA

—MOTIVAÇÃO INTERNA

II.

—INSPIRAÇÃO EXTERNA

A

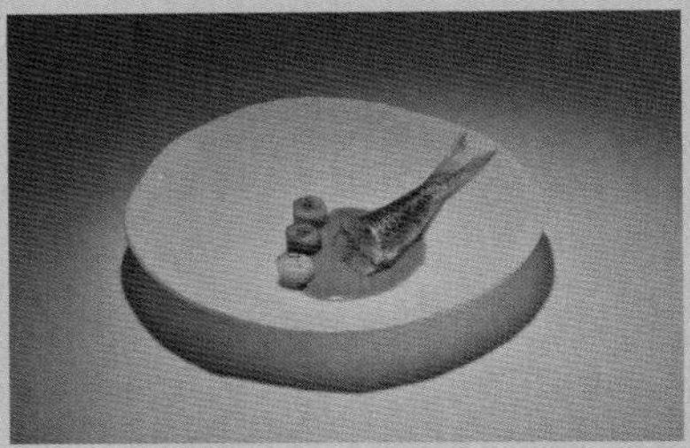

—TRADIÇÃO

A

—TRADIÇÃO

Para consolidar uma cultura, é preciso ter adquirido o conhecimento do que nos foi legado para, assim, sermos capazes de dar um testemunho próprio, que seja novo e diferente e que se integre ao *corpus* da tradição com um outro olhar. A aquisição desse saber pode se dar pela via intelectual ou por aquela que poderíamos chamar "via epidérmica", isto é, graças aos livros que lemos ou, ainda, às experiências que tivemos da osmose que se estabelece entre duas soluções de concentrações diferentes.

Para avançar, os Roca deixaram-se impregnar pela tradição. Como escreveu Eugeni d'Ors, "tudo o que não é tradição é plágio", querendo ressaltar, com isso, que tal substrato é imprescindível quando não desejamos cair no ridículo de tentar parecer que não há nada por trás do que fizemos, que somos nós que criamos um mundo. Não o criamos, mas sim o recriamos, isto é, tornamos a trazê-lo à luz a partir de tudo aquilo que nos é comum.

Falamos também de proximidade, daquilo que nos chegou através dos séculos, aquilo que comemos num país que se forjou na medida em que se valeu dos produtos que estavam ao seu alcance. Uma cozinha, como a do Celler, que bebe em muitas fontes e que se define a partir do aproveitamento, da celebração, da exuberância de sabores; uma cozinha que é sólida, uma vez que se encontra arraigada num território, numa literatura gastronômica (lida, aprendida, interiorizada), num fazer diário fortalecido na lenta evolução das horas.

Segundo os irmãos Roca

Não queremos renunciar à profundidade telúrica, ancestral, da nossa cozinha de raízes profundas. Nossa cozinha é um pedaço do mundo local em que vivemos vinculada à terra e à paisagem, à cultura e às pessoas, que nos inspira e nos contagia. É parte do nosso substrato. Inventado, talvez. Arrastado para o nosso terreno...

Cada geração perde um valor e pode ganhar outro. É necessário experimentar para conservar e saber separar o joio do trigo. O que nos interessa conservar e o que podemos evitar do nosso passado? Essa é a decisão fundamental.

Não gostamos da palavra "tradição" pelas conotações de imobilismo que ela pode ter. No entanto, defendemos a herança cultural recebida, as formas de viver, trabalhar, cozinhar, comer e pensar que nos condicionam a ser o que somos. As lembranças de casa e as referências do *Corpus Culinari de Catalunya*, publicado pelo Institut Català de la Cuina, são uma ferramenta útil e básica da cozinha, que temos muito presente na hora de nos projetar para o futuro.

Os produtos há anos arraigados e o receituário que viemos acumulando estão presentes e nos servem retrospectivamente, assim como a *brandade* que comemos pela primeira vez no restaurante Bahía de Tossa, no início dos anos 1980, que nos apontou para a modernidade no tratamento do bacalhau; ou a *terrine* de pés de porco com repolho confitada do Motel Empordà, que nos revelou como a cozinha de *matanza* pode ser engenhosa e local.

E muitos outros pratos, cujo sabor ressurge sempre aqui e ali, dos rincões de nossa memória:

I

Um dia no Celler com um caderno preto

A noite anterior

Ficamos de nos encontrar amanhã, mas eis-me esta noite no Celler. Foram muitos dias e muitas noites, aqui, ou no primeiro restaurante, o que ficava perto da casa dos pais. E também no bar de sempre, onde Josep e Montserrat ainda preparam, há quase cinquenta anos, refeições populares.

Talvez por isso, penso na dificuldade de distinguir, neste caderno, o que vem do fato iminente – o que vivenciarei aqui amanhã – dos mecanismos da memória induzida que me lançarão às ínfimas evocações que, neste exato momento, de repente, já começam a brotar. Falo com Josep da época em que um grupo de amigos e eu íamos ao Can Roca para ver o compacto dos jogos de futebol nas noites de domingo. Rins e lulas à romana me vêm à mente. E uma televisão pequena, em que víamos a reprise das jogadas. Falando daqueles tempos, Josep me diz que no horário em que nós jantávamos ele certamente já estava dormindo. Hoje, no entanto, creio que posso afirmar que ele quase não dorme. Nem Josep, nem seus irmãos.

Já é madrugada, ele e Joan continuam conversando, afáveis, com uns clientes amigos sobre as qualidades de determinados fígados de pato e sobre a experiência dos vinhedos que Josep visitou hoje mesmo, à tarde. No dia seguinte, bem cedo, estarão a postos, na esplanada de piso claro, com canais e pequenos lagos de grama, com heras que nos acolhem quando chegamos ao Celler. Agora, o primeiro pátio, o que está em frente à elegante fachada, sóbria e vigorosa, está iluminado. Josep e Joan cumprimentam os clientes da última mesa, que jantaram no reservado e resolveram ficar para tomar um drinque no salão da entrada. Depois, ambos falam comigo de uma ideia que não poderei esquecer. “As pessoas nos dedicam tempo”. É um conceito extraordinariamente interessante. De fato, é a essência – se é que devemos procurar alguma – do Celler.

As ervilhas refogadas com as quais sonha nossa mãe, acompanhadas do cordeiro pascal dos dias de festa, nos tempos de penúria do pós-guerra.

As lulas com cebola, relação melíflua de temperos refogados e retintos, agora incrustados em uma rocha macia e embebida, fusão de uma metade de cebola e uma metade de pequenas lulas *à la brutesca*.

O fígado acebolado da festa mais importante de Sant Esteve de Llémena, ou seus cafés da manhã reforçados com *butifarra* e finalizados com um cigarro e um *carajillo*, que expandiam os pulmões e apequenavam os olhos.

A *zarzuela* de Natal das encomendas a serem levadas do restaurante Can Roca de nossa mãe, símbolo de dias de refeições especiais, com o segredo do *picadillo*...

O pato e o figo. Relação endêmica. Por dentro, com o *foie*, e por fora, com a carne, mostrando-se em retrocesso ou como revestimento. E a verdadeira carne de ganso, e seu fígado, com o figo como fiel servidor. O fígado do pato atrofiado por comer figo, e a boa saúde daquele que come o *foie* com figo...

E os outros pratos, como o guisado de vitelo.

E a cartilagem, que nos reporta à textura do tendão, intensificando a lembrança de uma parte que antes evitávamos e que agora elogiamos. Os tendões, que agora trabalhamos em longa e precisa cocção, para amolecê-los até o impossível...

No final, o presente e a evolução do que defendemos hoje será a despensa da tradição de nossos filhos. Evolutivamente. Em transmissão mutante... Do mesmo modo que as receitas de nossa infância alimentaram nossos corpos, nossas vidas e, portanto, nossa cozinha.

Do salão...

No salão do Celler de Can Roca, o elemento que procura se aproximar da tradição são as três pedras: três pedras que são matéria, memória, perseverança, fortaleza, integridade.

Significam a consciência de querer levar a termo uma revisão de matizes permeável, que se pode reconstruir, modelar, mas que mantém a coerência nas formas.

Também há uma intenção de conferir localidade, proximidade, porque são pedras das margens do rio Ter, que vieram de longe, que foram arrastadas, que chegaram até aqui e que têm a função de mostrar três elementos com personalidades distintas, com construções pessoais diferentes, mas que protagonizam um jogo enriquecedor de três em um.

Vocês poderão encontrá-las sobre a mesa, presidindo sua refeição. É nossa maneira de acompanhá-los. Discretamente, mas presentes.

SALMONETE RECHEADO DE SEU FÍGADO, SUQUET E NHOQUES DE ERVA-DOCE, LARANJA E AÇAFRÃO

8 PESSOAS

COMPOSIÇÃO

Salmonete
Patê de fígado de salmonete
Nhoque de erva-doce
Nhoque de laranja
Nhoque de açafrão
Suquet de salmonete

—SALMONETE

RENDIMENTO: 8 SALMONETES LIMPOS DE 40 G CADA

8 salmonetes (de 80 g cada, aproximadamente)
Salmoura para peixes (receitas-base)

Limpe e descame os salmonetes; reserve os fígados para elaborar o patê.

Extraia o filé sem separar a cauda e retire as espinhas, que serão usadas para o caldo.

Mergulhe na salmoura durante 4 minutos, retire e seque o excesso de umidade. Reserve.

—PATÊ DE FÍGADO DE SALMONETE

RENDIMENTO: 180 G

110 g de fígado de salmonete
110 g de manteiga
10 g de azeite de oliva extravirgem
Sal

Coloque os fígados na água com gelo durante 12 horas, para retirar o sangue. Passado esse tempo, retire os fígados dessangrados e enxugue-os bem. Aqueça o azeite de oliva numa frigideira e frite os fígados, procurando deixar o centro rosado. Triture-os com toda a manteiga e coloque uma pitada de sal; passe por uma peneira fina; esfrie e reserve em sacos de confeiteiro.

—ÁGUA DE ERVA-DOCE

RENDIMENTO: 70 G

50 g de folhas de erva-doce
25 g da água de escaldar a erva-doce
25 g de água

Coloque uma panela de água para ferver. Branqueie as folhas de erva-doce na água fervente durante cerca de 20 segundos e retire-as. Esfrie as folhas em água com gelo.

Acrescente as folhas de erva-doce escaldadas à água de escaldar já fria e aos 25 g de água indicados na receita e triture até obter um líquido fino e homogêneo. Passe por um *chinois* fino, espremendo para obter a maior quantidade de água de erva-doce possível

—NHOQUE DE ERVA-DOCE

RENDIMENTO: 22 NHOQUES

60 g de água de erva-doce (elaboração anterior)
15 g de *kuzu*
200 g de purê de batatas (receitas-base)
5 g de folhas de erva-doce frescas

Dissolva o *kuzu* na água de erva-doce fria, misture imediatamente com o purê de batatas e coloque toda a mistura numa panela. Leve para ferver e mexa até obter uma massa espessa. Deixe amornar; acrescente as folhas de erva-doce picadas e misture até homogeneizar. Encha um saco de confeiteiro com essa massa e deixe descansar por 12 horas sob refrigeração.

Passado esse tempo, sobre uma tábua, faça cilindros de 1,2 cm de diâmetro e corte-os em rodelas de 1,5 cm de largura. Reserve.

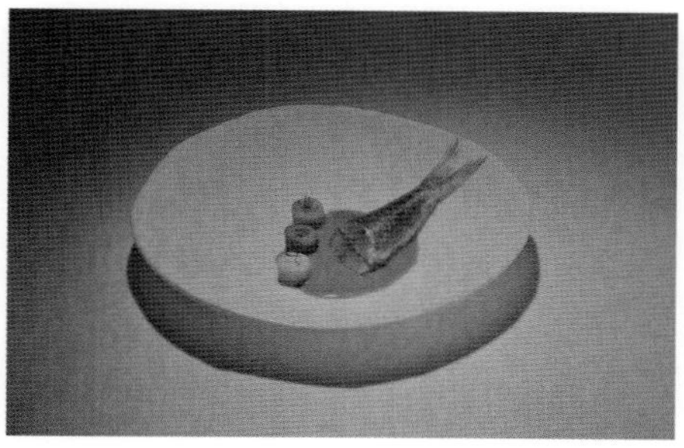

—NHOQUE DE LARANJA

RENDIMENTO: 22 NHOQUES

1 laranja
15 g de *kuzu*
20 g de água
40 g de redução de laranja (receitas-base)
200 g de purê de batatas (receitas-base)

Raspe a casca da laranja com auxílio de um ralador Microplane e reserve.

Dissolva o *kuzu* na água fria, juntamente com a redução de laranja. A seguir, misture com o purê de batatas e coloque toda a mistura numa panela. Leve para ferver e mexa até obter uma massa espessa. Deixe amornar, acrescente, então, as raspas de laranja e misture até homogeneizar. Coloque o conteúdo num saco de confeiteiro e deixe descansar 12 horas sob refrigeração.

Passado esse tempo, sobre uma tábua, faça cilindros de 1,2 cm de diâmetro e corte-os em rodelas de 1,5 cm de largura. Reserve.

—INFUSÃO DE AÇAFRÃO

RENDIMENTO: 250 G

250 g de água
2,5 g de açafrão

Envolva o açafrão em papel-alumínio e aqueça ligeiramente sobre uma chapa. Esquente a água e acrescente o açafrão. Tampe e deixe em infusão durante 15 minutos. Reserve.

—NHOQUE DE AÇAFRÃO

RENDIMENTO: 22 NHOQUES

60 g de infusão de açafrão (elaboração anterior)
15 g de *kuzu*
200 g de purê de batatas (receitas-base)

Dissolva o *kuzu* na água de açafrão fria; em seguida, misture com o purê de batatas e coloque toda a mistura numa panela. Leve ao fogo para ferver e mexa até obter uma massa espessa. Coloque a massa num saco de confeiteiro e deixe descansar por 12 horas sob refrigeração.

Passado esse tempo, sobre uma tábua, faça cilindros de 1,2 cm de diâmetro e corte-os em rodelas de 1,5 cm de largura. Reserve.

—CALDO DE SALMONETE

RENDIMENTO: 2.000 G

2.000 g de espinhas e cabeças de salmonete
365 g de *bresa* (receitas-base)
3.000 g de água
15 g de banha

Mergulhe as espinhas e as cabeças na água fria com gelo, para dessangrar. Escorra, coloque numa assadeira e leve para dourar a 180 °C durante 30 minutos.

Numa panela, coloque as espinhas e cabeças do salmonete tostadas no forno juntamente com a *bresa* e a água fria. Deixe ferver e espume para retirar as impurezas. Acrescente a manteiga e deixe cozinhar em fogo brando. Coe e reduza até obter 2 litros de caldo.

—*ALIOLI*

RENDIMENTO: 145 G

3 dentes de alho
40 g de caldo de salmonete (elaboração anterior)
110 g de azeite de alho (receitas-base)
Azeite de oliva extravirgem
Sal

Coloque os alhos numa panela com água fria e leve ao fogo para branqueá-los, repetindo essa operação por três vezes. Logo em seguida, coloque-os numa assadeira com um pouco de azeite de oliva e leve ao forno à temperatura de 160 °C, durante 12 minutos aproximadamente.

Triture os alhos assados junto com o caldo de salmonete e emulsione com azeite de alho para obter o *alioli*. Coloque sal a gosto e reserve.

—*SUQUET* DE SALMONETE

RENDIMENTO: 1.200 G

2.000 g de caldo de salmonete (elaboração anterior)
145 g de alioli (elaboração anterior)
1,5 g de goma xantana
Sal

Com auxílio de um *mixer*, triture o caldo de salmonete junto com a xantana. Quando a mistura estiver homogênea, emulsione-a com o *alioli* e coloque sal a gosto.

FINALIZAÇÃO E MONTAGEM DO PRATO

8 folhas de erva-doce
8 pistilos de açafrão
Raspas de laranja
Azeite de pimenta-malagueta (receitas-base)

No momento de servir, recheie os salmonetes com o patê de seus fígados, embale a vácuo a 100% e cozinhe no Roner a 55 °C durante 4 minutos.

Regenere os nhoques na salamandra. Coloque um nhoque de cada sabor num lado do prato e finalize-os de acordo com o sabor com um pistilo de açafrão, uma folha de erva-doce ou raspas de laranja ligeiramente desidratada na salamandra.

Sirva o *suquet* no fundo do prato e por cima o salmonete. Finalize com 3 gotas de azeite de pimenta-malagueta na superfície do salmonete.

BRANDADE DE BACALHAU

8 PESSOAS

COMPOSIÇÃO

Espuma de bacalhau
Brandade de bacalhau
Tripa de bacalhau
Purê de limão-siciliano
Talos de *bok choy*
Echalotas ao mel

—ESPUMA DE BACALHAU

RENDIMENTO: 1.200 G APROXIMADAMENTE

4 dentes de alho
750 g do lombo central de bacalhau dessalgado
400 g de creme de leite fresco
80 g de clara de ovo
30 g de azeite de oliva extravirgem
100 g de purê de batatas (receitas-base)
3 g de goma xantana
Sal

Corte os dentes de alho em lâminas e leve-os para saltear rapidamente com um pouco de azeite de oliva, muito levemente, sem dourá-los. Acrescente o bacalhau dessalgado cortado em cubos regulares e cozinhe em fogo brando por mais alguns minutos. Adicione o creme de leite e cozinhe durante 10 minutos em fogo médio. Retire, triture no processador e passe toda a mistura por um *chinois* fino. Incorpore a clara de ovo, o azeite de oliva, o purê de batatas e a xantana, e misture com a ajuda de um *mixer*. Prove, retifique o sal e leve a mistura a um sifão de litro com 3 cargas.

—CALDO DE BACALHAU

RENDIMENTO: 650 G APROXIMADAMENTE

2 alhos-porós
1 dente de alho
500 g de espinhas de bacalhau
2 batatas
1.000 g de água
200 g de azeite de oliva extravirgem

Limpe e retire a pele dos alhos-porós e a casca do alho, e pique-os em seguida. Refogue numa panela média com um pouco de azeite, acrescente as espinhas de bacalhau, as batatas descascadas e cortadas em pedaços e a água. Deixe ferver durante 30 minutos.

Separe as espinhas de bacalhau, triture o restante do preparo (caldo, batatas, alho, alhos-porós) e emulsione com o azeite de oliva. Reserve mantendo aquecido.

—*BRANDADE* DE BACALHAU

RENDIMENTO: 400 G

200 g de bacalhau dessalgado
1 dente de alho
180 g de azeite de oliva extravirgem
50 g de caldo de bacalhau (preparação anterior)

Refogue o alho laminado no azeite de oliva, acrescente o bacalhau esmigalhado e confite em fogo bem lento. Triture com o *mixer*, juntando aos poucos e bem lentamente o azeite de confitar o alho, até obter uma emulsão espessa. Acrescente o caldo de bacalhau para deixar mais leve e reserve.

—TRIPA DE BACALHAU

RENDIMENTO: 150 G APROXIMADAMENTE

100 g de tripa de bacalhau (previamente de molho por 12 horas)
1 dente de alho
30 g de azeite de oliva extravirgem
5 g de polpa de pimenta *ñora*
25 g de caldo de bacalhau (elaboração anterior)

Retire a pele externa da tripa de bacalhau e corte-a em cubos de 0,5 cm largura. Reserve.

Corte o alho em lâminas e confite-o no azeite, para que este absorva o sabor. Retire as lâminas de alho e reserve o azeite. Acrescente a tripa em cubos e a polpa da pimenta; deixe cozinhar por 10 minutos e junte o caldo de bacalhau. Despeje o azeite de alho lentamente, sem deixar de mexer, até que o líquido esteja emulsionado.

—ALBEDO DE LIMÃO-SICILIANO

RENDIMENTO: 500 G

500 g de água
100 g de açúcar
500 g de albedo de limão-siciliano

Numa panela, coloque os 500 g de água com os 100 g de açúcar e o albedo de limão-siciliano. Leve ao fogo até ferver e, em seguida, deixe esfriar. Repita essa operação por 4 vezes e, finalmente, seque bem os albedos e reserve.

—REPOUSO DE ALBEDO DE LIMÃO-SICILIANO

RENDIMENTO: 500 G

500 g de xarope TPT (receitas-base)
500 g de albedo de limão-siciliano (elaboração anterior)

Misture o xarope com os albedos branqueados e deixe em repouso por 24 horas.

—PURÊ DE LIMÃO-SICILIANO

RENDIMENTO: 750 G

500 g de albedo de limão (elaboração anterior)
100 g de suco de limão-siciliano
70 g de creme de leite fresco
25 g de manteiga

Retire os albedos do xarope, triture-os na Thermomix por 10 minutos, a 65 °C, e incorpore o suco de limão, o creme de leite e a manteiga.

Se necessário, acrescente um pouco do xarope no qual os albedos descansaram, para obter uma textura mais cremosa. Reserve em sacos de confeiteiro, sob refrigeração.

—TALOS DE *BOK CHOY*

RENDIMENTO: 72 TRIÂNGULOS

12 folhas de *bok choy* (acelga-chinesa)
Azeite de oliva extravirgem
Sal

Separe as folhas de *bok choy*, que utilizaremos em outras preparações, e reserve os talos. Lave-os bem e corte-os em pequenos triângulos de até 3 mm de base. Doure ligeiramente na chapa com azeite de oliva e, finalmente, coloque sal a gosto. Reserve.

—ECHALOTAS AO MEL

RENDIMENTO: 24 UNIDADES

200 g de echalotas (12 unidades)
Azeite de oliva extravirgem
20 g de mel
Azeite de pimenta-malagueta (receitas-base)
Flores de tomilho

Coloque as echalotas com casca numa panela de água fria e leve ao fogo até levantar fervura. Uma vez cozidas, descasque-as e corte os bulbos ao meio.

Numa frigideira com um pouco de azeite, doure a face do corte dos bulbos e, quando estiverem ligeiramente douradas, acrescente o mel. Deixe cozinhar até caramelizar.

Separe 8 metades caramelizadas com o mel; misture às outras 8 metades o azeite de pimenta-malagueta e, às 8 restantes, as flores de tomilho. Reserve.

FINALIZAÇÃO E MONTAGEM DO PRATO

Folhas de cenoura
Manjericão roxo
Tomilho
Brotos de mostarda

Coloque a *brandade* de bacalhau num prato; em sua superfície, um pouco da tripa guisada e três pontos de purê de limão-siciliano na borda da *brandade*.

Espete 3 talos de *bok choy* em cada ponto de purê de limão; entre um ponto e outro, coloque uma metade de echalota, alternando uma com flores de tomilho, outra com azeite de pimenta-malagueta e, por fim, uma caramelizada.

Termine com a espuma de bacalhau, algumas folhas de cenoura, manjericão, tomilho e broto de mostarda.

PESCOÇO DE CORDEIRO RECHEADO DE TIMO COM ERVILHAS

6 PESSOAS

COMPOSIÇÃO

Terrine de pescoço de cordeiro
Molho de cordeiro
Pancetta de cordeiro
Purê de ervilhas
Parmentier de queijo Serrat de ovelha
Gel de menta

—*TERRINE* DE PESCOÇO DE CORDEIRO

RENDIMENTO: 6 PORÇÕES

1 pescoço de cordeiro de 1.000 g
Salmoura para carnes (receitas-base)
Azeite de oliva extravirgem
50 g de timo de cordeiro

Coloque o pescoço de cordeiro 3 horas de molho em água com gelo para dessangrar. Transcorrido esse tempo, escorra e passe-o pela salmoura durante 2 horas. Escorra de novo, embale a vácuo com azeite e cozinhe no Roner por 24 horas a 68 °C. Uma vez cozido e ainda quente, desosse conservando a forma do pescoço.

Branqueie os timos a partir de água fria com um pouco de sal. Esfrie-os e retire o tecido conjuntivo (fibras e nervos).

Recheie o pescoço com os timos, faça um rolo de 3,5 cm de diâmetro, envolvendo-o com filme de PVC, prense bem e torne a embalar a vácuo. Cozinhe de novo a 68 °C durante 1 hora. Resfrie rapidamente e conserve sob refrigeração. Corte rodelas de 3 cm de largura e embale para regenerar a 68 °C no momento de montar o prato.

—MOLHO DE CORDEIRO

RENDIMENTO: 250 G

2.000 g de ossos e retalhos de cordeiro
220 g de bresa (receitas-base)
2.500 g de água
40 g de espessante de *kuzu* (receitas-base)
Sal

Coloque os ossos e os retalhos (aparas) de cordeiro numa assadeira e doure-os a alta temperatura.

Assim que estiverem tostados, retire o excesso de gordura e coloque-os numa panela junto com a *bresa*. Deglace as assadeiras com água fria e acrescente os sucos desprendidos à panela de cozimento. Cubra tudo com a água fria e cozinhe durante 3 horas. Após esse tempo, coe e deixe reduzir até obter 250 g. Leve para ferver e incorpore a mistura de *kuzu*, sem deixar de mexer. Coloque sal a gosto, coe e reserve.

—*PANCETTA* DE CORDEIRO

RENDIMENTO: 7 QUADRADOS DE 3 CM X 3 CM

1 costela de cordeiro de leite
Azeite de oliva extravirgem
Salmoura para carnes (receitas-base)

Coloque a costela na salmoura durante 1 hora.

Embale-a com 100% de vácuo junto com o azeite e cozinhe no Roner por 12 horas a 72 °C. Ainda quente, desosse, retire a gordura externa e a carne.

Marque a pele da costela na chapa, colocando um peso sobre dela, para que fique plana e crocante. Reserve.

—PURÊ DE ERVILHAS

RENDIMENTO: 250 G

250 g de ervilhas frescas
75 g de manteiga
Sal

Escalde as ervilhas e esfrie-as em água com gelo.

Coe e triture-as com a manteiga até obter uma pasta homogênea. Passe por um *chinois* fino para retirar as peles que possam restar e coloque sal a gosto. Reserve.

—*PARMENTIER* DE QUEIJO SERRAT DE OVELHA

RENDIMENTO: 400 G

200 g de batatas
60 g de queijo Serrat de ovelha
100 g de leite
60 g de creme de leite fresco
4 g de clara de ovo em pó

Lave as batatas com casca, envolva-as em papel-alumínio e asse no forno a 160 °C durante 45 minutos.

Numa panela, aqueça o leite, o creme de leite fresco e o queijo. Deixe em infusão até que o queijo se funda. Triture com o *mixer* até desfazer os grumos e finalmente passe por um coador fino. Reserve.

Descasque as batatas ainda quentes e passe-as pelo espremedor de batatas. Adicione a infusão de queijo e, com a ajuda do *mixer*, misture até obter um creme fino e homogêneo. Acrescente a clara de ovo em pó, coloque num sifão de ½ litro com 2 cargas e mantenha em banho-maria quente.

—GEL DE MENTA

RENDIMENTO: 250 G

300 g de folhas de menta
75 g da água de escaldar a menta
75 g de água
0,5 g de goma xantana
Sal

Coloque uma panela com água para ferver. Branqueie as folhas de menta durante cerca de 20 segundos e retire. Esfrie-as em água com gelo.

Coloque as folhas de menta escaldadas junto com 75 g da água de escaldar fria e 75 g de água adicionais no processador e triture até obter um líquido fino e homogêneo. Passe por um *chinois* fino, pressionando para obter a maior quantidade de água de menta possível. Triture a xantana com a água obtida, coloque uma pitada de sal e reserve.

FINALIZAÇÃO E MONTAGEM DO PRATO

Ervilhas-lágrima
Germinados de ervilha
Flores de ervilha
Cominho em pó
Brotos de menta

No centro de um prato retangular, coloque uma porção de *terrine* de pescoço de cordeiro regenerada a 68 °C. Sobre ela, coloque as ervilhas-lágrima escaldadas na hora, o molho de cordeiro e a pele da costela de cordeiro crocante. De um lado, disponha o purê de ervilhas, um germinado e uma flor de ervilha. Do outro lado, sirva o *Parmentier* de queijo Serrat de ovelha, termine com algumas gotas de gel de menta, uma pitada de cominho em pó e uma folhinha de menta.

FÍGADO DE POMBO COM CEBOLA

8 PESSOAS

COMPOSIÇÃO

Parfait de pombo
Peitos de pombo
Nozes caramelizadas
Gel de cebola
Pão de ló de cebola
Cebolas

—*PARFAIT* DE POMBO
RENDIMENTO: 300 G

300 g de fígados de pombo
10 g de azeite de oliva extravirgem
10 g de manteiga
150 g de manteiga
60 g de caldo de frango (receitas-base)
1,25 g de iota
Sal

Dessangre os fígados de pombo com água com gelo em abundância durante 12 horas, trocando a água a cada 3 horas. Lave bem e escorra.

Numa frigideira contendo os 10 g de azeite de oliva e 10 g de manteiga, doure os fígados dos dois lados durante 5 minutos. Retire, coloque no copo da Thermomix com o restante da manteiga e cozinhe a 70 °C por 5 minutos. Passe por uma peneira de malha fina e coloque sal a gosto. Triture a mistura obtida com o caldo de frango e a iota. Leve ao fogo até ferver e, ainda quente, distribua porções de 20 g nos pratos de servir. Mantenha sob refrigeração para adquirir consistência.

—PEITOS DE POMBO
RENDIMENTO: 8 *AIGUILLETTES*

8 peitos de pombo

Embale a vácuo os peitos de pombo e cozinhe no Roner a 63 °C durante 22 minutos. Resfrie rapidamente e corte as *aiguillettes* dos peitos de pombo. Reserve o que restou dos peitos de pombo para outra preparação.

—NOZES CARAMELIZADAS
RENDIMENTO: 110 G

100 g de água
60 g de açúcar
100 g de nozes
40 g de açúcar de confeiteiro
Óleo de girassol

Numa vasilha, coloque a água junto com o açúcar e leve ao fogo até ferver. Junte as nozes e cozinhe em fogo brando até ficarem bem tenras, quase translúcidas. Escorra-as e deixe-as secar sobre um tapete de silicone. Corte cada noz em quartos e polvilhe com açúcar de confeiteiro. Frite em óleo de girassol a 180 °C até ficarem bem douradas e crocantes. Retire do óleo e coloque sobre papel-toalha. Reserve.

—GEL DE CEBOLA
RENDIMENTO: **250 G**

1.000 g de cebola
500 g de água
2 g de goma xantana
Sal

Corte a cebola em *julienne* e coloque-as de molho até que adquiram uma tonalidade bem dourada (restarão cerca de 250 g). Adicione a água, deixe ferver em fogo brando até reduzir à metade. Coe, acrescente a xantana, triture e coloque sal a gosto. Reserve.

—PÃO DE LÓ DE CEBOLA
RENDIMENTO: 400 G

120 g de cebola refogada (receitas-base)
125 g de clara de ovo
80 g de gema de ovo
80 g de isomalte
Sal
20 g de farinha de trigo.
2 g de fermento químico

Misture todos os ingredientes com o *mixer* e passe-os por um *chinois* fino. Coloque a mistura num sifão de ½ litro e acrescente 3 cargas de gás, sem deixar de agitar. Deixe o sifão descansar sob refrigeração durante 12 horas. Após esse tempo, coloque a mistura nas formas de plástico próprias para micro-ondas e cozinhe em potência máxima durante 1 minuto. Deixe descansar e desenforme.

Guarde num recipiente hermético até a finalização e apresentação.

—CEBOLAS
4 echalotas
1 cebola de Figueres
4 cebolinhas
Sal

Coloque as echalotas com casca em água fria e leve-as ao fogo. Quando começar a ferver, deixe-as cozinhar por 5 minutos e resfrie em banho-maria invertido. Em seguida, descasque as echalotas e corte-as pela metade com uma faca de legumes e reserve meia echalota por prato.

Branqueie a cebola de Figueres por 5 vezes, a partir de água fria e cozinhe-a numa panela de pressão com água em abundância e sal a gosto por 5 minutos. Retire da panela e resfrie em banho-maria invertido. Descasque e corte bastões de cebola de 0,3 cm de largura por 1 cm de comprimento. Reserve 3 bastões por prato.

Escalde as cebolinhas (somente a parte branca) em água fervente, com sal a gosto. Resfrie-as em banho-maria invertido, corte-as pela metade para poder usar meia cebolinha por prato e reserve.

FINALIZAÇÃO E MONTAGEM DO PRATO

Cubos de casca de laranja confitada (receitas-base)
Zimbro em pó
Cebolinha espiralada (elaboração na p. 95)
Flores de alecrim

Aqueça o prato com o *parfait* de pombo e cubra com o gel de cebola refogada. Sobre o gel, disponha ½ echalota, ½ cebolinha, 2 lâminas de cebola de Figueres, o pão de ló de cebola e termine com a *aiguillette* de pombo, passada previamente pela salamandra durante alguns segundos. Ao redor do *parfait*, distribua 2 gotas do gel de cebola, 3 pedaços de noz caramelizada, 1 cubo de casca de laranja confitada e polvilhe com o zimbro em pó. Por fim, coloque a cebolinha espiralada e as flores de alecrim.

FIGOS COM FOIE

8 PESSOAS

COMPOSIÇÃO

Foie cozido
Purê de figos
Sopa de *foie*
Véu de PX
Figos recheados

—*FOIE* COZIDO

RENDIMENTO: 300 G

300 g de *foie gras*
22,5 g de Xerez Pedro Ximénez
1 g de pimenta de Sichuan
Sal

Embale a vácuo o *foie gras* junto com o Xerez Pedro Ximénez, o sal e a pimenta de Sichuan. Cozinhe no Roner por 30 minutos a 65 °C. Transcorrido esse tempo, retire-o do invólucro e coloque-o numa tábua para retirar as fibras e veias e torne a retificar o sal. Esfrie ligeiramente e triture o *foie* no processador até obter um purê liso. Coloque num saco de confeiteiro e reserve.

—PURÊ DE FIGOS

RENDIMENTO: 350 G

500 g de figos frescos

Retire a pele dos figos e aproveite somente a polpa. Triture-a até obter um purê fino e reserve.

—SOPA DE *FOIE*

RENDIMENTO: 350 G

250 g de *foie gras*
75 g de caldo de frango (receitas-base)
50 g de creme de leite fresco
25 g de Xerez Pedro Ximénez (PX)
Pimenta de Sichuan
Sal

Marque o *foie* dos dois lados, sem deixar que adquira muita cor, acrescenter o caldo de frango, o creme de leite fresco, o PX e retifique o sal e a pimenta. Deixe ferver e triture. Passe a mistura por um *chinois* fino, esfrie e reserve.

—VÉU DE PX

RENDIMENTO: 35 UNIDADES

200 g de Xerez Pedro Ximénez
1 g de ágar-ágar
½ folha de gelatina
Glicerina

Unte um tabuleiro de 30 cm x 40 cm com algumas gotas de glicerina e reserve. Misture o PX com o ágar-ágar e leve ao fogo até ferver; retire do fogo, deixe que a temperatura diminua e, quando estiver em 35 °C, acrescente a folha de gelatina previamente hidratada. Despeje a preparação sobre o tabuleiro untado com glicerina e deixe que adquira consistência. Uma vez solidificado o PX, corte o véu em discos usando um cortador de massas de 5 cm de diâmetro, aproximadamente, e reserve no mesmo tabuleiro.

—FIGOS RECHEADOS

RENDIMENTO: 2 FIGOS RECHEADOS

2 figos frescos
Foie cozido (elaboração anterior)
Véu de PX (elaboração anterior)

Retire a pele dos figos e, com uma faca bem afiada, corte-os horizontalmente em 4 camadas. Com um saco de confeiteiro, cubra cada lâmina de figo com uma camada de aproximadamente 0,5 cm de *foie* cozido; a seguir, reconstrua o figo unindo as diferentes camadas e enrole-o num filme de PVC, pressionando levemente para compactá-lo. Deixe descansar sob refrigeração até o *foie* esfriar.

Corte delicadamente o figo reconstruído em 4 quartos e cubra cada quarto com um disco do véu de PX. Reserve sob refrigeração.

FINALIZAÇÃO E MONTAGEM DO PRATO

24 lâminas de trufa
Flores de manjericão roxo

Com o purê de figos, trace uma lágrima na base do prato e, ao seu lado, coloque um quarto de figo recheado e 3 lâminas de trufa. Termine com algumas gotas de sopa de *foie* e as flores de manjericão roxo.

TENDÕES DE VITELO COM COGUMELOS E AVELÃS

8 PESSOAS

COMPOSIÇÃO

Tendões e caldo de vitelo

Caldo texturizado de pés de *enoki golden*

Avelãs

Cebolinha espiralada

—TENDÕES E CALDO DE VITELO

8 tendões de vitelo (10 cm de comprimento, aproximadamente)
6 g de sal
3.000 g de água
100 g de caldo de vitelo (receitas-base)

Limpe os tendões de vitelo e elimine a gordura e as partes magras que possam ter. Deixe-os dessangrar num recipiente com água e gelo durante 24 horas, trocando a água a cada 6 horas.

Branqueie os tendões 3 vezes, a partir de água fria. Reserve.

Coloque toda a água, o sal e os tendões numa panela e deixe ferver. Espume para retirar as impurezas que subirem à superfície e cozinhe durante 4 horas em fogo médio-baixo, até ficarem tenros. Retire os tendões da água, escorra-os bem e coloque-os sobre um tabuleiro com papel sulfurizado, evitando que um encoste no outro, e esfrie rapidamente.

Com a ajuda de uma faca de legumes, arredonde as pontas dos tendões até que fiquem com 1 cm de diâmetro e corte-os em pedaços de 1,5 cm. Coloque-os dentro de uma embalagem a vácuo, evitando sobrepô-los, e acrescente o caldo de vitelo reduzido. Cozinhe no Roner a 90 °C durante 1 hora. Passado esse tempo, retire as embalagens a vácuo do banho térmico e abaixe a temperatura rapidamente. Reserve.

—CALDO TEXTURIZADO DE PÉS DE *ENOKI GOLDEN*

RENDIMENTO: 180 G

400 g de cogumelos *enoki golden*
200 g de água
0,3 g de goma xantana
Sal

Separe os chapéus dos *enoki* e reserve-os para a finalização.

Num recipiente, ferva a água e coloque os pés de *enoki golden*; tampe e deixe em infusão por 15 minutos. Passe por um pano de algodão, acrescente a xantana ao caldo obtido e triture com o *mixer*. Coloque sal a gosto e reserve.

—AVELÃS

RENDIMENTO: 16 QUARTOS

4 avelãs

Toste as avelãs no forno a 170 °C por 8 minutos. Com um pano seco e limpo, esfregue umas nas outras para retirar mais facilmente a pele. Corte as avelãs em quartos e reserve.

—CEBOLINHA ESPIRALADA

4 talos de cebolinha
500 g de água

Corte os talos de cebolinha longitudinalmente, em 2 ou 3 pedaços, coloque-as em banho de água fria com gelo e deixe por alguns minutos até que fiquem espiraladas. Retire os talos da água e já estão prontas para ser usadas.

FINALIZAÇÃO E MONTAGEM DO PRATO

Folhas de cerefólio
Brotos de mostarda
Flores de manjericão
Óleo de avelã
Chapéus de *enoki golden*

Aqueça o caldo texturizado de pés de *enoki golden*. Regenere os tendões embalados no Roner a 63 °C, até que fiquem bem quentes.

Incorpore os chapéus de *enoki* previamente reservados no caldo de pés de *enoki golden*.

Retire os tendões das embalagens a vácuo, escorra o excesso de caldo e coloque num prato fundo 3 pedaços de tendão; a seguir, incorpore o caldo de pés de *enoki*, tentando fazer com que os chapéus fiquem para cima, simulando lentilhas. Acrescente 4 quartos de avelã tostada e 4 gotas de óleo de avelã. Decore com a cebolinha espiralada, algumas folhas de cerefólio, flores de manjericão e brotos de mostarda.

LULAS COM ROCHA DE CEBOLA

8 PESSOAS

COMPOSIÇÃO

Lulas
Rocha de cebola e tinta de lula
Purê de batatas e tinta de lula
Molho de lulas

—LULAS

RENDIMENTO: 3 LULAS POR PRATO

24 lulas
Salmoura para peixes (receitas-base)

Limpe as lulas, deixe em salmoura por 1 minuto e escorra. Embale a vácuo. No momento de servir, cozinhe no Roner a 55 °C durante 5 minutos. Retire da embalagem e sirva.

—ROCHA DE CEBOLA E TINTA DE LULA

RENDIMENTO: 215 G

60 g de cebola confitada
60 g de clara de ovo
40 g de gema de ovo
40 g de isomalte
10 g de farinha de trigo
1 g de fermento químico
1 g de sal
3 g de tinta de lula

Misture os ingredientes com o *mixer* e passe por um *chinois* fino. Coloque a mistura num sifão de ½ litro, acrescente 2 cargas de gás e deixe descansar sob refrigeração.

Coloque a preparação em formas de plástico próprias para micro-ondas e cozinhe na potência máxima durante 1 minuto. Deixe descansar, desenforme e reserve.

—PURÊ DE BATATAS E TINTA DE LULA

RENDIMENTO: 990 G

600 g de batatas
125 g de leite
2,5 g de tinta de lula
250 g de manteiga
10 g de sal

Asse as batatas, descasque-as e passe por um *chinois* fino para obter um purê sem grumos.

Coloque numa tigela o purê de batatas, o leite morno, a tinta e, por fim, quando tudo estiver muito bem incorporado, acrescente pouco a pouco a manteiga. Coloque o sal e reserve.

—MOLHO DE LULAS

RENDIMENTO: 150 G

350 g de tentáculos e nadadeiras de uma lula média
50 g de azeite de oliva extravirgem
100 g de *bresa* (receitas-base)
400 g de água
50 g de manteiga
Sal

Numa frigideira, aqueça o azeite de oliva e doure de ambos os lados as nadadeiras e os tentáculos, cortados em pedaços irregulares. Deglace com um pouco da água e coe. Repita essa operação mais duas vezes com a mesma lula. Coloque o líquido obtido e a lula dourada numa panela junto com a *bresa*, acrescente toda a água restante e cozinhe durante 1 hora, espumando sempre que necessário. Deixe reduzir à metade, coe e reserve. No momento de coar, coloque sal a gosto e triture com a manteiga para formar um pouco de ar. Mantenha bem quente.

FINALIZAÇÃO E MONTAGEM DO PRATO

Chá verde *matcha* em pó
Alga *pistillata*

Coloque o purê na base do prato e, por cima, a rocha de cebola e tinta. Sobre essa última, polvilhe o chá verde e espete raminhos de alga *pistillata*. Distribua as lulas ao redor da rocha, espume o molho e sirva sobre as lulas.

LA CUISINE

litera tura

Influência da literatura culinária clássica e moderna nos pratos do Celler

Ler os clássicos abre caminho para revisões e facilita o surgimento de novas ideias. Imaginemos um pombo-torcaz com louro e landes; uma perdiz com castanhas; um tordo com caracóis, ou com uvas e azeitonas, com sua gordura, com sabugueiro e zimbro; uma *becada* com folhas de figueira; sabiás em escabeche com louro, assados na folha de parreira; pato-real com algas; galo com molho de abrunheiro... Todos eles são pratos inspirados no livro de cozinha *Teatro venatorio y coquinario gallego*, de Castroviejo, Cunqueiro e Álvarez Montenegro. Do mesmo modo, depois de ler *L'art du bien manger* de Edmond Richardin, nos virá à mente uma codorna selvagem com laranja, trigo e cevada.

A literatura culinária sempre foi uma fonte de inspiração de nossa cozinha. Não só como contribuição acadêmica e cultural, mas também prática. Por isso, queremos compartilhar, como uma forma de grata homenagem, alguns dos manuais internacionais fundamentais — clássicos, modernos e contemporâneos — que nos influenciaram, enriquecendo nossos fogões.

JOAN, JOSEP E JORDI ROCA

LITERATURA CULINÁRIA MEDIEVAL EUROPEIA

Para fazer uma reflexão sobre a literatura culinária, é preciso buscar as origens do gênero em duas obras essenciais: *De re coquinaria*, de Coelius Apicius, e *História natural*, de Plínio, o Velho (esse último pelas referências gastronômicas que contém).

Desse ponto, entretanto, damos um salto no tempo até chegar à Europa medieval, à procura dos escritos de referência que já em sua época lançaram as bases da cozinha do Velho Continente.

A França possui alguns receituários como, por exemplo, a coleção *Le viander* (da qual o manuscrito mais antigo é o *Sion*, de fins do século XIII), *Le petit traité* (manuscrito de comércio do século XIV), *Livre fort excellent de cuisine* (editado mais tarde com o título *Le grand cuisinier*) ou *Le ménagier de Paris* (do final do século XIV). A Itália, se desconsiderarmos alguns fragmentos, conta com três: *Anonimo toscano* (manuscrito do século XV), *Anonimo veneziano* (do final do século XV) e o *Libro de arte coquinaria* do mestre Martino da Como (século XV).

Quanto aos livros modernos que falam da época medieval, cabe destacar: *La gastronomie au Moyen Âge*, de Odile Redon, Françoise Sabban e Silvano Serventi, que reúne 150 receitas da França e Itália; e também a obra *A tavola nel Rinascimento*, dos mesmos historiadores da alimentação e da cozinha, Sabban e Serventi. Não podemos nos esquecer de *L'arte della cucina in Italia*, uma antologia da literatura gastronômica italiana desde a Idade Média até nossos dias, da qual provém a ousadia de interpretar algumas ostras na brasa. "As ostras têm melhor sabor se forem aquecidas sobre carvão, temperadas com umas gotas de azeite dentro de uma das metades da concha. As pessoas ricas e luxuriosas que as comem cruas não o sabem", escreve Leonardo da Vinci, em pleno Renascimento. Em nosso restaurante, as fazemos na brasa, com gengibre e também com um fio de azeite e gomos de laranja. Finalmente, *La scienza in cucina e l'arte di mangiar bene*, de Pellegrino Artusi, é um receituário da cozinha italiana mais tardia (1891), porém importante por sua história gastronômica.

Nem em castelhano nem em occitano conhecemos qualquer livro de cozinha anterior ao século XVI.

Da Alemanha, chegou-nos *Daz Buch von guter Spise* (manuscrito da segunda metade do século XIV). Quanto à Inglaterra, é o país com mais manuscritos medievais de cozinha. Mencionaremos os mais importantes: *The Form of Cury* (final do século XIV), *Ancient Cookery* (de 1381), *Harleian ms.279* (de cerca de 1435).

Sobre o tipo de cozinha que representam tais receituários, em geral as bases são similares às de nossa gastronomia medieval. Ou seja, numa cozinha doméstica, cozinha--se com técnicas parecidas e pratos básicos análogos (assado — cozido — empanada). Esses livros refletem os gostos das classes privilegiadas da sociedade. Existem alguns pratos cortesãos comuns à Europa cristã; contudo, os ingredientes variam conforme a geografia e se apresentam como pratos regionais.

O LEGADO FRANCÊS

A LEBRE: *FAISANDAGE OUI, FAISANDAGE NON...*

Pratos como a lebre nos fizeram rever os mestres e observar as técnicas acadêmicas do *faisandage* consideradas infelizes nestes exemplos:

> —"*Le lièvre peut être mangé frais, au boit du fuil ou si on l'a laissé refroidir, après deux ou trois jours de mortification, selon la saison; il ne doit jamais être faisandé. On ne fait pas faisander le liève, qui s'altère, au bout de quarante-huit heures*" (*Larousse gastronomique*, 1938, 1967-1984, 1996).
>
> —"*Surtout ne jamais faisander le lièvre, qui doit être mangé frais*" (A. Guillot, 1976).
>
> —"*Ce gibier doit être mangé frais, car il a tendance à se corrompre facilement*" (P. Bocuse, 1973).

Todos eles, e tantos outros, defendem uma única ideia: não se deve *faisander* — isto é, deixar decompor — a lebre. Nós também concordamos, embora gostemos de lembrar que Josep Pla dedica algumas palavras ao assunto em *Lo que hemos comido*, mostrando-se preocupado com o ácido sarcoláctico, secretado pelo animal que é alcançado pela morte em pleno exercício muscular e com a pouca disposição das pessoas deste país, a Espanha, de comer carne um pouco deteriorada: "A única forma de eliminar os efeitos desse ácido é *faisander* a lebre, ou seja: transformá-los numa leve infecção microbiana que substitua o garroteamento do animal por uma morbidez de sua carne — que a distenda e afrouxe, dizendo mais claramente. Para alcançar esses resultados, não há outro caminho senão pendurar a peça de caça num prego na porta da dispensa durante um tempo determinado — nunca na geladeira —, como fazem na França, que entendem disso [...]. Isto é, que uma vez bem *faisandée*, deve-se colocar a caça ligeiramente apodrecida na caçarola — uso agora essa palavra porque é a que mais incomoda as pessoas [...]. Se determinada quantidade de pessoas não aprecia a cozinha de caça, é melhor que comam *confits*".

Nem sempre damos ouvidos ao conteúdo da deliciosa prosa do brilhante escritor de Palafrugell. A opinião de Pla, como diria o erudito Jaume Coll, revela-se decadente, passada do ponto, coincidente com paladares de outros tempos. A única objeção é que não se pode generalizar. Cada animal de caça, de pelo ou pena, necessita de um tempo de espera diferente antes de ser cozinhado. A lebre e a codorna, quanto antes, melhor; por sua vez, a *becada*, de uma a três semanas. Curnosky (Maurice Edmond Sailland), em *Souvenirs littéraires et gastronomiques* (1958), explica que em sua adolescência (no final do século XIX) eram muitos os que manifestavam uma paixão veemente pela caça em estado avançado de composição. Sem dúvida, os gostos evoluíram. Ou pelo menos mudaram. Ainda mais neste campo.

No Celler, nós trabalhamos a lebre com longas cocções, deixando que a peça cozinhada amoleça e se hidrate lentamente com todo o seu sabor. Nada se perde, tudo se ganha. Preservamos, isso sim, a *aiguillette*, para cozinhá-la na brasa de azinheira, carinhosamente.

A *BECADA*

Depois de dez dias de *faisandage*, cozinhamos a rainha do bosque de bico longo, a *becada*, com a peça previamente assada para fixar os matizes da reação de Maillard. O tecido do peito é vagarosamente amolecido e a textura única e delicada do cérebro, conservada. Podemos mostrar excelência com a *aiguillette*, o miolo do peito das aves: uma espécie de filé bem formado entre a carcaça e a parte mais grosseira e dura do peito. Valorizamos muito essa peça escondida sob o peito, e, assim que surge a oportunidade, adoramos mostrá-la sobre um brioche com suas vísceras. Também as vísceras: gostamos de trabalhá-las com um academicismo atualizado, pois os gostos evoluem. O *parfait*, o patê, o purê de vísceras... são uma constante na cozinha de casa. Esse *parfait* de pombo com zimbro e coentro original foi superado em complexidade técnica, de ourivesaria e de matiz, pelas elaborações dos *parfaits* de *becada*, do brioche de *becada*, da rola, do pombo-torcaz e do patê de tordos. Procuramos preservar a potência sintática do animal.

Ocasionalmente, deparamos com alguma *avis rara*, como as codornas selvagens, e sonhamos em tornar a ver na caçarola de casa, algum dia, um papa-moscas, ou aquele *hortolano* degustado em um frio e cinzento dia de janeiro no extinto restaurante Drolma, com Fermí Puig e Jaume Coll, e que permanecerá para sempre em nossa memória. Vamos acompanhá-lo de um revigorante Armanhaque Laverdolive, de 1942. *Pas mal!*

Precisamente, Jaume Coll foi o artífice e narrador de *El crepúsculo de la becada* (2004), relato de um simpósio no Ca l'Enric que ficou em nossa memória como um colóquio inesquecível e enriquecedor, culto, antropológico, amoroso. Uma conversa na qual um ornitólogo, alguns caçadores, cozinheiros, *sommeliers* e escritores opinavam e teciam, sem saber, o prelúdio de um ensaio transbordante de sensibilidade, costumbrismo, sabedoria e deslumbramento com a beleza dessa misteriosa ave. A arte da conversação, um interlúdio cordial e de animação cultural com um fio condutor: a *becada*.

AS *ROYALES*

As cocções *à la royale* são para nós uma espécie de ápice da arte culinária culta (clássica) do Ocidente.

Partimos de duas versões clássicas da escola francesa, de diferentes procedências geográficas: Périgord (*La bonne cuisine du Périgord*, 1929) e Poitou (*Les soupes de la cour*, 1755). A primeira tem a forma de um rocambole com *foie* e trufa. Uma lebre *à la royale* com um Château Beaucastel 1985, no restaurante Lucas Carton (hoje Senderens, em Paris), é uma imagem clássica, que marca para sempre e cria um instante de beleza da cozinha acadêmica. Coloca em cena a *grandeur* de uma cozinha indestrutível. A segunda receita, a de Poitou, parte de uma grande simplicidade e modéstia: em vez de *foie* e trufa, alhos, vinho e echalotas. É justamente essa austeridade, a aparência de prato humilde, o que a torna fascinante. É a lebre por si mesma, sem enfeites.

O prato (*Lièvre à la royale*) aparece documentado pela primeira vez em 1886 em *L'Art Culinaire*, uma prestigiosa revista parisiense. A versão de Poitou deve-se a Aristide Couteaux, senador de Poitiers, que a publica no jornal *Le Temps*, de 1898. Tanto Bocuse (1973) quanto Robuchon (1986) dão uma contribuição decisiva e brilhante. A enciclopédia *Larousse gastronomique*, em suas três edições ao longo de sessenta anos (1938, 1967, 1996), assume a importante missão de registrar a receita e sua história.

O Celler propõe um prato complexo e integrador das duas escolas, para não renunciar a nada e projetar a magnitude e a complexidade do academicismo num único prato. Declinação. Ourivesaria. A lebre *à la royale* apresenta-se com uma cama desse tipo de torta de lebre, com uma *quenelle* de lebre ao estilo de Poitou com beterraba, coxas confitadas com canela, e o efeito térmico do gengibre, e lombo de lebre marcado na brasa, acompanhado de *coulis* de framboesas na brasa. Finaliza-se o prato temperando-o com espuma essencial do poético destilado de terra e da joia da coroa do bosque, a trufa. Ares de *grandeur*, cultura acadêmica e reivindicação obstinada da terra, de seu sabor, de sua riqueza. Sim, senhor Pla, um prato de paisagem à caçarola. O destilado de terra transporta-nos para o bosque; ato contínuo, já podemos partir em busca da lebre...

INFLUÊNCIA DA COZINHA HISPANO-ÁRABE E A LITERATURA CULINÁRIA EM CASTELHANO

A cozinha da Espanha muçulmana é uma evolução da cozinha romana e visigoda, e apresenta semelhanças que se explicam a catalã, semelhanças que se explicam muito mais pelo fato de ambas terem uma raiz comum do que por uma influência mútua.

O estudo dessa cozinha hispano-árabe nos chega por intermédio de dois extensos receituários: um anônimo e incompleto, publicado e traduzido para o castelhano por Huici Miranda, e o outro de Ibn Razin, intitulado *Fadalat Al-jiwan*. O primeiro é escrito por um andaluz durante o primeiro terço do século XIII; o segundo é redigido por um autor da região de Múrcia, na Espanha, ao redor de 1230. Observamos como traços característicos uma preferência pelo doce e pelas especiarias. Produtos como pimentões e páprica dão lugar a pratos e molhos com muita cor, como o *romesco*, o *xató*, a *salvitxada*, o *allipebre* e a *salmorreta*, entre outros. Segundo o linguista Joan Coromines, as palavras *xató* e *romesco* são provenientes do árabe-catalão.

De nossa passagem pela Escola de Hotelaria de Girona, destacamos os livros de Ignasi Domènech, *La nueva cocina elegante española*, de 1915, manual prático que se transformou em bíblia durante muitos anos; *Arte de cocina*, de Álvaro Cunqueiro Mora, e *Arte de la caza*, de José María Castroviejo Blanco Cicerón. Todos eles nos mostram como é possível prender a atenção mais erudita com a beleza da escrita organizada e a sabedoria gastronômica popular.

Os livros mais profissionais, como os "Pellaprats" (obras de Henry-Paul Pellaprat, autor do célebre *El arte culinario moderno*) e os *Prácticos* (várias edições de uma obra de Ramón Rabasó originalmente escrita no primeiro quarto do século XX), mostram-se muito úteis porque não são coletâneas de receitas, mas tratam principalmente de combinações. Abrangem o período de Auguste Escoffier, da grande cozinha, que procura uniformizar conceitos em escala internacional, a fim de que o mesmo prato possa ser encontrado no Ritz de Paris, no Ritz de Londres ou mesmo no Savoy ou no Palace. Os *chefs* seguem um mesmo padrão, que se reproduz de maneira idêntica nesses livros. Com esses manuais, aprendemos os molhos básicos, os fundos, as bases e as guarnições, aprendemos que eles têm nome e sobrenome, ainda hoje vigentes: o *parmentier* vem dessa época, e nós ainda o utilizamos.

Recorremos amplamente a essa cozinha acadêmica porque tivemos de trabalhá-la muito, tivemos de explicá-la, e está muito presente em nosso ideário gastronômico. Porém, quanto mais o tempo passa, mais tendemos a falar de "purê de grão-de-bico" em vez de *garbure*, como dizíamos antes; é o modo que sempre tivemos de ver as coisas. Agora, por exemplo, para fazer um caldo de grão-de-bico, reduzimos mais da metade da água utilizada para fervê-los, e ficamos com a essência dos grãos-de-bico, o seu caldo. É assim que procuramos engrandecer o espírito dos livros que trazemos na mochila.

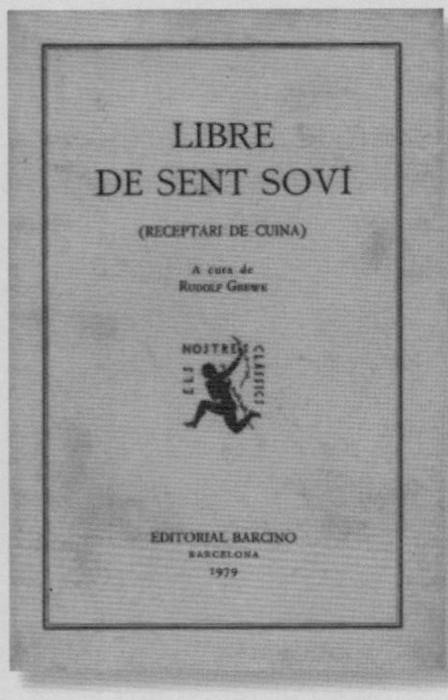

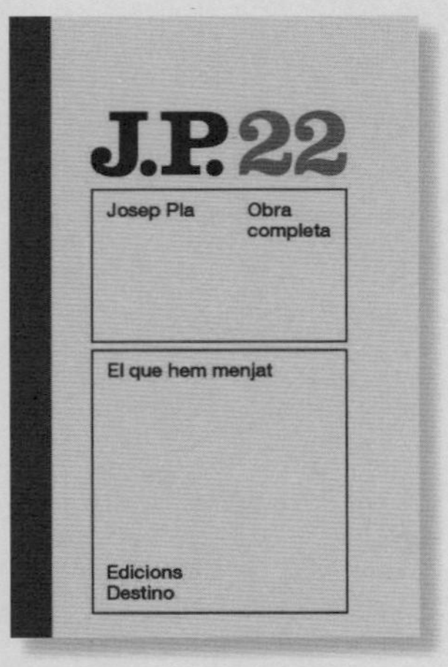

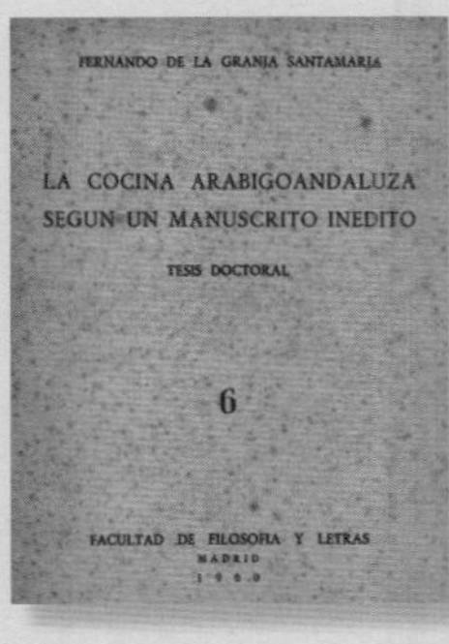

O LEGADO CATALÃO

A COZINHA MEDIEVAL CATALÃ E O *LLIBRE DE SENT SOVÍ*

A cozinha catalã medieval exerceu grande influência na Europa, o que se pode comprovar pelas marcas deixadas na Itália, no Languedoc e na Provença.

O *Llibre de Sent Soví* é um dos clássicos que mais lemos. Temos a edição de Rudolf Grewe — dedicada a Joan por sua amiga (e sobrinha do autor) Rosa Maria Esteva, do Grupo Tragaluz: "Para que você saiba que minha admiração vem de longe" — como um tesouro. Não resta dúvida de que a partir de 1979, com o lançamento da edição crítica do *Llibre de Sent Soví* por conta de Grewe (1924-1994), os estudos sobre a cozinha medieval no antigo Reino de Aragão tomam um impulso importante. Constitui a primeira visão de conjunto da cozinha catalã dos séculos XIV e XV, visão que, em muitos aspectos, continua sendo válida na atualidade. A publicação, dois anos antes, do *Llibre del Coch: tractat de cuina medieval*, do mestre Ruperto de Nola, contribuiu para difundir o conhecimento da gastronomia medieval em nossa casa. Era o ano de 1977, começávamos a nos interessar pela cozinha, e, de forma intuitiva e com grande curiosidade, extraíamos do substrato da cultura um processo de reconhecimento. A base da sabedoria ao nosso alcance.

O *Llibre de Sent Soví*, de autor desconhecido, é uma deliciosa mostra da pureza da linguagem, sem estrangeirismos, fiel à literatura catalã da época e de grande interesse linguístico. Os ingredientes disponíveis naquela época ainda continuam sendo válidos para fazer uma cozinha de vanguarda. Não havia cozimento a vácuo, mas aproveitamos algumas de suas técnicas culinárias, como o *perbullir* (mergulhar algo em água fervente durante um curto espaço tempo, ou borrifar com água fervente; ou seja, semelhante a um escaldado) ou o *sosengar* (fritar algo com um pouco de azeite ou manteiga em fogo baixo, que com a chegada do tomate e dos pimentões se transformará no refogado, uma das bases da cozinha).

Sabemos que a cozinha catalã goza de grande reputação nos séculos XIV e XV. Os numerosos pratos "à catalã" que constam de receituários estrangeiros são uma boa mostra disso. Como exemplo, eis as palavras do gastrônomo do Renascimento italiano, Bartolomeo Platina (1475): "*Mig-raust* catalão. Os catalães, que são pessoas muito distintas e brilhantes, e não muito diversas em habilidade mental e corporal dos italianos, têm um prato chamado *mig-raust* [...]. Não lembro ter comido nada mais saboroso com meu amigo Vallischara". Francesc Eiximenis cita a opinião segundo a qual "a nação catalã era exemplo de todas as outras gentes cristãs em comida honesta e moderado beber; e sem dúvida tudo isso é verdade: que catalães são os mais moderados homens em viver que há no mundo" (Eiximenis, cap. 29).

Os fatores que contribuem para formar essa cozinha são a força política dos Países Catalães ao longo destes séculos, a prosperidade econômica, o amplo comércio mediterrâneo, a excelência de seus produtos agropecuários, bem como a engenhosidade e o refinamento de seus homens.

Tratando de perfilar mais especificamente a cozinha catalã que configura o tronco de nossa cozinha no Celler, podemos descrevê-la como parte da cozinha cristã do Ocidente, com sua lareira, seus assados e guisados, e com os antigos fornos romanos. Enriquecida, não obstante, com as contribuições árabes e os produtos mediterrâneos, os quais incorpora com grande refinamento. É uma cozinha que emprega generosamente a amêndoa e a cebola, elementos suaves que complementam os guisados e os molhos, uma cozinha que saboreia o agridoce e as especiarias leves e picantes, como o gengibre, e que salpica os assados e os guisados com gotas de laranja-amarga ou com água de rosas.

O melhor da cozinha catalã são, sem dúvida, seus guisados e molhos, que se destacam pela variedade e excelência e que, por sorte, o *Sent Soví* nos conservou. No entanto, ela também conta com um excelente repertório de sobremesas, cremes, torrones, marzipãs e frutas confitadas.

PATRIMÔNIO JUDAICO: GIRONA

Se nós catalães, junto com o demais latinos, comemos bacalhau — um produto distante, nórdico –, é por um antigo princípio religioso: a Quaresma. Então, para conhecer nossas próprias raízes, temos de nos aproximar do legado judaico; a cozinha sefaradita nos ajuda a conhecer melhor os hábitos culinários dos judeus. Durante um tempo, preparamos alguns cardápios especiais da cozinha sefaradita para participar das atividades em prol do bairro judeu de Girona. Guardamos uma boa lembrança desse trabalho, com o qual aprofundamos a visão culinária de alguns produtos, como a berinjela.

LITERATURA CULINÁRIA MODERNA EM CATALÃO

La cuynera catalana, de 1850, contém, paradoxalmente, combinações que hoje pareceriam contemporâneas, e que já naquela época eram consideradas ousadas, como a associação de laranja e cravo-da-índia. É uma espécie de coletânea da transversalidade gastronômica de um período em que a cozinha catalã se mistura com a francesa e a italiana. É a culinária que se fazia nas grandes casas burguesas de Barcelona, e que também recebia influência dos grandes restaurantes que estavam sendo construídos e dos grandes hotéis do início dos anos 1900, como o Ritz. Apesar de o livro ser anterior, tudo isso já estava sendo gestado, e é justamente quando começa a época do modernismo. O livro contém coisas surpreendentes, bastante corriqueiras, próximas e contemporâneas, mas que já são preparadas há muitos anos, como as elaborações com manteigas, manteigas tostadas... É admirável que tudo isso esteja reunido num livro doméstico: significa que naquela época havia um alto nível gastronômico na Catalunha. E o que absorvemos do livro? Combinações que nunca teríamos imaginado: salmonetes com uma redução de laranja, molhos de fruta reduzida, purês de alcaparras... Exemplo de que é possível nos inspirar em coisas antigas que continuam perfeitamente válidas.

A GASTRONOMIA EM NOSSA LITERATURA DE ALTOS VOOS

A prosa maravilhosa de Josep Maria de Sagarra, a contida e refinada poesia de Josep Carner ou um Josep Pla disfarçado de astuto camponês. Todos eles nos falaram de cozinha: como arte, como essência do caráter catalão, como atitude de *bon vivant*... Nisso deve consistir o *noucentisme*.[1]

Lo que hemos comido é uma obra que apreciamos ler, apreciamos como Pla escreve, e gostamos de lembrar que, por exemplo, começamos a fazer os camarões na brasa que oferecemos atualmente, porque, segundo ele, essa é a melhor maneira de cozinhá-los. Até então, nunca havíamos comido camarões na brasa! Sempre eram na chapa, fritos na frigideira... Mas, quando provamos, percebemos que Pla tinha razão. Ele dá por sabidas algumas coisas de um ponto de vista muito dogmático, e nós, cozinheiros, não lhe damos atenção, até que avaliamos melhor sua opinião e descobrimos que é a correta. Não estamos de acordo com muitas de suas afirmações, por seu excessivo dogmatismo. Com certeza Pla não aceitaria a cozinha tecnoemocional de hoje e diria que somos um bando de malucos. Ou talvez não; mas de qualquer modo ele tinha uma visão muito tradicionalista da cozinha.

1. Movimento cultural, artístico e político que buscou a beleza, a perfeição formal, as referências clássicas e o uso de termos arcaicos na Catalunha do início do século XX. (N. T.)

OBRAS CONTEMPORÂNEAS

Das obras de culinária mais recentes, não podemos deixar de citar:

- *El libro de la cocina española: gastronomía e historia*, de Néstor Luján (1977)
- *La cocina catalana: el arte de comer en Cataluña*, de Manuel Vázquez Montalbán (Península, 1979)
- *La cuina gironina*, de Jaume Fàbrega (Graffiti, 1985)
- *La cuisine sous vide*, de Georges Pralus (1985)
- *El Bulli: el sabor del Mediterráneo*, de Ferran Adrià e Juli Soler (Empúries, 1993)
- *Les receptes del Motel Empordà*, de Jaume Subirós (La Magrana, 1994)
- *La cuina catalana*, de Jaume Fàbrega (La Magrana, 1995)
- *La cuina de l'Empordà i la Costa Brava*, de Jaume Fàbrega (La Magrana, 1995)
- *Los secretos de los pucheros*, de Hervé This (Acribia, 1996)
- *Fórmules magistrals*, de Narcís Comadira (Empúries, 1997)
- *La cocina y sus misterios: explicación científica de las 55 mejores recetas de la cocina francesa*, de Hervé This (Acribia, 1998)
- *Los genios del fuego*, de Pau Arenós (Península, 1999)
- *La cocina de Santi Santamaria: la ética del gusto*, de Santi Santamaria (Everest, 2000)
- *La cocina al vacío*, de Joan Roca e Salvador Brugués (Montagud, 2003)
- *El crepúsculo de la becada*, de Jaume Coll (Montagud, 2004)
- *La cocina catalana de toda la vida*, de Joan Roca (Viena, 2005)
- *Léxico científico gastronómico*, da Fundación Alícia e El Bulli Taller (Planeta, 2005) [Ed. bras.: *Léxico científico-gastronômico* (Editora Senac São Paulo, 2008)]
- *Viaje a Francia: rutas literarias y gastronómicas de un viajero singular*, de Néstor Luján (Tusquets, 2005)
- *Corpus culinari de Catalunya*, de l'Institut Català de la Cuina (Columna, 2006)
- *La cocina y los alimentos*, de Harold McGee (Debate, 2007). [Ed. bras.: *Comida e cozinha: ciência e cultura da culinária*. São Paulo: WMF/Martins Fontes, 2011]
- *La cocina de los valientes*, de Pau Arenós (Ediciones B, 2011)
- *Modernist Cuisine: el arte y la ciencia de la cocina*, de Nathan Myhrvold, Chris Young, Maxime Bilet (Taschen Benedikt, 2011)

Assim como as cozinhas, os fogões, os fogos e a comida fazem parte de nosso dia a dia, os livros nutriram, nutrem e nutrirão nosso trabalho. Nós ainda não os comemos... porém, eles enriquecem cada um de nossos pratos, da mesma forma como esta obra, que agora está em suas mãos, pode servir de alimento para sua criatividade e sua cultura gastronômica. Humildemente, mas com o espírito academicista que sempre quisemos respeitar, damos nossa contribuição. Preto no branco. Ao seu dispor.

La Cuisine chez Régis Marcon
ALAIN CHAPEL
LA CUISINE
des recettes
ROBERT LAFFONT
madrid
GRANDES CHEFS, PEQUEÑOS COCINEROS
bacalao
THE HEALING CUISINE of CHINA

B

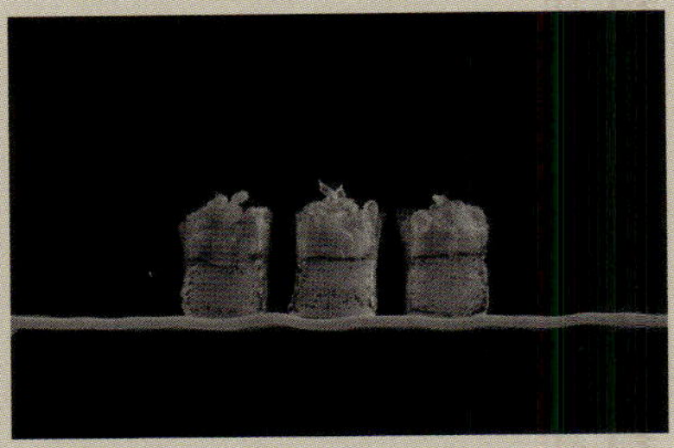

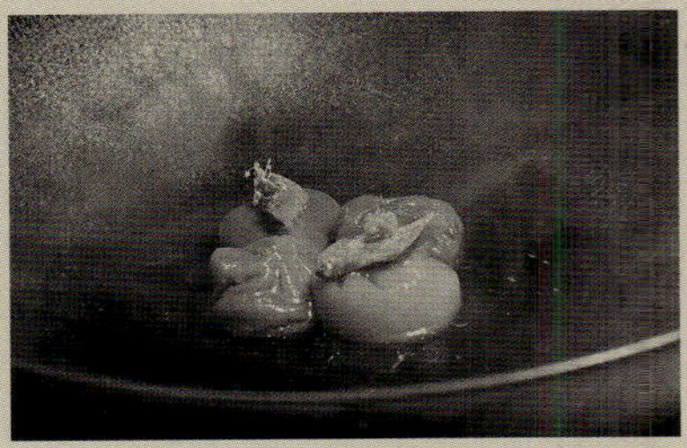

—MEMÓRIA

B

–MEMÓRIA

Vivemos a evanescência, somos o que desvanece. O que não tem onde agarrar-se além de retornos sutis, inapreensíveis, fugazes. Somos o que lembramos de súbito, sem ter pedido, sem que nos tenhamos proposto. Sem aviso, a memória do que fomos nos chega através do que comemos, dos sabores que afloram e abrem espaço como um batalhão a caminhar resoluto para a névoa. Que vem de uma nuvem sem forma e que se desvanece em outra nebulosa.

Captar esse instante, a centelha de um olhar do passado, solidificá-lo. Eis um dos esteios do Celler. Permitir que se abra a porta de entrada para quem estiver disposto a empreender tal viagem. A infância é um paraíso somente quando é possível recuperá-la com o olhar do adulto. Tudo o que deu forma (cheiro e textura) aos anos em que começávamos a experimentar, a diferenciar, a captar a combinação das coisas, retorna agora porque modificado pelos olhos que já não são mais os de outrora. Conserva-se o olhar ingênuo, mas modulado pelo crivo do conhecimento, pela força da operação não melancólica, e sim emotiva, que distorce a fim de retomar esses instantes fugazes.

Deixa-nos boquiabertos, porque o rumor dessas horas retorna e se instala com a fascinação de quem evoca, de quem quer deixar registro, de quem quer entesourar (não ocultar, e sim afirmar, preservar) a passagem do tempo. Acariciá-la, o que significa fazê-la tangível, acessível. Não recordar uma evanescência, mas vivificá-la.

Segundo os irmãos Roca

Quando Proust vai "em busca do tempo perdido", recupera esse tempo da felicidade e da memória graças ao sabor. É a *madeleine* embebida no chá de tília que o transporta ao passado. É o sabor que desperta as sensações e ativa a memória. E as sensações se transformam em promessa de prazer...

A memória olfativa, anterior à gustativa, é a chave para despertar as emoções no campo gastronômico. As lembranças, como gavetinhas guardadas repletas de pedacinhos de nossa história, voltam em forma de *flash* sensitivo, ativando o que havíamos guardado mas não esquecido, latente porém discretamente distante, adormecido... O olfato e o paladar conseguem ativar, em momentos concretos, as redes de neurônios que nos levam ao prazer, ao desejo e até mesmo à necessidade de resgatar um sentimento.

Assim, na hora de cozinhar, gostamos de recuperar nossa memória pessoal, experiências vividas, para servi-las num prato. E usamos as lembranças como ponto de partida de algumas receitas. Viemos do Can Roca, um restaurante onde vivemos quase toda a nossa infância. Nossos pais mantinham um ritmo frenético num tempo em que tirar férias era malvisto, e, portanto, nós — os três irmãos — crescemos no negócio familiar. Para nós, o bar é uma recordação daqueles momentos que compartilhávamos com nossos pais, enquanto bebíamos um Bitter Kas com vôngoles. Essa lembrança mantém-se em nossa memória carregada de concretude. E daqui, deste canto de nossa memória emocional, surgiu o prato VÔNGOLES COM *SORBET* DE *GRAPEFRUIT* VERMELHO E CAMPARI, e a revisão feita em 2007, VÔNGOLES COM ROSA DE *GRAPEFRUIT* VERMELHO E CAMPARI. Não há melhor cozinheiro do que a memória. Não há ingrediente mais saboroso do que a saudade...

Assim, a cozinha está ligada ao estado emocional de quem prepara os pratos, e também de quem os come. Esse estado emocional guarda as chaves de uma experiência de prazer subjetiva e única, que escapa à consciência e ativa um mecanismo tecido de experiências ao mesmo tempo familiares e misteriosas. E é justamente nessa alquimia que queremos erguer um dos pilares fundamentais de nossa cozinha. A cozinha descrita por Pau Arenós como "tecnoemocional" é a que nos faz sentir que estamos realizando algo especial, a que nos ajuda a vincular os pratos a recordações ou a nos transportar no tempo e no espaço. Conseguimos provocar viagens, em grande parte graças à ajuda de Pere Castells da Fundação Alícia, químico brilhante e paciente que contribui com sua parcela de conhecimento para que a experimentação na cozinha tenha maior solidez técnica.

Desse modo, unindo cozinha, ciência e técnica, e graças ao Rotaval, podemos levar à mesa não só ingredientes habituais da gastronomia internacional ou local, mas também novos, que contribuem para a criação desse vínculo entre a comida e as paisagens de nossa memória. É assim que surge, por exemplo, o destilado de terra: uma vez experimentado, cria uma ponte entre os cheiros da terra e o estado de ânimo que provoca. Dentro do que poderíamos denominar a matemática dos aromas, ativam-se os sentimentos de saudade e melancolia, tão associados ao cheiro de terra úmida, às lembranças da terra molhada pela chuva, ao musgo, à manjedoura... Enfim, a vivências pessoais e memórias individuais do passado ou da infância. Graças à ciência, nos reencontramos com a história mais íntima e pessoal.

Palpitar e deixar que a memória viaje ao paraíso dos símbolos saborosos...

Do salão...

Quando éramos crianças, atendíamos as mesas usando patins, fazíamos brincadeiras com os clientes, servíamos sorvetes quentes e pratos de peixe num balde. Fazíamos isso com toda naturalidade e descaramento, para dar um toque de humor ao trabalho. Sempre fizemos essa abordagem descontraída na escola do restaurante de bairro onde crescemos, entre clientes assíduos, que você já sabe o que vão pedir todo dia, e com os quais criamos uma relação que vai além do simples fato de servir um prato à mesa. Esse clima de taberna é um legado importante que herdamos. O fato de não estressar, não ser rígido nem propor parâmetros de excessiva subserviência, mas manter um relacionamento franco, direto, simples e sobretudo honesto.

Até a década de 1990, o serviço nos grandes restaurantes era muito senhorial, frio e até mesmo pomposo, ancorado em hábitos do passado. Era uma postura quase aristocrática, na qual o *maître* era o rei e, abaixo dele, estavam os plebeus, que não podiam se aproximar do cliente com liberdade. O organograma estava travado, estruturado em segmentos muito separados, com rígidas categorias de classificação: *maître*, segundo *maître*, chefe de praça, garçom, *cumin*. À medida que mudaram os valores sociais, tudo isso se transformou, a gastronomia se democratizou e se enriqueceu com princípios como proximidade, hospitalidade e generosidade. As hierarquias se romperam. É assim que gostamos de trabalhar no Celler.

SALADA RUSSA

8 PESSOAS

COMPOSIÇÃO

Esferificação de batata
Coulis de azeitonas verdes
Vegetais
Ar de óleo de atum

—ESFERAS DE BATATA

RENDIMENTO: 35 ESFERAS DE 9 G

150 g de purê de batatas assadas
75 g de água
50 g de creme de leite fresco
50 g de leite
50 g de óleo defumado
11 g de gluconolactato de cálcio
Sal

Misture todos os ingredientes no processador até obter uma massa homogênea. Passe por um *chinois* fino e preencha com a massa moldes esféricos de 2,5 cm de diâmetro. Congele.

—ESFERIFICAÇÃO DE BATATA

RENDIMENTO: 35 UNIDADES

Esferas de batata (elaboração anterior)
Banho de alginato (receitas-base)
500 g de azeite de oliva extravirgem

Introduza as esferas de batata congeladas no banho de alginato durante 4 minutos. Branqueie-as num banho de água, escorra bem a água restante e guarde-as num recipiente mergulhadas em azeite de oliva extravirgem.

—*COULIS* DE AZEITONAS VERDES

RENDIMENTO: 350 G

250 g de azeitonas verdes
150 g de água das azeitonas

Coloque as azeitonas junto com a água no processador e triture por 10 minutos. Passe por um *chinois* fino e reserve.

—VEGETAIS

RENDIMENTO: 200 G APROXIMADAMENTE DE BRUNOISE DE LEGUMES

90 g de cenoura
90 g de abobrinha
40 g de vagem-manteiga
Sal
Azeite de oliva

Corte todos os legumes em *brunoise*, escalde-os em água com sal, separadamente, escorra e tempere-os com azeite de oliva. Reserve.

—AR DE ÓLEO DE ATUM

RENDIMENTO 150 G

150 g de óleo de atum em conserva
1 g de lecitina de soja em pó

Misture o óleo de atum em conserva com a lecitina de soja. Deixe descansar e reserve.

FINALIZAÇÃO E MONTAGEM DO PRATO

Coloque água numa panela e aqueça a 60 °C junto com um pouco de óleo de atum em conserva. Introduza nessa água as esferas anteriormente descongeladas e esferificadas, durante 2 minutos.

Disponha os legumes em *brunoise* na base do prato, coloque em cima a esferificação de batata quente e cubra com o *coulis* de azeitonas verdes.

Espume o óleo de atum com a ajuda do *mixer*, para formar ar na superfície e deixe-o cair sobre a esfera.

LULAS À ROMANA

8 PESSOAS

COMPOSIÇÃO

Lulas
Pérolas de massa Orly
Caviar cítrico

—LULAS

RENDIMENTO: 40 PORÇÕES DE 6 G

250 g de lulas limpas

Prepare um recipiente próprio para conter nitrogênio líquido.

Corte as lulas em pedaços irregulares e congele no nitrogênio. Retire e, a seguir, tritue no processado. Disponha a carne das lulas trituradas em moldes cilíndricos de 2,5 cm de diâmetro por 1 cm de altura e mantenha no *freezer*.

—PÉROLAS DE MASSA ORLY

RENDIMENTO: 400 G DE MASSA CRUA OU 200 G DE MASSA COZIDA

225 g de farinha de trigo comum
0,5 g de fermento químico
175 g de água fria
Corante alimentício amarelo
1 litro de azeite de oliva extravirgem
Sal

Numa vasilha, misture a farinha, o fermento, a água fria e, por último, o corante. Deixe a mistura descansar sob refrigeração por 1 hora. Passado esse tempo, coloque-a numa bisnaga.

Aqueça o azeite de oliva numa caçarola até 170 °C. Com a bisnaga, deixe cair gotas da mistura dentro do azeite para obter pérolas crocantes de massa Orly. Escorra o excesso de azeite e coloque sal a gosto. Reserve em lugar seco.

—CAVIAR CÍTRICO

RENDIMENTO: 13 G

1 lima-dedo (*Citrus australasica*) de 30 g

Corte as pontas e retire a casca da lima-dedo, corte pela metade, longitudinalmente, e faça uma leve pressão sobre o albedo, para separar delicadamente as pérolas (alvéolos) que formam a polpa do fruto. Separe 16 pérolas para este prato e reserve o restante para outras preparações.

FINALIZAÇÃO E MONTAGEM DO PRATO

1 lâmina de obulato de 45 cm x 32 cm

Corte a lâmina de obulato em tiras de 9 cm de comprimento por 2 cm de largura.

Desenforme os cilindros de lula e, ainda congelados, creste ligeiramente com o maçarico culinário. Envolva-os com o obulato, deixando sobrar 1 cm da tira na parte superior. Recheie a cavidade formada pela sobra com as bolinhas de massa Orly frita. Termine com 1 g de pérolas de caviar cítrico por porção.

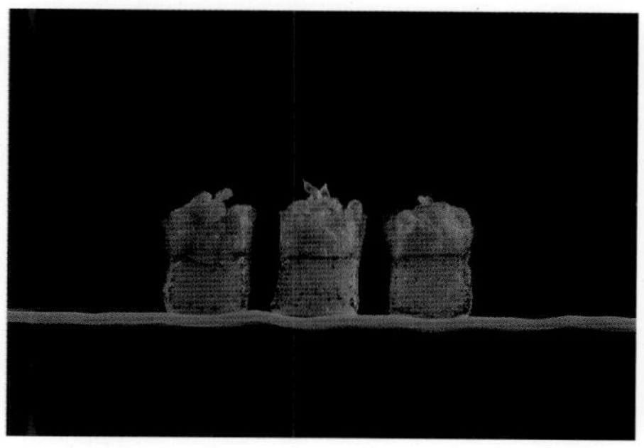

GRANDE BOMBOM DE CHOCOLATE

8 PESSOAS

COMPOSIÇÃO

Pão de ló de chocolate
Shots de *praliné*
Shots de chocolate
Coulis de chocolate
Esfera de açúcar soprado
Banho de chocolate
Espuma de bombom
Sorbet de chocolate

—PÃO DE LÓ DE CHOCOLATE

RENDIMENTO: 650 G

100 g de manteiga
240 g de chocolate 64%
150 g de gema de ovo pasteurizada
225 g de clara de ovo pasteurizada
50 g de açúcar

Aqueça a manteiga junto com o chocolate até 45 °C no micro-ondas, deixe descansar por 5 minutos e misture até homogeneizar. Acrescente as gemas e misture. Reserve.

Bata as claras com o açúcar até obter uma espuma homogênea. Adicione à mistura anteriormente reservada, cuidadadosamente, para evitar que ela abaixe. Coloque numa forma de 25 cm x 20 cm e asse no forno a 180 °C durante 5 minutos e, em seguida, reduza a temperatura para 160 °C e deixe assar por mais 15 minutos.

—*SHOTS* DE *PRALINÉ*

RENDIMENTO: 250 G

250 g de creme de leite fresco
50 g de *praliné* de avelãs
1 folha de gelatina
5 g de glicerina

Ferva o creme de leite junto com o *praliné* de avelãs e, quando a temperatura descer a 40 °C, incorpore a folha de gelatina previamente hidratada e a glicerina. Deixe esfriar.

Prepare um recipiente com nitrogênio líquido.

Coloque a mistura em bisnagas e deixe cair gotas dentro do nitrogênio. Recolha as esferas formadas e conserve-as num recipiente de isopor no *freezer*.

—*SHOTS* DE CHOCOLATE

RENDIMENTO: 250 G

250 g de creme de leite fresco
50 g de chocolate 70%
5 g de cacau em pó
1 folha de gelatina
10 g de glicerina

Ferva o creme de leite junto com o chocolate e o cacau e, quando a temperatura baixar para 40 °C, adicione a folha de gelatina previamente hidratada e a glicerina. Deixe esfriar.

Prepare um recipiente com nitrogênio líquido.

Coloque a mistura em bisnagas e deixe cair gotas dentro do nitrogênio. Recolha as esferas formadas e conserve-as num recipiente de isopor no *freezer*.

—*COULIS* DE CHOCOLATE

RENDIMENTO: 800 G

160 g de creme de leite fresco
280 g de água
400 g de açúcar
160 g de cacau

Ferva a água e o creme de leite junto com o açúcar até dissolver; em seguida, misture com o cacau e ferva em fogo baixo até que a mistura atinja 103 °C. Verifique a textura quando estiver fria; coe e reserve.

—ESFERA DE AÇÚCAR SOPRADO

RENDIMENTO: 45 UNIDADES

500 g de *fondant*
250 g de glicose
250 g de isomalte
5 gotas de solução de ácido cítrico a 50%

Caramelize os açúcares a 150 °C, acrescente o ácido cítrico e eleve a temperatura para 160 °C. Estenda sobre um tapete de silicone e trabalhe o caramelo, estendendo e juntando-o de 15 a 20 vezes, para homogeneizar o calor. Corte o caramelo ainda quente e faça bolas de 2 g cada uma.

Amoleça uma bola de caramelo com a lâmpada de calor, aqueça a ponta da bomba de ar, introduza-a na bola e sopre até conseguir a esfera do tamanho desejado, fazendo com que a camada de caramelo seja o mais fina possível. Reserve num armário antiumidade ou num recipiente hermético com sílica-gel.

—BANHO DE CHOCOLATE

RENDIMENTO: 600 G

300 g de manteiga de cacau
300 g de chocolate 70%

Derreta a manteiga de cacau e o chocolate, deixe esfriar um pouco e misture até homogeneizar. Quando a mistura tiver caído para 30 °C, banhe com ela as esferas de caramelo. Reserve num armário antiumidade ou num recipiente hermético com sílica-gel.

—ESPUMA DE BOMBOM

RENDIMENTO: 750 G

300 g de creme de leite fresco
80 g de leite
50 g de açúcar
0,5 g de goma xantana
60 g de gema de ovo pasteurizada
200 g de chocolate 64%
25 g de chocolate 70%
25 g de *praliné* de avelãs
60 g de clara de ovo pasteurizada

Leve para ferver o creme de leite junto com o leite, acrescente o açúcar, a goma xantana, as gemas, e bata bem a mistura com um *mixer*. Despeje sobre os chocolates e o *praliné*; deixe descansar durante 5 minutos. Quando a preparação estiver a 4 °C, incorpore as claras e volte a triturar com o *mixer* até obter um creme homogêneo. Coloque num sifão de 1 litro e adicione 3 cargas. Reserve sob refrigeração.

—*SORBET* DE CHOCOLATE

RENDIMENTO: 850 G

700 g de água
250 g de açúcar
40 g de açúcar invertido
150 g de chocolate 64%
150 g de cacau em pó
60 g de glicerina

Ferva a água, o açúcar e o açúcar invertido. Despeje sobre o chocolate e o cacau. Misture e, quando a temperatura cair para 40 °C, acrescente a glicerina, triture e deixe reservado, a fim de incorporar todos os ingredientes. Bata na sorveteira e conserve no *freezer*.

FINALIZAÇÃO E MONTAGEM DO PRATO

Pão de ouro

Disponha pequenos pedaços de pão de ló na base do prato e, ao redor, os *shots* de *praliné* e de chocolate. Introduza uma *quenelle* de *sorbet* de chocolate dentro da esfera de açúcar soprado e termine de recheá-la, bem suavemente, com a espuma de bombom.

Por último, coloque o pão de ouro sobre a esfera e, com o *coulis* de chocolate, faça gotas de diferentes tamanhos ao redor dela.

CORDEIRO COM PÃO COM TOMATE

4 PESSOAS

COMPOSIÇÃO

Cordeiro de leite com pão com tomate
Caldo cortado* de cordeiro
Purê de alhos assados
Refogado de tomate

* "CORTADO", NESSE CASO, REFERE-SE A UMA MISTURA NÃO EMULSIONADA DE ÁGUA (CALDO) E ÓLEO (AZEITE DE OLIVA). (N. T.)

—CORDEIRO DE LEITE COM PÃO COM TOMATE

RENDIMENTO: 4 QUADRADOS

2 costelas de cordeiro de leite
4 fatias de pão tipo italiano sem casca
1 tomate
Azeite de oliva extravirgem
Salmoura para carnes (receitas-base)
Sal

Prepare as costelas retirando o lombo, que deve ser limpo e reservado para outra elaboração.

Passe pela salmoura o restante das costelas por 2 horas. Retire da salmoura e seque. Embale a vácuo com azeite de oliva. Cozinhe a 63 °C em forno a vapor durante 24 horas. Trata-se de um pré-cozimento, por isso deve ser resfriado rapidamente e reservado. No momento de servir, regenere a uma temperatura inferior ou igual à do cozimento, abra a embalagem a vácuo, desosse e coloque numa chapa com a pele para baixo, para dourar lentamente.

Coloque por cima dessa costela as fatias de pão impregnadas com o suco do tomate ralado, o azeite de oliva e o sal. Cubra com a outra costela, deixando a pele já dourada para cima, como se fosse um sanduíche invertido. Pressione, deixe mais alguns minutos na chapa e retire. Corte em quadrados e sirva.

—CALDO DE CORDEIRO

RENDIMENTO: 250 G

2.000 g de ossos e retalhos de cordeiro
220 g de *bresa* (receitas-base)
2.500 g de água
1 folha de louro
45 g de espessante de *kuzu* (receitas-base)
Sal

Coloque os ossos e os retalhos (aparas) de cordeiro numa assadeira e leve para dourar a 180 °C durante 45 minutos.

Uma vez tostados, retire o excesso de gordura e coloque-os numa panela junto com a *bresa*. Cubra com a água, acrescente o louro e deixe cozinhar até restar 1 litro. Coe e retire a folha de louro, reduza a 250 g e ligue com o *kuzu*. Coloque sal a gosto, coe e reserve.

—CALDO CORTADO DE CORDEIRO

RENDIMENTO: 180 G

60 g de caldo de cordeiro (elaboração anterior)
120 g de azeite de oliva extra-virgem

Coloque numa panela o caldo de cordeiro reduzido e acrescente o azeite de oliva. Reserve em banho-maria quente para servir no prato.

—PURÊ DE ALHOS ASSADOS

RENDIMENTO: 300 G

1 cabeça de alho
220 g de azeite de oliva extravirgem
80 g de caldo de cordeiro (elaboração anterior)
20 g de água
Sal

Cozinhe lentamente a cabeça de alho na brasa. Obtenha um purê de alhos assados, triturando-os junto com a água e o suco de cordeiro reduzido. Coloque sal a gosto e ligue com o azeite de oliva. Reserve.

—REFOGADO DE TOMATE

RENDIMENTO: 200G

500 g de tomates-italianos maduros
1 dente de alho
10 g de azeite de oliva extravirgem
Sal
Cominho

Escalde e remova a pele dos tomates, retire as sementes e reserve-as para a montagem. Corte a polpa em cubos pequenos. Descasque e pique o dente de alho. Numa panela com azeite de oliva, doure o alho, acrescente o tomate e deixe cozinhar lentamente. Quanto estiver bem refogado, coloque sal a gosto e um pouco de cominho. Reserve.

FINALIZAÇÃO E MONTAGEM DO PRATO

Escarola fresca
Folhas de chicória

Coloque no centro do prato uma lágrima de purê de alhos assados, dois pontos de refogado de tomate e o "sanduíche" de costela com pão com tomate.

Complete o prato com as sementes de tomate previamente reservadas, uma folha de chicória e a escarola temperada com o caldo de cordeiro quente "cortado" com azeite de oliva, mas sem emulsionar.

ESCALIVADA COM ANCHOVAS

8 PESSOAS

COMPOSIÇÃO

Esferas de berinjela
Esferas de cebola
Esferas de tomate
Esferas de pimentão verde
Caldo de pimentões na brasa

—ESFERAS DE TOMATE

RENDIMENTO: 28 ESFERAS

250 g de purê de tomates assados na brasa passado na peneira
7,5 g de gluconolactato de cálcio
0,5 g de goma xantana
Banho de alginato (receitas-base)

Triture o purê de tomates junto com o gluconolactato de cálcio. Quando formar uma massa homogênea, adicione a goma xantana e volte a triturar por mais alguns minutos. Retire 100% do ar com uma máquina de vácuo.

Coloque a massa em moldes esféricos de 5 cm de diâmetro e congele.

Uma vez congeladas, coloque as esferas dentro do banho de alginato, deixando-as mergulhadas durante 4 minutos. Retire-as com cuidado, passe em água e, a seguir, leve-as à desidratadora por 3 horas a 55 °C.

—ESFERAS DE BERINJELA

RENDIMENTO: 28 ESFERAS

250 g de purê de berinjelas assadas na brasa passado na peneira
7,5 g de gluconolactato de cálcio
Banho de alginato (receitas-base)

Triture o purê de berinjelas junto com o gluconolactato de cálcio. Com a ajuda de uma máquina de vácuo, retire 100% do ar.

Coloque a massa em moldes esféricos de 5 cm de diâmetro e congele.

Uma vez congeladas, coloque as esferas dentro do banho de alginato, deixando-as mergulhadas por 4 minutos. Retire-as com cuidado, passe em água e, em seguida, leve-as à desidratadora durante 3 horas a 55 °C.

—ESFERAS DE CEBOLA

RENDIMENTO: 28 ESFERAS

250 g de purê de cebolas assadas na brasa passado na peneira
7,5 g de gluconolactato de cálcio
0,5 g de goma xantana
Banho de alginato (receitas-base)

Triture o purê de cebolas junto com o gluconolactato de cálcio. Quando formar uma massa homogênea, acrescente a goma xantana e volte a triturar por mais alguns minutos. Retire 100% do ar com uma máquina de vácuo.

Coloque a massa em moldes esféricos de 5 cm de diâmetro e congele.

Uma vez congeladas, coloque as esferas dentro do banho de alginato, deixando-as mergulhadas por 4 minutos. Retire-as cuidadosamente, passe em água e, a seguir, leve-as à desidratadora durante 3 horas a 55 °C.

—ESFERAS DE PIMENTÃO VERDE

RENDIMENTO: 28 ESFERAS

250 g de purê de pimentões verdes assados na brasa passado na peneira
7,5 g de gluconolactato de cálcio
0,5 g de goma xantana
Banho de alginato (receitas-base)

Triture o purê de pimentões verdes juntamente com o gluconolactato de cálcio. Quando formar uma massa homogênea, acrescente a goma xantana e volte a triturar por mais alguns minutos. Retire 100% do ar com uma máquina de vácuo.

Coloque a massa em moldes esféricos de 5 cm de diâmetro e congele.

Uma vez congeladas, coloque as esferas dentro do banho de alginato, deixando-as mergulhadas por 4 minutos. Retire-as com cuidado, passe em água e, a seguir, leve-as à desidratadora durante 3 horas a 55 °C.

—CALDO DE PIMENTÕES NA BRASA

RENDIMENTO: 250 G

1.000 g de pimentões vermelhos

Disponha os pimentões inteiros em uma assadeira, cubra-a com papel-alumínio (é importante que o caldo se acumule na assadeira, e não se evapore) e coloque-a na grelha com as brasas a uma temperatura branda, até que essas se apaguem (por 3 ou 4 horas). Deixe amornar, retire os pimentões e reserve o caldo.

FINALIZAÇÃO E MONTAGEM DO PRATO

16 filés de anchovas do Cantábrico
Azeite de oliva extravirgem
Flores de alecrim

Aqueça as esferas e o caldo ligeiramente. Coloque num *bowl* uma esfera de cada uma das hortaliças esferificadas, junto com dois filés de anchova, as flores de alecrim e um pouco do caldo de pimentões na base. Termine com algumas gotas de azeite de oliva.

Coloque brasas incandescentes numa vasilha apropriada, tampe com uma campânula para captar a fumaça e rapidamente passe-a para o *bowl*, a fim de defumar levemente a *escalivada*.

BOMBOM DE GRAPEFRUIT E CAMPARI

20 PESSOAS
(2 *SNACKS* POR PESSOA)

COMPOSIÇÃO

Recheio de *grapefruit* e Campari
Banho

—RECHEIO DE *GRAPEFRUIT* E CAMPARI

RENDIMENTO: 40 ESFERAS

125 g de xarope TPT (receitas-base)
1 ½ folha de gelatina
125 g de Campari
250 g suco de *grapefruit* rosa

Aqueça a metade do xarope TPT a 35 °C e dissolva a gelatina previamente hidratada; acrescente aos demais ingredientes. Coloque a mistura em moldes esféricos de 2,5 cm de diâmetro e congele.

—BANHO

RENDIMENTO: 250 G

250 g de manteiga de cacau

Derreta a manteiga de cacau e banhe os bombons, cobrindo-os com uma camada bem fina. Deixe-os sob refrigeração, para que descongelem e o interior se torne líquido.

FINALIZAÇÃO E MONTAGEM DO PRATO

Pão de ouro

Coloque os bombons num prato frio e termine com um pedacinho de pão de ouro.

TELHA DE FRANGO A L'AST

30 PESSOAS
(1 *SNACK* POR PESSOA)

COMPOSIÇÃO

Telha de frango *a l'ast*
Creme de frango *a l'ast*

—TELHA DE FRANGO *A L'AST*

RENDIMENTO: 450 G

100 g de farinha de trigo
100 g de claras de ovo
100 g de isomalte
250 g de carne de frango *a l'ast*
10 g de gordura de frango cozido *a l'ast*

Misture numa vasilha a farinha, a clara de ovo e o isomalte, até obter uma massa homogênea. Acrescente a carne de frango junto com a gordura e triture na Thermomix durante 10 minutos, a 50 °C, até obter uma massa bem lisa. Passe por uma peneira de malha fina, deixe descansar por 12 horas dentro de um recipiente tampado e sob refrigeração.

Preaqueça o forno a 175 °C.

Com o auxílio de um estêncil de acetato, faça retângulos de massa de 5 cm x 8 cm sobre uma lâmina de silicone. Asse no forno por 6 minutos e, a seguir, cubra com outra lâmina de silicone e asse por mais 4 minutos. Deixe esfriar e reserve em recipiente hermético.

—CREME DE FRANGO *A L'AST*

RENDIMENTO: 450 G

120 g de caldo de frango (receitas-base)
300 g de pele de frango *a l'ast*
150 g de carne de frango *a l'ast*
45 g de creme de leite fresco
Sal

Reduza o caldo de frango à metade.

Misture e triture todos os ingredientes até obter uma pasta fina e homogênea. Coloque sal a gosto e reserve.

FINALIZAÇÃO E MONTAGEM DO PRATO

Flores de tomilho
1 limão-siciliano

Estenda um pouco de creme de frango entre duas telhas, feche o *snack* e tempere-o com flores de tomilho e raspas de limão-siciliano por cima.

MORANGOS-SILVESTRES COM CREME DE LEITE

8 PESSOAS

COMPOSIÇÃO

Base de creme de leite
Gel de morango-silvestre
Sorbet de morango-silvestre
Caramelo
Infusão de morangos
Pele de leite

—*SORBET* DE MORANGO-SILVESTRE

RENDIMENTO: 600 G

500 g de purê de morango-silvestre
(*Fragaria vesca*)
250 g de base de *sorbet* (elaboração anterior)

Misture as duas preparações com o *mixer*, leve para bater na sorveteira e reserve a -18 °C.

—BASE DE CREME DE LEITE

RENDIMENTO: 875 G

750 g de creme de leite fresco
125 g de dextrose
6 folhas de gelatina

Aqueça o creme de leite com a dextrose, acrescente as folhas de gelatina previamente hidratadas; deixe esfriar. Bata com o *fouet* e reserve.

—GEL DE MORANGO-SILVESTRE

RENDIMENTO: 500 G

500 g de purê de morango-silvestre
(*Fragaria vesca*)
12 g de ágar-ágar
3 folhas de gelatina

Misture o purê de morango-silvestre com o ágar-ágar, leve para ferver e retire do fogo. Acrescente então as folhas de gelatina previamente hidratadas, deixe encorpar, texturize com o *mixer* e retire 100% do ar com o auxílio de uma máquina de vácuo. Reserve.

—BASE DE *SORBET*

RENDIMENTO: 480 G

200 g água
40 g de glucose atomizada
200 g de açúcar
35 g de dextrose
20 g de açúcar invertido
5 g de estabilizante SL-29

Numa panela, coloque a água junto com a glucose atomizada, o açúcar, a dextrose e o açúcar invertido; aqueça até alcançar 40 °C. Incorpore o estabilizante e misture a preparação energicamente com o *fouet*, até atingir 85 °C. Retire do fogo, coe e esfrie. Reserve.

—CARAMELO

RENDIMENTO: 400 G

100 g de isomalte
100 g de *fondant*
100 g de glucose

4 gotas de corante alimentício vermelho

Derreta os açúcares até 160 °C, acrescente as gostas de corante vermelho e misture bem. Coloque a preparação sobre um tapete de silicone e trabalhe, esticando-a e unindo-a por cerca de 20 vezes. Pegue uma pequena quantidade e estique, de modo a formar um fio fino, que deve ser enrolado em torno de um cilindro plástico de 5 cm de diâmetro. Deixe esfriar e retire o cilindro. Reserve.

—INFUSÃO DE MORANGOS

RENDIMENTO: 250 G

500 g de morangos comuns
(*Fragaria x ananassa*)
50 g de açúcar

Coloque os morangos e o açúcar numa bolsa a vácuo. Sele e introduza no Roner a 80 °C durante 1 hora. Coe e reserve o líquido obtido.

—PELE DE LEITE

RENDIMENTO: 10 PELES DE LEITE

1 L de leite integral
Creme de leite

Coloque o leite numa frigideira de 25 cm de diâmetro e leve-a ao fogo, a uma temperatura de 60 °C, aproximadamente, eliminando possíveis bolhas. A seguir, uma camada de nata começará a se formar na superfície. A primeira camada demora em torno de 15 minutos para se formar e o restante, aproximadamente 8 minutos. Pegue a camada de nata pelo meio e retire-a com muito cuidado. Coloque-a sobre um tabuleiro forrado com um filme de PVC pincelado com creme de leite; pincele também com creme de leite a parte de cima da camada e cubra com filme para mantê-la úmida. Conserve sob refrigeração até o momento da transferência.

FINALIZAÇÃO E MONTAGEM DO PRATO

Morangos-silvestres
Morangos-albinos

Sobre uma lâmina de acetato de 10 cm x 15 cm, faça linhas de gel de morango-silvestre na diagonal, deixando 0,5 cm de distância entre elas. Congele.

Estenda uma camada fina de base de creme de leite batido sobre o acetato com o gel de morango-silvestre congelado e enrole no formato de cilindro, fazendo com que o centro fique vazio. Congele novamente e recheie com o *sorbet* de morango-silvestre.

Disponha no centro do prato uma pele de leite e algumas gotas da infusão de morangos. Sobre a pele, coloque o caramelo e, dentro dele, a espiral de *sorbet* de morango-silvestre. Decore com morangos-silvestres intercalados com morangos-albinos.

MAÇÃ DO AMOR

8 PESSOAS

COMPOSIÇÃO

Maçã de açúcar
Espuma de maçã
Maçã salteada com *calvados*
Compota de maçã
Gelatina de maçã
Sorvete de *calvados*

—MAÇÃ DE AÇÚCAR

RENDIMENTO: 500 G

250 g de *fondant*
125 g de isomalte
125 g de glucose
10 gotas de solução de ácido cítrico a 50%
4 gotas de corante alimentício vermelho

Coloque o *fondant*, a glucose e o isomalte numa panela. Aqueça até 160 °C, reduza a temperatura para 150 °C e acrescente as gotas de ácido cítrico e de corante vermelho.

Despeje rapidamente o caramelo sobre um tapete de silicone e trabalhe, esticando e tornando a uni-lo por 20 vezes, aproximadamente. Corte o caramelo ainda quente em bolinhas de 2 cm de diâmetro. Amoleça uma bola de caramelo na lâmpada de calor, aqueça a ponta da bomba de ar, introduza-a na bola e bombeie até obter a esfera do tamanho desejado. Dê forma de maçã à esfera e reserve num recipiente hermético com sílica-gel ou em local livre de umidade.

—ESPUMA DE MAÇÃ

RENDIMENTO: 750 G

750 g de maçãs Golden
75 g de açúcar
60 g de manteiga
250 g de claras de ovo

Lave bem as maçãs e corte-as em quartos. Acrescente o açúcar e leve ao forno a 140 °C durante 35 minutos. Retire do forno, triture, peneire e incorpore a manteiga, misturando energicamente a preparação até obter um purê homogêneo. Deixe esfriar e, uma vez frio, adicione as claras. Coloque a preparação num sifão de 1 litro com 2 cargas. Reserve.

—MAÇÃ SALTEADA COM *CALVADOS*

RENDIMENTO: 400 G

400 g de maçãs Golden
40 g de açúcar
1 fava de baunilha
20 g de *calvados*
30 g de manteiga

Descasque as maçãs e, com o auxílio de um boleador de 1 cm de diâmetro, extraia bolas da polpa. Faça um caramelo com o açúcar. Acrescente a baunilha e as bolas de maçã, deixando-a cozinhar até ficarem tenras. Adicione o *calvados* e flambe. Termine incorporando a manteiga e reserve.

—COMPOTA DE MAÇÃ

RENDIMENTO: 750 G

750 g de maçãs Royal Gala
75 g de açúcar
150 g de manteiga

Lave e descasque as maçãs, corte-as em quartos. Asse-as no forno junto com o açúcar até que fiquem bem tenras. Retire do forno, triture e misture a maçã com a manteiga. Reserve.

—GELATINA DE MAÇÃ

RENDIMENTO: 300 G

300 g de suco natural de maçã
3 folhas de gelatina

Numa vasilha, coloque 100 g de suco natural de maçã junto com a gelatina previamente hidratada e deixe até desmanchar. Acrescente o restante do suco, misture bem e coloque a preparação num recipiente até solidificar.

—SORVETE DE *CALVADOS*

RENDIMENTO: 1.000 G

541 g de leite integral
171 g de creme de leite fresco
47 g de leite desnatado em pó
176 g de sacarose
9 g de estabilizante para cremes
5 g de proteínas do soro de leite
51 g de *calvados*

Misture o leite, o creme de leite e o leite em pó, aqueça a 40 °C e adicione a sacarose, o estabilizante e as proteínas. Pasteurize a 35 °C e, em seguida, resfriar a 4 °C. Acrescente o *calvados* e deixe maturar. Bata na sorveteira e conserve a -18 °C.

FINALIZAÇÃO E MONTAGEM DO PRATO

***Julienne* de maçã Royal Gala**

Sirva na base do prato um pouco de compota de maçã.

Disponha, de ambos os lados, as bolinhas de maçã salteada, alguns cubos de gelatina de maçã e *julienne* de maçã fresca. Para terminar, coloque sobre a compota a maçã de caramelo recheada com a espuma e uma *quenelle* de sorvete de *calvados*.

musa

A musa do Celler

Numa das paredes do Can Roca está afixado o retrato de Àngela Pont Grabuleda, recém-saída do cabelereiro, toda cheia de joias e trajada com um vestido de festa. Este óleo sobre tela foi pintado pela artista Eva Llorens Roca, filha de Maria Roca, neta da vó Angeleta e prima dos irmãos Joan, Josep e Jordi Roca Fontané. Foi um presente dado àquela senhora nascida em 24 de agosto de 1912 em seu aniversário de 90 anos, ocasião comemorada por toda a família.

Angeleta Pont frequentou os fogões do Can Roca e passeou pelo Celler até que um dia seu coração disse "basta": foi em 16 de novembro de 2006, aos 94 anos de idade. A vó Angeleta passou quase toda a sua vida entre panelas, pratos e mesas de refeições. Ou estava cozinhando, ou servindo, ou arranjando alguém para conversar e explicar alguma coisa: "Parece que eu te conheço... Já te servi comida muitas vezes". Lembro-me das lulas à romana e da tortilha de batatas. Ela nunca quis explicar a ninguém a receita daquelas lulas de domingo, que preparou até o último momento. Essa receita ficou com a sua nora, Montserrat Fontané, que a publicou num livro.

A nora, que se casou com Josep Roca i Pont em 1962, lhe deu três netos: Joan, Josep e Jordi. Para Jordi, o mais jovem, "a vovó era a espontaneidade em estado puro". Pitu, o do meio, brincava com ela: "Vovó era a minha companhia favorita nas brincadeiras. Fazíamos verdadeiras guerras espirrando farinha com o sifão". Para Joan, o mais velho, ela era a fonte de inspiração: "A presença da vovó era o que bastava para trabalharmos com alegria". Para os irmãos Roca, a avó era a musa do Celler. Antes de se casar com Joan Roca i Fontané, filho de Can Reixach, tabacaria e pousada em Sant Martí de Llémena, Àngela Pont i Grabuleda passou vários anos de sua juventude no Can Vador, na rua de Santa Clara, em Girona. A partir dos anos 1930, passa a dedicar-se à pensão dos sogros.

E o que serviam? "No início, durante toda a primeira metade do século, os pratos habituais das pousadas do interior de Girona eram o acebolado de sangue e fígado, a dobradinha com mocotó, a carne na brasa, pés de porco, o arroz à caçarola — aos domingos —, cabeça e mocotó, sangue e perdiz, o cordeiro com ervilhas, vagem com *butifarra* ou as diferentes receitas para cozinhar o bacalhau". Explicava que quase não havia peixes de água salgada, apenas cavala e, às vezes, merluza. Só conseguiam comprar peixes de água doce: caranguejos, que preparavam com molho de tomate, além de carpas e enguias, que costumavam fritar ou cozinhar com algum molho.

Quando seu filho Josep, motorista de ônibus, e sua nora Montse, cozinheira como seus parentes do Can Lloret, compraram um pequeno estabelecimento em Taialà, em 1967, Angeleta ficou exultante porque agora poderia lançar-se às panelas sempre que quisesse. Aquele lugar garantiu a continuidade de uma estirpe centenária de anfitriões hospitaleiros e tornou possível, mais tarde, em 1986, o nascimento do Celler de Can Roca. Um dia perguntei a ela: "O que a senhora tem feito, vó Angeleta?" Ao que ela me respondeu: "Ando metida nos fogões, fazendo comida para as pessoas".

SALVADOR GARCIA-ARBÓS
El Punt, novembro de 2006

C

—ACADEMICISMO

C

—ACADEMICISMO

A academia nos dá uma mala para empreender a viagem. De repente, percebemos que a bagagem é um tanto volumosa. Isso é útil na hora de iniciá-la, porque quando você segue rumo ao desconhecido sempre pensa em evitar os sobressaltos, proteger-se das inclemências, prever solavancos. Tudo o que guardamos na mala, na hora da partida, é necessário. Depois, à medida que você caminha, a mala parece ficar cada vez mais pesada. Então, você trata de aliviar a carga porque, senão, o peso irá impedi-lo de avançar. Porém, há detalhes que não é possível abandonar, que o acompanharão, apesar das mudanças e das idas e vindas das estações.

Mais tarde, depois de tudo, você pensará que foi uma boa ideia partir com todo aquele peso na bagagem. Que era imprescindível que a rota começasse assim, com tanto conhecimento, tanta solidez, tanta história nas costas. Mas acontece que no Celler a escola se estilizou, o volume se reduziu. Permaneceram as essências, e desapareceram os adornos. Agora, no fundo da mala, só restam aquelas peças que nunca nos deixam na mão: tudo o que se mantém, o que aquece quando faz frio, o que nos dá a sensação de conforto e segurança.

A academia facilita o aprendizado e também proporciona princípios que carregam implicitamente uma instrução: é preciso subvertê-los. A aquisição do saber só é completa quando o cozinheiro toma consciência de que não deve imitar um estilo, e sim criar um estilo próprio. "É um trabalho muito duro", dizia Céline. O desafio supremo.

Segundo os irmãos Roca

Quando voltávamos da escola primária, íamos dar uma mãozinha no restaurante de nossos pais. Quando pequenos, preparávamos *butifarras*, descascávamos cebolas para os refogados, enchíamos formas de *flan*, servíamos e brincávamos com os clientes que, de tão habituais, faziam parte da família, uma família tranquila e bem maior do que as normais. Aprendemos a respeitar, compartilhar, receber, sorrir, servir e trabalhar nos divertindo, tudo ao mesmo tempo. A infância transcorria entre os fogões e os jogos de futebol com tampinhas de cerveja, com os pés de duas cadeiras servindo de gol, uma delas colocada logo na entrada do bar e a outra, no outro extremo, perto da televisão. Era fácil, animado, espontâneo e apaixonante.

Entrar na Escola de Hotelaria de Girona foi vital para nós. O que fazíamos de maneira intuitiva no bar e restaurante Can Roca de nossos pais se podia estudar! Abriram-se diante de nós as portas para o conhecimento sistemático, para o porquê das coisas. Grande parte do que somos, devemos à formação acadêmica, e, ainda que seja para transgredi-la mais tarde, sempre partimos do conhecimento que ela nos possibilitou adquirir. Permitiu--nos alimentar a formação profissional com uma base sólida e estruturada, e, depois de investir muito tempo, tivemos acesso ao repositório de cultura bibliográfica que representam vinte séculos de história gastronômica. Esse legado histórico nos acompanha e permanecerá para sempre conosco, para crescermos e aprendermos com os antepassados e sua sabedoria. Fazendo uma lista provavelmente injusta e apressada, os livros de Plínio, o Velho, de Apício, Guillaume Tirel (Taillevent), Eiximenis Martino, Ruperto de Nola, Savarin, Carême, Scappi ou Escoffier fariam parte do saber do sabor da história gastronômica ocidental que absorvemos na escola e ainda hoje relemos.

III

Um dia no Celler com um caderno preto

No dia seguinte, às 7h30

É cedo, e já estou de pé. Hoje passarei o dia inteiro no Celler, e ontem fui dormir muito tarde e com teorias demais na cabeça. Uma ducha para recuperar as forças. O deslumbramento pelo Celler tem duas vertentes. Uma visita permite (e exige) uma reflexão que vai além da gastronomia. Mas também há o divertimento, o simples divertimento, a magia, o espetáculo. A fixação pelo efêmero. O momento. Aqueles pratos que ficarão na memória ao cabo dos anos. Primeiro, propus que me deixassem passar por cozinheiro ou garçom, para viver mais de perto todas as horas. Eles riram de novo. Devem ter pensado que as avaliações dos guias baixariam de repente se descobrissem que um atrapalhado como eu estava atuando como figurante na cozinha ou no salão. E não o farei. Atuarei melhor como clandestino. Ou seja, estarei lá com a intenção de não ser descoberto.

Às 8h30, diante da porta de entrada

Joan já está lá. Depois chega Josep. Perguntam-me o que eu quero que façam. E eu lhes pergunto o que querem que eu faça. Imediatamente, chegamos a um entendimento. Quero dizer que eles não precisam fazer nada e eu tampouco. Observar. Conviver durante um dia. Tomamos um café.
É cedo, e as mesas do salão estão nuas. São só mesas, círculos neutros, peças de madeira que agora jazem com uma certa atonia. Exaustas. Levam-me a pensar naquele poema de Carner, o da garota que, voltando do baile, sente ao mesmo tempo um tormento ("o roçar da seda abandonada") e um deleite ("o cintilar de joia do espelho"). O que houve (as mesas eufóricas da noite anterior) e não há mais, e a promessa, o anseio, de uma nova existência renovada (as peças de madeira que serão, com um incipiente vigor, de novo mesas). Ainda não voltaram a vesti-las. Ainda não puseram sobre elas as toalhas, que serão o solo preciso, diáfano, onde se executará a dança culinária.

A riqueza e o peso literário da cozinha catalã são fascinantes. Já na Idade Média, encontramos em nossa língua alguns dos primeiros e mais importantes livros europeus sobre o tema. Mais tarde, destaca-se um manual do século XVIII e, na era moderna, *La cuynera catalana*, do século XIX. Até chegar ao magnífico *Llibre de la cuina catalana*, de Ferran Agulló, da década de 1930. Mais recentemente, não podemos deixar de mencionar as contribuições de Manuel Vázquez Montalbán e de Josep Pla, da catalã do norte Eliana Thibaut Comelade, do norte-americano Colman Andrews, de Néstor Luján, Xavier Domingo, Josep Lladonosa, Jaume Fàbrega, Santi Santamaria, Narcís Comadira, do *Corpus culinari de Catalunya*, Ferran Adrià e, por fim, Pau Arenós e tantos outros que, como nós, agora se entregam a esse caminho, um caminho enriquecido de prosperidade gastronômica e de bom gosto.

Foi ainda na escola de hotelaria que nossa personalidade começou a se formar. Nesse momento, tratamos de evitar aqueles livros que considerávamos um pouco defasados pela vitalidade que nos movia. Trocamos as obras de Pellaprat e Escoffier, das primeiras décadas do século XX, pela coleção de Robert Laffont, *Les recettes originales* dos grandes cozinheiros franceses dos anos 1970 e 1980: Bocuse, Chapel..... e *La cuisine spontanée* de Frédy Girardet. Era uma cozinha que demarcava os hotéis e ambientes burgueses dos livros do início do século XX, e observávamos como resplandecia enquanto a aprendíamos: assistíamos à explosão da *nouvelle cuisine française*. Vivíamos essa cozinha com admiração e devoramos todos os livros que mostravam uma forma de cozinhar mais direta, com uma apresentação mais espontânea. Uma cozinha viva, nova, cheia de frescor... Participávamos de um ciclo esplendoroso da cozinha francesa, o prelúdio de todas as coisas boas que vivenciamos hoje na cozinha da Espanha.

Ao longo de nosso processo criativo, sempre houve uma reflexão em torno do legado acadêmico. Reproduções, reinterpretações, rupturas, inspirações... tudo para enriquecer uma cozinha aberta à sabedoria transmitida. Nosso TIMBALE DE MAÇÃ E *FOIE* (1996) é, em sua forma, uma reprodução dos timbales de Pellaprat, assim como o TURBANTE DE PERAS AO GENGIBRE (2002). O *PARMENTIER* DE *BOGAVANTE* (1988) veste a estética da influência francesa do momento: Guérard ou Georges Blanc (com quem Joan trabalhou como aprendiz no início dos anos 1990). Os *veloutés*, o *steak tartare* e o LINGUADO À LA *MEUNIÈRE* são provavelmente alguns dos exemplos mais claros de reinterpretações de um receituário clássico renovado, que ganhou complexidade técnica, ourivesaria na elaboração e riqueza de matizes gustativos. Essa é nossa maneira de trazer a academia para a mesa. Desse modo, construímos sobre o que já lemos, estudamos, vimos e provamos suficientemente.

A base do conhecimento escrito perdura, assim como permanecerão os livros científicos mais recentes dedicados à gastronomia, como a bíblia denominada *Comida e cozinha*, de Harold McGee. A partir da obsessão pela pesquisa das cocções a baixa temperatura, decidimos compartilhar as nossas experiências de cocção no Roner, depois de muitas conversas e diálogos com Georges Pralus e Hervé This, referências europeias na literatura gastronômica e química, com obras como *La cuisine sous-vide* e *Los secretos de los pucheros*, respectivamente. Chegamos, assim, à publicação de *La cocina al vacío* (de Joan Roca e Salvador Brugués, Montagud Editores, 2003), uma contribuição que se vê enriquecida, no sentido mais amplo do diálogo entre a cozinha e a ciência, com o definitivo *Modernist Cuisine*, de Nathan Myhrvold. Não podemos deixar de citar o dicionário *Léxico científico-gastronômico* da Fundação Alícia e elBullitaller, uma ferramenta útil e acessível, sob medida para entender, a partir do diálogo com a ciência, a complexidade de todo um mundo que já não nos é estranho: o prisma científico.

Do salão...

Na escola de hotelaria nos ensinaram que aquilo que havíamos aprendido no bar de nossos pais — isto é, divertirmo-nos servindo — também poderia ser proposto a partir do estudo da reinterpretação das formas, dos novos hábitos de comer e de servir. Assim, descobrimos que há algo mais do que um garfo, uma faca e uma colher. Deixamo-nos surpreender por colherinhas de sobremesa, talheres de aperitivos, de carnes, de peixe, de pré-sobremesa, diferentes utensílios e recipientes... Nada disso existe num bar. O que aprendemos na Escola de Hotelaria de Girona serviu de base e proporcionou solidez, e, em seguida, temperamos tudo isso com as experiências vividas em restaurantes de todo o mundo e nas grandes casas que visitamos, nas quais tivemos a oportunidade de adquirir diferentes técnicas de trabalho, diversos valores de pessoas talentosas e criativas. E é tudo isso que servimos à mesa, junto com os pratos que vocês escolheram, cercados pelo ambiente que, dia após dia, construímos para vocês.

LINGUADO MEUNIÈRE

4 PESSOAS

COMPOSIÇÃO

Linguado
Pele de leite
Cubos de limão-siciliano
Alcaparras fritas
Purê de alcaparras
Manteiga *noisette*
Molho de linguado
Pele de linguado

—LINGUADO

RENDIMENTO: 4 PORÇÕES

2 linguados (400 g cada um, aproximadamente)
Salmoura para peixes (receitas-base)

Coloque água para ferver numa panela pequena e escalde o rabo do linguado durante 2 segundos (essa operação facilitará o descolamento da pele). Corte com uma tesoura as duas nadadeiras laterais e, com o auxílio de um pano seco, retire a pele, puxando do rabo em direção à cabeça. Reserve a pele.

Despreze a cabeça e o rabo do linguado, extraia os lombos, faça pequenos sulcos em forma de quadrado e mergulhe-os na salmoura por 5 minutos. Enxugue-os bem com papel-toalha, junte-os dois a dois, unindo as partes de carne que estavam em contato com a espinha. Embale a vácuo e cozinhe no Roner a 55 °C durante 4 minutos. Marque por um dos lados na chapa. Corte o lombo ao meio, em sentido longitudinal, e reserve.

—PELE DE LEITE

RENDIMENTO: 10 PELES DE LEITE

1 L de leite integral
Creme de leite

Despeje o leite numa frigideira de 25 cm de diâmetro e leve ao fogo, a uma temperatura de 60 °C, aproximadamente, desfazendo possíveis bolhas. Uma camada de nata começará a se formar na superfície. A primeira camada demora por volta de 15 minutos para se formar e o restante, em torno de 8 minutos. Pegue a camada de nata pelo meio e levante-a com muito cuidado. Coloque-a sobre um tabuleiro forrado com filme de PVC pincelado com creme de leite; pincele também com creme de leite a parte de cima da camada e cubra com filme de PVC, para mantê-la úmida. Conserve sob refrigeração até o momento da transferência.

—CUBOS DE LIMÃO-SICILIANO

RENDIMENTO: 12 CUBOS

1 limão-siciliano
Açúcar

Com um ralador Microplane, rale o limão, procurando chegar até o albedo, mas sem tocá-lo. Rale apenas a casca externa (amarela) do limão e reserve-a num recipiente com um pouco de açúcar, para neutralizar a acidez.

Com a ponta de uma faca, retire os gomos inteiros do limão e, a seguir, posicione-os para obter cubinhos de 3 mm de lado. Ao servir, passe esses cubinhos de limão pela mistura de pele e açúcar. Reserve.

—ALCAPARRAS FRITAS

RENDIMENTO: 12 ALCAPARRAS FRITAS

12 alcaparras em conserva
500 g de óleo de girassol

Retire as alcaparras da conserva e seque-as sobre papel-toalha. Leve ao fogo uma panela com óleo de girassol e, quando atingir 180 °C, frite as alcaparras até que fiquem crocantes. Devem ficar abertas como uma flor. Reserve.

—PURÊ DE ALCAPARRAS

RENDIMENTO: 200 G

125 g de alcaparras em conserva
75 g de salmoura da conserva

Triture as alcaparras em conserva com seu suco. Reserve num recipiente.

—MANTEIGA *NOISETTE*

RENDIMENTO: 180 G

250 g de manteiga

Coloque a manteiga numa frigideira em fogo médio-baixo; quando a proteína e a gordura se separarem, retire a parte sólida da manteiga, que ficará na superfície, e continue cozinhando o restante até dourar e adquirir um tom tostado. Passe por um coador fino ou pano de algodão e reserve.

—MOLHO DE LINGUADO

RENDIMENTO: 750 G

1.000 g de espinhas de linguado
150 g de manteiga *noisette*
(elaboração anterior)
1.000 g de água
2,3 g de goma xantana
Sal

Limpe bem as espinhas e, numa frigideira antiaderente com um pouco de manteiga *noisette*, doure-as dos dois lados.

Uma vez douradas todas as espinhas de linguado, pese-as e utilize o mesmo peso de espinhas e de água. Aqueça a água a 80 °C, aproximadamente, incorpore as espinhas e deixe em infusão em torno de 25 minutos. Coe e texturize com a xantana (na proporção de 0,3 g de xantana para 100 g de caldo de espinhas de linguado). Retifique o sal se necessário.

—PELE DE LINGUADO

RENDIMENTO: 8 PELES

2 peles de linguado (branca/preta)
50 g de azeite de oliva
Sal

Lave bem as peles de linguado e, com o auxílio de uma faca, retire os restos de carne que tenham ficado. Corte as peles em tiras longitudinais de 2 cm de largura.

Disponha 2 tabuleiros virados para baixo e forre-os com papel sulfurizado. Com um pincel embebido em azeite de oliva, pincele o papel sulfurizado e, sobre ele, vá colocando as peles, sem encostar uma na outra. Ponha uma pitada de sal sobre cada uma delas e volte a pincelar com azeite. Cubra com papel sulfurizado e coloque outro tabuleiro por cima, de modo que fique bem comprimido. Asse no forno a 150 °C durante 1 hora, se possível com um peso por cima. Passado esse tempo, reserve em lugar seco.

FINALIZAÇÃO E MONTAGEM DO PRATO

Flores de cravo (*Dianthus caryophillus*)
Flores de gerânio-limão (*Pelargonium crispum*)

Coloque a pele de leite num prato retangular, de preferência com fundo escuro. Em torno dela, disponha 3 cubos de limão-siciliano intercalados com 3 alcaparras fritas. Sirva alguns pontos de purê de alcaparras e, no centro, uma pincelada de manteiga *noisette*. Por cima da manteiga, coloque o linguado cozido a vácuo e ligeiramente marcado na grelha sobre brasas de azinheira. Regue a superfície do linguado com um pouco mais de manteiga *noisette* e molho de linguado.

Sirva a pele de linguado num suporte separado, para mantê-la crocante. Regue-a com manteiga *noisette* e purê de alcaparras. Coloque 3 toques de raspa de limão-siciliano com açúcar e as flores do cravo e do gerânio-limão.

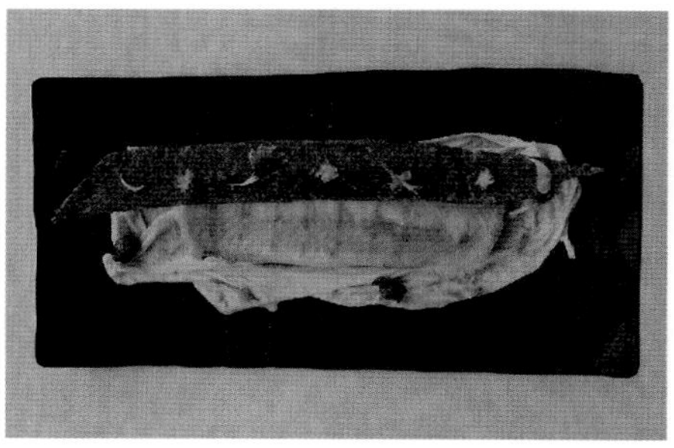

DECLINAÇÃO DA LEBRE À LA ROYALE 2011

8 PESSOAS

COMPOSIÇÃO

Purê de beterraba
Ar de terra
Cubos de beterraba
Royale
Royale de colher
Molho de lebre
Civet de lebre
Caldo de *civet* de lebre
Purê de framboesas na brasa
Lombo de lebre

—PURÊ DE BETERRABA

RENDIMENTO: 150 G

150 g de beterraba
25 g de destilado de terra (receitas-base)
0,2 g de goma xantana
Sal

Ferva a beterraba até ficar macia. Triture-a com o destilado de terra e a goma xantana, e passe por um *chinois* fino. Coloque sal a gosto e reserve em uma bisnaga.

—AR DE TERRA

RENDIMENTO 250 G

250g de destilado de terra (receitas-base)
1,5 g de sucroéster
3,5 g de lecitina de soja

Junte todos os ingredientes, misture bem e deixe descansar. Triture com o *mixer*, procurando formar ar na mistura. Reserve.

—CUBOS DE BETERRABA

RENDIMENTO: 140 CUBOS

150 g de beterraba

Cozinhe a beterraba inteira; quando estiver macia, tire a casca e corte-a em cubos de 0,5 cm de lado. Reserve.

—*DUXELLE*

RENDIMENTO: 256 G

120 g de *champignons*
120 g de cogumelos *boletus* (Boletus edulis)
120 g de echalotas
30 g de azeite de oliva extravirgem

Limpe os cogumelos e pique-os em *brunoise*; reserve. Descasque as echalotas e pique-as em *brunoise*, refogue-as numa frigideira junto com o azeite de oliva extravirgem, até ficarem tenras e ganharem coloração. Acrescente os cogumelos, deixe evaporar o excesso de água e cozinhe em fogo bem lento por mais 20 minutos. Reserve a preparação.

—*ROYALE*

RENDIMENTO: 3 FORMAS DE 12 CM X 12 CM X 4 CM

375 g de carne de lebre
185 g de papada de porco
10 g de trufa negra
100 g de fígado de lebre
100 g de leite
75 g de sangue de lebre
20 g de armanhaque
50 g de clara de ovo pasteurizada
65 g de miolo de pão
85 g de *duxelle* (elaboração anterior)
12 g de sal

Moa a carne de lebre, a papada, a trufa e o fígado.

Misture o leite, o sangue, o armanhaque e a clara de ovo, acrescente o miolo de pão e deixe empapar durante 15 minutos. Triture e acrescente à preparação anterior junto com a *duxelle*; tempere.

Forre com filme de PVC uma forma quadrada de 12 cm de lado e 4 cm de altura, evitando que se formem rugas, preencha-o com 350 g da *royale* e deixe esfriar durante 1 hora sob refrigeração. Coloque a forma com a *royale* dentro de uma bolsa e embale 100% a vácuo. Cozinhe a *terrine* no Roner a 63 °C durante 30 horas. Retire do Roner e resfrie rapidamente. Corte em retângulos de aproximadamente 10 cm de comprimento por 1 cm de altura e 2 cm de largura (atingirá um peso em torno de 35 g). Embale a vácuo e regenere no momento de finalizar o prato.

—*ROYALE* DE COLHER

RENDIMENTO: 8 QUENELLES

40 g de *royale* (elaboração anterior)

Com a ajuda de um garfo amasse levemente a *royale* de lebre. Utilize duas colheres para formar pequenas *quenelles* de 4 g, aproximadamente. Reserve.

—CALDO DE LEBRE

RENDIMENTO: 200 G

850 g de ossos e retalhos de lebre
200 g de *bresa* (receitas-base)
75 g de vinho tinto
1.500 g de água

Disponha os ossos e os retalhos (aparas) de lebre em uma assadeira e doure-os a 180 °C. Uma vez dourados, retire o excesso de gordura e coloque-os dentro de uma panela, recupere com água a substância que tenha ficado na assadeira e transfira para a panela com os ossos e os retalhos. Adicione a *bresa* e o vinho tinto, ferva e cubra tudo com a água bem fria.

Leve para ferver, espume para retirar as impurezas e deixe cozinhar durante 3 horas em fogo baixo. Passado esse tempo, coe o caldo e reduza até obter 200 g de caldo de lebre. Esfrie e reserve.

—MOLHO DE LEBRE

RENDIMENTO: 250 G

200 g de caldo de lebre (elaboração anterior)
20 g de espessante de *kuzu* (receitas-base)
30 g de manteiga
40 g de sangue de lebre

Aqueça o caldo de lebre, acrescente o espessante de *kuzu* e a manteiga, e mexa energicamente até obter uma emulsão estável e sem grumos. Coe. No momento de servir, ligue com o sangue de lebre, mexendo para que fique um molho fino.

—GORDURA DE TOUCINHO

RENDIMENTO: 55 G

50 g de toucinho
5 g de água
25 g óleo de girassol

Corte o toucinho em cubos regulares de 1 cm, procurando usar a maior parte da gordura possível. Coloque os cubos numa panela junto com a água e o óleo de girassol. Deixe cozinhar em fogo lento até que toda a água tenha evaporado e a maior quantidade possível de toucinho tenha derretido. Coe, esfrie e reserve.

—*CIVET* DE LEBRE

RENDIMENTO: 400 G DE CARNE DE PALETA

150 g de alho-poró
150 g de cenoura
75 g de aipo
250 g de cebola
½ folha de louro
2 ramos de tomilho
2 ramos de alecrim
½ ramo de canela
5 g de pimenta-do-reino em grão
3 g de zimbro
Casca de ½ limão-siciliano
Casca de ½ laranja
4 paletas de lebre de 200 g cada
1 L de vinho tinto
60 g de gordura de toucinho (elaboração anterior)
Azeite de oliva

Descasque e corte as hortaliças em *mirepoix*. Introduza todos os ingredientes, menos a gordura de toucinho e o azeite, num recipiente hermético e deixe marinar durante 24 horas.

Transcorrido esse tempo, retire as paletas de lebre e limpe-as bem dos restos de marinada. Sele-as ligeiramente numa frigideira com um pouco de azeite de oliva. Esfrie e reserve.

À parte, reduza o líquido coado da marinada, espumando constantemente até obter um terço do volume inicial. Reserve.

Separe todas as ervas aromáticas da marinada (zimbro, canela, pimenta, laranja, limão, tomilho, alecrim e louro) e reserve. Numa caçarola, refogue as hortaliças da marinada até perderem completamente o líquido que tiverem e ficarem tenras. Resfrie rapidamente, levando ao abatedor de temperatura, e reserve.

Introduza em cada bolsa a vácuo 2 paletas de lebre seladas com 50 g de hortaliças refogadas, 30 g de gordura de toucinho e 100 g de vinho da marinada reduzido. Cozinhe a vácuo no Roner a 63 °C durante 12 horas. Uma vez cozido, abra a bolsa e recupere o caldo do cozimento, passando-o por um *chinois* fino. Resfrie e retire o excesso de gordura que possa restar. Reserve.

Desosse as paletas, procurando conservar pedaços de carne do maior tamanho possível.

—CALDO DE *CIVET* DE LEBRE

RENDIMENTO: 280 G

200 g de suco de cozimento das paletas (elaboração anterior)
133 g de vinho tinto da marinada reduzido (da elaboração anterior)
10 g de açúcar
Ervas, especiarias e raspas de cítricos reservados da marinada
40 g de espessante de *kuzu* (receitas-base)

Ferva o caldo de cozimento das paletas e espume para retirar as impurezas. Incorpore o vinho reduzido e o açúcar, coloque novamente o conjunto para ferver e espume. Retire do fogo e acrescente as ervas aromáticas. Tampe e deixe em infusão por 30 minutos. Coe e ligue com o espessante de *kuzu*; torne a coar e reserve.

—PURÊ DE FRAMBOESAS NA BRASA

RENDIMENTO: 180 G

250 g framboesas
10 g de azeite de oliva extravirgem

Coloque as framboesas numa peneira de malha fina. Num recipiente à parte, ponha algumas brasas incandescentes e sobre elas, a peneira com as framboesas. Borrife sobre elas algumas gotas de azeite de oliva extravirgem. Tampe rapidamente com filme de PVC e deixe defumar durante 5 minutos. Transcorrido esse tempo, retire as framboesas, triture-as e passe-as por um *chinois* fino. Reserve o purê.

—LOMBO DE LEBRE

RENDIMENTO: 8 PORÇÕES

2 lombos de lebre
Azeite de oliva extravirgem
Sal

Coloque sal a gosto nos lombos de lebre e marque-os na chapa. Reserve.

FINALIZAÇÃO E MONTAGEM DO PRATO

Cacau em pó
Lâminas de gengibre cristalizado
Brotos de erva-doce
Bagas de zimbro
Trufa
Germinados de beterraba
Pó de zimbro

Regenere os retângulos de *royale* a vácuo a 60 °C.

Aqueça o *civet* em seu caldo e coloque uma pequena quantidade sobre a *royale*. Polvilhe com cacau em pó, coloque 2 lâminas de gengibre cristalizado, casca de ½ baga de zimbro e 2 brotos de erva-doce. Junto ao *civet*, disponha os toques de beterraba: o purê, os cubos e os germinados. Aqueça a *quenelle* de *royale* na colher e coloque-a a seu lado. Ponha uma gota de purê de framboesas na brasa e, por último, o lombo de lebre na chapa.

Finalize o prato com a trufa em *julienne* junto ao *civet*, o ar de terra e alguns pontos de molho de lebre ao lado da declinação.

CONSOMMÉ DE SARDINHAS NA BRASA

8 PESSOAS

COMPOSIÇÃO

Sardinhas na brasa
Consommé de sardinhas na brasa
Gel de salsinha
Gel de pimentão amarelo
Gel de pimentão rocoto
Creme de alho
Compota de maçã

—SARDINHAS NA BRASA

RENDIMENTO: 16 FILÉS

8 sardinhas (80 g cada uma, aproximadamente)
Salmoura para peixes (receitas-base)
10 g de azeite de oliva extravirgem

Limpe as sardinhas e extraia os lombos. Retire as espinhas e passe pela salmoura durante 3 minutos. Seque bem os lombos e una-os pelo lado da carne, embale100% a vácuo com azeite de oliva. Cozinhe no Roner durante 3 minutos. Retire, abra a embalagem, pincele a pele dos lombos com o azeite de oliva e marque-os na grelha sobre brasas de azinheira. Reserve.

—*CONSOMMÉ* DE SARDINHAS NA BRASA

RENDIMENTO: 200 G

250 g de espinhas de sardinhas com as cabeças
15 g de azeite de oliva extravirgem
250 g de água
0,6 g de goma xantana

Coloque um pouco de azeite de oliva sobre as espinhas de sardinha e sele-as na brasa até que fiquem tostadas e adquiram o agradável aroma da fumaça. Coloque-as numa panela com a água e aqueça até 85 °C. Tampe hermeticamente e deixe em infusão durante 15 minutos. Passado ess tempo, coe usando um *chinois* fino, torne a coar usando uma peneira e leve ao abatedor de temperatura. Por último, triture com a goma xantana e reserve.

—GEL DE SALSINHA

RENDIMENTO: 160 G

50 g de folhas de salsinha
150 g de água
0,48 g de goma xantana
Sal

Branqueie as folhas de salsinha em água fervente durante 20 segundos e retire. Refresque em água com gelo e, num recipiente à parte, esfrie a água usada para branquear.

Triture os dois ingredientes a frio até obter um líquido fino e homogêneo. Passe por um *chinois* fino, pressionando para obter a maior quantidade possível de água de salsinha. Texturize com a xantana, coloque sal a gosto e retire o ar com a máquina de vácuo. No caso de não dispor de máquina de vácuo, deixer a mistura descansar até que ela tenha perdido o ar. Coloque numa bisnaga e reserve.

—GEL DE PIMENTÃO AMARELO

RENDIMENTO: 150 G

450 g de pimentão amarelo (150 g de suco)
0,3 g de goma xantana

Limpe e centrifugue as polpas de pimentão amarelo, texturize o suco com a xantana e retire o ar. Coloque numa bisnaga e reserve.

—GEL DE PIMENTÃO ROCOTO

RENDIMENTO: 150 G

450 g de pimentão rocoto (150 g de suco)
0,3 g de goma xantana

Limpe e centrifugue as polpas de pimentão rocoto, texturize o suco com a xantana e retire o ar. Coloque numa bisnaga e reserve.

—CREME DE ALHO

RENDIMENTO: 120 G

50 g de dentes de alho
100 g de água
0,6 g de goma xantana
Sal

Descasque os dentes de alho e escalde-o a partir de água fria, repetindo a operação três vezes. Abra-os e retire o gérmen. Triture-lo junto com a água, a xantana e o sal a gosto. Coe e reserve numa bisnaga.

—COMPOTA DE MAÇÃ

RENDIMENTO 150 G

200 g de maçã Granny Smith
10 g de açúcar
20 g de manteiga
Sal

Corte a maçã em pedaços pequenos, misture--os com o restante dos ingredientes e cozinhe no micro-ondas até que a maçã amoleça. Faça um purê bem fino, esfrie e reserve.

FINALIZAÇÃO E MONTAGEM DO PRATO

Brotos de erva-doce
Brotos de *dill*
Brotos de cerefólio
Flores de alecrim

Coloque a sardinha assada no centro do prato e sirva o *consommé*. Em seguida, disponha cuidadosamente pontos de gel de salsinha, gel de pimentão rocoto, gel de pimentão amarelo, creme de alho e compota de maçã. Termine com os brotos de erva-doce, *dill* e cerefólio, e com as flores de alecrim.

ROYALE DE GANSO COM DAMASCO

8 PESSOAS

COMPOSIÇÃO

Molho de ganso
Ganso *à la royale*
Compota de damasco

—MOLHO DE GANSO

RENDIMENTO: 270 G

1.000 g de ossos e retalhos de ganso
120 g de *bresa* (receitas-base)
2.500 g de água
15 g de Xerez Pedro Ximénez
40 g de espessante de *kuzu* (receitas-base)

Disponha os ossos e os retalhos (aparas) de ganso numa assadeira e doure-os a 220 °C. Uma vez dourados, retire o excesso de gordura e coloque em uma panela; deglace a assadeira e adicione também o caldo à panela. Acrescente a *bresa* e cubra com a água bem fria.

Ferva durante 3 horas em fogo bem baixo, espumando constantemente, para retirar as impurezas.

Coe e reduza até obter 250 g, acrescente o Xerez Pedro Ximénez, ferva e incorpore o *kuzu*, sem deixar de mexer. Torne a coar e reserve.

—*FARCE*

RENDIMENTO: 250 G

120 g de echalotas
120 g de *champignons*
120 g de cogumelos *boletus* (*Boletus edulis*)
30 g de azeite de oliva extravirgem
Sal

Moa todos os ingredientes, refogue a cebola no azeite em fogo baixo e, quando estiver macia, acrescente os *champignons* e os *boletus*; deixe cozinhar. Retire do fogo, coloque sal a gosto e reserve.

—GANSO *À LA ROYALE*

RENDIMENTO: 26 PORÇÕES, APROXIMADAMENTE

200 g de *foie*
100 g de leite
75 g de sangue de ganso
15 g de armanhaque
50 g de claras de ovo
50 g de miolo de pão
375 g de ganso
185 g de papada de porco
60 g de *foie*
40 g de trufa
90 g de *farce* (elaboração anterior)
15 g de sal

Corte os 200 g de *foie* em tiras de 1,5 cm de largura e reserve.

Misture o leite, o sangue, o armanhaque e as claras de ovo, acrescente o miolo de pão e deixe empapar durante 15 minutos; em seguida, triture.

Moa a carne de ganso, a papada, a trufa e os 60 g de *foie*. Misture com o restante dos ingredientes triturados, adicione a *farce* e tempere.

Corte um pedaço de filme de PVC e estenda sobre ele uma camada de mistura de *royale*. No centro, disponha as tiras de *foie*. Enrole a camada, formando um cilindro de 3 cm de diâmetro bem compacto com o *foie* no centro e leve ao abatedor de temperatura. Embale a vácuo em bolsa retrátil e cozinhe no Roner a 63 °C durante 30 horas.

Depois de cozido, esfrie os cilindros e corte--os em porções individuais de 3 cm de largura por 3 cm de diâmetro. Embale a vácuo para regenerar no momento da montagem do prato.

—COMPOTA DE DAMASCO

RENDIMENTO: 180 G

200 de damascos frescos
50 g de açúcar
30 g de licor de damasco
10 g de manteiga

Retire a pele dos damascos, corte-os em pedaços irregulares de mais ou menos 1,5 cm. Reserve os caroços. Coloque o açúcar numa panela em fogo brando e faça um caramelo dourado; quando começar a escurecer, despeje pouco a pouco o licor de damasco. Dissolva bem, acrescente a manteiga, a fruta cortada em pedaços e, por último, os caroços de damasco que estavam reservados. Cozinhe até obter um purê. Retire os caroços e triture a compota para homogeneizá-la; em seguida, passe-a pelo *chinois* f no. Reserve.

FINALIZAÇÃO E MONTAGEM DO PRATO

Brotos frescos de beterraba
Folhas de beterraba
Flores de borago
Brotos de *shiso* roxo

Regenere as porções de ganso a 63 °C, abra a bolsa e seque o líquido que possa soltar.

Coloque a *royale* no prato e cubra com o molho reduzido; de um lado, trace uma lágrima de compota de damasco e termine com os brotos frescose a folha de beterraba, a flor de borago e os brotos de *shiso* roxo.

STEAK TARTARE

8 PESSOAS

COMPOSIÇÃO

Steak
Ketchup
Passa de oloroso
Geleia de limão-siciliano
Molho Foyot
Shots de mostarda
Batatas *soufflé* temperadas

—EMULSÃO DE MOSTARDA

RENDIMENTO: 63 G

10 g de gema de ovo
45 g de azeite de oliva extravirgem
8 g de mostarda em grão

Coloque a gema numa vasilha e bata até ficar bem aerada; deixe cair o azeite em fio enquanto a mistura é batida com o *fouet* até emulsionar. Adicione a mostarda em grão, misture e reserve para o *steak*.

—*STEAK*

RENDIMENTO: 255 G

200 g de contrafilé de vitelo sem gordura
1,7 g de molho inglês Lea & Perrins
13 g de emulsão de mostarda (elaboração anterior)
20 g de echalota picada
10 g de alcaparras picadas
10 g de minipepinos (*cornichons*) picados
Tabasco
Sal
Pimenta-do-reino

Pique a carne bem fininha com uma faca, coloque-a numa vasilha e acrescente os ingredientes restantes; misture muito bem e reserve a preparação tampada e sob refrigeração.

—*KETCHUP*

RENDIMENTO: 125 G

150 g de suco de tomate centrifugado
20 g de açúcar
10 g de vinagre de Xerez
1,5 g de molho inglês Lea & Perrins
0,2 g de tabasco
Sal

Coloque o suco de tomate centrifugado junto com o açúcar, o vinagre, o molho inglês e o tabasco num recipiente em fogo lento, por 3 horas.

Uma vez reduzida a mistura, coloque sal a gosto e reserve.

—PASSA DE OLOROSO

RENDIMENTO: 127 G (50 UNIDADES)

500 g de água
2,5 de alginato de cálcio
125 g de oloroso
1,5 g de goma xantana
0,9 g de cloreto de cálcio
Açúcar

Triture a água e o alginato com o *mixer* e reserve sob refrigeração.

Misture o oloroso com a xantana e o cloreto de cálcio, pegue pequenas porções com uma colher e deixe cair no banho de alginato; vire-as para que fiquem seladas de todos os lados e deixe alguns minutos. Retire-as do banho de alginato e clareie-as com água.

Cubra as esferas de oloroso com açúcar e deixe durante 4 horas. Ao final desse tempo, terão ganhado a aparência de uva-passa.

—GELEIA DE LIMÃO-SICILIANO

RENDIMENTO: 300 G

125 g de limões-sicilianos
100 g de açúcar
40 g de alcaparras inteiras
35 g de alcaparras picadas
25 g de suco de limão-siciliano

Lave os limões e corte lâminas de 0,5 cm de espessura. Retire as sementes que possam restar e pique bem fininho.

Caramelize o açúcar até 145 °C, acrescente o limão picado, as alcaparras inteiras, e cozinhe por alguns minutos. A seguir, adicione as alcaparras picadas e, finalmente, o suco de limão. Tampe a preparação e deixe cozinhar por 2 horas em fogo muito lento.

—MOLHO FOYOT

RENDIMENTO: 202 G

60 g de vinagre balsâmico
2,4 g de estragão liofilizado
100 g de caldo de vitelo (receitas-base)
40 g manteiga clarificada
2 g de goma xantana

Aqueça o vinagre balsâmico e deixe o estragão liofilizado em infusão. Esfrie.

Aqueça o caldo de vitelo em banho-maria, emulsione-o com a manteiga clarificada, acrescente o vinagre já em infusão e, por último, a goma xantana. Em seguida, triture tudo até não restarem grumos.

—*SHOTS* DE MOSTARDA

RENDIMENTO: 325 G

250 g de creme de leite fresco
50 g de gemas de ovo
25 g de mostarda em grão
3,7 g de gelatina em folhas
Sal

Misture numa panela o creme de leite, as gemas de ovo, a mostarda em grão, e pasteurize até 85 °C. Retire do fogo, acrescente a gelatina previamente hidratada e coe a preparação. Coloque sal a gosto e leve ao abatedor de temperatura.

Prepare um recipiente de isopor com nitrogênio líquido. Coloque a mistura numa bisnaga e deixe cair gotas sobre o nitrogênio. Recolha as gotas com uma espumadeira de arame e reserve-as num recipiente no *freezer*.

—BATATAS *SOUFFLÉ*

RENDIMENTO: 45 UNIDADES, APROXIMADAMENTE

1 batata holandesa (tipo 1) média
Óleo de girassol

Corte a batata ao meio, no sentido longitudinal; de cada metade obtida, corte retângulos de 1,5 cm x 3 cm.

Com a mandolina, fatie finamente os retângulos pela parte mais larga e reserve.

Leve ao fogo duas caçarolas com óleo de girassol; aqueça uma a 130 °C e a outra a 180 °C.

Frite as lâminas retangulares de batata, primeiro no óleo a 130 °C, até ficarem infladas; em seguida, transfira-as com uma espumadeira para o óleo a 180 °C, e frite até que terminem de inflar e estejam douradas. Retire-as do fogo e coloque sobre papel-toalha. Reserve.

—TEMPERO DE BATATAS *SOUFFLÉ*

32 batatas *soufflé* (elaboração anterior)
10 g de páprica
10 g de pimenta de Sichuan
10 g de *curry*
10 g de cebolinha picada
10 g de manteiga em ponto de pomada

Tempere 8 batatas com a páprica, 8 com a pimenta de Sichuan, outras 8 com *curry* e, por último, unte com a manteiga as 8 batatas restantes e adicione a cebolinha picada.

FINALIZAÇÃO E MONTAGEM DO PRATO

Praliné de avelãs
Folhas de mostarda

Disponha sobre um prato retangular 30 g de *steak*, formando um retângulo de 1 cm de altura por 10 cm de comprimento. Sobre o *steak*, coloque (na seguinte ordem e deixando aproximadamente 1 cm entre cada toque) uma passa de oloroso, um ponto de *praliné* de avelãs, um ponto de geleia de limão-siciliano e, por último, um ponto de *ketchup*. Acrescente ao conjunto alguns *shots* de mostarda.

Sobre os toques anteriores e seguindo a mesma ordem, coloque uma batata temperada com a pimenta de Sichuan; a seguir, outra com a páprica, seguida de outra com *curry* e, por fim, junto ao *ketchup*, a batata *soufflé* com a cebolinha picada. Intercale com algumas folhas pequenas de mostarda. Coloque o molho Foyot numa quina do *steak*.

molhos

**Revisão dos molhos,
a base da cozinha de Joan Roca**

"Tempero mais ou menos líquido, quente ou frio, que acompanha ou serve para cozinhar um prato. A função de um molho é a de acrescentar a esse prato um sabor que se harmonize com o seu." Esse é o conceito de *molho* definido pelo *Larousse Gastronomique*, o qual vai além, classificando os molhos segundo os cânones franceses delimitados por Antonin Carême no início do século XIX. Com o passar do tempo, os molhos da tradição clássica francesa foram adquirindo influências e sabores de outros países e, mais tarde, com o mestre Auguste Escoffier, foram adquirindo mais leveza. Hoje, a gastronomia de vanguarda trouxe diversos ingredientes e espessantes que permitiram a reinvenção do mundo dos molhos.

"O objetivo básico de um molho é propiciar um sabor de consistência agradável. Um bom molho oferece estímulos aos nossos sentidos químicos, ou seja, gustação e olfato. É preciso experimentá-lo para comprovar sua salinidade, doçura, acidez e aroma, e corrigir as deficiências sem deixar de manter o equilíbrio geral. Embora num molho o mais importante seja o sabor, sua textura e densidade também são fundamentais."

O QUE DÁ SABOR E AROMA AOS MOLHOS DO CELLER DE CAN ROCA

No Celler, o academicismo clássico e a modernidade caminham de mãos dadas. Isso explica por que, para dar sabor aos molhos, se utilizam não apenas elementos tradicionais como os caldos, mas também técnicas e aditivos inovadores, com os quais é possível obter molhos de vanguarda.

CALDOS

CALDOS DE CARNE

Os molhos de carne têm como ponto de partida um caldo, geralmente reduzido, elaborado com os ossos, a carne e as peles do produto que acompanhará o molho. Na hora de fazer o caldo, o que se pretende é produzir um líquido com muito sabor e gelatina suficiente para que adquira corpo ao ser reduzido. A carne é uma fonte de sabor, mas tem pouca gelatina; por sua vez, a pele e os ossos têm menos sabor, mas são muito ricos em colágeno. A quantidade de carne deve ser sempre superior à quantidade de pele e ossos. Nas receitas básicas, também entram as verduras (sobretudo cenouras e cebola, que proporcionam aroma e um toque adocicado) ou vinho (que dá acidez). Existem dois tipos de caldos de carne: os escuros e os claros.

CALDO ESCURO: douram-se os ossos, a carne e as verduras num forno quente, para dar cor e um sabor mais intenso. Graças às reações de Maillard, esse processo coagula as proteínas da superfície, evita que o caldo fique turvo e contribui para o sabor da caramelização.

Com a carne e os ossos dentro da panela, acrescenta-se água fria na mesma quantidade. Leva-se o conjunto à temperatura de cocção lenta e mantém-se no fogo sem tampar, enquanto vai-se espumando e retirando a gordura que se acumula na superfície. O fato de aquecer pouco a pouco a partir do frio permite que as proteínas solúveis se desprendam dos sólidos e coagulem lentamente, formando elementos visíveis que sobem à superfície e são fáceis de retirar, ou que se depositam nas paredes e no fundo. Dessa maneira, o caldo fica mais limpo e transparente.

Quando o caldo tiver deixado de formar espuma, acrescentam-se as verduras, as ervas e o vinho; continua-se cozinhando em baixa temperatura até obter todo o sabor e a gelatina dos sólidos. Depois disso, coa-se o caldo usando um pano de algodão e deixa-se esfriar. Uma vez frio, é possível retirar facilmente a gordura solidificada da superfície.

CALDOS CLAROS OU *BLANQUETTES*: a única diferença com relação ao caldo escuro é que não se douram nem os ossos nem as verduras. O resultado, portanto, é um líquido mais claro e de sabor mais suave, uma vez que não está presente a caramelização obtida das reações de Maillard.

CALDOS DE PEIXE

Os peixes vivem em ambientes frios, por isso seu colágeno está menos atrelado e se dissolve a temperaturas mais baixas. Portanto, a gelatina dos peixes pode ser extraída a temperaturas inferiores às de ebulição e num tempo relativamente menor. No caso dos cefalópodes, o colágeno necessita de temperaturas mais elevadas e de um tempo mais prolongado para se dissolver. Na hora de elaborar um caldo de peixe, douram-se previamente as espinhas e as peles no forno para obter mais sabor.

As reações de Maillard são um conjunto muito complexo de reações químicas entre aminoácidos e carboidratos, como consequência da aplicação de alta temperatura (na chapa, forno, brasa, refogado, etc.) a alguns alimentos, dando-lhes uma coloração marrom e um sabor característico.[1]

1 — Fundação Alícia & elBullitaller, *Léxico científico-gastronômico: as chaves para entender a cozinha de hoje* (São Paulo: Editora Senac São Paulo, 2008).

VINHOS

El Celler de Can Roca atribui tanta importância ao vinho, a ponto de querer incorporá-lo aos pratos em seu estado mais puro, tal qual é percebido na taça, sem que se perca uma fração sequer de suas características. O vinho está muito presente nos molhos da cozinha clássica, mas sempre passando por longos processos de cocção. O Celler, por sua vez, conseguiu elaborar molhos de vinho a partir de reduções a baixa temperatura obtidas no Rotaval (veja boxe na p. 154), mantendo intactas suas propriedades organolépticas e proporcionando densidade por meio da goma xantana. No caso dos vinhos doces — que são os que melhor funcionam nesse processo —, também se obtém densidade, dada a concentração dos açúcares.

SUCOS DE FRUTA E SUCOS DE ERVAS CENTRIFUGADAS

Como no caso do vinho, a ideia é fazer um molho de fruta ou de ervas, sem renunciar ao seu sabor e frescor originais. Por isso, é preciso evitar sua redução por meio do fogo — o que provocaria reações de Maillard nas paredes da panela, modificando, assim, o seu sabor. No Celler, por sua vez, a redução é obtida no Rotaval (veja boxe na p. 154). Para conferir densidade ao líquido, utiliza-se a goma xantana aplicada a frio. Desse modo, evita-se o uso do calor, que, no caso dos sucos de fruta, caramelizaria os açúcares, alterando seu sabor, ou, no caso dos sucos de ervas centrifugadas, volatilizaria e oxidaria os aromas.

O QUE CONFERE DENSIDADE AOS MOLHOS DO CELLER DE CAN ROCA

A gelatina natural extraída do colágeno das carnes e dos ossos, ao elaborar um caldo reduzido.

O *kuzu* ou *kudzu* (*Pueraria lobata*), de origem sino-japonesa. É uma planta trepadeira da família das fabáceas, de cuja raiz se obtém um amido de mesmo nome, há muito tempo utilizado na medicina tradicional chinesa. No Celler, o *kuzu* é empregado como espessante para grande parte dos molhos quentes. Sua aplicação deve ser feita dissolvendo-se uma pequena proporção no caldo frio ou água e acrescentando-se ao molho quando esse já estiver no ponto e não mais será levado à fervura. Uma de suas grandes vantagens é que não acrescenta sabor, além de estar livre de glúten e deixar uma textura sedosa, brilhante e gelatinosa.

A gema de ovo é um espessante proteico muito eficaz, em grande parte pela proporção de proteínas: contém 50% de água e 16% de proteínas, finamente dispersas num fluido rico e cremoso. É utilizada para espessar molhos brancos, cremosos, *veloutés*, caldos claros...

O fígado é um espessante com muito sabor. É preciso triturá-lo sempre previamente, visto que as proteínas coaguláveis estão concentradas dentro das células, e em seguida coá-lo para retirar o tecido conjuntivo que as mantinha unidas.

O sangue, bastante utilizado na cozinha tradicional, contém albumina, a proteína que confere densidade quando aquecida acima dos 75 °C.

Os órgãos dos mariscos também são bons espessantes. O fígado, as barbas das ostras ou os tecidos sexuais dos ouriços-do-mar têm as mesmas vantagens e inconvenientes que o fígado, mas espessam e coagulam a temperaturas bem mais baixas. Devem ser acrescentados aos molhos no final de sua elaboração, quando sua temperatura estiver muito abaixo da temperatura de ebulição.

Alguns lácteos, como o creme de leite e a manteiga, são emulsões, ingredientes versáteis que proporcionam densidade e um toque aveludado aos molhos.

A goma xantana é um polissacarídeo extracelular produzido pela fermentação da glucose ou sacarose do trigo pela bactéria *Xanthonomas campestris*. É um espessante que oferece a possibilidade de criar texturas densas, tanto a frio como a quente. No Celler, é utilizada essencialmente para espessar líquidos delicados, que não convém submeter ao calor. A partir de um líquido espessado com goma xantana, é possível elaborar uma emulsão estável incorporando azeite de oliva.

O azeite de oliva permite fazer emulsões a partir da liquefação de ervas, sucos de frutas e outros líquidos, previamente espessados com goma xantana. O resultado são molhos estáveis e muito versáteis.

ROTAVAL: TECNOLOGIA PARA FAZER MOLHOS

O Rotaval oferece a possibilidade de obter outra dimensão de um produto. Trata-se de um destilador que permite a destilação a vácuo de qualquer ingrediente que contenha certa umidade. O vácuo transforma a pressão atmosférica, e com isso se consegue produzir a ebulição a temperaturas mais baixas (aproximadamente 40 °C). O resultado é a separação inicial do álcool e da água (com os aromas voláteis) do ingrediente principal, que fica reduzido no balão. No Celler, utilizam-se as duas partes resultantes do processo para fazer molhos:

—A água destilada: é um líquido transparente no qual estão contidos todos os aromas voláteis do ingrediente principal. Para transformá-lo em molho, é preciso espessá-lo com goma xantana, evitando assim a aplicação de calor.

—A redução do produto principal a baixa temperatura: é um molho em si mesmo se o produto inicial for um líquido, pois a destilação lhe proporciona maior densidade. O resultado é muito mais interessante que se for reduzido por meio do fogo, já que nesse caso não se produzem as reações de Maillard.

EXEMPLOS DE MOLHOS DO CELLER DE CAN ROCA

Molho de caldo escuro: reduz-se o caldo para concentrar seu sabor e densidade. Normalmente, usa-se *kuzu* para dar liga e, para finalizar, emulsiona-se uma pequena noz de manteiga, que deve ser colocada no último instante antes de utilizar o molho.

Molho de sardinhas: prepara-se a partir de um caldo de sardinhas na brasa em infusão a vácuo que se liga com goma xantana.

Molho de salmonetes: cozinham-se as espinhas, cenouras e cebolas douradas, em água (na mesma proporção dos sólidos), durante 6 horas, a temperatura muito baixa, como se fosse um *consommé*. Nesse caso, busca-se um molho rebuscado e complexo. Acrescenta-se uma pequena porção de manteiga. A liga se dá por meio de um *alioli* elaborado a partir de alhos assados e azeite de oliva extravirgem. Por último, acrescenta-se um pouco de *kuzu*.

Molho de ostras: cozinham-se as echalotas com manteiga e utiliza-se, como parte aquosa, a água contida nas ostras e, como liga, creme de leite e a proteína das barbas extraídas das ostras. Para terminar, casca de limão ralada na hora.

Molho de lulas: para começar, faz--se um refogado de cebola, cenoura e tomate na manteiga. Adicionam--se pedaços de lula e água fria e cozinha-se a baixa temperatura durante algumas horas. Depois de coar, reserva-se. No momento de sua utilização, acrescenta-se manteiga para dar uma leve densidade e espuma, conferindo-lhe um aspecto mais etéreo.

Molho de Cava: a partir de um trabalho de pesquisa em conjunto com Agustí Torelló, foi possível acrescentar 3 gramas de goma xantana por garrafa no momento da degola do Cava, que deve repousar por mais seis meses. Durante esse tempo, a goma xantana se hidrata com o Cava, transformando-o num molho que mantém o anidrido carbônico natural (mais informações na p. 272).

Molho *royale*: a receita de ganso do Celler de Can Roca baseia-se na receita tradicional de lebre *à la royale*, na qual o molho é engrossado com sangue, acrescido já no final (veja receita na p. 144).

***Blanquette* de porco**: para dar liga ao molho, utiliza-se uma peça da papada, que deve ser recuperada coando-se o caldo; a seguir, tritura-se a peça junto com o caldo. Produz-se então uma emulsão que confere densidade, consistência, untuosidade e que, por fim, se estabiliza com *kuzu*.

Destilado de terra com Rotaval: faz-se uma infusão de terra e água durante 24 horas e destila-se no Rotaval (veja boxe nesta página). O líquido resultante é espessado com goma xantana.

D

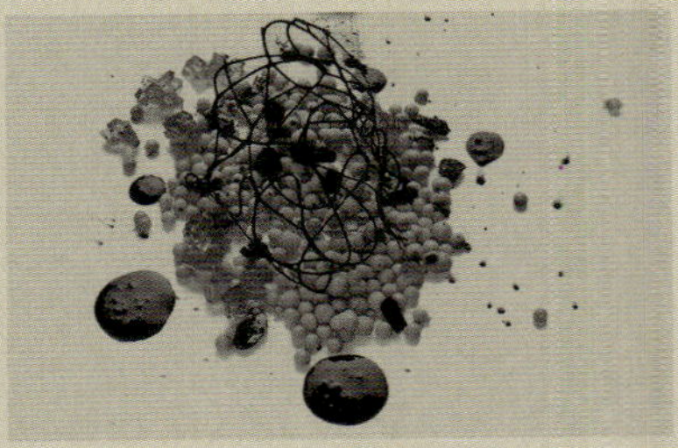

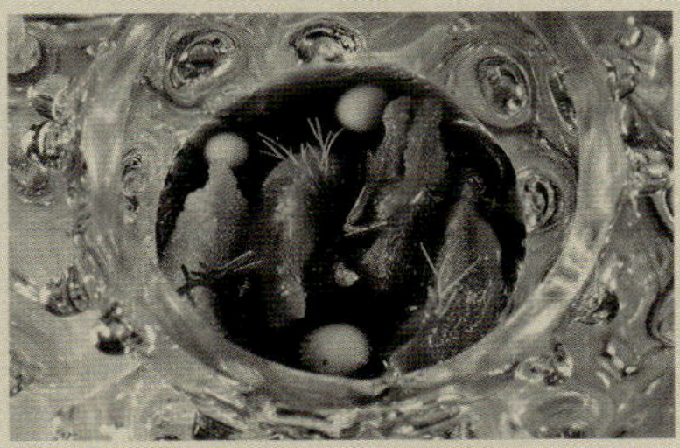

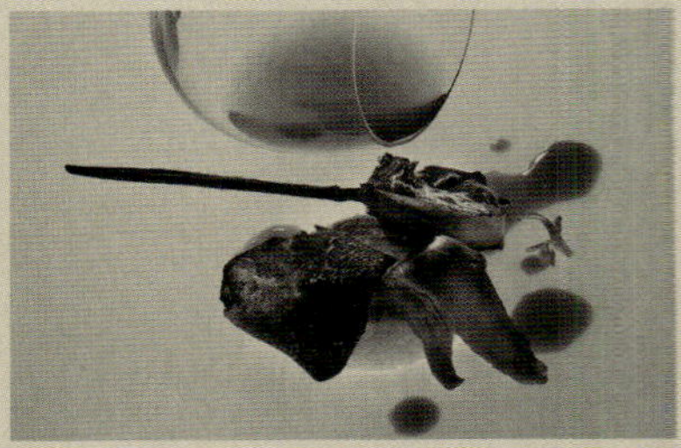

—PRODUTO

D

A essência intacta do produto. O que é a cozinha senão elaboração? Contudo, o que seria a cozinha se não se fundamentasse em princípios imutáveis, numa ideia que é central e que consiste em aproveitar o que temos à nossa volta, ao alcance das mãos, para atingir o processo que transforma a matéria-prima em artefato criativo, em artifício artesanal? A perfeita combinação entre a evidência — natural, vegetal ou animal, silvestre — e o mecanismo que a transforma é a atmosfera ideal que preside a cozinha.

Pode ocorrer que o cozinheiro atue decisivamente para diluir — mediante uma técnica sublime, que se ergue acima da importância das partes — a personalidade de cada parte, com a finalidade de obter um todo que é diferente, nascido graças à intervenção criadora. Trata-se, então, poderíamos chamar assim, de uma atuação em coro.

Mas também é possível haver solos. Ou seja, a preponderância de um dos elementos que o próprio cozinheiro — diretor da peça — expressa com uma voz própria, inconfundível. Contundente. Reafirma-se um vetor principal que dita as coordenadas do prato.

Poderíamos afirmar que existem pratos coletivos — como num jogo em que a participação de todos é a base do sucesso — e pratos explícitos, que contam com a intervenção decisiva de uma estrela. É aí que o produto adquire uma importância capital. E é nesse ponto que o Celler abre espaço para sua livre expressão, e o faz como o domador, que controla a efervescência natural, medindo-a, ponderando-a. Faz com que suba, como uma hera de jardim, pela parede que o cozinheiro traçou.

Segundo os irmãos Roca

O que é o produto? O que precisamos saber a respeito dele? Como entra em nossa casa? No Celler, ele se introduz profundamente, com ênfase na ação cotidiana, buscando a maneira correta de viver, com as implicações éticas do sentido de conexão profunda com a natureza. Abordamos o produto, fruto da natureza, a partir da sabedoria ecológica ou da ecofilosofia pessoal, pois desejamos estar no mundo com uma atitude que minimize danos à natureza e exalte os sentimentos de reverência, fascínio e pertencimento.

Temos consciência da força da marca que representamos neste momento. Sabemos que somos influentes no ambiente mais próximo e certamente também mais além. Isso nos obriga a ter responsabilidade e a difundir essa filosofia de respeito na escolha do produto. Nosso compromisso não vem de uma perspectiva extremista ou radical, e sim racional, de defesa. Não se trata de uma visão arrojada, agimos com naturalidade. E, a partir disso, sabemos que começamos a construir poderosas pontes de relação com muitas pessoas das redondezas. Apreciamos cada vez mais o apoio dos produtores artesãos locais. Mantemos essa proximidade cada vez mais viva; nós nos sentimos mais confortáveis recebendo pessoas que nos trazem com muito carinho os seus produtos, sabemos que por trás deles há muito trabalho e história, pesquisa, análise de genéticas e também uma prática cultural...

Para complementar a relação com o produtor mais próximo, nos propusemos o desafio de ter uma horta própria, pela qual nos aproximamos da sustentabilidade. Sabemos que a horta nos tornará mais próximos da humildade necessária a todo aquele que se dedica a trabalhar a terra; nos fará mais conscientes de nossas fraquezas e carências, e também dos riscos que corremos. Como aconteceu em dezembro de 2011, quando uma geada acabou com tudo... Assumimos que tínhamos de recomeçar do zero, que a colheita nunca está garantida

IV

Um dia no Celler com um caderno preto

Às 9h10, pensando nas pedras

Seixos dos bosques vizinhos, pedrinhas perfiladas, pedregulhos colhidos nos leitos dos rios, rochas que se quebraram e, depois, se arredondaram num lento processo acariciante, caminho de perfeição, guardadas agora, toque suave e úmido, em uma caixa, antes de chegar de novo à sala, todos os dias, como uma discreta recordação da trindade. Ainda não estão sobre cada uma das mesas.

As pedras também não estavam no começo do Celler, talvez porque Jordi tenha se incorporado à história um pouco mais tarde. Do primeiro local, no início, eu me lembro de um letreiro de neon que dizia "El Celler de Can Roca", com letras brilhantes e bem caligrafadas, mas não me lembro de uma simbologia que se fizesse tão presente. Hoje, sim. A pedra, o vínculo, não só com o nome, mas também com as origens, com a natureza, tem um papel protagonista. Sutil e, ao mesmo tempo, primordial. Um detalhe que não requer explicação – que não é uma metáfora, mas, ao contrário, uma evidência – e que se manterá sempre em silêncio, em cada uma dessas mesas que ainda estão por ser postas.

Pretendo tirar umas fotos com o celular. Para uso privado. Como os rascunhos que faço em minha agenda. Para poder ter à mão uma imagem que me lembre aquele prato, um olhar, um gesto dos cozinheiros. Lembro que, faz tempo, fiz o mesmo enquanto jantava no Celler com uma amiga. Não havia entendido por que as pessoas

fotografam o que estão a ponto de comer, mas, certamente, tem algo a ver com aquele tempo que temos necessidade de preencher, com esse acúmulo de vivências que esgotam a capacidade que temos de medir. Depois, você volta lá, com as fotografias, talvez para reaver a lentidão que havia experimentado. O fato, pois, é que fotografei a mesa. Agora ela me retorna, essa mesa, com um ar místico, a mesma mística que tinha, em Kubrick, aquela nave espacial.
Há um fundo negro, o nada. E uma secção de esfera branca que, na verdade, é uma toalha.
No centro, um prato com uma rolha de vinho
No limite do círculo, que poderiam ser os limites do planeta, três pedras de tamanhos diferentes. Três Rocas. Apoiam-se umas nas outras, inanimadas, e constroem uma unidade que infunde um espírito de solidez e de bem-estar na mesa, no mundo. Isso, sim, é uma metáfora. As rochas. As três, somente elas, sem arestas, fazem a vida existir neste espaço, fazem com que possamos delimitar um antes e um depois. Que haja uma claridade e uma escuridão, que comece uma nova história cada vez que se ilumina sua presença estática e, ao mesmo tempo (fato prodigioso), ativa, benfazeja.

Tudo ainda está por ser posto.

e que é preciso estar preparado para sucumbir aos delírios da natureza, à sua força descontrolada. Nosso poder é apenas relativo, e a terra nos faz recordar que é maior, mais poderosa, e que não podemos controlá-la. Graças à horta, nos demos conta da condição do agricultor. Aprendemos guiados pelas mãos de dois engenheiros agrônomos e levamos adiante um projeto no qual trabalham dez pessoas, numa área cultivada de 27 hectares. A horta se converteu num espaço de conhecimento, diálogo, interpretação de tudo o que representa a aflição do agricultor, a dificuldade de subsistir, de obter o reconhecimento das pessoas do campo que se dedicam à agricultura ecológica. Nossa horta encontra-se a 1 quilômetro, em linha reta, do restaurante — lá onde acaba o vale de Llémena, que para nós é o núcleo vertebral de nossa história, pois nossos pais vieram de Sant Martí de Llémena.

Além disso, iniciamos um projeto de estudo de nossos isótopos mais imediatos, da geografia e do clima dos arredores do restaurante. Fazemos percursos acompanhados de botânicos especializados, a fim de conhecer melhor nossa flora e botânica circunvizinhas, de ver bem de perto e com a sabedoria dos *experts* aquele campo que tantas vezes pisamos, mas que até hoje não o tínhamos realmente descoberto do ponto de vista gastronômico. Assim, pudemos recuperar a roseta, a rosa-silvestre, a jujuba... Elementos do cerrado mediterrâneo que havíamos perdido. E a cenoura-bastarda, e a *oxalis* que encomendávamos de Málaga, sem perceber que ela estava o tempo todo debaixo de nossos pés...

Visão holística

Queremos nos aproximar da visão holística em nosso vínculo com o produto. Cultivar a intuição tanto quanto o pensamento, a percepção sensorial e o sentimento no diálogo com a sustentabilidade e o conhecimento de nosso território mais próximo e da Terra no sentido global do termo. Seguimos o pensamento de James Hutton (1726-1797), que considerou a Terra um superorganismo vivo; Jean-Baptiste Lamarck (1744-1829), que chegou à conclusão de que os seres vivos são compreensíveis somente quando observados como parte de um todo mais amplo; Johann Wolfgang von Goethe (1749-1832), representante de uma visão romântica; Rudolf Steiner (1861-1925), pai da antroposofia, com um compromisso de respeito à natureza que ecoa através de uma infinidade de indivíduos *experts* em meio ambiente e de pessoas preocupadas com a ecologia e a biodinâmica; Alexander von Humboldt (1769-1859), que falava do clima como uma força unificadora global, e da coevolução da vida, do clima e da crosta terrestre; e Eduard Suess (1831-1914), que introduziu o conceito de "solidariedade da vida".

O pensamento interpreta, o sentimento avalia e a sensação, juntamente com a intuição, constitui a percepção que nos faz atentar para o que está ocorrendo sem interpretação ou avaliação. A partir de todos esses caminhos, fazemos uma reflexão sensível e profunda sobre como devemos nos posicionar num mundo forçado a reagir diante de uma mudança climática que revela toda a degradação de uma sociedade industrial que não soube crescer e respeitar a Terra, e que põe em risco a vida humana em nosso planeta. A hipótese Gaia, de James Lovelock, baseada em observações sólidas e descrições detalhadas de como os múltiplos sistemas da Terra interagem para produzir uma unidade dinâmica e emergente, é a revolução mais significativa e pertinente do último século, e constitui a plataforma para a nova cultura da era atual. Sugere que a vida e o meio ambiente não vivo estão perfeitamente acoplados, como companheiros num bom casamento. Devemos gratidão à terra, respeitar seus ciclos, sabendo que a beleza de um produto é sua temporalidade e que os excrementos são fonte de vida. Mark Lynas, autor de *Seis graus: o aquecimento global e o que você pode fazer para evitar uma catástrofe*, nos leva a sentir vergonha, a refletir e tomar uma atitude responsável no âmbito de nosso trabalho na cozinha, seguindo um código de ética sensível, para evitar que esse futuro apocalíptico, provocado pelo aquecimento global, nos atinja quando já for tarde demais para reagir.

Do salão...

Explicamos nossos produtos sem querer exibi-los em demasia; ao contrário, mostramos sua utilização com naturalidade, convicção e normalidade. Somos conscientes de que temos uma grande oportunidade como embaixadores dos produtos locais. Assim, nossa cozinha é internacional, mas com uma poderosa marca de nossa terra. Nossas raízes fincadas nos campos de Girona são, ao mesmo tempo, as asas que nos permitem voar com estabilidade e consciência de origem, numa sensação de pertencimento. Quando vocês vierem à nossa casa, talvez não identifiquem todos os produtos que configuram cada prato, mas certamente poderão saborear um caráter, um gosto próprio.

Não seríamos o que somos sem os frutos da nossa terra. E nós a sentimos e a respeitamos tanto, que até mesmo a servimos à mesa. Se tiverem curiosidade, perguntem sobre o DESTILADO DE TERRA: dêem a vocês mesmos a oportunidade de comer a terra, literalmente, porém transformada, deixando-se surpreender ao redescobrir como produto aquela que deu origem a todos os outros.

Afinal, tudo o que comemos é fruto da terra, parte dela. Oficiamos uma liturgia de comunhão com ela. Um ato sagrado de reconhecimento e união. Com o máximo respeito, mas sem artifícios desnecessários. Como propõe Stephan Harding em *Terra viva*, teremos feito algo importante se, mesmo que seja apenas por alguns instantes, ajudarmos a sentir "o amor que a Terra sente pela matéria que conforma o seu corpo, um amor que o mantém são e salvo [...].[1]

1. Stephan Harding, *Terra viva: ciência, intuição e Gaia* (São Paulo: Cultrix, 2008).

Sentir a terra girando

Deite-se de costas no chão, ocupando o espaço que lhe cabe em Gaia. Relaxe e respire profundamente. Sinta o peso do seu corpo sobre a Terra, enquanto a força da gravidade o empurra com força para baixo.

Experimente a gravidade como se fosse o amor que a Terra sente pela própria matéria que conforma o seu corpo, um amor que o mantém são e salvo e impede que você flutue sem rumo pelo espaço.

Abra os olhos e observe as vastas profundezas do Universo, enquanto sente sob suas costas a grande corpulência do nosso planeta-mãe. Sinta sua união com o imenso corpo da Terra, e como está preso a ela, imerso no vasto cosmos que se estende abaixo de si.

Como você se sente ao tomar consciência de que se encontra apoiado dessa forma, sentindo as profundezas do espaço que o cerca e o firme suporte da Terra sob o seu corpo, como se se tratasse de uma cola?

Perceba agora como a Terra arqueia sob suas costas em todas as direções. Aprecie seus vastos continentes, suas cordilheiras, seus oceanos, seus domínios polares repletos de gelo e neve, e suas grandes coberturas vegetais que se estendem de onde você está para toda a fabulosa imensidão do corpo incrivelmente diverso da Terra.

Sinta o ar da Terra num turbilhão e suas nuvens precipitando-se velozes e girando ao redor de sua superfície ondulada.

Respire na imensidão viva de nossa Terra animada.

Quando estiver desperto, levante-se, respire fundo, intimamente consciente, nesse momento, da qualidade viva deste planeta que é nosso lar.

STEPHAN HARDING
Terra viva

FLOR DE ALCACHOFRA

8 PESSOAS

COMPOSIÇÃO

Purê de alcachofras
Brunoise de coração de alcachofra
Sopa de *foie*
Chips de pétalas de alcachofra
Emulsão de laranja com cerefólio
Azeite de trufa negra

—CORAÇÕES DE ALCACHOFRA

RENDIMENTO: 250 G

1.000 g de alcachofras
1.000 g de água
1 talo de salsinha

Limpe as alcachofras, retirando todas as suas pétalas e pistilos. Utilizaremos apenas os corações bem limpos, reservando-os num recipiente com água e o talo de salsinha para evitar sua oxidação.

—PURÊ DE ALCACHOFRA

RENDIMENTO: 350 G

250 g de corações de alcachofra (elaboração anterior)
75 g de água de cozimento
5 g de sal
45 g de óleo de pistaches

Retire os corações de alcachofra da água com o talo de salsinha e coloque-os numa panela com água nova, para cozinhá-los até ficarem macios.

Misture os corações de alcachofra, ainda quentes, com o restante dos ingredientes e triture no processador até obter uma emulsão sedosa e sem grumos. Reserve.

—*BRUNOISE* DE CORAÇÃO DE ALCACHOFRA

RENDIMENTO: 40 G

2 corações de alcachofra
Azeite de oliva extravirgem
Sal

Corte em *brunoise* os corações de alcachofra e salteie em azeite de oliva. Coloque sal a gosto e reserve.

—SOPA DE *FOIE*

RENDIMENTO: 600G

500 g de *foie*
150 g de caldo de frango (receitas-base)
100 g de creme de leite fresco
50 g de Xerez Pedro Ximénez
Sal
Pimenta de Sichuan

Sele o *foie* de ambos lados, sem deixar que adquira muita coloração, acrescente o caldo de frango, o creme de leite, o Xerez, a pimenta e o sal. Deixe ferver e triture. Passe a mistura por um *chinois* fino, esfrie e reserve.

—*CHIPS* DE PÉTALAS DE ALCACHOFRA

RENDIMENTO: 50 G

Pétalas frescas de 6 alcachofras
Azeite de oliva

Frite as pétalas até ficarem crocantes. Coloque-as sobre papel-toalha e reserve num recipiente tampado hermeticamente.

—EMULSÃO DE LARANJA COM CEREFÓLIO

RENDIMENTO: 165 G

100 g de emulsão de laranja (receitas-base)
2 g de cerefólio picado

Misture a emulsão com o cerefólio picado e reserve.

FINALIZAÇÃO E MONTAGEM DO PRATO

Pétalas frescas de alcachofra
16 lâminas de trufa (*Tuber aestivum*)
Azeite de trufa negra (receitas-base)

Coloque um aro de 6 cm no centro do prato e encha-o com purê de alcachofras até atingir a metade de sua altura. Disponha sobre o purê a *brunoise* de alcachofra salteada e coroe com uma pequena flor feita das pétalas frescas.

Aqueça a sopa de *foie* e sirva-a ao redor do aro, espalhe alguns *chips* de alcachofra e as lâminas de trufa por cima. Finalize com algumas gotas de emulsão de laranja e cerefólio e azeite de trufa negra. Retire o aro e sirva.

BAUNILHA

8 PESSOAS

COMPOSIÇÃO

Shots de alcaçuz
Gelatina de caramelo
Azeitonas caramelizadas
Óleo de azeitonas pretas
Azeitonas desidratadas
Pão de ló de baunilha
Sorvete de baunilha
Crocante de cacau

—*SHOTS* DE ALCAÇUZ

RENDIMENTO: 1.250 G

1.000 g de creme de leite fresco
50 g de raiz de alcaçuz
200 g de gemas de ovo
100 g de açúcar mascavo
5 folhas de gelatina

Ferva o creme de leite, retire do fogo e acrescente o alcaçuz. Deixe em infusão durante 10 minutos e coe. Branqueie as gemas junto com o açúcar, levando a mistura a 85 °C e adicione a gelatina. Acrescente a elaboração do creme de leite sobre as gemas branqueadas.

Prepare um recipiente com isolante térmico para trabalhar com nitrogênio líquido. Encha-o de nitrogênio e, com a ajuda de uma bisnaga, deixe cair gotas do creme ainda morno dentro do nitrogênio. Recolha as gotas com um coador e reserve num recipiente hermético no *freezer*.

—GELATINA DE CARAMELO

RENDIMENTO: 700 G

200 g de açúcar
500 g de água
7 g de gelificante vegetal kappa

Faça um caramelo com o açúcar. Corte o cozimento acrescentando pouco a pouco a água e, no final, o kappa; ferva outra vez e reserve num recipiente hermético.

Uma vez solidificada a gelatina, corte-a em cubos minúsculos e reserve até o momento de servir.

—AZEITONAS CARAMELIZADAS

RENDIMENTO: 380 G

200 g de azeitonas pretas
200 g de água
60 g de açúcar

Corte as azeitonas em quartos e seque-as durante 12 horas a 60 °C. Uma vez secas, reserve 20 g para preparar o óleo de azeitonas.

Faça uma calda grossa com o açúcar e a água até atingir 120 °C, acrescente as azeitonas secas e, no fogo, mexa até ficarem recobertas pela calda e, em seguida, levemente caramelizadas. Estenda num tabuleiro, deixe esfriar e reserve num recipiente hermético.

—ÓLEO DE AZEITONAS PRETAS

RENDIMENTO: 120 G

100 g de óleo de girassol
20 g de azeitonas pretas desidratadas (da elaboração anterior)

Triture o óleo de girassol e a azeitonas até obter um óleo escuro e homogêneo.

—AZEITONAS DESIDRATADAS

RENDIMENTO: 160 G

200 g de azeitonas pretas

Corte as azeitonas pretas em quartos e seque-as durante 12 horas a 60 °C. Quando estiverem secas, reserve-as num recipiente hermético, em local sem umidade.

—PÃO DE LÓ DE BAUNILHA

RENDIMENTO 3.000 G

600 g de manteiga
740 g de açúcar
400 g de farinha de trigo
400 g de farinha de amêndoas
20 g de fermento químico
400 g de ovos
160 g de gemas de ovo
6 favas de baunilha
400 g de claras de ovo
300 g de açúcar

Deixe a manteiga à temperatura ambiente, até atingir o ponto de pomada, e bata com o açúcar.

Peneire a farinha de trigo, junte a farinha de amêndoas e o fermento. Incorpore à mistura a manteiga e o açúcar, sem parar de mexer. Adicione os ovos e as gemas e bata até que se integrem à massa.

Abra e raspe as favas de baunilha e acrescente o interior à mistura; mexa mais um pouco e reserve.

Faça um merengue francês com as claras e o açúcar. Com uma espátula, incorpore o merengue à massa anterior, tendo cuidado de não perder o ar já incorporado. Despeje a mistura numa forma de 20 cm x 30 cm, leve ao forno a 180 °C durante 15 minutos e continue assando por mais 30 minutos a 160 °C.

Uma vez assado, desenforme o pão de ló, deixe esfriar e corte-o em quadrados de 2 cm de lado e 0,2 cm de espessura. Reserve até o momento de servir.

—SORVETE DE BAUNILHA

RENDIMENTO: 1.300 G

500 g de leite integral
315 g de creme de leite fresco
62 g de leite desnatado em pó
25 g de baunilha em pó
100 g de dextrose
2,5 g de estabilizante para sorvetes
125 g de gema pasteurizada
100 g de açúcar mascavo
50 g de glicerina alimentícia
11 favas de baunilha-do-taiti
(*Vanilla tahitensis*)

Numa panela, coloque o creme de leite, o leite, o leite em pó, a baunilha e leve ao fogo a 40 °C. Adicione a dextrose, o estabilizante para sorvetes e aumente a temperatura até atingir 85 °C. Retire do fogo e incorpore as gemas junto com o açúcar; triture toda a preparação com a ajuda de um *mixer*. Quando cair para 40 °C, acrescente a glicerina e a baunilha-do--taiti. Deixe descansar sob refrigeração por 24 horas e, em seguida, bata na sorveteira.

—CROCANTE DE CACAU

RENDIMENTO: 400 G

250 g de água
5 g de goma gellan
75 g de glucose atomizada
75 g de açúcar
2 g de sal
50 g de cacau

Numa panela, despeje a água junto com a goma gellan e ferva sem deixar de mexer. Retire do fogo e acrescente o restante dos ingredientes previamente peneirados. Esfrie até que esteja solidificado e triture. Introduza a preparação em sacos de confeiteiro e faça linhas irregulares sobre um tapete de silicone. Deixe secar à temperatura ambiente por 1 hora e leve ao forno a 180 °C durante 4 minutos. Retire os crocantes do forno e, ainda quentes, modele-os no formato desejado. Deixe esfriar e reserve num recipiente hermético com sílica-gel.

FINALIZAÇÃO E MONTAGEM DO PRATO

Cacau em pó

Num prato raso retangular, disponha num lado os *shots* de alcaçuz, a gelatina de caramelo, 3 azeitonas pretas caramelizadas, 3 azeitonas pretas desidratadas, o óleo de azeitonas pretas e uma pitada de cacau em pó.

Na outra extremidade, coloque o pão de ló de baunilha e, por cima, uma *quenelle* de sorvete. Finalize colocando o crocante de cacau sobre os *shots*.

ENGUIAS DO RIO TER* NA BRASA

8 PESSOAS

COMPOSIÇÃO

Enguias
Espuma de alhos assados
Ervilhas-lágrima

—ENGUIAS

RENDIMENTO: 320 G

320 g de enguias vivas
Azeite de oliva extravirgem
Salmoura para peixes (receitas-base)

Mergulhe as enguias na salmoura durante 2 minutos, retire-as e escorra bem o excesso de líquido que possa restar. Coloque-as numa peneira grande e de malha muito fina.

No momento de servir, coloque a peneira sobre a brasa e mexa as enguias cuidadosamente e aos poucos, com o auxílio de uma colher de madeira, até ficarem brancas. Retire-as da brasa e sirva.

* O RIO TER NASCE NOS MONTES PIRENEUS, NO NORTE DA ESPANHA, E DESEMBOCA NO MEDITERRÂNEO, PASSANDO PELA CATALUNHA, ESPECIALMENTE PELA REGIÃO DE GIRONA. (N. T.)

—ESPUMA DE ALHOS ASSADOS

RENDIMENTO: 410 G

40 g de alhos inteiros (1 cabeça)
Azeite de oliva extravirgem
90 g de gemas de ovo
30 g de água
6 g de sal
270 g de óleo de girassol

Salpique a cabeça de alho com o azeite de oliva e envolva-a em papel-alumínio. Coloque-a diretamente nas brasas até que os dentes de alho fiquem macios. Retire a polpa dos alhos, passe-a por uma peneira fina e reserve.

Separadamente, bata as gemas de ovo junto com a água e o sal, e, quando estiverem aeradas, adicione aos poucos o óleo de girassol, batendo sem parar até obter uma maionese. Acrescente a polpa de alhos assados e coloque toda a preparação num sifão de ½ litro. Introduza duas cargas de gás e reserve.

—ERVILHAS-LÁGRIMA

100 g de ervilhas-lágrima
Sal

No momento de dispor no prato, escalde as ervilhas-lágrima em água com sal.

FINALIZAÇÃO E MONTAGEM DO PRATO

Fios de pimentão seco
Azeite de oliva extravirgem

Coloque as enguias recém-assadas no centro do prato, disponha por cima alguns fios de pimentão seco e, ao lado, um pouco de espuma de alhos assados. Finalize com algumas ervilhas-lágrima e gotas de azeite de oliva extravirgem.

OURIÇOS-DO-MAR NA BRASA

8 PESSOAS

COMPOSIÇÃO

Purê de ouriços-do-mar na brasa
Gelée de *consommé* de tamarutacas
Purê de alga *pistillata*
Gemas de ouriço-do-mar
Emulsão de laranja

—PURÊ DE OURIÇOS-DO-MAR NA BRASA

RENDIMENTO: 80 G

100 g de gemas (gônodas) de ouriços-do-mar frescos (12 ouriços, aproximadamente)
10 g de azeite de oliva extravirgem

Coloque as gemas de ouriço numa peneira fina, sem deixar que toquem umas nas outras.

Num recipiente à parte, coloque brasas incandescentes e, sobre elas, a peneira com as gemas de ouriço bem colocadas; salpique--as com algumas gotas de azeite de oliva. Cubra rapidamente com filme de PVC e deixe defumar durante 5 minutos. Transcorrido esse tempo, retire as gemas de ouriço defumadas e triture-as com o azeite restante. Coloque sal a gosto. Sirva um pouco de purê no fundo de cada tigela e reserve.

—*CONSOMMÉ* DE TAMARUTACAS CLARIFICADO

RENDIMENTO: 200 G

750 g de tamarutacas (crustáceos da família da lagosta)
50 g de azeite de oliva extravirgem
150 g de *bresa* (receitas-base)
1.250 g água
25 g de clara de ovo pasteurizada
Sal

Despeje o azeite de oliva numa panela e doure as tamarutacas. Acrescente a *bresa* e refogue o conjunto. Cubra com a água e reduza em fogo brando até obter 500 g de caldo. Coe, transfira para outra panela, e torne a reduzir, até obter 250 g de caldo; leve ao abatedor de temperatura.

Envase o caldo bem frio junto com a clara pasteurizada e mergulhe no Roner a 90 °C até a clara coalhar. Coe num pano de algodão e reserve.

—*GELÉE* DE *CONSOMMÉ* DE TAMARUTACAS

RENDIMENTO: 160 G

160 g de *consommé* de tamarutacas clarificado (elaboração anterior)
1,6 g de iota

Misture o gelificante iota com o *consommé* clarificado da elaboração anterior e leve para ferver.

Com muito cuidado, despeje 20 g dessa preparação nas tigelas, sobre o purê de ouriços, e deixe gelificar. Reserve novamente as tigelas.

—PURÊ DE ALGA *PISTILLATA*

RENDIMENTO: 180 G

150 g de *alga pistillata*
100 g de água

Limpe bem as algas e lave-as com água em abundância para retirar o excesso de sal. Coloque-as numa panela com água e leve ao fogo para ferver. Assim que começar a ferver, retire rapidamente do fogo e coe. Triture as algas no processador até obter um purê que seja o mais fino possível. Passe por uma peneira e reserve num saco de confeiteiro até o momento de servir.

—GEMAS DE OURIÇO-DO-MAR

RENDIMENTO: 50 G

5 ouriços-do-mar

Abra os ouriços com uma tesoura, procurando não danificar as gemas (gônodas) que estão em seu interior. Com uma colher pequena, extraia essas gemas e retire suas impurezas. Reserve 4 gemas de ouriço para cada prato.

FINALIZAÇÃO E MONTAGEM DO PRATO

Emulsão de laranja (receitas-base)
Brotos de erva-doce

Aqueça a tigela que contém o *consommé* de tamarutacas gelificado. Quando estiver bem quente, coloque as 4 gemas de ouriço-do-mar por cima. Disponha alguns pontos de purê de alga *pistillata* e de emulsão de laranja e finalize com brotos de erva-doce.

CAPIPOTA* DE PORCO IBÉRICO

8 PESSOAS

COMPOSIÇÃO

Bochecha de porco
Rabo de porco
Pé de porco
Orelha de porco
Caldo de leitão
Emulsão de laranja

—BOCHECHA DE PORCO

4 bochechas de porco ibérico
Azeite de oliva extravirgem
Salmoura para carnes (receitas-base)

Coloque as bochechas em água com gelo para dessangrar durante 6 horas.

Passado esse tempo, retire as bochechas e deixe-as mergulhadas na salmoura por 2 minutos. Escorra e embale-as a vácuo com um pouco de azeite de oliva. Cozinhe no Roner a 63 °C durante 24 horas. Esfrie e reserve.

—RABO DE PORCO

4 rabos de porco ibérico
40 g de cenoura
40 g de cebola
Azeite de oliva extravirgem
Sal

Descasque e corte os legumes e refogue-os no azeite de oliva até ficarem macios e dourados.

Coloque os legumes refogados junto com os rabos de porco e o sal numa panela. Cubra com água e cozinhe durante 4 horas. Passado esse tempo, retire os rabos e desosse-os.

Disponha os rabos de porco desossados sobre um filme de PVC e enrole de modo a fazer um cilindro de aproximadamente 2 cm de diâmetro, pressionando para que não reste ar em seu interior. Esfrie e reserve.

—PÉ DE PORCO

2 pés de porco ibérico
40 g de cenoura
40 g de cebola
Azeite de oliva extravirgem
Sal

Escalde os pés de porco, colocando-os em água fria e levando-os à fervura. Assim que ferverem, retire do fogo e descarte a água. Lave os pés de porco e reserve.

Descasque e corte os legumes e, a seguir, refogue-os no azeite de oliva até ficarem macios e dourados. Coloque-os numa panela junto com os pés de porco e sal. Cubra com água e cozinhe durante 5 horas. Passado esse tempo, retire os rabos e desosse-os.

Disponha os pés de porco desossados sobre um pedaço de filme de PVC e faça um cilindro de aproximadamente 3 cm de diâmetro, pressionando para que não reste ar em seu interior. Esfrie e reserve.

—ORELHA DE PORCO

8 orelhas de porco ibérico
1 L de azeite de oliva extravirgem
Sal

Coloque as orelhas de porco numa panela com água abundante e sal. Ferva por 4 horas em fogo brando. Retire-as da água e leve para secar a 60 °C, até ficarem totalmente desidratadas.

Aqueça o azeite de oliva a 180 °C e frite as orelhas de porco desidratadas até ficarem infladas e crocantes. Escorra o excesso de azeite e reserve.

—CALDO DE LEITÃO

RENDIMENTO: 200 G

1.600 g de ossos e retalhos de leitão
210 g de *bresa* (receitas-base)
1.700 g de água fria
32 g de espessante de *kuzu* (receitas-base)

Coloque os ossos e retalhos (aparas) de leitão numa assadeira e doure-os a 180 °C até ficarem tostados.

Retire o excesso de gordura dos ossos e dos retalhos e coloque-os numa panela junto com os legumes previamente dourados. Recupere com água fria a substância que tenha aderido à assadeira e acrescente-a à panela de cozimento. Cubra tudo com a água fria e cozinhe durante 3 horas. Passado esse tempo, coe e deixe reduzir até obter 200 g de caldo de leitão. Leve à fervura e incorpore a mistura de *kuzu*; coloque sal a gosto e coe. Reserve.

* PALAVRA CATALÃ, TAMBÉM GRAFADA *CAP-I-POTA* OU *CAP I POTA*, QUE SIGNIFICA "CABEÇA E PATA". (N. T.)

FINALIZAÇÃO E MONTAGEM DO PRATO

Emulsão de laranja (receitas-base)
Folhas de *oxalis* (azedinha)
Flores de segurelha-das-montanhas
Chili vermelho seco
Chili verde seco
Pimenta-do-reino preta
Pimenta-rosa (*Schinus terebinthifolius*)
Orégano
Calamansi (*Citrofortunella microcarpa*)

Marque as bochechas de porco na chapa.

Corte o cilindro feito com os rabos de porco desossados em porções de 2 cm de espessura e marque-as na chapa até ficarem douradas e crocantes.

Corte o cilindro feito com os pés de porco desossados em porções de 1 cm de espessura, marque-as na chapa até ficarem douradas e crocantes.

Corte as bochechas pela metade e disponha uma metade no prato; a seu lado, coloque um cilindro de rabo de porco, outro de pé de porco e, finalmente, a orelha de porco frita.

Coloque 4 folhas de azedinha, 2 flores de segurelha-das-montanhas, 3 gomos de *calamansi*, a emulsão de laranja, o caldo de leitão, e finalize com a mistura de especiarias.

CAMARÃO NA BRASA COM CALDO DE BOLETUS ACIDULADO

8 PESSOAS

COMPOSIÇÃO

Camarões frescos
Caldo de *boletus* acidulado
Lima-dedo

—CAMARÕES FRESCOS

8 camarões
Sal

Limpe os camarões, retirando as barbas, patas, rabo e intestino. Espete um palito em cada camarão para mantê-los retos, salgue e cozinhe na brasa.

—CALDO DE *BOLETUS*

RENDIMENTO: 800 G

100 g de cogumelos *boletus* (*Boletus edulis*) desidratados
1.000 g de água

Ferva a água e coloque os *boletus* desidratados. Tampe e deixe em infusão por 30 minutos. Coe, esfrie e reserve.

—CALDO DE *BOLETUS* CLARIFICADO

RENDIMENTO: 600 G

800 g de caldo de cogumelos *boletus* (elaboração anterior)
80 g de clara de ovo pasteurizada

Introduza o caldo da elaboação anterior, já frio, numa bolsa a vácuo junto com os 80 g de clara de ovo pasteurizada. Cozinhe a 90 °C até a clara coalhar. Coe numa peneira e reserve o caldo resultante.

—CALDO DE *BOLETUS* ACIDULADO

RENDIMENTO: 600 G

600 g de caldo de cogumelos *boletus* clarificado (elaboração anterior)
16 g de suco de limão
0,5 g de azeite de pimenta-malagueta (receitas-base)
Sal

Acrescente 16 g de suco de limão e 0,5 g de azeite de pimenta-malagueta aos 600 g de caldo clarificado. Leve ao fogo até ferver, coloque sal a gosto e reserve.

FINALIZAÇÃO E MONTAGEM DO PRATO

1 lima-dedo (*Citrus australasica*)
Gengibre confitado
2 cogumelos *boletus* (*Boletus edulis*) frescos
Azeite de oliva extravirgem
Folhas de mostarda
Folhas de rosinha-de-sol (*Aptenia cordifolia*)
Capuchinha (*Tropaeolum majus*)

Corte as pontas da lima-dedo e retire a casca, corte pela metade e faça uma leve pressão sobre o albedo, para extrair delicadamente suas pérolas (alvéolos). Separe 16 pérolas e reserve o restante para outras preparações.

Corte o gengibre confitado em cubos de 0,5 cm de lado. Reserve.

Lamine finamente os *boletus* frescos e unte-os ligeiramente com azeite de oliva, para evitar que percam umidade.

Coloque no fundo do prato 4 pérolas de caviar cítrico e 2 cubos de gengibre confitado. Sobre esses, disponha o camarão cozinhado na brasa com o rabo coberto de lâminas de *boletus* e algumas folhas de mostarda, de rosinha-de-sol e capuchinha. Finalize com o caldo quente de *boletus* acidulado.

VENTRESCA DE CABRITO COM QUEIJO MAJORERO

4 PESSOAS

COMPOSIÇÃO

Ventresca de cabrito
Gel de menta
Parmentier de queijo *majorero*
Caldo de cabrito
Pinoli confeitados

—VENTRESCA DE CABRITO

4 ventrescas (barrigas) de cabrito
Salmoura para carnes (receitas-base)
Azeite de oliva extravirgem

Coloque as ventrescas de cabrito na salmoura durante 1 ½ hora. Retire e seque bem o excesso de água. Embale 100% a vácuo com um pouco de azeite de oliva e cozinhe no Roner a 63 °C por 24 horas.

No caso de se tratar de um pré-cozimento, esfrie o mais rápido possível e conserve sob refrigeração até o momento de regenerar.

—GEL DE MENTA

RENDIMENTO: 150 G

200 g de folhas de menta
50 g da água de escaldar a menta
50 g de água
1,2 g de ágar-ágar

Escalde as folhas de menta em água fervente com sal por 10 segundos e esfrie-as rapidamente em banho-maria invertido. Esfrie também 50 g da água de escaldar.

Triture as folhas de menta escaldadas junto com a água de escaldar fria e os 50 g de água adicionais. Coe e misture com o ágar-ágar. Cozinhe até levantar fervura e, em seguida, deixe solidificar. Triture para que fique um purê bem fino, e reserve numa bisnaga.

—*PARMENTIER* DE QUEIJO *MAJORERO*

RENDIMENTO: 650 G

200 g de leite
50 g de creme de leite
150 g de queijo *majorero*
400 g de purê de batata (receitas-base)
8 g de clara em pó

Aqueça o leite e junto com o creme de leite, coloque o queijo e deixe descansar 10 minutos. Passado esse tempo, triture muito bem a mistura para evitar que se formem grumos. Deixe esfriar e misture com o purê de batata e a clara de ovo em pó. Introduza em um sifão de litro com 2 cargas e reserve em banho-maria a 65 °C até o momento de servir.

—CALDO DE CABRITO

RENDIMENTO: 250 G

2.000 g de ossos e retalhos de cabrito
220 g de *bresa* (receitas-base)
2.500 g de água
40 g de espessante de *kuzu* (receitas-base)

Toste os ossos e retalhos (aparas) de cabrito no forno a 180 °C durante 50 minutos, até ficarem bem dourados. Retire o exceso de gordura e reserve.

Numa panela, coloque os ossos, os retalhos e a *bresa*; cubra com a água fria e leve ao fogo. Reduza o líquido a 1 litro, coe e torne a reduzir até 250 g. Cozinhe até levantar fervura, depois ligue com a mistura de *kuzu*, torne a coar e reserve.

—*PINOLI* AÇUCARADOS

RENDIMENTO: 30 G

20 g de *pinoli*
20 g de açúcar
10 g de água

Toste os *pinoli* no forno. Coloque numa panela o açúcar e a água, leve ao fogo e, assim que começar a ferver, acrescente os *pinoli* tostados. Misture sem parar até o açúcar cristalizar. Quando os *pinoli* estiverem recobertos de açúcar cristalizado, retire e deixe esfriar.

FINALIZAÇÃO E MONTAGEM DO PRATO

Cominho moído
Flores de alecrim
Folhas de estragão

Marque a ventresca de cabrito na chapa pelo lado da pele.

Coloque na base do prato algumas gotas de gel de menta e alguns pontos de caldo de cabrito. Sobre esses, disponha a ventresca de cabrito com a pele para cima e, num dos lados, o *parmentier* com cominho moído por cima. Finalize com os *pinoli* açucarados, 3 flores de alecrim e 2 folhas de estragão.

BECADA COM BRIOCHE DE SEU SALMIS

8 PESSOAS

COMPOSIÇÃO

Becada
Brioche
Duxelle de *becada*
Consommé de *becada*
Molho de *becada*

—*BECADA*

RENDIMENTO: 8 *AIGUILLETTES* (FILÉS DO PEITO)

4 *becadas* (*Scolopax rusticola*)

Separe os peitos das *becadas* e retire seu filé. Reserve para o momento de montar o prato.

Com a ajuda de uma faca, abra as cabeças ao meio e, no momento de servir, asse por 3 minutos no forno a 160 °C.

—BRIOCHE

RENDIMENTO: 80 BRIOCHES

30 g de açúcar
25 g de leite
12 g de fermento biólogico
125 g de ovos
250 g de farinha de trigo
125 g de manteiga em ponto de pomada
3 g de sal

Ponha num recipiente o açúcar, o leite e o fermento; misture até dissolver bem o fermento. Acrescente os ovos.

Peneire a farinha e incorpore em 2 vezes à mistura; a seguir, adicione a manteiga em ponto de pomada e o sal. Trabalhe a massa até que fique bem lisa, elástica e desgrude do recipiente. Coloque-a numa vasilha, cubra-a e deixe descansar por 12 horas sob refrigeração.

Abra a massa entre 2 papéis sulfurizados com o rolo e um pouco de farinha. Esfrie no refrigerador por 30 minutos, corte em bolinhos de 6 g e leve para refrigerar novamente. Modele os bolinhos bem frios e deixe fermentar durante 40 minutos a 40 °C. Reserve os brioches fermentados.

—*DUXELLE* DE *BECADA*

RENDIMENTO: 300 G

250 g de cebola
25 g de manteiga
125 g de cogumelos
50 g de fígado de *becada*
50 g de manteiga
Azeite de oliva extravirgem
Sal

Derreta os 25 g de manteiga e refogue a cebola picada até ficar bem macia; acrescente os cogumelos em *brunoise* e refogue o conjunto até que tudo esteja bem integrado.

Salteie os fígados no azeite de oliva e triture--os junto com os 50 g de manteiga. Coloque sal a gosto e incorpore a *duxelle*. Reserve.

—*CONSOMMÉ* DE *BECADA*

RENDIMENTO: 225 G

1.000 g de carcaças de *becada*
110 g de *bresa* (receitas-base)
1.000 g de água

Coloque as carcaças numa assadeira e doure--as a 220 °C. Retire o excesso de gordura e coloque-as dentro de uma panela. Deglace a assadeira, adicione os caldos à panela junto com a *bresa* e cubra tudo com a água bem fria. Ferva durante 3 horas em fogo muito brando, para conseguir uma boa infusão. Coe e reduza até obter 225 g de *consommé*.

—MOLHO DE *BECADA*

RENDIMENTO: 230 G

1.250 g de carcaças de *becada*
100 g de *bresa* (receitas-base)
50 g de azeite de oliva extravirgem
1.250 g de água
15 g de fígado de becada
35 g de espessante de *kuzu* (receitas-base)
25 g de manteiga

Doure as carcaças, junto com os legumes cortados em pedaços pequenos, em ¾ do azeite de oliva. Acrescente a água fria e cozinhe durante 2 horas e 30 minutos.

Coe o caldo obtido e deixe reduzir até restarem 200 g de caldo de *becada*. Reserve.

Salteie os fígados com a quantidade restante do azeite de oliva, adicione o molho e triture todo o conjunto. Passe por um *chinois* fino, ligue o molho com a mistura de *kuzu* e, por último, emulsione com a manteiga. Torne a coar e reserve.

FINALIZAÇÃO E MONTAGEM DO PRATO

24 lâminas de trufa
Flores de alecrim

Coloque a *duxelle* de fígado de *becada* num saco de confeiteiro. Recheie os brioches e marque-os de ambos os lados numa chapa, até dourar.

Ponha o brioche recheado no centro do prato. Aqueça o filé (*aiguillette*) do peito de *becada* numa salamandra, sem deixar passar do ponto, e coloque-o ao lado do brioche junto com a meia cabeça de *becada*. Regue com o molho de *becada* e sobreponha algumas lâminas bem finas de trufa negra e a flor de alecrim. Acompanhe com o *consommé* de *becada* servido à parte.

SOUFFLÉ DE TRUFA BRANCA E NEGRA

8 PESSOAS

COMPOSIÇÃO

Aro de trufa
Mousseline de trufa branca
Azeite de trufa negra

—ARO DE TRUFA

RENDIMENTO: 15 AROS

2 trufas negras frescas de 50 g
Clara de ovo

Corte a trufa em lâminas com uma mandolina bem afiada. Coloque as lâminas sobrepostas sobre uma tira de papel siliconado de 18 cm de comprimento e 4 cm de largura e pincele-as com clara de ovo. Disponha a tira em volta da parede interna de um aro de metal de 6 cm de diâmetro por 3 cm de altura. Reserve.

—*MOUSSELINE* DE TRUFA BRANCA

RENDIMENTO: 850 G

500 g de creme de leite fresco
150 g de trufa branca fresca
2,3 g de gama xantana
300 g de claras de ovo
Sal

Numa panela, leve o creme de leite ao fogo até levantar fervura; diminua a temperatura para 80 °C e acrescente a trufa. Deixe em infusão durante 10 minutos e triture. Acrescente a goma xantana, triture novamente até que a preparação fique bem lisa, coloque sal a gosto, coe e esfrie. Quando estiver fria, incorpore as claras e, a seguir, introduza a mistura num sifão de litro com 2 cargas. Reserve em banho--maria a 65 °C.

FINALIZAÇÃO E MONTAGEM DO PRATO

Azeite de trufa negra (receitas-base)
Lâminas de trufa branca
10 g de serragem de azinheira

Coloque o aro de metal na salamandra e aqueça um pouco a trufa negra pincelada com clara, para que as lâminas possam aderir umas às outras.

Na base do prato, sirva um pouco de azeite de trufa negra, disponha o aro de trufa por cima e, no interior, a *mousseline* quente de trufa branca coberta por lâminas de trufa branca. Retire o aro de metal e o papel siliconado, cubra com uma campânula de vidro e, com a ajuda de uma pistola de defumação, lance a fumaça da serragem no interior da campânula.

RAOR COM BERGAMOTA

8 PESSOAS

COMPOSIÇÃO

Raor
Espuma de bergamota
Emulsão de erva-doce
Emulsão de laranja

—*RAOR*

RENDIMENTO: 8 FILÉS

4 peixes *raor* (budião-de-areia, *Xyrichthys novacula*) de 40 g cada
100 g de farinha de trigo
Salmoura para peixes (receitas-base)
Azeite de oliva extravirgem

Limpe os peixes e extraia os filés (lombos) sem escamar. Introduza-os na salmoura por 3 minutos, seque bem com papel-toalha e passe pela farinha. Frite os lombos de peixe no azeite até ficarem levemente dourados.

—ESPUMA DE BERGAMOTA

RENDIMENTO: 450 G

150 g de gema de ovo pasteurizada
Sal
300 g de óleo de girassol
15 g de suco de bergamota
Raspas da casca de 1 bergamota

Num recipiente, coloque a gema de ovo pasteurizada junto com o sal e emulsione pouco a pouco com o óleo de girassol. Termine acrescendo os 15 g de suco de bergamota recém-espremido e as raspas de uma bergamota. Coloque num sifão de ½ litro com 2 cargas. Reserve.

—EMULSÃO DE ERVA-DOCE

RENDIMENTO: 190 G

100 g de suco de folhas de erva-doce centrifugadas
0,7 g de goma xantana
Sal
100 g de azeite de oliva extravirgem

Misture o suco de folhas de erva-doce centrifugadas com a xantana e o sal, e triture por alguns minutos com o *mixer*. Emulsione pouco a pouco com o azeite de oliva e reserve.

FINALIZAÇÃO E MONTAGEM DO PRATO

Emulsão de laranja (receitas-base)
Brotos de erva-doce

Coloque num prato um ponto de espuma de bergamota; ponha bem no centro da espuma uma gota da emulsão de laranja e, sobre essa, uma gota de emulsão de erva-doce. Disponha ao lado um filé de *raor* frito acompanhado de alguns brotos de erva-doce.

E

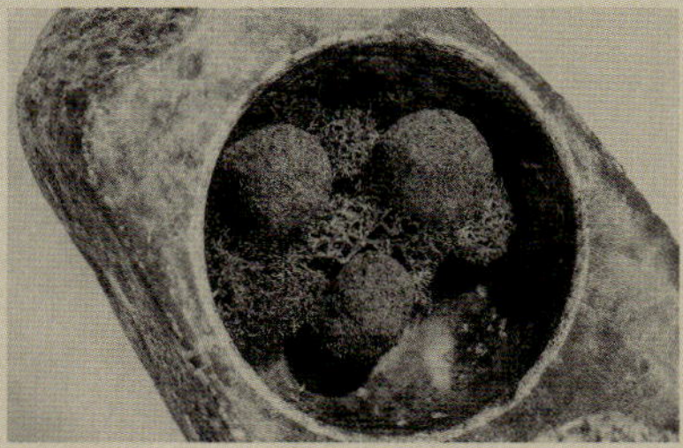

—PAISAGEM

E

No Panteão, em Roma, encontra-se o túmulo de Rafael Sanzio (1483-1520). Na base, há um elogio de Pietro Bembo dirigido ao artista. Diz-se que, quando o pintor de Urbino era vivo, a natureza temia ser por ele suplantada. Ou seja, que a poderosa recriação do artista fosse mais eficaz, mais real, mais exata que o modelo. Em alguns versos resume-se a história da arte ocidental, o que era, para os gregos, a mimese, levada ao extremo. A imitação que se encarrega do que é imitado e o supera. Por outro lado, como afirma Susan Sontag, está a convenção contemporânea: a arte é um objeto, não uma tentativa de imitação. Tudo depende da vontade de objetivação empregada pelo artista e pelo espectador.

Retornemos à cozinha. Estamos precisamente diante da presença da criação, ou seja, de um artefato que se reflete, nesse caso, numa paisagem próxima. Quer imitá-la? É a trufa que se esconde dentro da pedra, como uma pérola escura. Ou o camarão que repousa sobre uma possível areia. Quadros, retratos desse entorno. Porém, ao mesmo tempo, consciente de sua modernidade, não persegue apenas o mimetismo (ou a substituição), mas também o jogo que se inclui na própria recriação.

Miniaturas que evocam e que têm outro significado, como o da pedra (a rocha) que se quebra e que, aberta, descobre um novo conceito, também uma elaboração que se aproxima e se afasta do referente. Uma pontada que percorre um caminho que vai além da mimese e que é um diálogo entre quem se deslumbra perante a natureza e quem contempla o que foi concebido não como uma simples imitação, mas como um objeto animado que toma forma à mesa. Coisa bem diferente.

Segundo os irmãos Roca

Mediterrâneo

O Mediterrâneo é a pátria da luz. Nada se compara à abertura para o infinito que o mar oferece. Sua força e caráter se fazem presentes, para além da influência geográfica. Como afirmou Predrag Matvejevic em seu *Breviario mediterráneo*: "Independentemente do lugar onde se nasce, é possível se tornar mediterrâneo. A *mediterraneidade* não se herda, ela se faz por merecer [...]. E não depende apenas da história ou da tradição, da geografia ou das raízes, da memória ou das crenças: o Mediterrâneo também é destino". Essa citação, que o cronista gastronômico Óscar Caballero tornou sua, é o lema do livro de receitas *La Riviera d'Alain Ducasse*.

No mar Mediterrâneo do final do primeiro milênio a. C., havia uma infinidade de embarcações que iam e vinham de uma cultura a outra. Os pioneiros foram os fenícios, que inventaram a escrita, a informática de seu tempo. Os gregos, por sua vez, criaram dois sábios destilados: o vinho e o azeite. Dos iberos podemos dizer que contribuíram com a alegria de viver: já então habitavam povoações voltadas para o mar, em casas luminosas, e cultivavam saudáveis tradições gastronômicas. Eram todos eles povos mediterrâneos dos quais procedemos, apesar da romanização, mesmo que nos mostremos como descendentes dessa romanização e a exibamos como principal marca de identidade de nossa forma de ser e fazer. Sabor e luz. Deles nos nutrimos, antes e depois dos romanos. São a essência herdada de nosso mar.

A *mediterraneidade* clássica da alta cozinha teve início, provavelmente, com Roger Vergé e seu molho de manjericão com creme de leite. Depois, foi seguida por Jacques Maximin, ao valorizar uma flor de abobrinha sobre a mesa barroca do Negresco. E Alain Ducasse foi seu sucessor, primeiro na Terrasse do hotel Juana e, em seguida, no luxuoso Hôtel de Paris, em Mônaco. A *mediterraneidade* contemporânea foi definida no livro *El sabor del Mediterráneo* (1993) de Ferran Adrià, uma autêntica referência histórica.

A cozinha mediterrânea é uma fonte de inspiração de extrema e infinita riqueza. Porém, ainda há muito a ser feito. É preciso pesquisar, percorrer a história partindo da contemporaneidade até os romanos. Trabalhamos com o *garum*, e queremos mostrar uma atualização dos conceitos de podridão, maceração ou vísceras, com propostas como o *GAZPACHO* DE AZEITONAS PRETAS COM PÓ GELADO DE ANCHOVA, *SORBET* DE AZEITONAS VERDES, FLAN DE AZEITONAS CURTIDAS, MANJERONA, ERVA-DOCE, TEMPURA DE AZEITONA PRETA E PÃO TORRADO.

Comer a terra

Na cozinha, uma ideia que nos seduz é a de "comer a paisagem", paisagem que deu caráter e essência a nosso povo e que, de maneira natural, está presente em nossos fogões e em nossas mesas. A cozinha tradicional incorpora a paisagem a partir da história local, das raízes, das transmissões do receituário de geração em geração, e dos hábitos alimentares do passado. Com uma visão criativa de vanguarda, também procuramos fazer da cozinha "a paisagem à caçarola". Essa expressão, em homenagem a Josep Pla, é perfeitamente cabível para registrar que a cozinha de pesquisa não é inimiga da cozinha de raiz. Temos muitos pontos em comum, como a essência de nossa paisagem e da memória construída ao admirar o mar compartilhado.

As paisagens são a chave de nossa cozinha. Rever o que as mudanças das estações provocam, como a sensação perecedoura mas aguardada do produto efêmero. Recuperar perfumes reconhecidos numa caminhada à beira-mar, com o funcho-marinho e o marulho salgado das ondas contra os penhascos que cortam o mar do Cap de Creus. Dar o primeiro passeio de primavera pela montanha, sentindo como a terra desperta do silêncio invernal e começam a brotar o tomilho e o alecrim. O cheiro da dormideira em fevereiro, passeando por um jardim botânico. As margens úmidas de salicórnias nos Aiguamolls de l'Empordà. Alguns cogumelos escondendo-se sob frondosos bosques que recendem a carvalho, pinho, samambaia...

O Rotaval atua para consolidar o nexo que une cozinha, ciência e paisagens da memória. Graças a ele, podemos servir à mesa, quase literalmente, essas estampas de nossa geografia íntima. Pela técnica da destilação, o Rotaval nos permite comer coisas impossíveis, como terra. No Celler, nós a oferecemos acompanhada de uma ostra, num mar e montanha genuínos, sem refogados ou picadinhos. Sabor de mar e sabor de terra, iodo e minerais, a claridade da cor do mar e a escuridão profunda da terra. Comer o destilado de terra provoca um choque emocional muito interessante. O desconhecido gera dúvidas. O salto para o vazio que a experiência de comer esse prato representa nos leva a perguntar a nós mesmos sobre um cheiro reconhecido, mas num estado físico totalmente desconhecido. A viscosidade da textura do destilado de terra dá origem a uma entrada suave, com um perfume sempre associado a uma consistência dura e totalmente recusável do ponto de vista gustativo.

Interessa-nos também cativar e levar à mesa as lembranças dos tempos da casa da fazenda: um campo de alfafa, o aroma das folhas de figueira, inclusive o perfume intenso dos tomates verdes e do tomateiro. Podemos recuperar essa memória da cor verde a partir de um destilado de tomate verde e folha de tomateiro. É uma proposta que representa a vida vegetal, o verdor, a umidade do ambiente, a agricultura, a biodiversidade e tudo o que implica a sustentabilidade, que se encontra tão em perigo e que deve ser o ponto de união de todos os esforços no futuro.

Nossa cultura do sabor

A cultura do gosto em nosso Mediterrâneo tem elementos de união suficientes para constituir um espaço culinário comum. Vemos claramente que nosso espaço culinário abre-se para outros espaços concêntricos ou superpostos: desde aqueles evidentes e presentes no mapa — como são os países — até os presentes subterraneamente em outros espaços geográficos (inclusive históricos) mais sutis, como a península Ibérica, os Pireneus, o Mediterrâneo, os territórios da Occitânia, o sul da Europa e o legado semítico.

Em nossa cozinha há pontos coincidentes que remontam diretamente ao mundo árabe. São coincidências que ocorrem em todo o espaço mediterrâneo e latino. A guarnição de passas e *pinoli*, bem como o consumo de *pinoli* e passas separadamente está muito presente na cozinha mediterrânea, da Catalunha ao Vêneto, de Cádiz à Sicília, e na maioria dos países do Magrebe. O arroz com passas é turco, mas também valenciano. O cuscuz magrebino também se encontra em Maiorca. A berinjela recheada é maiorquina, mas provém do mundo árabe. A *ratatouille* da França recebe o nome de *pisto* na Espanha, *samfaina* na Catalunha e *alboronía* na região de Múrcia... A fruta seca tem uma presença muito forte na cozinha catalã, bem como na cozinha árabe.

Enfim, o mar Mediterrâneo, seu clima e os produtos de sua terra dão origem a uma cozinha específica que, de um modo ou de outro, é comum a todos os povos banhados pelo *Mare Nostrum*. Buscamos inspiração nas formas mais tradicionais de nossos antepassados, dirigimos nossa busca para métodos inovadores e científicos; se somos banhados pelo Mediterrâneo, sua brisa está presente quando cozinhamos e a desejamos quando comemos.

Do salão...

Trouxemos os campos e pastagens de Girona para o restaurante na forma de um bosque sobre a mesa. A equipe de decoradores nos presenteou com uma grata surpresa ao conceber um jardim triangular dentro do salão, oferecendo uma proposta poética, rica e simbólica sobre a fraternidade, reproduzida e revelada pelas árvores do jardim. Associamos esse jardim aos campos de Girona, mas há quem veja nele uma paisagem nórdica; outros, uma paisagem zen... É muito bom saber que, em nossa casa, as pessoas podem imaginar que estão no lugar que tiverem em mente, o lugar do mundo onde gostariam de estar... É fantástico que exista um espaço que permita sonhar com a mera contemplação de natureza viva. A paisagem é igual para todos. Entretanto, cada um realiza sua própria viagem.

TODO O CAMARÃO

8 PESSOAS

COMPOSIÇÃO

Camarão na brasa
Areia de fitoplâncton
Areia de camarão
Suco de cabeças de camarão
Patas de camarão crocantes
Concentrado de camarão
Velouté de camarão
Velouté de fitoplâncton
Pão de ló de cebola e tinta de lula

—CAMARÃO NA BRASA

8 camarões
Sal

Retire a casca da cauda dos camarões; separe a cabeça e as patas, reservando-as para outra elaboração. Coloque sal a gosto e marque levemente as caudas na brasa de azinheira, para que absorvam seu aroma. Reserve.

—AREIA DE FITOPLÂNCTON

RENDIMENTO: 100 G

100 g de farinha de rosca (de pão fresco)
3,5 g de fitoplâncton em pó
Sal

Toste e seque a farinha de rosca no forno a 160 °C durante 10 minutos sem ventilação. Deixe esfriar e misture com o pó de fitoplâncton e o sal. Reserve.

—AREIA DE CAMARÃO

RENDIMENTO: 120 G

75 g de óleo de camarão (receitas-base)
40 g de maltodextrina
Sal

Numa vasilha, misture a maltodextrina com o sal e incorpore o óleo de camarão, pouco a pouco, com a ajuda de um *fouet*. Reserve.

—SUCO DE CABEÇAS DE CAMARÃO

RENDIMENTO: 120 G

8 cabeças de camarão
(reservadas da elaboração anterior)
Sal

Abra as cabeças dos camarões com cuidado e extraia o suco. Cozinhe ligeiramente numa frigideira, coloque sal a gosto e triture. Coe e reserve em banho-maria.

—PATAS DE CAMARÃO CROCANTES

Patas dianteiras e traseiras de 8 camarões (reservadas da elaboração anterior)
100 g de farinha de trigo
1 L de azeite de oliva extravirgem

Coloque as patas dianteiras e traseiras do camarão numa assadeira e leve ao forno a 140 °C durante 5 minutos. A seguir, passe-as pela farinha de trigo e frite em azeite de oliva a 160 °C, até ficarem crocantes. Reserve em lugar seco.

—REDUÇÃO DE CALDO DE CAMARÃO

RENDIMENTO: 500 G

1.000 g de caldo de camarão (receitas-base)

Em fogo baixo, reduza o caldo de camarão à metade.

—CONCENTRADO DE CAMARÃO

RENDIMENTO: 80 G

250 g de redução de caldo de camarão (elaboração anterior)

Introduza o caldo de camarão no Rotaval, mantendo a 56 °C Tb (temperatura do banho) e 45 °C Td (temperatura de destilação) durante 6 horas, a 30 rpm. Obtém-se um destilado de camarão volátil, transparente e sutil, enquanto no primeiro frasco fica um caldo de camarão de sabor muito intenso, resultante da evaporação produzida por uma ebulição à baixa temperatura. Reserve o concentrado.

—*VELOUTÉ* DE CAMARÃO

RENDIMENTO: 500 G

250 g de redução de caldo de camarão (elaboração anterior)
260 g de creme de leite fresco
10 gemas de ovo
Sal

Numa panela, coloque o caldo de camarão reduzido junto com o creme de leite e leve para ferver. Assim que tiver fervido, despeje rapidamente sobre as gemas de ovo e triture com um *mixer*. Ponha a mistura numa vasilha tampada e leve-a ao banho-maria no forno a 160 °C durante 45 minutos. Transcorrido esse tempo, retire do banho-maria e resfrie rapidamente no abatedor de temperatura. Divida a preparação em duas partes de 250 g cada uma: triture e coloque sal a gosto numa das partes, reservando-a num banho-maria até o momento de finalizar o prato; reserve a outra parte para o *velouté* de fitoplâncton.

—*VELOUTÉ* DE FITOPLÂNCTON

RENDIMENTO: 250 G

250 g de *velouté* de camarão (elaboração anterior)
4 g de fitoplâncton
Sal

Triture o *velouté* de camarão e o fitoplâncton com o *mixer*, coloque sal a gosto e reserve em banho-maria até o momento da finalização do prato.

—PÃO DE LÓ DE CEBOLA E TINTA DE LULA

RENDIMENTO: 450 G

125 g de clara de ovo pasteurizada
120 g de cebola refogada
80 g de gema de ovo pasteurizada
80 g de isomalte
20 g de farinha de trigo
7 g de tinta de lula
2 g de fermento
Sal

Triture todos os ingredientes no processador e passe por um *chinois* fino. Despeje a mistura num sifão de ½ litro com 2 cargas e reserve sob refrigeração por 24 horas.

FINALIZAÇÃO E MONTAGEM DO PRATO

Alga *pistillata*

Disponha num prato a areia de camarão e a areia de fitoplâncton. Sobre elas, coloque as patas de camarão crocantes. Despeje 20 g de pão de ló de cebola e tinta de lula num copo plástico, leve ao microondas na potência máxima por 1 minuto. Desenforme e regue com o suco das cabeças de camarão. Espete 2 algas *pistillata* no pão de ló e disponha-o num dos lados do prato, perto das areias. Coloque um ponto de *velouté* de fitoplâncton, outro de *velouté* de camarão e, por último, um de concentrado de camarão. Aqueça na salamandra o camarão previamente cozinhado na brasa e sirva.

JARDIM MEDITERRÂNEO

8 PESSOAS

COMPOSIÇÃO

Açúcar de lavanda
Creme de flor de laranjeira
Gelatina de flor de laranjeira
Granizado de melão-cantalupo
Molho de erva-doce
Sorbet de pêssego branco e zimbro

—AÇÚCAR DE LAVANDA

RENDIMENTO: 1.080 G

1.000 g de açúcar
80 g de lavanda

Triture o açúcar com a lavanda no processador até obter uma cor homogênea. Reserve.

—CREME DE FLOR DE LARANJEIRA

RENDIMENTO: 520 G

250 g de leite
250 g de creme de leite fresco
50 g de açúcar
40 g de maisena
30 g de água de flor de laranjeira

Faça um creme de confeiteiro aquecendo o leite e o creme de leite com o açúcar; enquanto isso, misture a maisena com a água de flor de laranjeira. Quando o leite ferver, acrescente a mistura de maisena e água de flor de laranjeira e mexa até adquirir uma textura cremosa. Coe e esfrie antes de reservar em um recipiente hermético.

—GELATINA DE FLOR DE LARANJEIRA

RENDIMENTO: 195 G

200 g de água de flor de laranjeira
1 g de ágar-ágar

Misture o ágar-ágar com um terço da água de flor de laranjeira e leve para ferver. Incorpore a água restante e despeje a preparação num tabuleiro com uma espessura de 1,5 cm. Uma vez solidificada, corte a gelatina em cubos de 1,5 cm de lado.

—GRANIZADO DE MELÃO-CANTALUPO

RENDIMENTO: 550 G

500 g de suco de melão-cantalupo
25 g de açúcar invertido
25 g dextrose
2 folhas de gelatina

Aqueça o açúcar invertido com a dextrose e um pouco de suco de melão; enquanto ainda estiver quente, acrescente as folhas de gelatina previamente hidratadas e, por último, o restante do suco de melão. Reserve a -18 °C.

—MOLHO DE ERVA-DOCE

RENDIMENTO: 100 G

100 g de suco de folhas de erva-doce centrifugadas
20 g de açúcar
1 g de ágar-ágar

Aqueça todos os ingredientes até à fervura e, em seguida, deixe solidificar. Quando a mistura estiver solidificada, rompa sua textura com o *mixer* até obter uma consistência de molho. Reserve num saco de confeiteiro.

—*SORBET* DE PÊSSEGO BRANCO E ZIMBRO

RENDIMENTO: 1.500 G

200 g de água
20 g de açúcar invertido
0,5 g de zimbro
200 de açúcar
50 g de dextrose
30 g de glucose atomizada
7,5 g de estabilizante para *sorbets*
1.000 g de purê de pêssego branco

Aqueça a água com o açúcar invertido e as bagas de zimbro. No momento antes de começar a ferver, acrescente o restante dos ingredientes secos, previamente misturados, e aumente a temperatura até 85 °C. Incorpore, então, o purê de pêssego branco e deixe a mistura maturar por 24 horas. Transcorrido esse tempo, bata na sorveteira e reserve no *freezer* a -18 °C.

FINALIZAÇÃO E MONTAGEM DO PRATO

Pétalas de calêndula
Folhas de manjericão
***Calamansis* (*Citrofortunella microcarpa*)**
Amêndoas verdes
Groselhas

Na base do prato, disponha o açúcar de lavanda como se fosse areia trabalhada com um rastelo. Por cima, distribua de forma harmoniosa o granizado de melão-cantalupo, dois pontos de creme de flor de laranjeira, dois cubos de gelatina de flor de laranjeira, três pontinhos de molho de erva-doce, uma pequena *quenelle* de *sorbet* de pêssego branco e zimbro e, por último, as pétalas de calêndula, as folhas de manjericão, dois gomos de *calamansi*, uma amêndoa verde e um par de groselhas.

BOMBOM DE PERRETXIKOS

25 PESSOAS
(1 *SNACK* POR PESSOA)

COMPOSIÇÃO

Creme de *perretxikos*

—CREME DE PERRETXIKOS

RENDIMENTO: 200 G

200 g de cogumelos *perretxikos*
20 g de manteiga
50 g de echalotas
100 g de creme de leite fresco
100 g de manteiga de cacau
Azeite de oliva
Sal

Sele os cogumelos numa frigideira com azeite de oliva até ficarem dourados. Retire do fogo e reserve.

Aqueça a manteiga e refogue pouco a pouco as echalotas cortadas em *brunoise* com uma pitada de sal; a seguir, adicione os cogumelos previamente selados, o creme de leite e deixe cozinhar todo o conjunto.

Quando o creme de leite já estiver reduzido à metade, triture a mistura e passe-a por um *chinois* fino. Despeje em moldes feitos de silicone (veja processo na p. 429) com formato de cogumelo e congele.

Assim que os bombons estiverem congelados, desenforme, espete-os pela base do pé do *perretxiko* e besunte com manteiga de cacau fundida, de modo que fiquem totalmente cobertos por uma fina camada de manteiga.

Reserve sob refrigeração, para que o interior descongele e fique cremoso.

FINALIZAÇÃO E MONTAGEM DO PRATO

Musgo liofilizado

Coloque no prato uma pequena quantidade de musgo liofilizado, no qual "crescerão" alguns *perretxikos*.

CARAMUJOS COM ERVA-DOCE

8 PESSOAS

COMPOSIÇÃO

Espuma de erva-doce
Caramujos confitados
Refogado de caramujos
Terra de lula
Terra de erva-doce

—ESPUMA DE ERVA-DOCE

RENDIMENTO: 560 G

500 g de bulbo de erva-doce
40 g de cebola
5 g de anis (*Pimpinella anisum*) em grão
500 g de creme de leite fresco
1,5 de goma xantana
Azeite de oliva

Numa panela, coloque a cebola para suar até ficar bem macia; acrescente o bulbo de erva-doce previamente lavado e cortado em *julienne*. Refogue todo o conjunto e incorpore o anis em grão. Adicione o creme de leite e deixe cozinhar por 20 minutos, aproximadamente. Retire do fogo e triture no processador, incorpore a goma xantana e continue triturando por mais 5 minutos. Passe por uma peneira de malha fina e encha um sifão de ½ litro com 2 cargas. Reserve em banho-maria.

—CARAMUJOS

RENDIMENTO: 500 G

500 g de caramujos (*Littorina littorea*)

Lave várias vezes os caramujos para eliminar as impurezas e os restos de terra que possam conter. Coloque-os numa panela grande cobertos de água e, com a ajuda de um pincel, pincele a borda da panela com uma solução de água e sal para evitar que escapem. Leve até a fervura a partir de água fria. Quando todos os caramujos estiverem cozidos, coe e reserve.

—CARAMUJOS CONFITADOS

RENDIMENTO: 375 G

2 dentes de alho
100 g de óleo de girassol
50 g de bulbo de erva-doce
500 g de caramujos cozidos (elaboração anterior)
30 g de echalotas
3 g de sal
5 grãos de pimenta-do-reino

Amasse os dentes de alho e refogue-os numa panela com um pouco de óleo de girassol. Lave bem o bulbo de erva-doce e corte em *julienne* o mais fino possível. Acrescente ao alho amassado e às echalotas em *julienne* e deixe a mistura suar até que a erva-doce fique bem macia. Adicione os caramujos cozidos, o restante do óleo de girassol, os grãos de pimenta e o sal. Tampe e deixe confitar durante 2 horas sobre uma placa em fogo muito baixo, mexendo a cada 30 minutos para misturar o conteúdo. Coe o caldo que possa ter restado e esfrie antes de deglaçar. Extraia os caramujos de sua concha e reserve-os junto com a erva-doce.

—REFOGADO DE CARAMUJOS

RENDIMENTO: 220 G

3 dentes de alho
6 echalotas
150 g de tomate *concassé*
45 g de caldo de caramujos (da elaboração anterior)
60 g de caramujos confitados (elaboração anterior)
75 g de bulbo de erva-doce (da elaboração anterior)
Azeite de oliva extravirgem

Numa frigideira com um pouco de azeite de oliva, frite os dentes de alho em *brunoise*; a seguir, acrescente as echalotas picadas e, por último, o tomate. Quando tudo estiver bem refogado, deglace com o caldo dos caramujos e leve para ferver. Incorpore, então, os caramujos cozidos e o bulbo de erva-doce do cozimento anterior. Triture e reserve.

—TERRA DE LULA

RENDIMENTO: 225 G

100 g de manteiga
100 g de farinha de trigo
50 g de açúcar
5 g de sal
10 g de tinta de lula

Corte a manteiga em cubos pequenos e irregulares e deixe em temperatura ambiente. Misture o açúcar e o sal com a manteiga e incorpore a farinha de trigo previamente peneirada. Por último, acrescente a tinta de lula. Coloque a mistura sobre um filme de PVC e faça um rolo; congele. Uma vez congelado, rale com um ralador Microplane fino sobre uma assadeira com papel sulfurizado e leve ao forno a 180 °C por 15 minutos. Retire do forno, deixe secar e esmigalhe com as mãos. Reserve.

—TERRA DE ERVA-DOCE

RENDIMENTO: 120 G

100 g de manteiga
100 g de farinha de trigo
50 g de açúcar
5 g de sal
5 gotas de essência de erva-doce
3 g de pó de erva-doce desidratada

Corte a manteiga em cubos pequenos e irregulares e deixe em temperatura ambiente. Misture o açúcar e o sal com a manteiga e incorpore a farinha de trigo previamente peneirada. Por fim, acrescente a essência de erva-doce e o pó de erva-doce desidratada. Coloque a mistura sobre um filme e faça um rolo; congele. Uma vez congelado, rale com um ralador Microplane fino sobre uma assadeira com papel sulfurizado e leve ao forno a 170 °C por 15 minutos. Retire do forno, deixe secar e esmigalhe com as mãos. Reserve.

FINALIZAÇÃO E MONTAGEM DO PRATO

Brotos de erva-doce

Num prato raso, coloque uma colher de caramujos confitados previamente aquecidos numa frigideira com um pouco de azeite. Acrescente pontos de refogado de caramujos por cima e cubra com a espuma de erva-doce quente. Sobre essa, algumas migalhas de terra de lula e terra de erva-doce. Distribua alguns caramujos soltos pelo prato e sobre a espuma. Finalmente, espete alguns brotos de erva-doce.

TRUFA

25 PESSOAS
(1 *SNACK* POR PESSOA)

COMPOSIÇÃO

Pó de trufa e trombetas-da-morte
Creme de trufa negra
Banho de manteiga de cacau

—PÓ DE TRUFA E TROMBETAS-DA-MORTE

RENDIMENTO: 180 G

200 g de cogumelos trombetas-da-morte (*Craterellus cornucopioides*)
200 g de casca de trufa

Forre uma assadeira com um tapete de silicone.

Pique bem fininhos os dois ingredientes e espalhe-los sobre a assadeira. Leve à desidratadora a 60 °C por 24 horas. Uma vez desidratados, triture e reserve hermeticamente.

—CREME DE TRUFA NEGRA

RENDIMENTO: 250 G

230 g de creme de leite fresco
20 g de raspas de trufa
15,5 g de azeite de trufa negra (receitas-base)
10 g de suco de trufa
0,5 g de goma xantana
Sal

Coloque todos os ingredientes num recipiente e triture até obter um creme liso. Despeje em moldes de silicone feitos em formato de trufa (veja o processo na p. 429) e congele.

—BANHO DE MANTEIGA DE CACAU

RENDIMENTO: 200 G

200 g de manteiga de cacau

Prepare um recipiente com o pó de cogumelos trombetas-da-morte e de trufa.

Derreta a manteiga de cacau e besunte as trufas ainda congeladas e espetadas num palito. Em seguida, passe-as pelo pó de cogumelos e de trufa.

FINALIZAÇÃO E MONTAGEM DO PRATO

Musgo liofilizado

Deixe as trufas perderem o frio e coloque-as dentro da pedra sobre um manto de musgo.

SALADA DE OUTONO

8 PESSOAS

COMPOSIÇÃO

Suco de abóbora
Pés de *boletus*
Sementes de abóbora infladas
Areia de sementes de abóbora
Areia de nozes
Areia de cogumelos
Cogumelos *enoki*
Cogumelos *enoki golden*
Raízes de bolinho
Pele de tupinambo
Purê de marmelo
Alvéolos de tangerina
Purê de caqui
Ar de terra
Sorbet de caqui
Purê de batata-doce
Maçã
Cogumelos *chantarelle*

—SUCO DE ABÓBORA

RENDIMENTO: 250 G

250 g de suco de abóbora centrifugada
0,25 g de goma xantana

Triture o suco de abóbora com a xantana, coe e reserve sob refrigeração.

—PÉS DE *BOLETUS*

RENDIMENTO: 24 BASTÕES

4 cogumelos boletus (*Boletus edulis*) médios

Separe os chapéus dos *boletus* e reserve-os para outras elaborações. Limpe os pés dos cogumelos e corte-os em pequenos bastões de 3 cm x 0,3 cm. Reserve num recipiente tampado e sob refrigeração.

—SEMENTES DE ABÓBORA INFLADAS

RENDIMENTO: 85 G

250 g de óleo de girassol
75 g de sementes de abóbora
Sal

Misture a frio as sementes de abóbora e o óleo de girassol num recipiente e leve ao fogo até atingir 180 °C. Com a ajuda de uma espumadeira do tipo aranha, retire as sementes à medida em que forem ficando infladas, e coloque-as rapidamente sobre papel-toalha. Coloque sal a gosto e reserve.

—AREIA DE SEMENTES DE ABÓBORA

RENDIMENTO: 172 G

114 g de maltodextrina
11,5 g de sal
103 g de óleo da fritura das sementes (da elaboração anterior)
65 g de sementes de abóbora infladas (elaboração anterior)

Misture a maltodextrina com o sal e acrescente pouco a pouco o óleo da fritura das sementes, misturando bem com o *fouet*. Pique as sementes infladas com a faca e adicione à mistura anterior. Reserve num recipiente tampado.

—AREIA DE NOZES

RENDIMENTO: 250 G

114 g de maltodextrina
3,5 g de sal
85,5 g de óleo de nozes
50 g de nozes

Misture a maltodextrina com o sal e acrescente pouco a pouco o óleo de nozes, misturando bem com o *fouet*. Pique as nozes com a faca e junte à mistura anterior. Reserve num recipiente tampado.

—ÓLEO DE *BOLETUS*

RENDIMENTO: 280 G

10 cogumelos *boletus* (*Boletus edulis*) médios
200 g de óleo de girassol
100 g de cogumelo *boletus* em pó

Limpe os cogumelos, corte-os em lâminas grossas e doure dos dois lados numa frigideira com um pouco de óleo de girassol. Uma vez douradas, acrescente o restante do óleo e deixe confitar por 2 horas a 70 °C. Retire do fogo, adicione o cogumelo em pó e triture. Passe por um *chinois* fino e resfrie no abatedor de temperatura. Reserve bem tampado, sob refrigeração.

—AREIA DE COGUMELOS

RENDIMENTO: 230 G

2 g de cogumelos trombetas-da-morte (*Craterellus cornucopioides*) desidratados
27 g de cogumelo *boletus* em pó
100 g de maltodextrina
3,5 g de sal
105 g de óleo de *boletus* (elaboração anterior)

Coloque os cogumelos no processador e triture até obter um pó fino. Acrescente o *boletus* em pó, o sal e a maltodextrina. Triture em velocidade média e enquanto isso, vá despejando aos poucos o óleo, até obter uma textura de areia fina. Reserve num recipiente hermético até o momento de sua utilização.

—COGUMELOS *ENOKI*

24 cogumelos *enoki* frescos

Corte o chapéu dos cogumelos, deixando 1,5 cm de pé. Reserve num recipiente tampado e sob refrigeração.

—COGUMELOS *ENOKI GOLDEN*

24 cogumelos *enoki golden*

Corte o chapéu dos cogumelos, deixando 1,5 cm de pé. Reserve num recipiente tampado e sob refrigeração.

—RAÍZES DE BOLINHO

RENDIMENTO: 350 G

145 g de farinha de trigo
100 g de ovos
65 g de água
30 g de açúcar
27 g de mel
1,5 g de bicarbonato de sódio
Azeite de oliva extravirgem
Sal

Misture todos os ingredientes, não deixando que fiquem grumos. Leve a mistura para descansar por 12 horas no refrigerador.

Aqueça o azeite de oliva até 180 °C, mergulhe dois palitos na massa e deixe cair fios de massa sobre o azeite quente; cozinhe até ficarem bem dourados. Escorra o excesso de azeite sobre o papel-toalha e reserve.

—PELE DE TUPINAMBO

RENDIMENTO: 10 PELES FRITAS

200 g de tupinambos
Óleo de girassol
Sal

Cozinhe os tubérculos no forno a 170 °C, até ficarem macios. Descasque-os com cuidado para não romper a pele. Limpe bem as peles e deixe-as secar na desidratadora a 65 °C. Uma vez secas, frite em óleo de girassol a 180 °C, retire do fogo e, antes que esfriem, molde-as rapidamente com as mãos, enrolando-as sobre si mesmas. Coloque sal a gosto e reserve num recipiente hermético em lugar seco.

—PURÊ DE MARMELO

RENDIMENTO: 170 G

250 g de marmelos

Sem descascar, asse os marmelos no forno enrolados em papel-alumínio. Uma vez assados, descasque, triture com a água que tenham soltado durante o cozimento e reserve num recipiente tampado, sob refrigeração.

—ALVÉOLOS DE TANGERINA

RENDIMENTO: 80 G

2 tangerinas

Remova a pele das tangerinas, deixando os gomos inteiros; em seguida, congele mergulhando-os alguns instantes em nitrogênio líquido. Coloque os gomos congelados entre duas toalhas de papel e dê pequenos golpes, com cuidado, até que os alvéolos da tangerina se separem. Reserve dentro de um recipiente no *freezer* até o momento de servir.

—PURÊ DE CAQUI

RENDIMENTO: 180 G

250 g de caqui
2,5 g de ágar-ágar

Descasque os caquis e triture para obter um purê. Numa recipiente, misture o caqui e o ágar-ágar e leve ao fogo até levantar fervura. Coe e resfrie rapidamente no abatedor de temperatura.

Uma vez solidificada a preparação, triture com o *mixer* e reserve em bisnagas, sob refrigeração.

—AR DE TERRA

RENDIMENTO: 250 G

250 g de destilado de terra (receitas-base)
3,5 g de lecitina de soja

Junte os dois ingredientes, misture bem e deixe descansar. Triture com o *mixer*, procurando formar bolhas de ar na mistura. Reserve.

—*SORBET* DE CAQUI

RENDIMENTO: 700 G

10 g de açúcar invertido
18 g de dextrose
100 g de água
100 g açúcar
20 g de glucose
2,5 g de estabilizante para *sorbets*
500 g de purê de caqui (elaboração anterior)

Num recipiente, coloque o açúcar invertido, a dextrose e a água. Cozinhe em fogo brando até atingir 40 °C e incorpore os demais ingredientes, exceto o purê de caqui. Continue cozinhando até atingir 85 °C. Retire do fogo e deixe descansar sob refrigeração, por 24 horas.

Depois desse tempo, triture a base de sorvete com o purê de caqui. Coloque num copo de Pacojet e congele. Bata na sorveteira no momento de servir.

—PURÊ DE BATATA-DOCE

RENDIMENTO: 200 G

250 g de batata-doce
25 g de manteiga
10 g de azeite de oliva extravirgem

Asse as batatas-doces na brasa e, uma vez cozinhadas, descasque e triture a polpa obtida com a manteiga e o azeite. Reserve em sacos de confeiteiro.

—MAÇÃ

RENDIMENTO: 20 LÂMINAS

60 g de água
30 g de açúcar
1 maçã Royal Gala

Coloque a água e o açúcar num recipiente e ferva até que os grãos de açúcar se dissolvam. Retire do fogo e esfrie.

Corte lâminas bem finas de maçã Royal Gala e embale-as de 10 em 10, com um pouco da calda preparada, em bolsas pequenas com 100% de vácuo. Reserve assim até o momento de sua utilização.

—COGUMELOS *CHANTERELLE*

RENDIMENTO: 16 UNIDADES

4 cogumelos *chanterelle* (*Cantharellus cibarius*) pequenos

Limpe bem os cogumelos e corte-os em quartos. Reserve.

FINALIZAÇÃO E MONTAGEM DO PRATO

Brotos de beterraba

Trace no centro do prato uma linha de purê de batata-doce. Sobre a linha, coloque os bastões de pés de boletos. Cubra com as areias uma após outra, na seguinte ordem: areia de sementes, areia de nozes e areia de cogumelos.

Sobre a última areia, disponha aleatoriamente 2 sementes de abóboras infladas, 3 cogumelos *enoki golden* e 3 cogumelos *enoki*. Nos extremos da montagem, coloque 2 raízes de bolinho frito. No meio da areia, espete a pele de tupinambo frita, os brotos de beterraba e 2 quartos de cogumelos *chantarelle*.

Forme uma *quenelle* bem pequena de purê de marmelo num dos lados do prato, distribua os alvéolos de tangerina, alguns pontos de purê de caqui e gotas de suco de abóbora. Depois de aerar o destilado de terra, coloque-o numa extremidade do prato, junto com a lâmina de maçã enrolada sobre si mesma. Finalize com uma *quenelle* de *sorbet* de caqui.

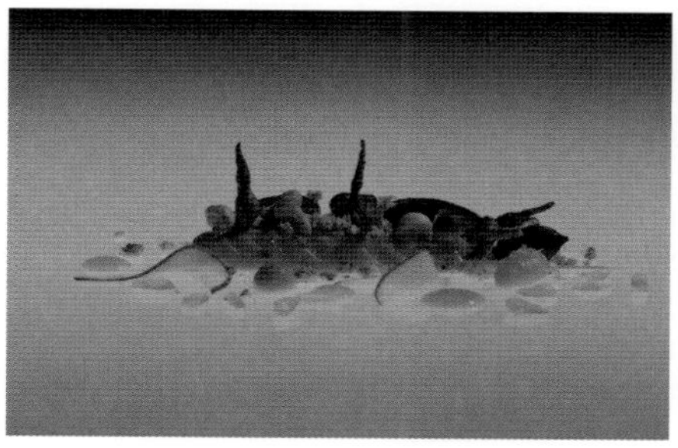

F

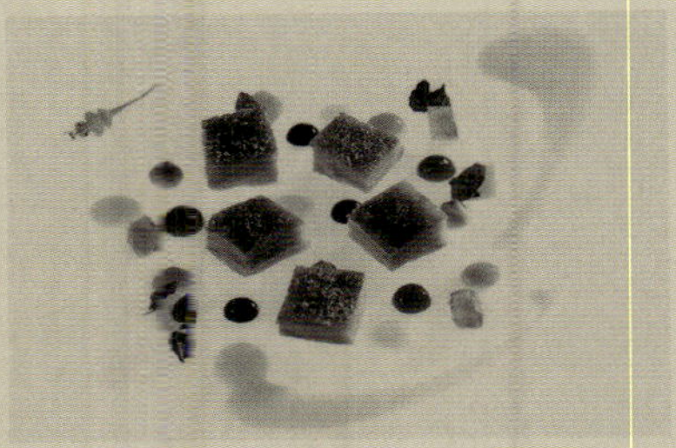

—VINHO

F
Les Terrazes
MASVIDA
PAGO DE LOS CAPELLANES
VIÑA TONDONIA
FINCA ALLENDE - RIOJA
Cellers Martí Fabra
MASIA CARRERAS
D.O. EMPORDÀ
DOFI
PESQUERA
ORNELLAIA
BOLGHERI
CHATEAU
CALON-SÉGUR
ST ESTEPHE
MÉDOC
REMELLURI
Bodegas y Viñedos
ALION
LYNCH-BAGES
TORRES
Fransola
Cellers Martí Fabra
MASIA CARRERAS
D.O. EMPORDÀ
MONBO
PRIORAT
ERMITAGE ROUGE
L'ERMITE 2001
FERRER BOBET PRIORAT
VIÑA EL PISÓN
RIOJA ALAVESA
2006
La Rioja Alta, S.A.
ASTRALIS
ALION
FINCA ALLENDE
BODEGAS VE

ARIADI
D.O. EMPORDA
Cellers Martí Fabra
MASIA CARRERAS
D.O. EMPORDA
L'ORIGAN
PAGO DE LOS CAPELLANES
LEOVILLE POYFERRÉ
2003
AVRVS
Remírez de Ganuza
2005
CALVARIO
TOKAJ-OREMUS
PESQUERA
BALBAS
CAPAFONS-OSSO
MAS DE MASOS
MASVIDA
CABERNET SAUVIGNON
BODEGAS VEGA SICILIA
Remírez de Ganuza

–VINHO

Seria desnecessário reforçar a importância outorgada ao vinho depois de visitar o santuário que Josep construiu na adega do Celler. Garçom de vinhos, como ele se autodefine, é a pessoa que se empenha não só em conhecer tudo no mundo dos vinhos, mas também em compartilhá-lo com o amigo ou com o desconhecido que adentra essa "caixa das caixas", nessa construção que é, ao mesmo tempo, repouso e efervescência, quietude e vitalidade, para desfrutar de um momento único: a consagração da adega como cerimônia. Em cada uma das capelas se encena um espetáculo, porque é cenário, e uma liturgia, porque é religião.

No entanto, o vinho é mais, muito mais, que o elemento líquido que permanece estático na mesa. O vinho não é uma nota de rodapé ou uma anotação à margem; aqui ele se torna parte essencial da cozinha. Não assiste ao espetáculo a partir do palco. Não tece comentários apropriados nem exclama com emoção de longe: o vinho participa como um ator. E a transformação, do camarim da adega à plateia, deve-se tanto à inquietude de Josep por encontrar novas mensagens no código, como à vontade tripartite de tornar a comida, a construção dessa comida, uma aventura coletiva.

Josep Carner, em *Els fruits saborosos*, diz que o poeta não deseja uma coroa, e sim, tal qual a uva, quer deixar para as gerações futuras "um pouco de sol de meus amores distantes,/ trancado na adega, enterrado entre teias de aranha". A conquista aqui é que a transmissão não se faça a partir da clausura, e sim do envolvimento. O vinho deixa a teia de aranha para transformar-se em alento que invade os fogões.

Segundo os irmãos Roca

"Tratarei da vide com a gravidade que um romano deve ter quando trata das artes e das ciências", dizia Plínio, o Velho, em seu livro *História natural*. Com efeito, nem sempre é óbvia a relação entre cultura, agricultura e ciência. Da proximidade de nosso território, tampouco podemos esquecer a relação com o vinho, onipresente em nossa herança gastronômica. Basta um esboço histórico para revelar que o desfrute do vinho e da comida nos vem de longa data. O legado de nossa cultura à cultura do vinho é fundamental. O *Liber de vinis*, de Arnau de Vilanova, do século XIII, é considerado o primeiro livro impresso sobre vinho. No *Llibre de Sent Soví*, receituário anônimo catalão do século XIV, afirma-se que a cultura do vinho e da gastronomia são "gentilezas que todos devem conhecer, homens e mulheres, de qualquer estamento". No século XV, o mestre Ruperto de Nola escreve tratados sobre como servir o vinho; entretanto, nos primórdios da Idade Média, já encontramos exemplos de harmonização de pratos e vinhos no capítulo "Com usar bé de beure e menjar" (O bom uso do beber e do comer) de *Lo Terç de Lo Crestià* (O terceiro tomo de El Cristiano), cujo autor, Francesc Eiximenis, religioso nascido em Girona no século XIV, é considerado o primeiro crítico de vinhos e o mais valorizado e apreciado da Idade Média. Por sua vez, Raimundo Lúlio (1232-1315) ilustrou nosso apego à boa mesa e à boa bebida quando disse: "queremos manjares delicados e queremos beber nobres vinhos".

O vinho na cozinha de vanguarda

Descendemos de uma tradição estreitamente vinculada ao vinho. Contudo, nos últimos anos, foram raras as incursões nas quais grandes cozinheiros levaram seus conhecimentos à cozinha do vinho. O artigo "El vino y la gastronomía molecular", do físico e químico francês Hervé This, publicado por *ACE Revista de Enología*, reúne a experimentação levada a cabo pelo cozinheiro francês Pierre Gagnaire, que em março de 2008 propôs "o controle da liberação do sabor mediante processos como a extração de moléculas odoríferas hidrofóbicas do vinho no azeite, o controle da temperatura e o uso de vários componentes presentes no vinho para liberar o sabor apenas em determinados momentos". Para atingir tais objetivos, Hervé This relata que foi necessário "recorrer a associações moleculares com polímeros, como a gelatina. Evidentemente, quanto mais associação, menos liberação de moléculas". Em maio de 2005, Gagnaire propôs outra ideia: "não utilizar o vinho nos molhos, e sim recorrer apenas aos fenóis extraídos do vinho ou da uva. Esses molhos totalmente sintéticos, resultantes da inclusão de tais ingredientes, receberam o nome de *molhos Wöhler*, em homenagem a Friedrich Wöhler (1800-1882), o primeiro químico a obter moléculas orgânicas sintéticas". E, em 2004, Gagnaire elaborou gelatinas de vinho, "apesar de que os fenóis deixam o líquido turvo quando se acrescenta a gelatina", como explica This.

Ciência e mística. Corpo e alma

Comprovamos, assim, que o vinho abre as portas da experimentação na cozinha porque "ele contém moléculas que suscitam um grande interesse físico-químico", nas palavras do cientista francês. O vinho já é interessante por seu fundo espiritual, místico, de costumes, geológico ou geográfico. Contudo, é ainda mais atraente quando sua composição é valorizada.

Vinho é vida. Pode parecer uma afirmação poética — e de fato é —, mas, ao mesmo tempo, está carregada de discurso empírico, se considerarmos o conjunto de reações físico-químicas que dão forma ao vinho. Ciência e mística. Corpo e alma... Abordamos a cozinha do vinho a partir da observação dos costumes, como também da perspectiva acadêmica; da transgressão, da degustação, da interpretação pessoal ou paisagística. E, de novo, a partir do diálogo com a ciência. Assim, aproveitando as sinergias com a Fundação Alícia e com a empresa Guivaudan, nos aproximamos da conexão molecular dos vinhos como ponto de partida para a criação de pratos. Elaboramos, portanto, uma cozinha em três vertentes, na qual o vinho entra por uma porta escancarada, generosamente.

Vinho doce: um prazer a colheradas

O vinho doce é fruto de jogos particulares, como particular é essa criação açucarada na enologia. Não raro, quando alcançamos a máxima plenitude na degustação de grandes vinhos doces, entendemos que podem ser considerados sobremesas por si só, devido à sua complexidade no plano aromático e à sua substância no gustativo. O enorme jogo de matizes oferecido pelos vinhos doces constitui uma sedução especial. Com frequência, ao depararmos com uma grande plenitude gustativa e uma comunhão emotiva e emocionante, temos a sensação de que, para acompanhar um bom vinho doce, não se faz necessária uma sobremesa. Vem, então, à nossa mente o dia em que Joan e Jordi provaram um vinho servido num prato de sopa, o qual deveria ser comido (e não bebido) com colher. A intenção era comprovar a complexidade de um vinho e modificar o conceito clássico de recipiente e degustação. Assim, com uma colher na mão, o vinho se propõe como sobremesa, com sua transformação em uma sopa meio encorpada, servida num prato fundo e acompanhada de um *sorbet* do próprio vinho. O vinho escolhido para esse experimento é um Riesling dos terrenos argilosos de Rheingau (Alemanha), de boa densidade e fresca acidez, essência de uva-passa adereçada com podridão nobre, doce, baixa graduação alcoólica e extraordinariamente abundante.

Comê-lo com colher supõe uma nova maneira de desfrutar o vinho, com uma degustação mais pausada, dando uma completa reviravolta conceitual à degustação. O *sorbet* confere textura e temperatura refrescante. O vinho no prato é acompanhado de uma taça que contém uma bebida desenhada com base em alguns dos descritores aromáticos do mesmo vinho: matizes de mel e limão-siciliano, laranja e açafrão, manjericão, menta e framboesa. Mesmo que seja por uma única vez, é interessante fechar os olhos para a história dos casamentos e percorrer o caminho em sentido inverso!

Vinho sem álcool?

Por que o álcool é tão importante num vinho? Porque tem uma influência direta e decisiva. Propicia sensações doces, untuosidade, enche a boca... É volátil, pois desprende aromas e, portanto, contribui para a função aromática e gustativa do vinho. O álcool é a plataforma que permite o desdobramento de um leque aromático. Também é fundamental no momento de criar sensações táteis, provocando uma sensação envolvente... Permitam-nos dizer: o álcool é a alma do vinho.

Atualmente, trabalhamos com uma mentalidade mais aberta, pragmática e permissiva. E, apesar da importância do álcool no vinho, a desalcoolização tornou-se uma prática bastante habitual. Os métodos empregados com mais frequência são:

—**Osmose inversa**: sistema de filtragem molecular que permite captar o álcool, a água e os componentes voláteis do vinho.

—**Evaporação a frio (*spinning cone column*)**: utiliza a força centrífuga de alguns cones instalados em grandes colunas para evaporar o álcool.

—**Destilação do álcool sob pressão e à baixa temperatura**: processo que ocorre no Rotaval, por exemplo.

Todos nós sabemos que desalcoolizar o vinho na origem implica perder uma parte importante dos aromas que determinam sua essência. Além disso, o vinho evolui com o tempo e, portanto, privá-lo do álcool em sua fase inicial impede uma parte importante dessa evolução.

Há outro caminho a ser pesquisado: as membranas de osmose inversa e de nanofiltragem no final do processo, quando já engarrafado. É necessário estabelecer as condições de operação para poder projetar um dispositivo prático e versátil que permita reduzir o teor alcoólico de uma bebida em pequena escala, sem perder suas características organolépticas essenciais e mantendo ao máximo a presença das substâncias voláteis indispensáveis à conservação das referidas propriedades. Esse aparelho seria de grande serventia para os estabelecimentos de restauração, e também para uso doméstico. O objetivo é reduzir o teor alcoólico do vinho que se pretende consumir —é o que poderíamos chamar de “álcool *à la carte*”.

Além dessas técnicas, podemos, obviamente, diluir o poder alcoólico com uma simples adição de água. Em todo caso, permanece o desafio de obter um equilíbrio, seja por meios tecnológicos, seja por vias naturais. Nesse último caso, é preciso um trabalho muito mais intenso na vinha ou optar por novas linhas de pesquisa, como encontrar novas leveduras que sejam capazes de transformar o açúcar em níveis mais baixos de álcool.

Desalcoolizar com o Rotaval

Nossa proposta com o Rotaval gira em torno de um trabalho concreto e seletivo com determinados vinhos. As experiências realizadas nos levaram a observar mudanças interessantes nos vinhos. A extração de álcool com o Rotaval se realiza pela destilação e a uma temperatura muito baixa (de 20 a 30 °C); portanto, não prejudica o produto. O jogo interessante é poder reduzir um vinho em dois ou três graus, até desalcoolizá-lo.

A pesquisa que empreendemos até agora nos permitiu comprovar que os vinhos secos com alto percentual de álcool e boa densidade mantêm as características durante o processo. Os vinhos secos com pouco álcool e pouca estrutura ficam descarnados. Já os vinhos doces de uvas brancas produzem grande quantidade de aguardente e de vinho sem álcool de notável interesse qualitativo. A ausência de álcool é suprida, nesse caso, com o açúcar residual, que é vital para manter a sensação viscosa e agradável ao tato. Apesar de oferecer uma sensação marcada pelo tanino, os vinhos doces de uvas tintas mantêm um bom equilíbrio tátil, diluído, porém interessante.

O Xerez Pedro Ximénez, os moscatéis, mistelas e outros vinhos de características similares, com altas densidades de açúcar e caramelização, oferecem um resultado muito interessante. O Pedro Ximénez, cujo conteúdo em açúcar chega a 500 gramas por litro, continua mostrando todo o seu poder de sedução, sem alterar-se com a vileza de terem extraído seu espírito. O álcool que dele se obtém possui uma magia especial. O jogo, a memória e a lembrança dos cheiros remetem ao tinto, apesar de sua evidente transparência. Definitivamente, é uma aguardente de Pedro Ximénez, em nada semelhante a um *brandy* envelhecido em barris da mesma casa. E também não existe no mercado nada que se pareça com ele. Um dos jogos que podemos propor é servir um Pedro Ximénez sem álcool e uma grapa de seu álcool, extraído com o Rotaval. Duas alternativas de prazer à mesa. Uma diversão.

Fica claro que o vinho é fonte de desfrute e prazer infinito. Entre fogões e alta tecnologia, brincamos de alquimistas ao extrair a verdadeira essência e transformá-la em mil experiências diferentes e surpreendentes, para servi-la à mesa. Queremos honrar esse fruto da terra e da tradição, elevando-o ao trono privilegiado que merece e abordando-o com todas as ferramentas que estão ao nosso alcance, do conhecimento ancestral ao mais revolucionário dos instrumentos científicos. Porque a cozinha do Celler não pode ser compreendida sem a paixão pelo vinho.

Do salão...

Sempre buscamos fugir da ostentação, de simbolizar luxo e dinheiro num rótulo. A certa altura, começamos a considerar outros elementos do vinho que nos interessavam mais. Pudemos desfrutar de múltiplas experiências em degustações abertas, testemunhar expressões enriquecidas com os sentidos, e procuramos transferir para o restaurante o que mais nos seduziu e apaixonou, compartilhando assim nossa maneira de viver o vinho.

Desejamos fazer com que as pessoas que nos visitam conheçam melhor quem guarda o vinho; queremos consumar uma interação, uma proposta reflexiva de respeito à natureza, de diálogo com os elaboradores. Queremos nos sentir embaixadores de quem faz o vinho, mostrar-nos próximos às pessoas, pois não há motivos para encontrar rigidez no hábito e no consumo do vinho. Queremos mostrar que o vinho não só se degusta e se sente no olfato, mas também que é possível senti-lo e até mesmo ouvi-lo. Queremos que a visita à adega seja um grande desfrute tanto para o apaixonado pelos vinhos como para o abstêmio. Queremos que ali possa entrar tanto uma criança quanto um adulto, e que todos encontrem na adega um sentido lúdico, de entretenimento, e também de reflexão sobre o fascinante diálogo entre o homem e a natureza: saber que o homem intervém, mas é a natureza que o coloca em seu lugar. Por fim, queremos mostrar com franqueza os vinhos que nos agradam, divididos em cinco capelas ou espaços dedicados a cinco variedades, onde é possível contemplar as paisagens e as sensações que cada uma delas evoca.

Uma sugestão especial: o Empordà vinícola

A magia do vinho nos faz sonhar, transportando-nos a paisagens fascinantes, que permitem ler, contemplar e aprofundar-se no prazer dos sentidos. Atualmente, são poucas as experiências que nos aproximam da natureza de forma sadia, dilatando o tempo e criando parênteses afetivos com aqueles que amamos; experiências que nos tragam otimismo neste mundo em que vivemos, modelando-o, mimando-o, aprofundando os sentimentos de reverência, maravilha e pertencimento. O Empordà, berço cultural do vinho, amparado por belas paragens e parques naturais, é uma delas.

Uma rota pelo vinho do Empordà é um preâmbulo para associar essa apreciada bebida com outros domínios sensoriais e culturais. Proponho a todos vocês que descubram rotas transformadas em diálogos apaixonados com os pâmpanos do Empordà, com adegas que lhes abrirão as portas de par em par.

Vocês se surpreenderão com os quilômetros lineares de pedra seca que acariciam as vides enroscadas. Poderão passear pelo chão de argila, lascas de pedra vermelha, preta e betuminosa, pela areia, pelo granito, pela areia grossa, pelos lodaçais argilosos, cascalhos, arenitos, margas, seixos, rochas de sílica e basaltos negros.

Será uma viagem no tempo: da Emporion grega e a cidade romana que a sobrepõe, até o auge da sabedoria beneditina, o grandioso mosteiro de Sant Pere de Rodes.

Esquadrinhar as aldeias do Empordà, apreciando as luzes e cores, ouvindo o som da natureza mutante. Rotas pela planície ou pela montanha. Rotas das cabanas, dos mosteiros, da filoxera, da história, das cooperativas, da Albera. Até mesmo uma rota literária e pictórica. E a rota marítima, desfrutando de um mar de vinhas desde o Cap de Creus até as Gavarres.

Deter-se e sentir os perfumes. Sentir os aromas de um passeio junto ao mar, com o funcho-marinho, os lentiscos, tojos e urzes; e o marulho salgado das ondas batendo nas rochas que cortam o mar do Cap de Creus... O primeiro passeio de primavera pela montanha, sentindo como a terra desperta de seu silêncio mineral e começa a pulsar destilando aromas terapêuticos. A explosão branca da amendoeira em flor, seguindo as rotas dos dólmens e menires. O perfume da dormideira amarela e sonolenta de fevereiro, passeando por um vinhedo. Andar pelas margens úmidas de salicórnias dos Aiguamolls de l'Empordà enquanto ao fundo, na colina, é possível vislumbrar as cepas na terra árida.

Estar atentos ao ciclo vitícola, tocar a terra, entender o choro da vide, o momento efêmero da flor, a ressonância da força estival na cepa, entender como os rebentos da videira se desdobram até alcançar a plenitude do fruto resplandecente que cria a obra. Uma fascinação natural ao nosso alcance, uma paisagem preparada para persistir na memória.

Disponham-se a saborear vinhos, delicados, saborosos, generosos, reflexivos, sérios, acessíveis, risonhos, vestidos de autenticidade e adereçados por um céu soberbo. Degustem a vitalidade empreendedora que emana do Empordà enoturístico, reforçado pela excelência gastronômica de uma cozinha seminal e luminosa que o acompanha, hoje mais que nunca.

JOSEP ROCA

A cozinha do vinho no Celler de Can Roca

A partir da técnica, da imaginação e do diálogo com a ciência, criou-se um grande campo de melhoria das aplicações do vinho na cozinha. A reflexão e evolução do vinho como ingrediente nos conduzem a uma revolução graças aos meios e produtos que agora temos ao nosso alcance.

Eis alguns exemplos ilustrativos de como trabalhamos a cozinha do vinho no Celler de Can Roca:

—**Redução de vinhos**: reduzimos o vinho sem cocção direta, uma vez que aproveitamos a redução a frio por meio do Rotaval, que permite a destilação a baixas pressões.

—**Aumento de espessura**: a goma xantana permite fixar a frio sem alterar a textura. Permite-nos fazer molhos de vinho apenas modificando sua espessura.

—**Granizado**: o Pacojet nos oferece uma textura muito interessante. Porém, a adição de um fixador, como a goma xantana, a gelatina ou ágar-ágar, permite servir um granizado em temperatura menos fria do que a habitual, em torno de 0 °C, evitando-se assim a consistência dura e a sensação térmica dolorosa.

—**Impregnação a vácuo**: maceramos qualquer fruta com um vinho tranquilo ou generoso, que se introduz nos espaços vazios gerados na fruta, com resultados muito interessantes.

—**"Perfume-cocção", fixação volátil**: somamos ao flambado tradicional a possibilidade de cozinhar a partir dos componentes voláteis dos vinhos e aguardentes.

—**"Perfume-cocção" diante do comensal**: "cozinhamos" o prato na mesa, ao verter o perfume sobre pedras incandescentes para flambar na hora o elemento principal.

—**Esferificações**: bolas de vinho tranquilo ou espumantes.

—**Esferificações e desidratação com açúcar (osmose)**: a desidratação nos permite obter uvas com forma de passas.

—***Sorbets nature***: a goma xantana atua como estabilizante.

—**Açúcar-cândi** (mínimo 40% vol.) ou pedra de aguardente de vinho.

—**Nitrogênio**: vinhos viscosos. *Sorbets* em um minuto. *Mousse* de vinho do sifão ao nitrogênio.

—**Efeito Venturi**: aromas de ambientação a partir de vinhos ou aguardentes.

—**Liofilização**: pó e rochas de vinho.

—**O vinho e seus componentes**: pó de antocianinas. Pó de flavonas. Tartaratos naturais. Mãe do vinho. Uva com gás carbônico endógeno em fase inicial da fermentação carbônica. Uva com gás carbônico exógeno. Madeira de carvalho para aromatizar, perfumar e defumar ingredientes. Arrobe.[1] Mosto de diferentes variedades de uva. A uva como produto sazonal.

—**Harmonia integral** (com Cava de longa *crianza*): *rodaballo* (*Psetta maxima*) com Xarel·lo. Mosto de Xarel·lo e erva-doce. Ar de seus excrementos. Uva com gás carbônico exógeno. Cremor de tártaro e avelãs com pão torrado simbolizando a autólise.

—**Interpretação da terra**: fazemos uma associação de hábitos e costumes a partir da vanguarda. Interpretamos a terra, a terra natal, o estilo do vinho e seu ambiente gastronômico. A zona vinícola nos inspira no momento de cozinhar. Um Chardonnay de Chablis, um Savagnin do Jura ou um Gewürztraminer da Alsácia, todos eles vinhos franceses, nos ajudam a construir receitas com universos e paisagens marcadamente diferentes. Com personalidade própria.

—**Variedade de uvas**: utilizamos os matizes aromáticos das variedades de uva como ponto de partida para criar e recriar pratos. O Alvarinho galego, o Riesling do Reno, o Verdejo castelhano ou os franceses Sauvignon Blanc de Sancerre e Gamay de Beaujolais nos inspiram de maneiras diferentes e nos convidam a criar em sua honra.

—**Molhos de vinho**: utilizamos o Cava como molho. Para obter a viscosidade apropriada, aplicamos a goma xantana enquanto mexemos o espumante, no momento de finalizar o processo de elaboração tradicional. Alcançamos, assim, uma textura de molho que se come de colher, com um máximo respeito pelo produto e uma mínima intervenção. Também o fazemos com um Viognier ou um Monastrell.

—**Impregnação do vinho com kappa**: como no caso das ostras AO PALO CORTADO com *ying yang* de alhos brancos e negros (p. 213).

—**Aromas do vinho**: transformamos o vinho em prato, como no caso dos aromas de *crianza* biológica que impregnam o LAGOSTIM EM TEMPURA, AMÊNDOAS VERDES, COMPOTA DE MAÇÃ, BOLETUS E CURRY ou os aromas de figos passados nos FIGOS COM *FOIE* E GELATINA DE PEDRO XIMÉNEZ (p. 94). O prato nasce do vinho, de seus matizes aromáticos e o restante dos ingredientes busca um jogo de afinidade total: pão de especiarias, *biscuit* de *toffee*, compota de tâmaras, café e chocolate, com o contraponto rebelde do gengibre.

—**Paisagens do vinho**: o vinho é a uva, a vinha e também a terra na qual estende suas raízes. Como a branca areia das vinhas de Xerez, conhecida como *albariza*. Ou a terra de ardósia farelenta sobre a qual crescem as vinhas do Priorato. Temos reproduzido a ambas no prato, com receitas como os LAGOSTINS COM AREIA BRANCA DE AZEITE DE ALHOS TEXTURIZADO, UVA, ALHO FRITO, ALHO BRANCO, COMPOTA DE MAÇÃ E AMÊNDOAS VERDES E SALGADAS; ou a PERDIZ DO PRIORATO COM ARDÓSIA DE TRUFA, AMORAS, PIMENTA, ROMÃS, AZEITONAS PRETAS E VIOLETAS (p. 208).

—**Grapa *à la carte***: o Rotaval nos permite extrair o álcool do vinho e obter uma grapa concreta de um vinho concreto. Podemos construir uma oferta personalizada e única. Quase infinita...

—**O vinho como ingrediente principal**: é o vinho para comer com colher, ao qual nos referimos antes, um exercício extremo que colocamos em prática no VINHO NO PRATO E SOBREMESA NA TAÇA (p. 376). Invertemos os termos e intercambiamos texturas e continentes amparados por um Riesling de Peter Jakob Kühn, Oestrich Lenchen Beerenauslese Goldkapsel de 2002, que se acompanha de uma infusão de mel e limão-siciliano, laranja e pêssego, manjericão e eucalipto, framboesas e flores brancas.

1. Produto obtido da desidratação parcial do mosto, levado ao fogo até adquirir consistência de xarope. (N. T.)

PERDIZ DO PRIORATO

8 PESSOAS

COMPOSIÇÃO

Peito de perdiz
Rocha de trufa negra
Compota de frutas vermelhas
Pérolas de vinho
Molho de perdiz

—PEITO DE PERDIZ

8 peitos de perdiz
Salmoura para carnes (receitas-base)
Azeite de oliva extravirgem

Passe os peitos pela salmoura durante 6 minutos e seque o excesso de água que possam ter. Embale-as a vácuo com o azeite de oliva e cozinhe no Roner a 62 °C durante 25 minutos.

—ROCHA DE TRUFA NEGRA

RENDIMENTO: 8 UNIDADES

250 g de creme de leite
25 g de suco de trufa
25 g de dextrose
2 folhas de gelatina
Sal
15 g de trufa fresca ralada

Misture o creme de leite, o suco de trufa e a dextrose, e leve ao fogo para ferver. Retire do fogo, adicione então a gelatina previamente hidratada, mexa a mistura para homogeneizar e reserve sob refrigeração.

—INFUSÃO DE MORANGOS

RENDIMENTO: 200 G

500 g de morango (*Fragaria x ananassa*)
50 g de açúcar

Embale a vácuo os dois ingredientes e cozinhe no Roner a 80 °C por 1 hora. Coe e reserve o líquido obtido.

—REDUÇÃO DE VINHO

RENDIMENTO: 100 G

1 L de vinho do Priorato
30 g de açúcar

Coloque os dois ingredientes num recipiente leve ao fogo e deixe reduzir até obter 100 g. Reserve.

—COMPOTA DE FRUTAS VERMELHAS

RENDIMENTO: 250 G

200 g de infusão de morango (elaboração anterior)
20 g de redução de vinho do Priorato (elaboração anterior)
24 de sementes de romã
8 framboesas
8 groselhas vermelhas
4 mirtilos

Misture todos os ingredientes e leve ao fogo para ferver. Retire do fogo e deixe descansar por alguns minutos.

—PÉROLAS DE VINHO

RENDIMENTO: 500 PÉROLAS, APROXIMADAMENTE

50 g de vinho do Priorato
0,1 g de carragenato

Prepare um tabuleiro metálico com gelo e coloque outro tabuleiro por cima, coberto com um tapete de silicone.

Misture a frio o vinho do Priorato com o carragenato. Despeje numa panela e leve para ferver. Introduza a mistura resultante em algumas pipetas e deixe cair, gota a gota, sobre o tapete dos tabuleiros preparados anteriormente. Quando tiverem solidificado, recolha as gotas com a ajuda de uma espátula e reserve-as em recipiente hermético, sob refrigeração.

—MOLHO DE PERDIZ

RENDIMENTO: 390 G

2.500 de carcaças de perdiz
250 g de *bresa* (receitas-base)
2.500 g de água
40 g de espessante de *kuzu* (receitas-base)
50 g de manteiga
Sal

Disponha os ossos numa assadeira e doure-os a 220 °C. Retire o excesso de gordura e coloque-os centro de uma panela; deglace a assadeira e acrescente os caldos recuperados na panela com os ossos. Acrescente a *bresa* e a água.

Ferva durante 5 horas em fogo muito brando, para obter uma boa infusão. Coe e reduza até obter 300 g de caldo de perdiz. Volte a ferver o caldo de perdiz, adicione a mistura de *kuzu* e finalize ligando com a manteiga. Coloque sal a gosto, coe e reserve.

FINALIZAÇÃO E MONTAGEM DO PRATO

Retire a *aiguillette* (filé) do peito, corte-a em viés e disponha no prato; quebre um pedaço de rocha de trufa e coloque-o ao lado.

Disponha uma framboesa, metade de um mirtilo, 2 grãos de groselha e 3 sementes de romãs da compota de frutas vermelhas. Por fim, deposite algumas pérolas de vinho do Priorato sobre a rocha de trufa e finalize com toques de molho de perdiz.

BLANQUETTE DE LEITÃO AO RIESLING PFALZ

8 PESSOAS

COMPOSIÇÃO

Ventresca de leitão
Purê de alho negro
Purê de cebola
Purê de laranja
Purê de beterraba
Cubos de melão com beterraba
Blanquette de leitão
Terrine de manga

—VENTRESCA DE LEITÃO

RENDIMENTO: 48 CUBOS DE VENTRESCA

2 ventrescas de leitão ibérico
Salmoura para carnes (receitas-base)
Azeite de oliva extravirgem

Limpe a pele do leitão e mergulhe as ventrescas na salmoura durante 2 horas. Embale-as a vácuo, separadamente, com azeite de oliva e cozinhe no Roner a 63 °C durante 24 horas.

Marque as ventrescas na chapa, colocando um peso sobre elas para que a pele adquira uma coloração uniforme e crocante. Corte-as em quadrados de 1,5 cm de lado. Reserve.

—PURÊ DE ALHO NEGRO

RENDIMENTO: 110 G

50 g de alho negro
70 g de água
0,2 g de goma xantana
Sal

Triture todos os ingredientes e passe o purê obtido por um *chinois* fino. Reserve numa bisnaga.

—PURÊ DE CEBOLA

RENDIMENTO: 350 G

300 g de cebola
30 g de manteiga (para o cozimento)
20 g de manteiga (para a emulsão)
50 g de água
0,4 g de goma xantana

Corte a cebola em *julienne* e junte com os 30 g de manteiga indicados para o cozimento; cozinhe até ficar macia, mas sem adquirir muita cor. Triture com o restante dos ingredientes, passe por um *chinois* fino e coloque sal a gosto. Reserve numa bisnaga.

—PURÊ DE LARANJA

RENDIMENTO: 300 G

450 g de laranjas
400 g de xarope TPT (receitas-base)
0,6 g de goma xantana

Lave as cascas das laranjas e leve-as para branquear numa panela, a partir de água fria. Repita essa operação por 3 vezes. Em seguida, coloque-as numa panela junto com o TPT e cozinhe durante 15 minutos. Passado esse tempo, retire da panela e triture-as com 100 g da calda do cozimento e com a goma xantana. Passe o purê obtido por um *chinois* fino e reserve numa bisnaga.

—PURÊ DE BETERRABA

RENDIMENTO: 150 G

150 g de beterraba
25 g de destilado de terra (receitas-base)
0,2 g de goma xantana
Sal

Ferva a beterraba inteira até ficar macia. Triture-a com o destilado de terra e a goma xantana; passe a mistura por um *chinois* fino, coloque sal a gosto e reserve numa bisnaga.

—CUBOS DE MELÃO COM BETERRABA

RENDIMENTO: 30 CUBOS

100 g de melão
1 beterraba

Corte o melão em cubinhos de 0,5 cm de largura e reserve.

Centrifugue a beterraba e embale a vácuo os cubos de melão junto com o suco obtido durante 3 horas antes de servir, para que eles se impregnem do sabor e da cor do suco de beterraba.

—AZEITE DE CEBOLA

RENDIMENTO: 120 G

100 g de cebola
120 g de azeite de oliva extravirgem

Corte a cebola em *julienne* e leve ao fogo baixo com o azeite durante 30 minutos. Deixe esfriar e coe. Reserve num recipiente tampado.

—CALDO CLARO DE LEITÃO

RENDIMENTO: 200 G

1.000 g de ossos de leitão ibérico
200 g de cebola
2.000 g de água

Dessangre os ossos de leitão em água fria durante 12 horas. Após esse tempo, coloque os ossos numa panela e acrescente a cebola cortada em *julienne* e a água. Ferva durante 2 horas e espume para obter um caldo sem impurezas. Esfrie e reserve.

—PELE DE LEITÃO COZIDA

RENDIMENTO: 150 G

240 g de pele de leitão ibérico
200 g de cebola
150 g de cenoura
Água fria

Coloque todos os ingredientes na água fria e ferva durante 4 horas. Depois desse tempo, coe e reserve a pele para o molho.

—*BLANQUETTE* DE LEITÃO

RENDIMENTO: 250 G

200 g de caldo claro de leitão (elaboração anterior)
0,4 g de goma xantana
20 g de pele de leitão cozida (elaboração anterior)
40 g de azeite de cebola (elaboração anterior)

Com a ajuda de um *mixer*, triture a goma xantana junto com o caldo claro de leitão durante alguns minutos. Acrescente a pele de leitão cozida e continue triturando. Finalmente, ligue com o azeite de cebola e coe. Reserve em banho-maria.

—*TERRINE* DE MANGA

RENDIMENTO: 400 CUBOS, APROXIMADAMENTE

2 mangas maduras
40 g de manteiga
3 g de ágar-ágar

Descasque as mangas e corte-as em lâminas. Coloque numa forma de 10 cm x 12,5 cm, intercalando as lâminas com um pouco da manteiga e do ágar-ágar polvilhado. Deve ficar uma *terrine* de 0,7 cm de altura. Leve ao forno a 160 °C durante 30 minutos. Terminado o cozimento, corte-a em cubinhos de 0,5 cm de largura e reserve.

FINALIZAÇÃO E MONTAGEM DO PRATO

Trufa negra
Shiso roxo
Flores de agastache adamascado

Disponha 5 cubos de ventresca de leitão no prato. Coloque 3 pontos de purê de alho negro, de cebola, de laranja e de beterraba. Intercale com 3 cubos de melão impregnados de suco de beterraba e 3 cubos de *terrine* de manga com 1 lâmina pequena de trufa por cima. Acrescente 2 folhas de *shiso* e 1 flor de agastache adamascado de um lado do prato. Coloque o molho feito com a *blanquette* de leitão.

OSTRA AO CHABLIS

4 PESSOAS

COMPOSIÇÃO

Ostra
Purê de maçãs Granny Smith
Candies de aguardente de mel de acácia
Ar de cogumelos
Sopa de erva-doce e ostras
Destilado de terra
Azeite de trufa negra

—OSTRA

4 ostras

Abra as ostras e, com o auxílio de uma faca apropriada, retire as barbas. Reserve.

—PURÊ DE MAÇÃS GRANNY SMITH

RENDIMENTO: 150 G

1 maçã Granny Smith
200 g de água
20 g de açúcar

Corte a maçã com a casca. Aqueça a água junto com o açúcar e os pedaços de maçã. Esfrie, triture e reserve.

—*CANDIES* DE AGUARDENTE DE MEL DE ACÁCIA

RENDIMENTO: 125 CANDIES, APROXIMADAMENTE

120 g de açúcar
40 g de água
25 g de aguardente de mel de acácia
Maisena

Faça uma calda com a água e o açúcar, levando ao fogo até atingir 109 °C. Retire do fogo e deixe que a temperatura diminua um pouco. Acrescente a aguardente com muito cuidado. Para fazer essa operação, o ideal é ir derramando a calda aos poucos e bem lentamente, deixando-a deslizar pelas paredes do recipiente que contém a aguardente, e vice-versa, até que os dois líquidos e as duas densidades estejam integrados. Reserve.

Forre uma assadeira com uma camada de maisena e deixe secar por algumas horas a 80 °C. Compacte e alise a maisena, faça pequenos orifícios nela e preencha-os com a mistura de calda e aguardente. Polvilhe suavemente a superfície com um pouco mais de maisena seca e deixe por 24 horas a 40 °C, aproximadamente.

Passado esse tempo, retire os *candies* da maisena, limpe-os com um pincel e reserve. (Cada *candy* deve pesar por volta de 1 g.)

—AR DE COGUMELOS

RENDIMENTO: 220 G

500 g de cogumelos frescos
30 g de manteiga
Sal
3 g de lecitina

Corte os cogumelos em lâminas e adicione a manteiga derretida. Coloque sal a gosto e deixe cozinhar em fogo muito brando num recipiente tampado, para que a ação do calor faça os cogumelos soltarem sua própria água. Coe, pressionando para extrair a maior quantidade de água possível. Emulsione com a lecitina para obter um ar espumoso.

—SOPA DE ERVA-DOCE E OSTRAS

RENDIMENTO: 300 G

250 g de suco de folhas de erva-doce centrifugadas
100 g de creme de leite
40 g de gema de ovo salgada
4 ostras

Misture o suco de folhas de erva-doce centrifugadas com o creme de leite e a gema salgada. Aqueça a 85 °C, retire do fogo, baixe a temperatura para 65 °C e acrescente as ostras. Triture até obter uma sopa bem lisa; coe e reserve em banho-maria.

FINALIZAÇÃO E MONTAGEM DO PRATO

Destilado de terra (receitas-base)
Julienne fina de *cogumelos* frescos
Azeite de trufa negra (receitas-base)
Julienne de maçã

Corte a ostra em três pedaços e coloque-a no fundo do prato, formando um círculo no centro do qual ficará o destilado de terra e, por cima, uma *julienne* fina de *cogumelos* frescos. Sirva por volta de quatro pontos de azeite de trufa negra, o purê de maçã com a *julienne* e os *candies* de aguardente de mel de acácia. Termine com o ar de *cogumelos* e, no momento de servir, despeje a sopa de erva-doce e ostras.

OSTRA AO PALO CORTADO

4 PESSOAS

COMPOSIÇÃO

Ostra
Banho de Palo Cortado
Molho de alho negro
Shots de alho branco
Molho de ostras

—OSTRA

4 ostras
500 g de água do mar

Abra as ostras com o auxílio de um abridor de ostras e retire-as da concha, procurando não danificá-las. Corte as barbas com uma faca apropriada e escalde as ostras em água do mar fervente durante 15 segundos. Retire e coloque numa assadeira para resfriar rapidamente no abatedor de temperatura. Reserve.

—BANHO DE PALO CORTADO

RENDIMENTO: 150 G

100 g de água
50 g de Palo Cortado
1,5 g de gelificante vegetal kappa

Misture a água com o Palo Cortado e o gelificante e leve ao fogo até ferver. Recubra as ostras da elaboração anterior até envolvê-las com uma película de até 2 mm de espessura. Coloque-as em assadeiras rasas e reserve.

—MOLHO DE ALHO NEGRO

RENDIMENTO: 550 G

250 g de amêndoas sem pele
500 g de água
7,5 g de vinagre de Xerez Gran Reserva
12,5 g de azeite de oliva extravirgem
3 dentes de alho negro
3,75 g de sal
20 g de tinta de lula
0,25 g de goma xantana
(para cada 100 g de molho)

Triture as amêndoas sem pele com a água e deixe descansar no refrigerador por 24 horas. Coe num pano de algodão, pressionando bem a massa para escorrer a maior quantidade de água possível. Misture essa preparação com os demais ingredientes, triture, coe e mantenha o molho obtido bem frio até o momento de servir.

—*SHOTS* DE ALHO BRANCO

RENDIMENTO: 700 G

250 g de pasta de amêndoa
250 g de água
½ dente de alho
166,5 g de água
15 g de vinagre de Xerez Gran Reserva
20 g de azeite de oliva extravirgem
Sal
3 folhas de gelatina

Hidrate durante 12 horas a pasta de amêndoa com os 250 g de água. Abra o dente de alho pela metade e retire o gérmen, caso apresente um. Junte todos os ingredientes, exceto a gelatina, e triture no processador.

Separe um terço da elaboração, aqueça-a, cuidando para que não ultrapasse os 35 °C, e dilua as folhas de gelatina previamente hidratadas. Incorpore aos dois terços restantes e introduza numa bisnaga. Deixe cair gotas da preparação sobre um recipiente cheio de nitrogênio líquido, para obter esferas congeladas. Retire as gotas com um coador e reserve num recipiente no *freezer* até o momento de montar o prato.

—MOLHO DE OSTRAS

RENDIMENTO: 550 G

10 ostras
50 g de echalota
5 g de manteiga
35 g de água das ostras
20 g de *oyster sauce* (molho de ostras asiático)
625 g de creme de leite fresco
Sal

Abra as ostras e reserve sua água. Pique a echalota em *julienne* muito fina e, juntamente com a manteiga e um pouco de sal, leve-a ao fogo muito brando para suar até ficar bem cozida. Acrescente as ostras e sele-as dos dois lados, até que adquiram um pouco de coloração. Deglace com a água das ostras, incorpore o *oyster sauce*, deixe cozinhar 1 minuto e adicione o creme de leite. Ferva o preparo em fogo baixo durante 5 minutos, retire e coloque no processador. Triture a mistura e coe num *chinois* fino. Reserve em banho-maria a 65 °C.

FINALIZAÇÃO E MONTAGEM DO PRATO

Corte pela metade as ostras banhadas em Palo Cortado e, com o auxílio de uma faca de legumes, faça um pequeno apcio plano em cada extremidade da ostra, para que se mantenham de pé no prato.

Num prato fundo pequeno, disponha num lado uma colher de molho de alho negro bem frio e, sobre ele, os *shots* de alho branco e a metade de uma ostra banhada em Palo Cortado, que deve estar fria. No outro lado, procurando fazer com que os dois molhos se toquem, mas sem se misturar; coloque o molho de ostras quente e, sobre ele, a outra metade da ostra banhada em Palo Cortado, previamente passada pela salamandra para que fique levemente quente. Obtém-se assim um jogo de temperatura frio--quente tanto das ostras como dos molhos.

MEXILHÕES AO RIESLING

4 PESSOAS

COMPOSIÇÃO

Mexilhões
Molho de Riesling
Mousseline de bergamota
Compota de maçã
Gel de infusão de limão-siciliano
Geleia de rosas
Emulsão de trufa branca
Pétalas de rosa cristalizadas
Destilado de terra

—MEXILHÕES

24 mexilhões marinhos de rocha
Salmoura para peixes (receitas-base)

Limpe os mexilhões e mergulhe-os na salmoura durante 10 minutos. Enxague e retire o excesso de água. Embale a 100% de vácuo e cozinhe no Roner a 85 °C durante 7 minutos. Resfrie rapidamente num banho-maria invertido. Retire os mexilhões da embalagem a vácuo e remova-os de sua concha. Reserve sob refrigeração.

—MOLHO DE RIESLING

RENDIMENTO: 200 G

200 mL de Riesling
0,5 g de goma xantana

Misture o Riesling e a goma xantana com a ajuda de um *mixer*. Deixe descansar para perder o ar e reserve sob refrigeração.

—*MOUSSELINE* DE BERGAMOTA

RENDIMENTO: 300 G

250 g de óleo de girassol
50 g de gema de ovo pasteurizada
50 g de água
5,5 g de óleo essencial de bergamota
Sal

Faça uma maionese com os ingredientes e introduza num sifão de ½ litro com 2 cargas. Mantenha em banho-maria a 50 °C durante o serviço.

—COMPOTA DE MAÇÃ

RENDIMENTO: 200 G

200 g de purê de maçã Granny Smith
2 gotas de essência de jasmim
0,2 g de goma xantana

Misture todos os ingredientes e espesse com a goma xantana. Deixe descansar para perder o ar e reserve sob refrigeração.

—INFUSÃO DE LIMÃO-SICILIANO

RENDIMENTO: 100 G

120 g de casca de limão-siciliano
120 g de água
8 sementes de coentro
3 sementes de cardamomo verde
2 sementes de cardamomo branco

Aqueça a água a 80 °C e deixe em infusão com a casca de limão-siciliano, o coentro, o cardamomo branco e o cardamomo verde durante 20 minutos com o recipiente tampado. Coe e reserve.

—GEL DE INFUSÃO DE LIMÃO-SICILIANO

RENDIMENTO: 100 G

100 g de infusão de limão-siciliano (elaboração anterior)
0,8 g de goma xantana

Triture a goma de xantana com a infusão. Reserve.

—GELEIA DE ROSAS

RENDIMENTO: 150 G

4 g de pectina
120 g de açúcar
100 g de água de rosas
20 g de pétalas de rosa

Misture a pectina com 20 g de açúcar.

Numa panela, cozinhe a água de rosas com o restante do açúcar e as pétalas de rosa picadas.

Quando o açúcar estiver dissolvido, acrescente a mistura de açúcar e pectina. Cozinhe durante 10 minutos e deixe esfriar.

—EMULSÃO DE TRUFA BRANCA

RENDIMENTO: 160 G

2 g de goma xantana
120 g de água
60 g de azeite de trufa branca
Sal

Com um *mixer*, triture a goma xantana junto com a água. Emulsione acrescentando o azeite de trufa em fio e coloque sal a gosto. Reserve.

—PÉTALAS DE ROSA CRISTALIZADAS

RENDIMENTO: 20 PÉTALAS CRISTALIZADAS

100 g de açúcar
100 g de água
20 pétalas de rosa

Numa panela, coloque o açúcar junto com a água e leve ao fogo até ferver. Quando tiver fervido, adicione as pétalas de rosa e deixe cozinhar por alguns segundos até mudarem de cor. Coe e disponha as pétalas cozidas na calda (xarope) sobre uma assadeira forrada com papel sulfurizado. Seque em estufa a 50 °C durante 12 horas, até que estejam crocantes. Reserve.

FINALIZAÇÃO E MONTAGEM DO PRATO

Flores de jasmim
Raspas de casca de limão-siciliano com açúcar
Folhas de erva-luísa (*Aloysia citriodora*)
Cubos de nectarina
Destilado de terra (receitas-base)
Trufa branca

No fundo do prato, disponha o molho de Riesling e 6 mexilhões alinhados na vertical. Sobre cada um deles, seguindo esta ordem, coloque: *mousseline* de bergamota, compota de maçã com a flor de jasmim por cima, gel de infusão de limão com raspas de casca de limão-siciliano com açúcar e uma folhinha de erva-luísa, confeito de rosas com 2 cubos de nectarina e uma pétala de rosa cristalizada por cima, destilado de terra e, por fim, a emulsão de azeite de trufa branca com uma lâmina pequena de trufa branca.

SORVETE DE PÃO COM SUCO DE BROTOS DE TRIGO, SARDINHA E UVA

8 PESSOAS

COMPOSIÇÃO

Sorvete de pão de campanha
Sardinha
Gel de uva
Uva
Ar de levedura
Suco de brotos de trigo

—SORVETE DE PÃO DE CAMPANHA

RENDIMENTO: 1.750 G

200 g de pão de campanha
1.140 g de leite
200 g de creme de leite fresco
130 g de açúcar
260 g de dextrose
40 g de leite em pó
10 g de estabilizante para sorvetes
Azeite de oliva
Sal

Toste o pão na brasa com azeite e sal.

Aqueça o leite e o creme de leite junto com o açúcar, a dextrose e o leite em pó até atingir 85 °C. Deixe esfriar até 40 °C e incorpore o estabilizante para sorvetes. Finalmente, acrescente o pão tostado e deixe em infusão durante 5 minutos. Triture, coe e deixe descansar durante 6 horas. Bata na sorveteira e reserve no *freezer* a -18 °C.

—SARDINHA

RENDIMENTO: 8 FILÉS

4 sardinhas (de 80 g cada uma, aproximadamente)
Salmoura para peixes (receitas-base)

Escame as sardinhas, extraia os filés e retire todas as espinhas possíveis. Mergulhe os filés durante 3 minutos na salmoura fria e, em seguida, seque-as com papel-toalha.

Disponha os filés de sardinha num recipiente com furos, sem colocar um sobre o outro. Ponha esse recipiente dentro de outro. Vede o conjunto com filme de PVC bem tensionado e introduza fumaça com a ajuda de uma pistola de defumação; vede o pequeno orifício que a pistola deixou, envolvendo o recipiente com mais filme. Deixe defumar durante 15 minutos. Retire o filme, corte os filés em quadrados de 2 cm de lado e reserve sob refrigeração.

—GEL DE UVA

RENDIMENTO: 100 G

250 g de uvas vermelhas
1,5 g de ágar-ágar

Centrifugue as uvas vermelhas com a casca e acrescente o ágar-ágar ao suco obtido. Leve a mistura ao fogo até ferver e, em seguida, deixe gelificar durante pelo menos 3 horas. Uma vez gelificada, triture e reserve o gel obtido.

—UVA

RENDIMENTO: 32 QUARTOS

8 uvas brancas

Com o auxílio de uma faca de legumes, remova a casca das uvas, tomando cuidando para não seccionar a polpa. Corte-as em quartos e retire as sementes. Reserve.

—AR DE LEVEDURA

RENDIMENTO: 300 G

200 g de leite
50 g de fermento fresco
1,3 g de açúcar
50 g de água
2,5 g de lecitina de soja
1,5 g de sucroéster
1 g de sal

Amorne o leite e misture com o açúcar e o fermento fresco, esfarelando-o com as mãos. Deixe descansar por 2 minutos.

Acrescente os demais ingredientes, triture e deixe descansar por mais 2 minutos. Reserve.

—SUCO DE BROTOS DE TRIGO

RENDIMENTO: 350 G

500 g de vagem
500 g de brotos de trigo
0,4 g de goma xantana
150 g de azeite de oliva extravirgem
Sal

Escalde a vagem e leve-a para centrifugar junto com os brotos de trigo. Coloque sal a gosto, texturize o suco obtido com a xantana e finalmente emulsione com o azeite de oliva.

FINALIZAÇÃO E MONTAGEM DO PRATO

Azeite de oliva extravirgem

No fundo do prato, sirva o suco de brotos de trigo e disponha na borda 4 pedaços de sardinha, 4 pontos de gel de uva e 4 quartos de uva. Coloque no centro uma *quenelle* de sorvete de pão e, por cima, o ar de levedura.

SOPA DE QUEIJO COMTÉ COM CEBOLA

8 PESSOAS

COMPOSIÇÃO

Gel de cebola
Creme de queijo Comté e *curry*
Gel de alecrim
Gel de louro
Gel de tomilho
Gel de Xerez
Cebolas
Pão de ló de nozes
Nozes carameladas

—GEL DE CEBOLA

RENDIMENTO: 250 G

1.000 g de cebola
500 g de água
2 g de goma xantana
Sal

Corte as cebolas em *julienne* e cozinhe-as até que adquiram uma coloração bem dourada. Acrescente a água, deixe ferver suavemente e reduza à metade. Coe, acrescente a xantana, triture e coloque sal a gosto. Reserve.

—CREME DE QUEIJO COMTÉ E *CURRY*

RENDIMENTO: 400 G

125 g de queijo Comté
35 g de pasta de nozes
250 g de caldo de frango (receitas-base)
0,2 g de *curry*
1 g de iota
Sal

Coloque o queijo Comté picado e a pasta de nozes na Thermomix, adicione o caldo de frango fervente e triture até obter um creme liso. Coloque sal a gosto, acrescente o *curry* e esfrie. Reserve 200 g dessa preparação para finalizar a montagem do prato.

Acrescente a iota ao restante do creme, misture e leve ao fogo até ferver. Encha o fundo de um pote ou prato fundo com 20 g desse creme, deixe solidificar e reserve.

—GEL DE ALECRIM

RENDIMENTO: 100 G

120 g de água
100 g de alecrim
0,7 g de goma xantana
Sal

Aqueça a água numa panela até atingir 80 °C, retire do fogo e adicione o alecrim. Deixe em infusão, tampado, durante 20 minutos e depois coe. Triture a infusão junto com a goma xantana e coloque sal a gosto. Reserve numa bisnaga.

—GEL DE LOURO

RENDIMENTO: 100 G

120 g de água
100 g de louro
0,7g de goma xantana
Sal

Aqueça a água numa panela até atingir 80 °C, retire do fogo e adicione o louro. Deixe em infusão, tampado, por 20 minutos e depois coe. Triture a infusão junto com a goma xantana e coloque sal a gosto. Reserve numa bisnaga.

—GEL DE TOMILHO

RENDIMENTO: 100 G

120 g de água
100 g de tomilho
0,7 g de goma xantana
Sal

Aqueça a água numa panela até atingir 80 °C, retire do fogo e acrescente o tomilho. Deixe em infusão, tampado, durante 20 minutos e depois coe. Triture a infusão junto com a goma xantana e coloque sal a gosto. Reserve numa bisnaga.

—GEL DE XEREZ

RENDIMENTO: 100 G

100 g de vinho de Xerez
0,7 g de goma xantana

Triture o Xerez junto com a goma xantana e reserve numa bisnaga.

—CEBOLAS

4 echalotas
1 cebola de Figueres
4 cebolinhas (*Allium fistulosum*)
Sal

Cozinhe as echalotas com casca a partir de água fria até começar a fervura; então deixe cozinhar por 5 minutos e resfrie num banho--maria invertido. Descasque as echalotas, corte-as pela metade com a ajuda de uma faca de legumes e reserve meia echalota por prato.

Branqueie a cebola de Figueres 5 vezes, a partir de água fria. Cozinhe numa panela de pressão com água abundante e sal a gosto por 5 minutos. Retire da panela e resfrie num banho-maria invertido. Descasque e corte bastões de cebola de 0,3 cm de largura por 1 cm de altura. Reserve 3 bastões por prato.

Escalde as cebolinhas (somente a parte branca) em água fervente com sal a gosto. Resfrie num banho-maria invertido e corte-as pela metade para usar uma metade por prato. Reserve.

—PÃO DE LÓ DE NOZES

RENDIMENTO: 360 G

120 g de ovos
75 g de açúcar
60 g de farinha
60 g de pasta de nozes
50 g de açúcar invertido
20 g de manteiga em ponto de pomada
1 g de sal

Misture todos os ingredientes, emulsione com o *mixer*, passe por um coador fino e coloque dentro de um sifão de ½ litro com 2 cargas de gás.

Encha o fundo de um copo de plástico descartável com 20 g de massa e cozinhe no micro-ondas por 1 minuto em potência máxima. Reserve.

—NOZES CARAMELADAS

RENDIMENTO: 110 G

100 g de água
60 g de açúcar
100 g de nozes
40 g de açúcar de confeiteiro
Óleo de girassol

Coloque a água e o açúcar numa panela e leve ao fogo até ferver, incorpore as nozes e cozinhe em fogo brando até ficarem muito macias, quase translúcidas. Escorra as nozes e deixe--as secar sobre um tapete de silicone. Corte cada noz em quartos e polvilhe com açúcar de confeiteiro. Frite em óleo de girassol a 180 °C até ficarem bem douradas e crocantes. Retire do óleo, coloque-as sobre papel-toalha e, em seguida, reserve.

FINALIZAÇÃO E MONTAGEM DO PRATO

Flores de alecrim
Cebolinhas espiraladas
Broto de cerefólio
Broto de *dill*
Broto de erva-doce

Cubra o creme de queijo Comté previamente solidificado no prato com o gel de cebola e coloque um ponto de cada um dos géis aromáticos. Finque no gel de cebola a metade de uma echalota, 3 lâminas de cebola de Figueres e metade da cebolinha. Aqueça todo o conjunto na salamandra. Uma vez quente, coloque um pedaço de pão de ló de nozes, 2 nozes carameladas e finalize com as flores de alecrim, um filamento de cebolinha e os brotos de erva-doce, cerefólio e *dill*.

Já na mesa (diante do comensal), cubra com o creme de queijo Comté que havíamos reservado bem quente.

DOFI

adega

A adega sensorial

Atualmente, o Celler de Can Roca propõe uma interpretação muito particular do mundo do vinho.

Enquanto estavam no restaurante anterior, Josep não tinha necessidade de exibir sua adega: mostrar as garrafas a seus clientes lhe parecia uma simplificação excessiva do mundo do vinho. Mas, depois da mudança, as novas instalações possibilitaram não somente expor sua coleção de referências, mas ir além, transmitindo ao público uma visão pessoal, emotiva, multissensorial e absolutamente global desse mundo.

As dificuldades no armazenamento das garrafas foram superadas, e hoje o novo Celler de Can Roca conta com 260 metros quadrados de superfície dedicados ao VINHO, com letras maiúsculas, distribuídos em cinco "capelas" que permitem a Josep compartilhar com o visitante sua maneira de vivenciar esse mundo. "Escolhi cinco vinhos que especialmente me atraem — Champanhe, Riesling, Borgonha, Priorato e Xerez —, e procuro transmitir o respeito por essas terras, pela sabedoria do campo e pelo trabalho das pessoas de cada região".

Por meio de sensações, cinco santuários expressam o espírito de cada região ou variedade de vinho. Em cada capela, fotografias das diversas áreas, tiradas por Quim Turón, acompanhadas de elementos táteis e musicais, arrebatam o visitante, fazendo-o mergulhar em uma diversidade de estímulos.

Josep faz uma homenagem às paisagens e à natureza, bem como aos homens que cuidam da terra, aos viticultores que intervêm para alcançar o resultado final. "Para mim, isso representa abrir as portas para que as pessoas reflitam e pensem que, ao bebermos um vinho, existe por trás um local, uma cultura de plantio tradicional, um hábito cultural e um diálogo do homem com a natureza, em que o homem intervém e a natureza o coloca em seu lugar."

Um espaço sensorial onde Josep se desnuda emocionalmente, "mas eu o faço com a convicção de que o vinho pode se projetar muito mais além do que os sabores básicos e com a vontade de compartilhar. Definitivamente, um lugar sonhado, onde somos atores de nossos sentimentos". Um convite para "sentir" em primeira pessoa a essência de seus cinco vinhos favoritos.

CHAMPANHE

Uma grande tigela com centenas de bolinhas de metal. Pegamos algumas e, ao deixá-las cair, ouvimos um som que recria o efeito das borbulhas. "Talvez tenha sido a primeira vez que se conseguiu capturar as borbulhas de Champanhe". Escuta-se o *Concerto para piano nº 20* de W. A. Mozart.

"A associação saborosa de dois mundos tão extremos, como o do Champanhe e do Xerez, me fascina. Duas luzes opostas. Vinhos de contemplação e meditação. Festa e complexidade. Vinhos de segundas oportunidades. Irmãos de terras calcárias. Cúmplices no elaborado envelhecimento na penumbra."

"A beleza dos campos da Champagne associada à observação diante da dificuldade da colheita de uma uva robusta, descarnada, perpetuamente adolescente. Planícies de solo pobre em cima de uma grande massa calcária. No cultivo da vide, as situações-limite de um clima selvagem, frio e gelado fazem com que o trabalho do plantio exija muito mais dedicação, e daí vem a recompensa com a segunda fermentação. Eu me interesso em acompanhar de perto o trabalho de mais de 4 mil pequenos produtores fazendo sua pequena revolução, muito além do *glamour*, que é frequentemente associado a esse mundo. Devo dizer que no mundo do Cava próximo a mim também se tem trabalhado com lucidez e acerto. Graças à geração que assumiu a responsabilidade pela produção, desfrutaremos como nunca da expressão da terra natal e de nosso clima moderado, meridional, mediterrâneo."

O Champanhe é um vinho efervescente, mas sobretudo é um vinho que evoca otimismo. Transparente e exultante. Daí por que, no Celler, as esferas metálicas simbolizam a diversão, o otimismo e a celebração das borbulhas. "É quase impossível tomar um vinho espumante quando se está triste", reflete Josep.

RIESLING

Um grande pano de seda verde dourado, brilhante, dinâmico e vivaz, cai sobre um rijo centro de ardósia. Ouve-se o terceiro movimento (minueto) da *Pequena serenata noturna* de W. A. Mozart, que expressa nobreza, as características da exuberância em flor, da riqueza em fruta e da profundidade mineral trazidas pelo Riesling.

Josep sente uma devoção especial pelos vinhos Riesling, e sobretudo pelos de origem alemã. É uma variedade chamativa ao olhar e divertida ao paladar. "Não exige retoques nem intervenções excessivas, revela-se com total esmero e transparência, mas também apresenta uma acidez que permite um envelhecimento a longo prazo. Simboliza uma aproximação com o entusiasmo. É uma variedade alegre, direta, sincera, efusiva, sorridente, porém não exagerada. Transmite todos os seus atributos com espetacularidade, mas também com rigor, rigidez e precisão, como nenhuma outra variedade", explica Josep.

O Riesling é uma variedade cultivada em vinhedos não muito ensolarados e sob difíceis condições, nas quais são necessários declives que facilitem uma boa drenagem da água. O efeito rebote da luz do sol na água dos rios, como o Mosela, o Reno e o Nahe, propicia um valor agregado, cria um efeito termorregulador e confere às uvas aromas que interagem e se entrelaçam de forma natural, melhor do que em qualquer outro lugar. "Na fermentação, esses precursores aromáticos eclodem e criam vinhos intensos; de adoração ao sol e, com frequência, de exposição ao sul."

Fruto de seu envelhecimento e como consequência do processo progressivo de degradação e redução dos aromas e dos elementos minerais, o Riesling tende a apresentar algumas notas curiosas, começando pelos hidrocarbonetos e especiarias até alcançar o ápice dos aromas. "Sedução tanto para quem se inicia no mundo do vinho como para os mais experientes."

B

R

BORGONHA

Acariciamos pequenas bolsas de veludo vermelho enquanto escutamos um violino, que se mostra tenso e vibrante, expressando a feminilidade sem fragilidade. É a *Meditação de Thaïs* de Jules Massenet.

Um Borgonha requer atenção, a concentração de toda a vontade na percepção de suas características, porque **a priori** não são fáceis. "Esta variedade, o Pinot Noir, é insinuante, é etérea, é envolvente, está marcada por uma soma de imperfeição mágica e imaturidade brilhante."

A extrema divisão das glebas é a regra geral, e a diversidade do solo — com quatrocentos tipos distintos — evidencia que os resultados estão na origem do conceito de **terroir**. Os agricultores demonstram que cada vila, cada povoado e cada interpretação pode ser aparentemente igual, porém totalmente diferente. "É uma terra difícil, onde o sol sempre chega, onde a uva tem casca fina e suco delicado. Mostra a terra de uma maneira que não se pode ver em nenhuma outra região do mundo."

Uma terra cheia de campos cercados com pedra e cal, muros, monólitos e monumentos. Atrás, um poderoso discurso de qualidade, viticultores que produzem mais de cinquenta vinhos distintos. "Eles explicam, sem arrogância, que não fazem nada de especial, somente trabalham a terra e transmitem sua experiência de geração em geração". E o fazem com sucesso: esse solo há mais de dez séculos vem produzindo grandes vinhos e gerando respeito. Os que trabalham nele se colocam atrás da natureza, com humildade, e deixam que ela siga seu curso. É o sábio minifúndio da Borgonha, que se projeta para o futuro com um olhar sempre voltado para o reconhecimento do passado.

XEREZ

Miguel Poveda musicou o poema *Boca seca*, de Narcís Comadira. Tocamos uma pedra de gesso colocada sobre a palha, em um cesto de capim--esparto que simboliza a aridez, o sol da Andaluzia e as cortinas das portas das adegas da região que deixam o ar passar, permitindo a ventilação.

"O Xerez é um vinho que surpreende, estranho, rico, generoso. Único. Para mim, simboliza concentração, oxidação enobrecida, essência do sol e do sal, contundência de história permanente, que vai passando de uma gradação a outra e que se engradece no esquecimento."

Esse vinho é um produto do descuido, que nasce da aguada uva Palomino, variedade simples quando nova, mas que passa anos dentro de botas, deixando--se influenciar pela brisa de Sanlúcar de Barrameda e do Porto de Santamaría. Em sua jornada de uma gradação a outra, vai lentamente adquirindo seu espírito na penumbra. O mosto é reduzido e suas essências, concentradas. "Fico fascinado com sua rotundidade cáustica, que pode chegar a ser dolorosa e extrema, como facadas no paladar. Gosto dessa parte abrasante das grandes soleiras[1] conservadas como tesouros ocultos. O Xerez tem a capacidade de seduzir com vinhos amplos, altivos, profundos e prolongados, como poucos no mundo."

Em Xerez utiliza-se um fascinante jogo de palavras. *Finos antiguos, palmas, dos palmas, tres palmas, manzanillas amontilladas, manzanillas pasadas, amontillados, amontillados finos, amontillados pata de gallina, palo cortado, sobretablas, rocío, soleo, raya y punto, punzante, chico, andana, cachón*. São palavras que lá fazem sentido, e que não existem em nenhum outro lugar do mundo. "É a gíria singular das adegas andaluzas, que, no entanto, faz parte do meu vocabulário. Tudo o que Xerez representa me é próximo."

No Celler de Can Roca, Xerez também significa um contato com a infância dos irmãos: representa uma proximidade com a memória do bairro, o vínculo com uma terra de acolhida, o bairro mais humilde da cidade de Girona, para onde migraram as pessoas do sul da Espanha nas décadas de 1950 e 1960. Eles aceitam e vivenciam a vida comunitária com total normalidade, sentindo-se à vontade. Oferecer o vinho Xerez é uma espécie de homenagem às pessoas que chegaram naqueles anos e que aqui permaneceram. "Esse recanto de Xerez que tenho em minha adega me permite oferecer o vinho como um elo de cultura, como um exemplo de fraternidade, cordialidade, cumplicidade e irmandade. De Girona a Xerez, da poesia ao canto".

1. Conjunto de barris de madeira usados para envelhecimento de bebidas como o Xerez. (N. T.)

X

P

PRIORATO

Uma pedra de ardósia, angulosa e pontiaguda, cai contundente sobre um recipiente de madeira de oliveira, expressando a dureza tátil da terra descampada. O violoncelo de Pablo Casals interpreta *Carnaval des animaux* de Camille Saint-Saëns.

"O Priorato me fascina, me deixa perplexo. É uma terra de impacto, que comecei a conhecer no princípio dos anos noventa, ao observar os forasteiros que amaram essa região, apaixonando--se e dedicando-se a ela de corpo e alma. Eles motivaram os moradores locais, que se empenharam a fundo na dignificação do trabalho do agricultor e na preservação do patrimônio histórico."

É um território austero, árido, de cepas enroscadas, onde a cultura do vinho foi interrompida pela praga da filoxera, que chegou à Catalunha na década de 1880. Durante duas ou três gerações, houve incompreensão, insegurança, desencanto, vazio e esquecimento. "Uma viticultura heroica. O movimento dos anos noventa conseguiu ressuscitar a região, ao provocar uma revolução que trouxe a velha vinha aos jovens, que passaram a se dedicar a ela com uma visão eclética, entusiástica, otimista, vital e consciente. A visão míope, preguiçosa e continuísta de antes deu lugar à luta para recuperar o brilho, voltar às tarefas do campo e demonstrar que é possível ser agricultor. O Priorato representa a façanha de recomeçar depois de uma má fase."

No Celler de Can Roca, Josep espera transmitir o forte impacto que Porrera lhe deixou, com imagens de um povo escondido, encolhido, sem nada. "Quando fui pela primeira vez, no mês de março, encontrei amendoeiras em flor. Esse elemento florido em uma terra dura e de caminhos íngremes me provocou um impacto simbólico e potente do que pode florescer em uma terra árida."

Durante muitos anos, as grandes regiões históricas vinícolas foram vinculadas ao conceito religioso, e isso também se reflete nas imagens da cartuxa de Escaladei, onde os monges, possuidores de muitos conhecimentos, transmitiram a cultura do vinho.

"O Priorato é um grande estímulo e um grande exemplo para que outras regiões, como o Empordà, se reinventem e se projetem para o mundo com sua peculiaridade."

VIEJOS
CALVARIO

G

—CROMATISMO

G

–CROMATISMO

O cromatismo é um conceito que nos remete não só às cores, à sua variedade e multiplicidade, mas também à música, aos semitons, às notas que adquirem uma determinada unidade a partir de diferenças mínimas. É por isso, que ao falar de cromatismo, também nos referimos à vontade de unir minúsculas discrepâncias, de construir uma escala em que todos os elementos têm uma posição, em que se valorizam os contrastes tênues, as pequenas variações em torno de um conjunto que queremos ordenado e ao mesmo tempo disperso, quase caótico. Experimentamos a importância dos matizes, e, graças ao acúmulo aparente da diferença, se consegue um universo que, em termos visuais, é completamente o inverso do magma difuso: a coerência dos tons.

O trabalho de investigação da unidade na variedade tem, no Celler, uma dupla vertente. É uma elaboração intelectual, indutiva, o que implica a reconstrução de um universo inédito (a busca da sutileza dispersa que se manifesta graças à vontade criadora). E é um esforço artesanal, dedutivo, porque nasce da intuição de um todo harmônico que requer o perfil de um ourives para dar vida a cada uma das miniaturas.

Variações musicais a partir de elementos conhecidos que se transformam e adquirem uma nova natureza. Uma ilusão colorida que nos permite admirar a paleta de um pintor obcecado por alterações minimalistas. Todo um mundo se esconde por trás da elegância do matiz.

Segundo os irmãos Roca

As cores se convertem num elemento de escolha culinária a partir de combinações evocativas. Despertam associações psicológicas em razão da afinidade cromática dos ingredientes. A exigência do branco sugere uma base de arroz e amêndoas. O amarelo nos remete a uma gema de ovo com açafrão. O mingau de aveia com ameixas confitadas nos leva à cor negra. Como também, obviamente, o alho negro... No Celler, demos início a uma vertente criativa a partir da cor e suas ressonâncias no estado de ânimo. Os pratos monocromáticos são um exercício que fazemos desde 2003 e que consiste em reunir sabores de uma mesma gama cromática adequados à potência sugerida pela cor. Atualmente, Jordi tem-se aprofundado em nossa investigação a partir da cor: ele parte da ideia de que toda cor evoca um estado de ânimo e, portanto, os elementos colocados em uma receita se combinam para evocar desse estado.

O CROMATISMO VERMELHO busca provocar excitação, euforia, energia e, por que não, um pouco de agressividade. É formado pela mistura de infusões e especiarias, como o trovisco dos Pireneus, o hibisco, a rosa, a pimenta-rosa, além de outros ingredientes, como o Campari, a laranja-de-sangue, as framboesas, o morango e o morango-silvestre.

O CROMATISMO BRANCO sugere pureza e se compõe de ingredientes destilados. Ingredientes, entretanto, que em seu estado natural não são brancos. O desafio é extrair a alma fragrante de perfumes como o cacau, o café, o limão-siciliano, a canela e o anis, e transformá-la na cor da neve.

O CROMATISMO LARANJA contém, em nossa última versão, um jogo de damas de evocação outonal, com ingredientes como a laranja, o marmelo, a gema de ovo, a cenoura, o granizado de cenoura e o açúcar de laranja.

O CROMATISMO VERDE mostra a versão mais relaxante. Abrange a maçã verde, o licor francês Chartreuse verde e ervas: menta, manjericão, erva-doce, eucalipto, *dill* e *shiso* verde.

No Celler, as receitas não terminam numa versão do prato, e sim reencarnam em evoluções diversas. Por exemplo, fizemos uma releitura dessa ideia em uma sobremesa — os cromatismos geralmente são sobremesas — e a transformamos em uma entrada no formato da singular SALADA VERDE, cuja composição também parte do cromatismo e do reencontro da fruta com as plantas, com as verduras e com a cultura do azeite de oliva. A refrescância do suco de pepino, a untuosidade do abacate, a potência da compota de limão e a salinidade do *sorbet* de azeitona *manzanilla* conferem complexidade gustativa ao tempero de ervas e frutas que compõe essa versão salgada da cozinha cromática. Dizem que o verde representa a natureza por excelência, harmonia, crescimento, exuberância e frescor. Nesse caso concreto, é uma visão relaxante da cozinha, pensada como sobremesa e finalmente servida como entrada. Isso porque em nossa cozinha os extremos se unem. E aqui temos uma amostra.

Do salão...

No salão, temos procurado associações cromáticas que transmitam calor e afetividade, e também o elemento orgânico, que cria uma sensação de bem-estar. A madeira e a natureza vão mais além das cores, sugerindo um reencontro com a beleza do essencial. Nossa visão de cor é de naturalidade, discrição, nitidez de formas e simplicidade cromática, para que as cores não distorçam o espetáculo que vem da cozinha. No prato, todas as cores, formas e composições arriscadas estarão presentes. A aventura será saboreada na mesa. Ao levantarem os olhos, vocês se sentirão tranquilos, relaxados e reconfortados.

SALADA VERDE

4 PESSOAS

COMPOSIÇÃO

Sementes de tomate Kumato
Minipepino
Gel de limão
Creme de abacate
Sorbet de azeitonas verdes
Candies de Chartreuse
Suco de casca de pepino

—SEMENTES DE TOMATE KUMATO

1 tomate Kumato

Corte o tomate pela metade e retire cuidadosamente as sementes. Separe-as em três partes e reserve.

—MINIPEPINO

RENDIMENTO: 60 LÂMINAS

1 minipepino (*cornichon*)

Lave muito bem a casca do pepino e corte-o em lâminas com uma mandolina. Reserve em um recipiente tampado.

—GEL DE LIMÃO

RENDIMENTO: 90 G

75 g de água
20 g de açúcar
1,2 g de ágar-ágar
20 g de suco de limão

Ferva a água e o açúcar até que os grãos de açúcar se dissolvam. Deixe amornar e adicione o ágar-ágar. Volte a ferver e retire do fogo. Adicione o suco de limão, misture e coloque a preparação em uma forma para que se solidifique. Uma vez fria, triture-a para obter um gel sedoso.

—CREME DE ABACATE

RENDIMENTO: 154 G

140 g de abacates maduros
14 g de suco de limão
Sal

Triture a polpa do abacate e misture-a com o suco de limão. Retifique o sal. Coloque em um saco de confeiteiro e reserve sob refrigeração.

—*SORBET* DE AZEITONAS VERDES

RENDIMENTO: 440 G

375 g de azeitonas verdes
145 g de salmoura da conserva das azeitonas
25 g de dextrose
2 g de estabilizante para cremes
2 g de sal
37 g de glicerina alimentícia

Triture as azeitonas com sua salmoura até ficar bem cremosa e sem grumos. Passe por um *chinois* fino e misture a polpa triturada com a dextrose. Aqueça a 40 °C mexendo sempre; adicione o restante dos ingredientes, mexa com um *fouet* e pasteurize a 85 °C. Esfrie, coloque em um recipiente para Pacojet e congele. Bata a mistura no Pacojet no momento de servir.

—*CANDIES* DE CHARTREUSE

RENDIMENTO: 74 UNIDADES

20 g de água
60 g de açúcar
12 g de Chartreuse verde
Maisena

Faça uma calda com a água e o açúcar, aquecendo até atingir 109 °C. Retire do fogo e deixe que a temperatura diminua um pouco. Adicione o Chartreuse com muito cuidado. Para fazer essa operação, o ideal é ir derramando a calda aos poucos e bem lentamente, deixando-a deslizar pelas paredes do recipiente que contém o Chartreuse, e vice-versa, até que os dois líquidos e as duas densidades estejam integrados. Reserve.

Forre uma assadeira com uma camada de maisena e deixe secar a 80 °C por algumas horas. Compacte e alise a maisena, faça pequenos orifícios nela e preencha-os com a mistura de calda e Chartreuse. Polvilhe suavemente a superfície com um pouco mais de maisena seca e deixe por 24 horas a 40 °C, aproximadamente.

Passado esse tempo, retire os *candies* da maisena, limpe-os com um pincel e reserve. (Cada *candy* deve pesar em torno de 1 g).

—SUCO DE CASCA DE PEPINO

RENDIMENTO: 200 G

330 g de pepino
0,4 g de goma xantana
Sal

Retire a casca do pepino, procurando deixar cerca de 1 cm de polpa junto com a casca. Passe pela centrífuga e tempere o suco obtido com sal a gosto; triture juntamente com a xantana. Com uma máquina de vácuo, retire o ar que foi gerado ao triturar e reserve.

FINALIZAÇÃO E MONTAGEM DO PRATO

Brotos de rúcula
Brotos de agrião
Folhas de pimpinela (*Sanguisorba minor*)
Azeite de oliva extravirgem

Em um prato, coloque todos os ingredientes juntamente com os brotos e as folhas. Tempere com algumas gotas de azeite de oliva.

LARANJA

8 PESSOAS

COMPOSIÇÃO

Gel de cenoura
Gel de maracujá
Quindim
Gel de tangerina
Gel de laranja
Granizado de cenoura
Óleo de cenoura
Óleo de cravo
Açúcar de tangerina

—GEL DE CENOURA

RENDIMENTO: 750 G

500 g de suco de cenoura
5 g de iota
250 g de açúcar

Triture o suco de cenoura com a iota; em seguida, acrescente o açúcar e leve ao fogo até ferver.

Coloque a preparação ainda quente numa assadeira de 1 cm de altura. Esfrie no refrigerador e reserve.

—GEL DE MARACUJÁ

RENDIMENTO: 750 G

500 g de suco de maracujá
10 g de iota
250 g de açúcar
4 g de citrato de sódio

Triture o suco de maracujá com a iota; em seguida, acrescente o açúcar e o citrato de sódio e leve ao fogo até ferver.

Coloque a preparação ainda quente numa assadeira de 1 cm de altura. Esfrie no refrigerador e reserve.

—QUINDIM

RENDIMENTO: 645 G

215 g de creme de leite fresco
215 g de açúcar
215 g de gemas de ovo

Ferva o creme de leite com o açúcar e despeje sobre as gemas. Mexa a preparação energeticamente para evitar que as gemas talhem. Coe e coloque a mistura em uma assadeira de 1 cm de altura. Cubra com filme de PVC e cozinhe em forno a vapor a 110 °C durante 35 minutos. Esfrie no refrigerador e reserve.

—GEL DE TANGERINA

RENDIMENTO: 750 G

500 g de suco de tangerina
7,5 g de iota
250 g de açúcar

Triture o suco de tangerina com a iota; em seguida, acrescente o açúcar e leve ao fogo até ferver.

Coloque a preparação ainda quente numa assadeira de 1 cm de altura. Esfrie no refrigerador e reserve.

—GEL DE LARANJA

RENDIMENTO: 750 G

500 g de suco de laranja
8,5 g de iota
250 g de açúcar

Triture o suco de laranja com a iota; em seguida, acrescente o açúcar e leve ao fogo até ferver.

Coloque a preparação ainda quente numa assadeira de 1 cm de altura. Esfrie no refrigerador e reserve.

—GRANIZADO DE CENOURA

RENDIMENTO: 600 G

500 g de suco de cenoura
50 g de açúcar invertido
50 g de dextrose
2 folhas de gelatina

Ferva a metade do suco de cenoura junto ao açúcar invertido e à dextrose. Retire do fogo, adicione as folhas de gelatina previamente hidratadas e o restante do suco de cenoura. Coloque em um recipiente e congele.

—ÓLEO DE CENOURA

RENDIMENTO: 400 G

200 g de suco de cenoura
100 g de açúcar
100 g de óleo de semente de abóbora
0,8 g de goma xantana

Aqueça o suco de cenoura com o açúcar, emulsione com o óleo de semente de abóbora e, por fim, estabilize a emulsão com a xantana. Reserve.

—ÓLEO DE CRAVO

RENDIMENTO: 150 G

150 g de óleo de girassol
4 cravos-da-índia

Coloque o óleo e os cravos-da-índia em uma embalagem a vácuo e mergulhe no Roner a 40 °C durante 30 minutos. Conserve o óleo na embalagem hermeticamente fechada.

—AÇÚCAR DE TANGERINA

RENDIMENTO: 200 G

100 g de açúcar
100 g de casca de tangerina

Misture o açúcar com a casca da tangerina e triture. Estenda sobre um tapete de silicone e deixe secar em uma desidratadora. Quando a mistura estiver seca, triture ligeiramente. Reserve.

FINALIZAÇÃO E MONTAGEM DO PRATO

Cenoura ralada

Corte os géis e o quindim em cubos de 1 cm de lado e forme cinco filas de cubos alternados na seguinte ordem: gel de cenoura, gel de maracujá, quindim, gel de tangerina e gel de laranja.

Raspe o granizado e sirva uma colherada ao lado dos géis; por cima, coloque a cenoura ralada, algumas gotas de óleo de cenoura e óleo de cravo. Finalize com uma pitada de açúcar de tangerina.

BRANCO

8 PESSOAS

COMPOSIÇÃO
Creme de fava-tonca
Gelatina de café
Granizado de maracujá
Sorbet de cacau

—CREME DE FAVA-TONCA

RENDIMENTO: 110 G

100 g de destilado de fava-tonca*
10 g de açúcar
0,5 g de sal
1 g de ágar-ágar

* OBTIDO A PARTIR DE UMA INFUSÃO DE 250 G DE ÁGUA E 50 G DE FAVA-TONCA, SEGUINDO O MESMO PROCESSO DO DESTILADO DE TERRA EXPLICADO NO CAPÍTULO "RECEITAS-BASE", NA P. 427.

Misture o açúcar, o sal e o ágar-ágar, dissolva-os em 50 g de destilado de fava-tonca e leve ao fogo até a ebulição. Em seguida, misture rapidamente com a outra metade do destilado e deixe encorpar em outro recipiente. Quando estiver sólido, triture com um *mixer* e reserve sob refrigeração.

—GELATINA DE CAFÉ

RENDIMENTO: 110 G

100 g de destilado de café*
10 g de açúcar
0,5 g de ágar-ágar

*OBTIDO A PARTIR DE UMA INFUSÃO DE 250 G DE CAFÉ E 50 G DE GRÃOS DE CAFÉ, SEGUINDO O MESMO PROCESSO DO DESTILADO DE TERRA EXPLICADO NO CAPÍTULO "RECEITAS-BASE", NA P. 427.

Misture o açúcar e o ágar-ágar, dissolva-os em 50 g de destilado de café e leve ao fogo até a ebulição. Em seguida, misture rapidamente com a outra metade do destilado de café e deixe encorpar em um recipiente de 1 cm de altura. Quando estiver sólido, corte em cubos de 0,5 cm de lado.

—GRANIZADO DE MARACUJÁ

RENDIMENTO: 110 G

100 g de destilado de maracujá*
15 g de dextrose
½ folha de gelatina

*OBTIDO A PARTIR DE 250 G DE SUCO DE MARACUJÁ, SEGUINDO O MESMO PROCESSO DO DESTILADO DE TERRA EXPLICADO NO CAPÍTULO "RECEITAS-BASE", NA P. 427.

Dissolva a dextrose e a gelatina com uma parte do destilado de maracujá e, em seguida, misture o restante. Reserve em um recipiente e congele.

—*SORBET* DE CACAU

RENDIMENTO: 170 G

100 g de destilado de cacau*
25 g de glucose em pó
15 g de dextrose
0,6 g de estabilizante para *sorbets*
30 g de água

*OBTIDO A PARTIR DE UMA INFUSÃO DE 250 G DE ÁGUA E 50 G DE FAVAS DE CACAU, SEGUINDO O MESMO PROCESSO DO DESTILADO DE TERRA EXPLICADO NO CAPÍTULO "RECEITAS-BASE", NA P. 427.

Misture a glucose, a dextrose e o estabilizante com a água e leve a 85 °C; misture com o destilado e congele em um copo de Pacojet.

FINALIZAÇÃO E MONTAGEM DO PRATO

Passe o *sorbet* no Pacojet e coloque os ingredientes da sobremesa no centro de um prato fundo.

H

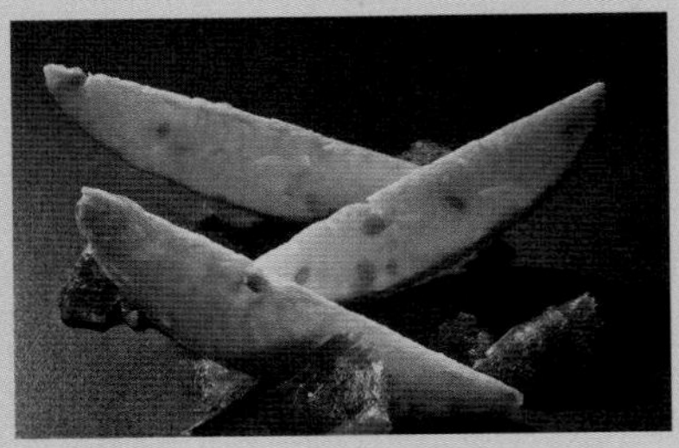

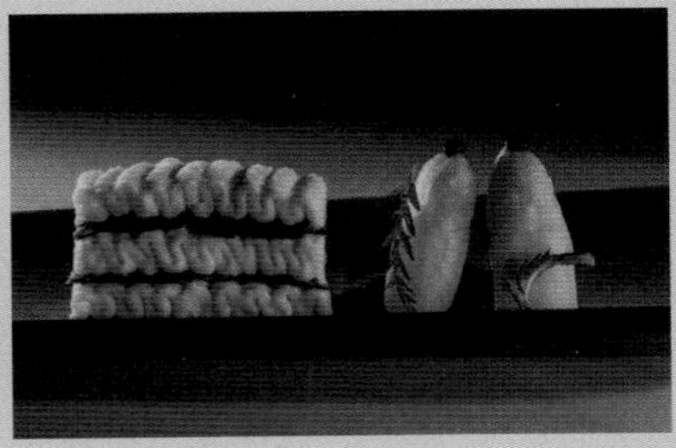

—DOCE

H

—DOCE

Associamos o doce à ideia de algo tenro, macio, ao passo que relacionamos o salgado à contundência. A partir dessa diferença, quase infantil, primária, define-se uma fronteira muito difícil de ser diluída, uma vez que é parte da cultura e da educação recebida ao longo dos séculos pelas papilas que detectam, na ponta da língua, as características do sabor.

Estamos, portanto, diante de dois universos que parecem se ignorar, que nada querem saber um do outro. E nada mais absurdo do que esse confronto pela via da indiferença. Sem ir mais além, a cozinha tradicional os aproxima. A contribuição do Celler não é incorporar ao cardápio uma relação esporádica, com maior ou menor distorção ou convergência dos conceitos, mas sim destroçar, explodir as fronteiras. Não é entender as sobremesas e o restante dos pratos como dois mundos separados, com uma pausa no meio, e sim incorporar a doçura ao caminho principal, fazendo-a interferir continuamente na cadência pausada de um cardápio. Do mesmo modo, é converter as sobremesas, reino dos sabores doces, em algo mais que um complemento ou um final celebrado. Elas são, agora, o ato que encerra a função, porque é aí onde se fecha o círculo, onde o desenlace da obra nos informa quais são as conclusões que devemos tirar. Fronteiras destruídas, continuidade, livre circulação de ideias e sabores.

Segundo os irmãos Roca

Iguaria típica de grandes festas, as maçãs recheadas, que ainda hoje sobrevivem nas vilas do Alt Empordà com o nome de *pommes de relleno*, são um prato solene e magnífico que se come como sobremesa. São a fonte de inspiração do nosso TIMBALE DE MAÇÃ E *FOIE GRAS* COM AZEITE E BAUNILHA. A mistura de fruta com carne e a combinação de doce com salgado são habituais em nossa cozinha. Com frequência, isso é interpretado como uma conexão da vanguarda com os mundos reencontrados de Joan e Jordi, quando na verdade é resultado da mais saborosa tradição. O uso generoso do açúcar em pratos com carne pode ser encontrado em nossa cozinha medieval, renascentista, como observamos, por exemplo, no *LLibre del Coch: tractat de cuina medieval*, do mestre Ruperto de Nola. Na cozinha abastada da época, o uso abundante e excessivo do açúcar — ingrediente muito caro nesse período — provavelmente constituía um símbolo de poder.

Hoje temos prazer em incorporar esse hábito culinário atávico. Já faz algum tempo que o reinterpretamos, propondo um cardápio com pré-sobremesas, concebidas como uma entrada especial ao mundo doce. Assim, criamos um cardápio organizado na forma particular da teoria do caos, com um ritmo estabelecido e contínuo, no qual se rompe a rigidez da estrutura dos últimos cem anos e o doce sempre antecede o salgado.

1. Do catalão *cap i cua*, "cabeça e cauda", refere-se a uma sequência numérica, palavra ou frase pode ser lida tanto da esquerda para a direita quanto da direita para a esquerda. (N. T.)

O conceito de caos é relativamente recente e foi desenvolvido graças a valiosas contribuições e inúmeros trabalhos de cientistas e pesquisadores de diversas disciplinas que levaram ao surgimento da chamada *teoria do caos*. Ela estabelece que dentro do caos existe uma ordem e, também, que dentro da ordem há o caos. Ela estuda e descreve o comportamento da dinâmica não linear, como antítese da realidade estabelecida e previsível. Para nós, **a teoria do caos é o ponto de partida de uma forma de estruturar um cardápio que rompe com a rigidez acadêmica imperante desde os tempos de Georges Auguste Escoffier** (1846-1935), pai dos métodos da cozinha francesa e muito influente no mundo todo.

O doce antes do salgado. O mesclado. Em nenhum caso relegado ao final. Essa é a nossa interpretação da teoria do caos. Uma revolução silenciosa. Uma ruptura de esquemas. Uma diversão para o paladar... Os últimos passam a ser os primeiros, e inverte-se a pirâmide do poder culinário.

Do salão...

"A verdadeira viagem de descobrimento não consiste em buscar novas terras, mas sim em ver com novos olhos", dizia Marcel Proust. Ao servir a vocês o nosso Cardápio da Teoria do Caos, pretendemos lançar-lhes o desafio de adotar esse novo olhar. Queremos provocar um desajuste. Confusão. Criar a maior bagunça e fazer com que vocês participem dela. Construir com a desordem um sentido de descontrole. Convidamos vocês a desfrutar uma dança de texturas, sabores, complementos e ingredientes principais que parecem sair do compasso, de maneira arrítmica. O doce como aperitivo, entre pratos do meio do cardápio ou como pré-sobremesa.

Um carrossel imprevisível e desconcertante. Uma viagem surpreendente. Uma refeição inesquecível...

Cardápio da Teoria do Caos. Um cardápio capicua[1] (2009)

Pele de peixe-pagagaio
Destilado de chá preto defumado com caviar e iogurte de ovelha
Torrone de avelã e *foie* com soja
Dry Gambini
Melão com presunto ibérico
Ostras ao Chablis
Mexilhões com chá branco
Figos com folha de figueira
Barbatana dorsal de *rodaballo*, caldo de sua essência e pó de "ovos secos" com cítricos
Camarão ao Amontillado
Coulant de azeitonas verdes com batata, ar de atum, verduras e germinados
Endívias com sorvete de café
Bacalhau
Cabeça de cabrito. Bochecha em seu próprio caldo, cérebro com folhas de mostarda e papada com leite de cabra e cinzas
Soufflé de trufa de verão
Framboesas caramelizadas com *aiguillette* de pombo
Caranguejo-aranha com caracóis e chocolate
Timbale de maçã, baunilha e *foie*
Anarquia

TORRONE DE FOIE

30 PESSOAS (1 POR PESSOA)

COMPOSIÇÃO

Redução de PX
Torrone de *foie*
Pintura para o torrone

—REDUÇÃO DE PX

RENDIMENTO: 85 G

200 g de Xerez Pedro Ximénez (PX)

Coloque o vinho doce em uma panela, leve ao fogo e reduza até obter 85 g.

—TORRONE DE *FOIE*

RENDIMENTO: 300 G

200 g de *foie* de pato
50 g de *praliné* de avelãs
50 g de pasta de avelãs
15 g de manteiga
30 g de manteiga de cacau
10 g de azeite de trufas brancas
10 g de redução de PX
(elaboração anterior)
Sal

Salteie o *foie*, dourando-o de ambos os lados, coloque no processador juntamente com o *praliné*, a pasta de avelãs, a manteiga em temperatura ambiente, a manteiga de cacau derretida, o azeite de trufas, a redução de Pedro Ximénez e o sal. Triture bem e passe por um *chinois* fino. Coloque a mistura em uma vasilha de metal. Faça um banho-maria invertido e emulsione a mistura com um *mixer* até ficar com uma cor mais clara e mudar de densidade. Coloque a mistura em alguns moldes retangulares de 2,5 cm de largura por 5 cm de comprimento e 1 cm de altura. Congele. (Em cada molde cabem 10 g da mistura.)

—PINTURA PARA O TORRONE

RENDIMENTO: 200 G

100 g de manteiga de cacau
100 g de chocolate amargo 70%

Dissolva e misture o chocolate com a manteiga de cacau; quando a mistura estiver a 40 °C, coloque-a em uma pistola.

Ligue o compressor e pinte os torrones com uma fina camada de pintura; volte a guardar no *freezer*.

FINALIZAÇÃO E MONTAGEM DO PRATO

Brotos de soja
Molho de soja
Folhas de pimpinela (*Sanguisorba minor*)
Flores de alecrim
Pão de ouro

Corte os brotos de soja do tamanho de um grão de arroz, macere os brotos no molho de soja por 30 segundos. Escorra o excesso de molho e coloque os brotos por cima dos torrones. Coloque também uma folha de pimpinela, as flores de alecrim e, em uma quina, um ponto de redução de PX com o pão de ouro por cima.

BETERRABA TERRA

8 PESSOAS

COMPOSIÇÃO

Beterraba de açúcar soprado
Espuma de beterraba
Merengue de cacau
Gel de destilado de terra

—BETERRABA DE AÇÚCAR SOPRADO

RENDIMENTO: 25 UNIDADES

500 g de isomalte
5 g de água
20 gotas de solução de ácido cítrico a 50%
10 g de corante alimentício vermelho

Coloque o isomalte em uma panela e aqueça até atingir 180 °C. Retire do fogo e adicione a água, o ácido cítrico e o corante alimentício vermelho, deixe descansar por alguns minutos e estenda o caramelo em um tapete de silicone.

Esquente uma pequena quantidade do caramelo sob uma lâmpada e, para que fique acetinado, amasse-o 20 vezes. Com o caramelo ainda quente, faça pequenas esferas uniformes e, com a ajuda de uma bomba de caramelo, infle as esferas, aos poucos, até que fiquem com o formato de beterraba. Faça um pequeno orifício nas beterrabas para em seguida poder recheá-las. Reserve em um lugar livre de umidade.

—ESPUMA DE BETERRABA

RENDIMENTO: 700 G

500 g de beterraba
200 g de clara de ovo pasteurizada
5 g de sal

Ferva a beterraba até ficar macia. Triture para obter a consistência de um purê sem grumos; deixe esfriar. Misture com a clara de ovo e o sal. Coloque dentro de um sifão e reserve.

—MERENGUE DE CACAU

RENDIMENTO: 110 G

100 g de clara de ovo pasteurizada
10 g de cacau em pó
5 g de tinta de lula
Sal

Bata as claras em neve com uma pitada de sal. Incorpore aos poucos o cacau peneirado e a tinta de lula, estenda sobre um tapete de silicone e deixe secar por 24 horas. Quando tiver secado totalmente, triture e reserve em um recipiente hermético.

—GEL DE DESTILADO DE TERRA

RENDIMENTO: 100 G

100 g de destilado de terra (receitas-base)
0,5 g de goma xantana

Misture o destilado com a xantana e triture no *mixer* até que adquira uma textura densa. Deixe descansar para que o ar saia.

FINALIZAÇÃO E MONTAGEM DO PRATO

Beterraba
Brotos de beterraba

Em um prato, coloque uma colherada de gel de destilado de terra e cubra com o merengue de cacau seco e triturado. Recheie a beterraba de açúcar soprado com a espuma e coloque-a sobre a terra simulada pelo merengue. Finalize com um broto de beterraba e algumas lâminas de beterraba crua.

MELÃO COM PRESUNTO

4 PESSOAS

COMPOSIÇÃO

Casca de melão

Polpa de melão

Gelatina de *consommé* de presunto ibérico

Presunto ibérico

—ÁGUA DE ESTRAGÃO

RENDIMENTO: 250 G

300 g de folhas de estragão
75 g da água de escaldar o estragão
75 g de água
Sal

Escalde as folhas de estragão em água fervente com sal e, em seguida, resfrie rapidamente em banho-maria invertido. Reserve 75 g da água de escaldar e esfrie rapidamente para utilizá-la bem fria. Triture as folhas de estragão escaldadas junto com essa água de cocção e os 75 g de água adicionais. Passe por um *chinois* fino, coloque sal a gosto e reserve.

—CASCA DE MELÃO

RENDIMENTO: 3 MOLDES BANHADOS NO FORMATO DE MEIO MELÃO

100 g de água de estragão (elaboração anterior)
20 g de açúcar
2 g de ágar-ágar
2,5 folhas de gelatina

Coloque alguns moldes de 16 cm de comprimento por 8,5 cm de largura e 6,5 cm de altura com formato de meio melão no *freezer*.

Ferva a água, o açúcar e o ágar-ágar, retire do fogo e adicione as folhas de gelatina previamente hidratadas. Deixe esfriar para que se solidifiquem e, em seguida, triture até obter um purê muito fino.

Despeje o purê dentro de cada um dos moldes que estavam no *freezer*, tendo o cuidado de inclina-los para que a preparação recubra totalmente as paredes, de modo a formar uma "casca". Vire o molde sobre uma assadeira para eliminar o excesso de purê. Congele novamente.

FINALIZAÇÃO E MONTAGEM DO PRATO

Presunto ibérico

Retire o melão do molde e corte-o em formato de cunhas. Sirva acompanhado de fatias finas de presunto ibérico e gelatina de presunto ibérico ralada com o Microplane.

—POLPA DE MELÃO

RENDIMENTO: POLPA PARA 4 MOLDES DE MEIO MELÃO

330 g de polpa de melão
30 g de açúcar
3,5 folhas de gelatina
Pinoli crus

Reserve a metade da polpa de melão no refrigerador.

Aqueça a outra metade da polpa com o açúcar até que ele se dissolva. Retire do fogo e adicione a gelatina previamente hidratada, misture muito bem e coloque a mistura na batedeira. Incorpore aos poucos a polpa restante e bata até que a mistura esfrie completamente.

Recheie com a *mousse* os moldes contendo a capa de gelatina de estragão. Coloque alguns *pinoli* na superfície imitando as sementes de melão e congele.

—*CONSOMMÉ* DE PRESUNTO IBÉRICO

RENDIMENTO: 600 G

1.500 g de água
1.000 g de ossos de presunto ibérico
2 pés de porco
250 g de cenoura
250 g de cebola

Ferva os pés de porco, os ossos e as verduras refogadas por 2 horas em fogo brando. Coe e reserve.

—GELATINA DE *CONSOMMÉ* DE PRESUNTO IBÉRICO

RENDIMENTO: 550 G

600 g de *consommé* de presunto ibérico (elaboração anterior)
6 g de ágar-ágar

Em uma panela, junte o *consommé* com o ágar-ágar e misture bem. Leve ao fogo até a ebulição, coe e deixe solidificar. Reserve.

BOMBOM DE POMBO

8 PESSOAS

COMPOSIÇÃO

Parfait de fígado de pombo
Banho de Bristol Cream
Lâminas de pão de especiarias

—*PARFAIT* DE FÍGADO DE POMBO

RENDIMENTO: 180 G

200 g de fígados de pombo
200 g de manteiga
25 g de Harvey's Bristol Cream
5 g de sal
1 g de pimenta de Sichuan
Cubos de casca de laranja confitada (receitas-base)

Dessangre os fígados de pombo em um recipiente cheio de água e gelo. Uma vez dessangrados, escorra bem e seque com papel-toalha. Coloque um pouco de manteiga em uma frigideira e frite os fígados dos dois lados. Deglace com a metade do Bristol Cream. Coloque a preparação em um processador, triture junto com os demais ingredientes e o restante do Bristol Cream. Passe a mistura por um *chinois* fino e coloque-a num saco de confeiteiro para rechear os moldes semiesféricos de 2,5 cm de diâmetro por 1 cm de altura, colocando no centro de cada bombom um cubo de casca de laranja confitada. Com a ajuda de uma espátula, alise o que será a base dos bombons. Congele.

—BANHO DE BRISTOL CREAM

RENDIMENTO: 200 G

200 g de Harvey's Bristol Cream
2 g de gelificante vegetal kappa

Retire dos moldes os bombons de pombo da elaboração anterior. Misture a frio o gelificante com o Bristol Cream, ferva e, em seguida, recubra os bombons congelados, de modo a formar uma fina película. Reserve sob refrigeração, para que o interior dos bombons descongele.

—LÂMINAS DE PÃO DE ESPECIARIAS

RENDIMENTO: 1[illegible] LÂMINAS

50 g de pão de especiarias (receitas-base)

Congele o pão de especiarias e, com uma máquina de fatiar frios, faça lâminas finas. Coloque as lâminas sobre uma assadeira forrada com papel sulfurizado e seque em uma estufa a 70 °C, até que o pão esteja crocante. Reserve em um recipiente hermético em lugar seco.

FINALIZAÇÃO E MONTAGEM DO PRATO

Pasta de *pinoli*
Zimbro em pó

Aqueça rapidamente os bombons para perder o frio e finalize-os com um ponto de pasta de *pinoli*, o zimbro em pó e uma lâmina pequena de pão de especiarias.

CONTESA DE ASPARGOS BRANCOS

8 PESSOAS

COMPOSIÇÃO

Sorvete de aspargos
Pontas de aspargos
Pó de trufas negras
Purê de alho negro

—SORVETE DE ASPARGOS

RENDIMENTO: 1.000 G

570 g de aspargos brancos
250 g de creme de leite fresco (35% de gordura)
60 g de leite desnatado em pó
60 g de dextrose
50 g de glicerina alimentícia
5 g de estabilizante para sorvetes
7 g de sal

Descasque os aspargos e ferva-os até ficarem macios. Triture para obter um purê e passe por um *chinois* fino. Reserve.

Misture o creme de leite, o leite em pó e a dextrose em uma panela, esquente até que a mistura chegue a 40 °C. Adicione a glicerina alimentícia e o estabilizante para sorvetes. Triture com o *mixer* para evitar que se formem grumos, e pasteurize a 85 °C. Adicione o sal, misture e deixe que esfrie até atingir 40 °C. Incorpore o purê de aspargos, triturando para homogeneizar a mistura. Mantenha sob refrigeração por 24 horas.

—*CONTESA* DE ASPARGOS

RENDIMENTO: 10 PORÇÕES DE 2 CM DE LARGURA

1.000 g de sorvete de aspargos (elaboração anterior)
30 g de trufa negra

Bata o sorvete na sorveteira e coloque-o em um saco de confeiteiro com bico frisado.

Faça uma camada de sorvete de aproximadamente 8 cm de largura, formando "ondas" frisadas, como se observa na foto. Cubra com lâminas de trufa e, por cima delas, coloque uma camada de sorvete; cubra mais uma vez com lâminas de trufa e finalize com outra camada de sorvete. Reserve no *freezer* até a hora de servir.

—PONTAS DE ASPARGOS

RENDIMENTO: 16 PONTAS DE ASPARGOS

16 pontas de aspargos brancos
1,6 g de sal
0,3 g de açúcar

Corte as pontas dos aspargos com 5 cm de comprimento, aproximadamente. Adicione o sal e o açúcar e embale as pontas a vácuo. Cozinhe no Roner a 85 °C por 30 minutos.

—PÓ DE TRUFAS NEGRAS

RENDIMENTO: 75 G

200 g de casca de trufa negra

Pique a trufa em pedacinhos bem fininhos e espalhe-os sobre uma assadeira forrada com um tapete de silicone.

Coloque em uma desidratadora a 60 °C por 24 horas. Uma vez desidratada, triture e reserve em recipiente hermético.

FINALIZAÇÃO E MONTAGEM DO PRATO

Purê de alho negro (receitas-base)
Folhas de chicória
Azeite de oliva extravirgem

Trace uma linha com o pó de trufa em um prato frio. Corte uma porção de *contesa* de 2 cm de largura, coloque-a sobre a linha de trufa e polvilhe mais trufa em pó por cima.

Ao lado, coloque as pontas de aspargos quentes com um ponto de purê de alho negro em cima e uma folha de chicória. Finalize com azeite extravirgem.

DAMASCO

8 PESSOAS

COMPOSIÇÃO

Esfera de açúcar soprado
Espuma de damasco
Molho de damasco
Shots de baunilha

—ESFERA DE AÇÚCAR SOPRADO

RENDIMENTO: 20 ESFERAS

500 g de açúcar
70 g de água
100 g de glucose líquida
20 gotas de solução de ácido cítrico a 50%
Corante alimentício laranja
Açúcar de confeiteiro

Em uma panela, leve para ferver a água e o açúcar. Quando começar a ferver, adicione a glucose líquida e deixe que ferva sem mexer. Mantenha o cozimento a 158 °C, retire do fogo, incorpore o corante laranja (quantidade a gosto) e 20 gotas de uma solução de ácido cítrico e água em partes iguais. Reserve a mistura por 1 minuto e aqueça ligeiramente para poder tirar o caramelo da panela e colocá-lo sobre uma lâmina de silicone. Trabalhe o caramelo ainda quente, abrindo e juntando as pontas de 15 a 20 vezes, a fim de distribuir as pequenas bolhas de ar do seu interior, dar uma cor acetinada e deixar o soprado, que será feito posteriormente, mais homogêneo.

Com uma tesoura, corte o caramelo em porções e reserve em recipiente hermético com sílica-gel para evitar a umidade. Para modelar as peças, é necessária uma lâmpada apropriada, que permita trabalhar o açúcar. Amoleça o caramelo com o calor da lâmpada, introduza uma bomba de ar e sopre para formar uma esfera. Com a esfera ainda quente e com a ajuda de uma faquinha de ponta, modele-a no formato de damasco. Desenganche a esfera da bomba, esquentando a parte metálica com um maçarico; ao mesmo tempo, aqueça um tubo com o maçarico para fazer um orifício na base da esfera. Com um aerógrafo, pinte delicadamente uma lateral da esfera para dar o efeito de casca de damasco. Polvilhe com açúcar de confeiteiro e reserve.

—ESPUMA DE DAMASCO

RENDIMENTO: 500 G

500 g de damascos
50 g de açúcar
20 g de albumina em pó

Descasque e tire o caroço dos damascos, triture e misture a polpa obtida com o açúcar e a albumina em pó. Passe a mistura pelo *mixer* e deixe descansar sob refrigeração por 12 horas. Coloque em um sifão e reserve.

—MOLHO DE DAMASCO

RENDIMENTO: 250 G

50 g de açúcar
100 g de licor de damasco
100 g de polpa de damasco
20 g de manteiga

Aqueça o açúcar em uma panela até que comece a caramelizar. Quando estiver com uma cor avermelhada, adicione o licor de damasco, mexendo bem para que seja incorporado. Adicione a polpa de damasco e, finalmente, a manteiga. Esse molho deve ser feito cada vez que o prato for servido e no momento em que for servido, caso contrário, a manteiga se separa do restante do molho (ela deve estar morna).

—*SHOTS* DE BAUNILHA

RENDIMENTO: 500 G DE CREME, 300 G DE *SHOTS* PREPARADOS

250 g de creme de leite fresco
250 g de leite
½ fava de baunilha
25 g de açúcar
2 folhas de gelatina

Leve para ferver o creme de leite e o leite com a ½ fava de baunilha. Enquanto ainda estiver fervendo, adicione o açúcar e as folhas de gelatina previamente hidratadas. Coe a mistura e reserve numa bisnaga. Uma vez morna, deixe cair gota a gota dentro de um recipiente com nitrogênio líquido e recolha os *shots* obtidos.

FINALIZAÇÃO E MONTAGEM DO PRATO

Damasco
Amêndoas verdes

No centro de um prato, sirva um pouco do molho de licor de damasco com os *shots* de baunilha, um pedaço de damasco, uma amêndoa verde e o damasco de açúcar soprado recheado com a espuma de damasco.

CORTE DE LEITÃO COM MELÃO

8 PESSOAS

COMPOSIÇÃO

Ventresca de leitão
Melão
Molho de leitão
Banho de laranja
Sorbet de laranja e cravo
Emulsão de laranja

—VENTRESCA DE LEITÃO

2 ventrescas de leitão ibérico
Salmoura para carnes (receitas-base)
Azeite de oliva extravirgem

Aqueça e mantenha o Roner a 63 °C.

Limpe a pele do leitão e mergulhe a ventresca na salmoura por 2 horas. Embale a vácuo com o azeite de oliva e cozinhe no Roner preaquecido durante 24 horas. Passado esse tempo, retire e resfrie rapidamente.

—MELÃO

RENDIMENTO: 35 A 40 QUADRADOS DE 3 CM X 3 CM

1 melão
200 g de suco de laranja

Corte rodelas de melão de 1 cm de grossura, descasque e corte em quadrados de 3 cm de lado.

Adicione o suco de laranja recém-espremido e coloque 8 quadrados por bolsa com um vácuo de 100%, não deixando que se sobreponham. Reserve sob refrigeração.

—CALDO DE LEITÃO

RENDIMENTO: 200 G

1.600 g de ossos e retalhos de leitão
210 g de *bresa* (receitas-base)
1.700 g de água fria

Coloque os ossos e retalhos (aparas) de leitão numa assadeira e cozinhe no forno a 180 °C até que estejam bem tostados.

Retire o excesso de gordura e coloque os ossos e retalhos em uma panela juntamente com a *bresa*. Recupere com água fria o molho que ficou na assadeira e adicione à panela contendo os ossos. Cubra tudo com água fria e cozinhe por 3 horas. Após esse tempo, coe e reduza até obter 200 g de caldo de leitão.

—MOLHO DE LEITÃO

RENDIMENTO: 200 G

200 g de caldo de leitão (elaboração anterior)
20 g de manteiga

Aqueça o caldo de leitão e adicione a manteiga, mexendo energicamente para ligar o molho. Reserve.

—BANHO DE LARANJA

RENDIMENTO: 270 G

250 g de suco de laranja
25 g de açúcar
2,5 g de ágar-ágar
2 folhas de gelatina

Coloque alguns moldes de silicone com formato de bolota (fruto do carvalho) (veja p. 429) no *freezer*.

Hidrate as folhas de gelatina em água fria.

Misture o suco de laranja, o açúcar e o ágar--ágar e leve ao fogo para ferver. Retire do fogo e adicione a gelatina previamente hidratada. Coloque a mistura nos moldes gelados; uma pequena quantidade dentro de cada molde bastará para formar uma película que recubra as paredes do molde. Reserve no *freezer* de ponta cabeça, para eliminar o excesso de líquido e para que a camada do banho de laranja congele.

—*SORBET* DE LARANJA E CRAVO

RENDIMENTO: 450 G

2,5 g de estabilizante para *sorbets*
130 g de água
65 g de dextrose
50 g de açúcar
1 g de raspa de laranja
0,5 g de cravo-da-índia em pó
250 g de suco de laranja

Misture o estabilizante com um pouco dos 50 g de açúcar. Reserve.

Misture a água com a dextrose e aqueça em uma panela até atingir 40 °C. Após alcançar a temperatura desejada, adicione o restante do açúcar, a raspa de laranja, o cravo-da-índia e a mistura de estabilizante com açúcar. Misture bem para evitar a formação de grumos. Pasteurize a 85 °C.

Retire do fogo, coe e deixe esfriar. Deixe maturar sob refrigeração 12 horas antes de utilizar.

Triture o suco de laranja juntamente com a base de *sorbet* e bata na sorveteira. Quando estiver com a textura desejada, coloque o *sorbet* em sacos de confeiteiro e prencha os moldes em forma de bolota previamente preparados com o banho de laranja; alise a superfície e deixe no *freezer* até o momento de servir.

FINALIZAÇÃO E MONTAGEM DO PRATO

Emulsão de laranja (receitas-base)
Brotos de mostarda

Regenere as ventrescas no Roner a 60 °C, retire da bolsa a vácuo e marque-as na chapa até que estejam bem douradas e crocantes. Fatie a ventresca do leitão exatamente do mesmo tamanho que o melão impregnado de laranja e monte o *corte* na forma de um sanduíche, com a ventresca fazendo as vezes do biscoito e o melão no lugar do sorvete.

Disponha o *corte* no prato acompanhado de alguns pontos de emulsão de laranja e do molho de leitão. Finalize com uma bolota de *sorbet* de laranja e cravo e os brotos de mostarda.

I

—TRANSVERSALIDADE

I

—TRANSVERSALIDADE

Transversal é a reta que cruza ou corta um sistema de retas. Em outras palavras, escapa da convenção, da linha traçada. As regras são esquecidas e avança-se por um caminho desconhecido. Pode-se empreender tal aventura solitariamente (com o risco que envolve andar sozinho por uma estrada sem sinalização) ou em companhia (com a possibilidade de avançar graças ao esforço de energias amigas). Ser transversal também é ser humilde, pois você sabe que, para conseguir encontrar o que almeja — esse obscuro objeto de desejo que é apenas vislumbrado —, suas forças apenas não bastam. Melhor ainda: o desejo será mais completo e mais tangível, quanto mais alguém se entregar à viagem.

No Celler existem perfumes que se traduzem no idioma do sabor e também sobremesas que se elevam até as nuvens sem a marca de um perfume. Idas e vindas da solidez à nebulosidade, da evanescência ao tato. Para chegar até aqui, Jordi conta com a experiência de alguém que não trabalha com a espátula ou o açúcar, mas sim com o destilador e as suas essências. É daí que surge o perfume que vem do prato, a reta que cruza, a forma oblíqua que foge à expectativa. Como ocorre com o Cava, que se torna sólido depois de um processo de concentração.

Disciplinas que se aproximam, simbioses que nascem para que a empresa possa chegar a um bom porto. E o frete desse barco é a necessidade implícita de colaborar para que todas as velas se abram de uma vez e com um só objetivo.

Segundo os irmãos Roca

Não somos artistas, somos ourives. No âmbito das mensagens que se podem projetar a partir da cozinha, há sempre um ponto de presunção, até mesmo de vaidade, sobre a ansiedade de saber e mostrar. É inerente à nossa consciência... Nós, os irmãos Roca, somos curiosos por natureza, e essa curiosidade é o princípio da criatividade. A criatividade entendida como ato de terapia, cura e reconciliação. Existe um tipo de criatividade que é uma atitude, um ponto de vista, uma maneira de participar da vida: a criação pura. O caminho da criação é uma aventura perpétua, que recomeça a cada dia. Assumimos que a obra perfeita não existe; no entanto, devemos buscar esse prato inédito que ainda não encontramos.

Se, do ponto de vista criativo, esse momento tão doce que vivemos tem algo de enriquecedor, queremos enfatizar que isso ocorre graças à colaboração de outras pessoas de mente aberta que permeiam nosso mundo com frescor e inocência. Aproveitamos as sinergias para crescer e enriquecer nosso discurso com beleza, transmitindo uma mensagem pura e burilada

Queremos ser atraentes a todo talento capaz de impulsionar o motor da criatividade. O diálogo, a permeabilidade e o fluxo de ideias enriquecem nosso campo criativo. Artesãs, pintores, psicólogos, físicos, perfumistas, antropólogos sensoriais, artistas de todos os tipos entram cada vez mais com permeabilidade em nosso rico terreno. Receber e dar. Dar e receber. Sentimos que somos capazes de impulsionar esse *feedback* de duplo sentido, de fomentar um caldo de cultura de pensamento aberto a todas as linhas, de favorecer um coquetel de inconformismo, deliberado e transversal.

Queremos ser proativos nesse intercâmbio, para criar momentos de beleza e, ao mesmo tempo, utilizar ferramentas com fins culturais, educativos e sociais. A cooperação será cada vez mais necessária. É preciso abrir novas fronteiras entre a ciência, a arte e o pensamento, com as quais a cozinha possa se enriquecer.

Do salão...

As propostas de criação de novos suportes, utensílios de mesa e louças são norteadas por uma visão transversal, como na cozinha, com estrutura de equipe. A estética na mesa, o sentido e a coerência com uma ideia nos proporcionam pontes de diálogo e a materialização de uma obra realizada para seduzir. Podemos aproveitar essa simbiose, ancorando com objetos ou pratos concretos essa torrente de ideias. Queremos demonstrar com ações os benefícios do diálogo interdisciplinar. Desejamos ser facilitadores da expansão das ideias.

Também interagimos com o mundo do vinho e o mundo da ciência, e perguntamos o porquê das coisas a enólogos, cientistas, físicos e químicos, para refletirmos sobre a harmonia entre os vinhos e os pratos, para irmos um pouco mais além. Procuramos entender o que é *terroir*... Queremos conhecer o aroma "mineral", estar atentos às inovações das ciências sensoriais. Aprofundar-nos na natureza da percepção dos sentidos com antropólogos sensoriais. Saber se a sensometria instrumental pode nos ajudar na caracterização de aromas e converter-se num grande complemento da análise sensorial dos alimentos. Tentamos validar objetivamente a percepção olfativa e gustativa humana, conhecedores que somos de sua complexidade, como nos demonstrou o Prêmio Nobel de 1932, Werner Heisenberg, com seu princípio da incerteza, que em sua essência expressa que "o processo de observação não é alheio à realidade observada, mas sim um componente inevitável. Somos mais que simples observadores involuntários". De qualquer modo, dizem que o que vemos é um reflexo de nossa mente. É nossa vontade permanecer próximos da interpretação da abordagem sensorial. Ser como esponjas e absorver, para compartilhar com vocês.

NÚVOL DE LLIMONA*

4 PESSOAS

COMPOSIÇÃO

Gel de bergamota
Creme de limão-siciliano
Pão de ló de limão-siciliano
Sorbet de limão-siciliano
Nuvem de leite

—GEL DE BERGAMOTA

RENDIMENTO: 715 G

500 g de água
100 g de açúcar
8 g de ágar-ágar
100 g de suco de limão-siciliano
Essência de bergamota

Leve ao fogo a água com o açúcar até ferver; esfrie rapidamente no abatedor de temperatura, adicione o ágar-ágar na mistura já fria e volte a ferver. Retire do fogo e adicione o suco de limão-siciliano e a essência de bergamota. Triture com um *mixer* para obter um gel e reserve em sacos de confeiteiro no refrigerador.

—ALBEDO DE LIMÃO-SICILIANO

RENDIMENTO: 500 G

500 g de água
100 g de açúcar
500 g de albedo de limão-siciliano

Em uma panela, coloque os 500 g de água com os 100 g de açúcar e o albedo de limão-siciliano. Leve para ferver e esfrie em seguida. Repita essa operação 4 vezes e reserve os albedos bem secos.

—REPOUSO DE ALBEDO DE LIMÃO-SICILIANO

RENDIMENTO: 500 G

500 g de xarope TPT (receitas-base)
500 g de albedo de limão-siciliano (elaboração anterior)

Misture o TPT com os albedos branqueados e deixe em repouso por 24 horas.

—CREME DE LIMÃO-SICILIANO

RENDIMENTO: 750 G

500 g de albedo de limão-siciliano repousado (elaboração anterior)
70 g de creme de leite fresco
25 g de manteiga
100 g de suco de limão-siciliano

Retire os albedos do xarope e triture-os na Thermomix por 5 minutos a 65 °C, incorporando o creme de leite, a manteiga e o suco de limão-siciliano.

Caso seja necessário, adicione um pouco do xarope no qual os albedos descansaram, a fim de obter uma textura cremosa. Reserve em saco de confeiteiro no refrigerador.

* "Nuvem de limão" em catalão. (N. T.)

—PÃO DE LÓ DE LIMÃO-SICILIANO

RENDIMENTO: 1.000 G

200 g de manteiga
Raspas das cascas de 4 limões-sicilianos
245 g de farinha de trigo
120 g de açúcar de confeiteiro
10 g de fermento químico
3 g de sal
50 g de leite
245 g de ovos
130 g de açúcar invertido

Derreta a manteiga juntamente com a raspa de limão-siciliano. Adicione os ingredientes secos, misture bem e incorpore o restante dos ingredientes antes de deixar a massa descansar por 24 horas. Coloque numa assadeira de bolo untada com manteiga e asse a 180 °C por 15 minutos. Deixe esfriar sobre uma grelha e corte o pão de ló em cubos de 1 cm de lado. Reserve num recipiente hermético em lugar seco.

—DESTILADO DE LIMÃO-SICILIANO

RENDIMENTO: 350 G

350 g de casca de limão-siciliano
400 g de água

Deixe em infusão na água fria a casca de limão-siciliano bem limpa durante 6 horas (a casca deve estar sem o albedo, para que a infusão não fique amarga). Coloque a infusão no Rotaval a 45 °C durante 1 hora e 45 minutos. Reserve o destilado obtido.

—*SORBET* DE LIMÃO-SICILIANO

RENDIMENTO: 100 G

100 g de destilado de limão-siciliano (elaboração anterior)

Coloque o destilado da elaboração anterior em uma vasilha própria para nitrogênio líquido. Com a ajuda de um *fouet*, mexa o destilado adicionando aos poucos o nitrogênio líquido, até que um *sorbet* suave se forme.

—NUVEM DE LEITE

RENDIMENTO: 250 G

250 g de leite desnatado

Bata o leite desnatado com o *mixer* até que fique bem aerado. Recolha a mistura com uma colher e mergulhe-a alguns instantes em um recipiente contendo nitrogênio líquido. Guarde rapidamente no *freezer*.

FINALIZAÇÃO E MONTAGEM DO PRATO

Manteiga *noisette* (receitas-base)
Limão-siciliano
Flores de cravo (*Dianthus caryophyllus*)

Com o gel de bergamota, faça uma espiral deixando um círculo interno de aproximadamente 1 cm. No interior da espiral, faça outra espiral com o creme de limão--siciliano, de maneira que as duas preparações fiquem intercaladas. Coloque 3 cubos de pão de ló de limão-siciliano nas bordas e uma noz de manteiga *noisette*.

Coloque o *sorbet* de limão-siciliano ao lado e, sobre ele, a nuvem de leite. Rale por cima a casca de limão-siciliano e decore com flores de cravo de diferentes cores.

OSTRA AO CAVA

4 PESSOAS

COMPOSIÇÃO

Ostras
Compota de maçã
Lâminas de pão de especiarias
Cava sólido

—OSTRAS

8 ostras

Abra as ostras com a ajuda de uma faca apropriada e retire-as das conchas, procurando não machucá-las. Retire as barbas com uma faca e reserve as ostras refrigeradas até o momento de servir.

—COMPOTA DE MAÇÃ

RENDIMENTO: 100 G

100 g de suco de maçã Royal Gala
1 g de ágar-ágar

Deixe decantar o suco das maçãs para eliminar a polpa; em seguida, adicione o ágar--ágar, ferva e deixe solidificar. Uma vez frio, triture até obter um purê bem fino. Reserve.

—LÂMINAS DE PÃO DE ESPECIARIAS

RENDIMENTO: 15 LÂMINAS

50 g de pão de especiarias (receitas-base)

Congele o pão de especiarias e, com a ajuda de uma máquina de fatiar frios, faça lâminas finas. Coloque as lâminas sobre papel sulfurizado e seque em estufa a 70 °C, até que as fatias estejam crocantes. Reserve dentro de um recipiente hermético em lugar seco.

—CAVA SÓLIDO

RENDIMENTO: 400 G

400 g de vinho Cava
1,6 g de goma xantana

Misture o vinho e a goma xantana com um *mixer* e coloque em um sifão com 2 cargas de gás carbônico.

RECENTEMENTE, NO CELLER DE CAN ROCA, EM UM TRABALHO CONJUNTO DE INVESTIGAÇÃO COM AGUSTÍ TORELLÓ, CONSEGUIMOS ADICIONAR 3 G DE GOMA XANTANA POR GARRAFA NO MOMENTO DA DEGOLA DO CAVA, DEPOIS DO QUE O DEIXAMOS DESCANSAR POR MAIS 6 MESES. NESSE MEIO-TEMPO, A XANTANA SE HIDRATA COM O CAVA, TRANSFORMANDO-O EM UM MOLHO E MANTENDO O GÁS CARBÔNICO NATURAL, SEM NECESSIDADE DE FORNECER MAIS GÁS.

FINALIZAÇÃO E MONTAGEM DO PRATO

Casca de limão-siciliano confitada
Abacaxi
Gengibre confitado
Curry
Cominho

Sirva a compota de maçã na base do prato, coloque duas ostras e, por cima delas, 4 cubos de limão-siciliano confitado, 8 de abacaxi e 4 de gengibre confitado. Coloque um pouco de *curry* e cominho. Finalize com uma lâmina de pão de especiarias. No momento de servir, verta o Cava sólido.

Intercâmbio

O intercâmbio criativo

CRIATIVIDADE TRANSVERSAL

A criatividade é um ato de terapia, cura e reconciliação.

No Celler, a criatividade não está necessariamente ligada à ciência dos alimentos, e sim a outra perspectiva: a pura criação. Um prato pode nascer de uma vivência. Ou não. A criatividade é como se fosse uma "obra-rio" com muitos afluentes: no Celler os principais afluentes são fraternais, mas tampouco querem privar-se das ideias criativas vindas de sua brilhante equipe e da transversalidade.

Eles querem ser proativos. Sabem que os valores compartilhados mobilizam e amplificam. É o que demonstram os exemplos de colaboração transversal que eles mesmos descrevem a seguir e que são apenas uma amostra da vontade integradora e da capacidade de dialogar dos irmãos Roca.

SÓLIDO, UM MOLHO DE CAVA

El Celler de Can Roca
Agustí Torelló
Fundação Alícia

Jaume Coll sugeriu-nos a criação de um prato, que ele descreveria simultaneamente no livro *Una sinfonía fantástica* (2006). Ele nos propôs as *Huîtres au champagne* do *Larousse Gastronomique* (Robuchon, 1996). A partir daí, a entusiástica máquina de diversão pôs-se em movimento, e não se deteve até alcançar a visão transversal e fechar o círculo com a proveitosa contribuição da Fundação Alícia, centro de pesquisas voltado para inovações tecnológicas gastronômicas, e Caves Agustí Torelló Mata, produtor de vinho Cava. O desafio era explorar ao máximo a essência de dois produtos (ostra e Cava) à temperatura natural e com um mínimo de manipulação. Evitar a reação da ostra com ingredientes lipossolúveis, como a manteiga e o creme de leite, e apostar numa combinação fresca e hidrossolúvel. Aproveitamos rapidamente a introdução da goma xantanta (espessante a frio) na cozinha de vanguarda. Só teríamos de adicioná-la ao Cava e misturar o conjunto com o *mixer*.

Tudo começou no início de novembro de 2005, quando juntamos pela primeira vez o Cava e a goma xantana em um sifão. Utilizando cargas de gás carbônico, produzimos um Cava com gás exógeno introduzido e retido. Depois de algumas reuniões sobre o Cava, passamos para o próximo desafio que era fixar o gás carbônico endógeno, aquele produzido na garrafa. A amizade com Agustí Torelló nos possibilitou iniciar, no começo de 2005, a adição de goma xantana ao licor de expedição do Cava durante a degola (segunda fermentação). Entre 2006 e 2008, graças à experimentação, nós constatamos os problemas da espessura, de como a pressão aumenta e da saída espontânea do gás acompanhado de líquido. Depois de muitos testes, o método foi aperfeiçoado e, no final de 2008, apresentamos ao mercado o Sólid Brut e o Sólid Rosat. Diretamente da cave para o prato, em um formato inovador, pronto para ser servido. Fechamos, enfim, o círculo de ideias sobre o uso do Cava na culinária. Um produto que revolucionou o uso do Cava e da Champanhe na gastronomia. Máximo respeito, mais densidade, mais retenção de sabor, mais fixação do gás carbônico endógeno. Existem infinitas elaborações possíveis, mas a primeira, um prato clássico do Celler, é a ostra ao Cava com compota de maçã, pão de especiarias, cominho, *curry*, folha de ostra, borbulhas de Cava e molho de Cava sólido, servida dentro de uma garrafa de Kripta de Agustí Torelló (p. 268).

Um produto gerado a partir de três frentes, duas famílias — El Celler de Can Roca e Agustí Torelló Mata — e uma ponte de conhecimento à qual sempre seremos gratos: a Fundação Alícia.

ALTA PRESSÃO

El Celler de Can Roca
Fundação Alícia
Instituto de Pesquisa e Tecnologia Agroalimentar (Irta)

Nunca seremos suficientemente gratos à generosidade de Ferran Adrià por apostar na aproximação entre ciência e cozinha. Graças à proximidade pessoal de Ferran, à capacidade didática e ao valor profissional dos membros da Fundação Alícia, pudemos encontrar apoio para muitos dos projetos que borbulham em nossas mentes.

Começamos com a ideia de brincar de extrair "aromas transparentes" mediante o processo de destilação. Pensávamos que separar corpo e alma de um produto poderia ser algo sugestivo. Sentir o aroma de um líquido transparente, que nesse caso procedia de uma condensação posterior ao processo de destilação de uma infusão de morangos-silvestres com pimenta-do-reino, foi o ponto de partida de um trabalho de investigação que ainda não terminou. O Rotaval nos permite fixar aromas de uma forma insinuante, bem como recuperar o refluxo no balão de base com uma intensidade evidente e concentrada.

Uma das mais recentes linhas de investigação abertas no âmbito da frutífera colaboração entre o Celler e a Fundação Alícia estuda a aplicação de alta pressão visando à segurança alimentar.

O consumo de moluscos bivalves pode levar a intoxicações ou infecções. A cocção desses produtos permite minimizar os riscos, porém isso também redunda na alteração de seus atributos sensoriais. Em restauração, esses riscos impedem que os produtos possam ser oferecidos com as garantias de segurança alimentar exigidas. Por isso, muitos estabelecimentos optam por eliminar moluscos bivalves frescos de seus cardápios.

Com o apoio da Fundação Alícia e do Irta, nós temos pesquisado um processo alternativo para higienizar o produto sem modificar suas propriedades sensoriais: a alta pressão.

A alta pressão é um método de pasteurização a frio que utiliza água. Colocamos o produto, previamente embalado a vácuo, em uma cavidade; introduzimos água até atingir a pressão desejada (a água tem capacidade de compressão). É importante destacar que a pressão aplicada é transmitida de maneira uniforme e quase instantânea a todos os pontos do alimento, independentemente de sua composição, tamanho e formato. Isso evita que o produto se deforme, apesar de estar sendo submetido a pressões tão altas. Por outro lado, os micro-organismos são afetados pela pressão, o que permite a pasteurização.

Geralmente, as pressões utilizadas no tratamento de alimentos costumam situar-se entre 100 e 1.000 MPa. O tempo de aplicação da pressão pode oscilar entre alguns minutos e algumas horas, e a temperatura de tratamento pode ir de - 20 °C a 90 °C. Nas pesquisas conjuntas do Celler e da Fundação Alícia, temos trabalhado com os seguintes parâmetros:

450 MPa a 7 °C de temperatura da água de entrada durante 300 segundos. O dispositivo de alta pressão funcionava com as 3 bombas.

O processo de alta pressão tem impacto sensorial e nutricional mínimo sobre os alimentos, por essa razão é utilizado na comercialização de produtos em que se destaca o seu "sabor fresco".

NÚVOL DE LLIMONA, O PERFUME

El Celler de Can Roca

Agustí Vidal

Há no perfume uma força que nos prende; uma riqueza que nos invade e nos anima a seguir criando novas ideias, aprimorando processos e reinventando o conceito. A partir das sobremesas baseadas em perfumes... sugerimos o oposto. Damos um passo à frente e, em vez de buscar inspiração, provocamos expiração. Saímos da cozinha para criar um perfume a partir de uma sobremesa. Sentido inverso. E por que não?

A base da criatividade é poesia, graça, coragem, ousadia, ruptura com a rigidez. É uma forma de pensar. Não se pode medir. É também a ilusão de fechar um círculo. Primeiro criamos uma sobremesa: *núvol de llimona* (p. 264). Depois criamos seu perfume, com o perfumista Agustí Vidal.

NÚVOL DE LLIMONA, A SOBREMESA

"Creme de albedo de limão-siciliano, *sorbet* de água de limão-siciliano, gel de bergamota, manteiga tostada emulsionada, nuvem de leite e pão de ló de limão-siciliano."

A primeira sensação na boca da sobremesa *núvol de llimona* é a água de casca de limão-siciliano, acompanhada da suavidade de uma nuvem láctea de limão-siciliano e um cristalino e sutil *sorbet* de cascas, elaborado a vácuo com o Rotaval e posteriormente gelado. Referências lácteas com um toque ligeiramente tostado prolongam o sabor. O creme de albedo de limão-siciliano evidencia o assentamento no paladar. É um sabor puro e profundo, quase amargo. O *sorbet* de cascas de limão-siciliano leva a uma sensação refrescante. A geleia de bergamota faz com que os óleos essenciais voem ao infinito, de maneira alegre, cristalina.

UM PERFUME FORA DA COZINHA, COM AGUSTÍ VIDAL

Utilizamos os elementos mais comuns das séries frescas dos perfumes: a casca da bergamota, a tangerina e o limão-siciliano. A chave é uma combinação muito precisa desses três ingredientes. Ainda que a ideia tenha partido de um perfume infantil, depuramos o conceito para chegar a um perfume familiar, que ganhou profundidade e expressividade, e no qual a complexidade de matizes frescos e límpidos não foi afetada.

Evocações de lírio-do-vale e sândalo-indiano, na base do perfume, fixam a parte séria e profunda. Uma referência de talco infantil com acordes de pétalas de rosa é a primeira impressão, o primeiro passo para a ternura. A sensação cálida se atinge com a doçura presente no heliotrópio e no calor aromático da baunilha. O tato acariciante vem da sensação pulverulenta da própria pele limpa e cheirosa depois de usar um sabonete hidratante. Transparência e profundidade para um perfume-totem, de bem-estar em família.[1]

1 — Baseado em um texto escrito pelos irmãos Roca e publicado no jornal *El País* por Rosa Rivas.

DESIGN SOBRE A MESA

El Celler de Can Roca

Andreu Carulla

Materializar ideias. Fazer que a ilusão tome forma. É assim que definimos nossa colaboração com Andreu Carulla. Buscamos encenar emoções, reproduzir paisagens, criar atmosferas. Andreu concebe e constrói o suporte de nossas fantasias.

Assim, o sonho chega à mesa na forma de um GOL DE MESSI (p. 414): meia bola de futebol invertida contendo um pedacinho de grama transforma-se em cenário de uma sobremesa em que o comensal participa da jogada e revive a emoção do gol do ídolo. Ou por meio das sensações e lembranças que geram uma paisagem inspirada na natureza e servida no restaurante: Andreu Carulla é responsável pelos ganchos que sustentam as azeitonas caramelizadas e recheadas com anchovas da árvore de bonsai que remete à OLIVEIRA MEDITERRÂNEA (p. 337), numa aproximação com as origens da nossa terra. E pelas redes que seguram o *TEMPURA* DE ESPINHAS DE ANCHOVA (p. 336); redes que ainda podem ser vistas na paisagem costeira do nosso litoral. E da lanterna chinesa com um mapa-múndi pintado, a qual se abre como uma janela para O MUNDO (p. 352) e leva o comensal a uma viagem ao redor do globo através de cinco saborosos extratos de cultura gastronômica.

Um dos últimos frutos da colaboração com Andreu é o *Roca on Wheels* (p. 404), o carrinho de sobremesas que, depois de muitos anos de ausência, voltou a passear pelo salão do restaurante. É um carrinho que pretende recuperar o espírito e o estilo da cozinha do Celler. Ilusão, surpresa, fascinação. O carro, desmontável e cheio de gavetas e bandejas repletas de doces de todos os tipos e cores, faria a alegria das crianças de qualquer época. E não só das crianças... porque todos, crianças e adultos, ficam maravilhados com o carrinho. Como que saído de um fotograma de *A fantástica fábrica de chocolate*, o maravilhoso veículo laqueado de preto, com rodas vermelhas e brancas, espalha todo o seu charme em uma chegada inesperada no final da refeição. Um momento de magia encerra a experiência.

J

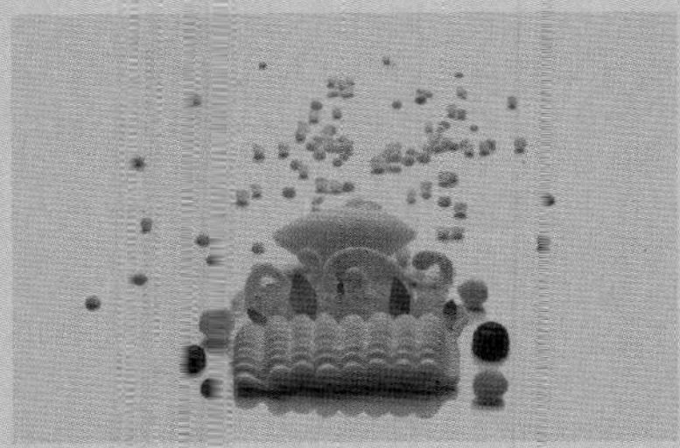

–PERFUME

J

–PERFUME

Perfume são os óleos essenciais e as substâncias aromáticas, o álcool e os bálsamos. Perfume é química, hidrocarburetos. E lentidão. Perfume é destilação, processo de depuração, de obtenção da essência. É extrato, maceração, dissolução. E estrutura, moléculas que se juntam, pensamento que vagueia, retoca, confunde a natureza. E, depois de tudo, não há nada como a definição do dicionário para esclarecer o que é um perfume: fumaça ou vapor produzido pela cocção de substâncias aromáticas. Em outras palavras, evanescência. O presente que se converte no passado em um piscar de olhos.

E, por outro lado, o que permanece? Que lembrança podemos dizer que é mais durável que a dessa sutileza? Quando retorna, ela nos transporta e nos remete novamente ao momento em que sentimos o aroma pela primeira vez. E se solidifica, se transforma em matéria palpável. E que se pode provar.

O desafio do Celler é fazer com que o perfume seja comestível. Trata-se de construir um caminho inverso àquele que busca a síntese, a concentração de uma substância que se concretiza numa gota. O objetivo é descobrir o segredo para fazê-lo visível, para que essa sensação de tangível seja completamente real.
O perfume, a concentração, tornam-se, em cada prato, uma nova exuberância das origens. E, então, o milagre: nesse processo de reconstrução, a síntese não se perde, mas sim se magnifica. A atmosfera é fixada graças ao quebra-cabeça que resgata a emoção de uma gota.

Segundo os irmãos Roca

Tudo começou com a chegada da bergamota, a essência absoluta do Celler. Fomos cativados por seu nobre aroma e sua casca espessa e aromática.

Queríamos tornar possível comer o aroma. Foi preciso decifrar a fórmula de um perfume, capturar seus aromas de cabeça, coração e fundo e compará-los com os ingredientes utilizados por um perfumista. Em seguida, tivemos de adaptá-los a uma realidade comestível e dosar as intensidades. A aventura era estimulante. Partimos de um conceito que na época era inédito na gastronomia: captar a alma volátil de um perfume. Era como se fôssemos o próprio Grenouille do romance *O perfume*, de Patrick Süskind (1985), e compartilhávamos de sua fascinação: “Há no perfume uma força de persuasão mais forte que as palavras, a faísca de um olhar, as emoções e a vontade. A força de persuasão do perfume não pode ser neutralizada, ela nos invade como o ar invade nossos pulmões, ela nos preenche, nos satura. Não existe nenhum remédio para ela”.

A primeira adaptação foi a do Eternity, de Calvin Klein. Desconstruímos as notas aromáticas do perfume: bergamota, manjericão, tangerina, baunilha e laranja. A beleza do processo de sapidez de uma substância volátil está na capacidade mimética que um prato pode alcançar. Estávamos fascinados com a aproximação da ideia, a capacidade do cozinheiro de traduzir uma linguagem tão poderosa como a dos perfumes em outra linguagem igualmente potente, uma linguagem na qual os aromas se combinam com a comestibilidade. O olfato busca os sabores como um complemento natural e se transforma em sabor mantendo intacta sua força constitutiva. Traduzir o aroma para uma linguagem sápida é uma eterna aspiração do homem: “A única coisa que falta às rosas para serem perfeitas é serem comestíveis”, dizia Josep Pla. Transformar isso em realidade não é impossível.

As adaptações de Jordi são interpretações de um perfume. Elas não pretendem ser uma cópia exata do perfume original, algo impossível de se materializar, mas sim sugerir o evanescente com ingredientes comestíveis. A intenção é insinuar, e não ressaltar o óbvio.

Poderosos, os perfumes se ramificaram e ampliaram o registro de interpretações em mais de 25 adaptações levadas ao mundo doce de Jordi, entre elas:

> ETERNITY DE CALVIN KLEIN, TRÉSOR DE LANCÔME, MIRACLE DE LANCÔME, POLO SPORT WOMAN DE RALPH LAUREN, ANGEL DE THIERRY MUGLER, CAROLINA DE CAROLINA HERRERA, LOLITA LEMPICKA DE PARFUMS LOLITA LEMPICKA, HYPNOTIC POISON DE DIOR, L'EAU D'ISSEY DE ISSEY MIYAKE, ENVY DE GUCCI, EXTRÊME DE BULGARI, INCANTO DE SALVATORE FERRAGAMO, CONCENTRÉ D'ORANGE VERTE DE HERMÈS, EAU PARFUMÉE AU THÉ BLANC DE BULGARI, FEMME INDIVIDUELLE DE MONTBLANC, DKNY DE DONNA KARAN, UN JARDIN EN MÉDITERRANÉE DE HERMÈS, TERRE D'HERMÈS, EAU PARFUMÉE AU THÉ VERT DE BULGARI.

O exercício de transformar um perfume em receita é um desafio, um jogo, um salto a mais na arte de cozinhar. Enfrentar uma quimera que, graças ao trabalho, à técnica e à paixão, finalmente se converte em realidade. Realidade, no entanto, que não seria completa se não enfrentássemos também o seu reverso. O passo seguinte era, então, inevitável, e nossa curiosidade e desejo criativo nos levaram a criar um perfume a partir de uma sobremesa. Porque, assim como Grenouille, ficamos entusiasmados com "essa operação, que através do fogo, da água, do vapor e de um aparato apropriado, torna possível arrancar a alma fragrante das coisas". Tínhamos de fechar o círculo, e o fizemos criando primeiro uma sobremesa, **NÚVOL DE LLIMONA** (p. 264), e logo depois seu perfume, com a colaboração do perfumista Agustí Vidal. Na boca, creme de albedo de limão-siciliano, *sorbet* de água de limão- siciliano, geleia de bergamota, manteiga *noisette* emulsionada, nuvem de leite e pão de ló de limão--siciliano. Na pele, bergamota, tangerina e limão-siciliano, evocações de lírio-do-vale e sândalo-indiano, uma referência ao talco infantil com um toque de pétalas de rosa, heliotrópio e baunilha. Círculo fechado. Alegria.

Do salão...

Se por acaso você usa um desses perfumes, imagine como ele poderia ser transformado em um prato, em uma receita... Brinque com essa magia como nós brincamos. E, quando vier a nossa casa, poderá finalmente concluir a aventura e comer nossa interpretação dessas joias aromáticas. Antes de vir, perfume sua pele com a fragrância que em seguida serviremos na mesa. Traremos o perfume para o salão e procuraremos brincar e demonstrar cumplicidade, enquanto apresentamos a "quadratura do círculo" que é criar uma sobremesa a partir de um perfume. Mostraremos o produto, exibiremos o resultado de um trabalho, de uma diversão, de uma investigação... E o serviremos em sua própria embalagem. Assim como o perfume em seu frasco...

THÉ VERT DE BULGARI

8 PESSOAS

COMPOSIÇÃO

Creme gelado de bergamota
Gelatina de fava-tonca e baunilha
Sorbet de limão
Merengue de limão
Glacê real
Geleia de manjericão

—CREME GELADO DE BERGAMOTA

RENDIMENTO: 520 G

500 g de creme de leite fresco
50 g de dextrose
3 folhas de gelatina
Raspas da casca de 1 bergamota

Em uma panela, aqueça o creme de leite com a dextrose e retire do fogo quando começar a ferver. Adicione as folhas de gelatina previamente hidratadas e as raspas de bergamota. Deixe em infusão por 5 minutos, coe e esfrie. Reserve no refrigerador a preparação em um recipiente hermético durante 12 horas antes de bater. Transcorrido esse tempo, bata com um *mixer* até o ponto de *chantilly* e, usando um saco de confeiteiro com bico frisado, faça pontos de aproximadamente 5 cm. Reserve no *freezer* a -18 °C.

—GELATINA DE FAVA-TONCA E BAUNILHA

RENDIMENTO: 200 G

200 g de água
30 g de açúcar
½ fava de baunilha
½ fava-tonca ralada
1 g de ágar-ágar

Aqueça a água e o açúcar até ferver, adicione a fava de baunilha e a fava-tonca ralada e deixe em infusão por 5 minutos. Coe a infusão, incorpore o ágar-ágar e aumente a temperatura até que ferva novamente. Deixe a gelatina obtida amornar e reserve-a num recipiente hermético no refrigerador.

—*SORBET* DE LIMÃO

RENDIMENTO: 750 G

100 g de água
24 g de dextrose
100 g de açúcar
3,5 g de estabilizante para *sorbets*
16 g de glucose atomizada
10 g de açúcar invertido
Raspas da casca de 2 limões
500 g de suco de limão

Em uma panela, aqueça a água com a dextrose; quando a temperatura atingir 60 °C, adicione o açúcar, o estabilizante, a glucose atomizada, o açúcar invertido e as raspas de limão. Leve a mistura a 85 °C sem deixar de bater com um *fouet*. Resfrie rapidamente até 4 °C, adicione o suco de limão e bata com um *mixer* para acelerar a homogeneização. Em seguida, bata na sorveteira e reserve o *sorbet* em um recipiente hermético a -18 °C.

—MERENGUE DE LIMÃO

RENDIMENTO: 1[illegible]0 G

100 g de açúcar
60 g de clara de ovo
Raspas da casca de 1 limão

Coloque o açúcar e as claras numa vasilha, aqueça em banho-maria e, quando o açúcar dissolver, bata o merengue. Quando estiver em ponto de neve, adicione a raspa de limão, coloque a mistura em um saco de confeiteiro e faça pequenos pontos de merengue sobre um tabuleiro. Deixe secar na estufa a 50 °C por, no mínimo, 12 horas. Reserve em um recipiente hermético.

—GLACÊ REAL

RENDIMENTO: 100 G

20 g de claras de ovo
75 g de açúcar de confeiteiro
10 g de suco de limão
½ fava de baunilha

Em uma vasilha, misture as claras, o açúcar e o suco de limão; em seguida, adicione a baunilha e bata até que a mistura fique lisa e cremosa. Coloque o glacê em um saco de confeiteiro com bico liso e faça tiras onduladas e paralelas. Seque em estufa a 50 °C por 12 horas.

—GELEIA DE MANJERICÃO

RENDIMENTO: 200 G

50 g de manjericão
250 g da água de escaldar o manjericão
30 g de açúcar
3 g de ágar-ágar

Aqueça a água em uma panela e escalde as folhas de manjericão por cerca de 20 segundos; retire as folhas e esfrie-as em uma vasilha com água e gelo. Em um recipiente à parte, resfrie os 250 g da água em que o manjericão foi escaldado. Depois de fria, coloque a água e as folhas de manjericão em um processador e triture até que se torne um líquido bem fino. Coe.

Aqueça o líquido de manjericão com o açúcar e o ágar-ágar e retire do fogo assim que começar a ferver. Reserve a mistura e, quando o ágar--ágar solidificar, triture com um *mixer* para obter uma textura de molho. Reserve a geleia em um saco de confeitar.

FINALIZAÇÃO E MONTAGEM DO PRATO

Folhas de menta
Folhas de manjericão

Coloque o creme gelado de bergamota no centro de um prato raso. Ao redor do creme, disponha alguns pontos de geleia de manjericão, de gelatina de fava-tonca e baunilha, algumas tiras de glacê com folhas de menta e de manjericão por cima, alguns pontos de merengue de limão e o *sorbet* de limão.

ANGEL
DE THIERRY MUGLER

8 PESSOAS

COMPOSIÇÃO

Creme de *toffee*

Sorbet de frutas vermelhas e baunilha-do-taiti

Gelatina de rosas

Molho de bergamota

Gelatina de mel

Geleia de violeta

Fios de caramelo

—CREME DE *TOFFEE*

RENDIMENTO: 250 G

200 g de açúcar
500 g de creme de leite fresco
2 folhas de gelatina

Hidrate as folhas de gelatina em água fria.

Aqueça o açúcar até atingir 150 °C, adicione o creme de leite e, quando o caramelo estiver dissolvido, adicione a gelatina. Com a mistura ainda quente, cubra o fundo de um prato de sopa e deixe esfriar no refrigerador até adquirir consistência.

—*SORBET* DE FRUTAS VERMELHAS E BAUNILHA-DO-TAITI

RENDIMENTO: 1.200 G

1.000 g de frutas vermelhas
200 g de água
20 g de açúcar invertido
1 fava de baunilha-do-taiti (*Vanilla tahitensis*)
200 g de açúcar
50 g de dextrose
30 g de glucose atomizada
7,5 g de estabilizante para *sorbets*

Triture as frutas vermelhas até obter um purê. Reserve.

Aqueça a água com o açúcar invertido e a fava de baunilha. Antes que ferva, incorpore o restante dos ingredientes secos, misture e leve a 85 °C. Adicione, então, o purê de frutas vermelhas e deixe descansar por 24 horas. No dia seguinte, bata a mistura na sorveteira e reserve no *freezer* a -20 °C.

—GELATINA DE ROSAS

RENDIMENTO: 190 G

200 g de água de rosas
1 g de ágar-ágar

Ferva uma parte da água de rosas com o ágar--ágar para que fique bem incorporado, adicione e misture o restante da água. Estenda a mistura em um tabuleiro com bordas de 0,5 cm de altura. Deixe solidificar e corte em cubos de 0,5 cm de lado.

—MOLHO DE BERGAMOTA

RENDIMENTO: 190 G

50 g de água
50 g de açúcar
2 g de ágar-ágar
Raspas da casca de 1 bergamota
100 g de suco de bergamota

Coloque a água, o açúcar, o ágar-ágar e as raspas de bergamota em uma panela e leve ao fogo até ferver. Misture com o suco, deixe solidificar e, quando estiver fria, triture com o *mixer* para obter uma consistência de molho.

—GELATINA DE MEL

RENDIMENTO: 190 G

150 g de mel
50 g de água
1 ½ folha de gelatina

Hidrate a gelatina em água fria. Escorra e reserve.

Ferva o mel, adicione a água e dissolva a gelatina. Coloque em um recipiente de 0,5 cm de altura e deixe solidificar sob refrigeração.

—GELEIA DE VIOLETA

RENDIMENTO: 195 G

100 g de água
20 g de violetas frescas
100 g de açúcar
10 g de pectina

Ferva a água, as violetas e 75 g de açúcar.

Em outro recipiente, misture os 25 g de açúcar restantes com a pectina e incorpore aos poucos, sem parar de mexer, à preparação com as violetas. Deixe reduzir até obter uma textura de geleia, lembrando que, quando estiver fria, sua densidade aumentará. Reserve.

—FIOS DE CARAMELO

Açúcar

Em uma panela, aqueça o açúcar a seco. Deixe em fogo médio até derreter, mexendo com uma espátula para homogeneizar. Quando o açúcar estiver líquido e em ponto de caramelo, retire do fogo e deixe em repouso até que o caramelo adquira certa elasticidade. Mergulhe um garfo ou um *fouet* com as pontas cortadas no caramelo e estique os filamentos com a mão para formar os fios que finalizarão o prato.

FINALIZAÇÃO E MONTAGEM DO PRATO

Framboesas e amoras

Passe as framboesas e as amoras pelo nitrogênio líquido para que fiquem congeladas e mais fáceis de esfarelar.

No prato com o creme de *toffee* engrossado, disponha 4 pontos de cada gelatina (gelatina de rosas em cubos, molho de bergamota, gelatina de mel e geleia de violeta), intercalando-as e seguindo a borda do creme. Coloque as framboesas e as amoras congeladas no centro e por cima uma *quenelle* de *sorbet* de frutas vermelhas e baunilha. Finalize o conjunto com os fios de caramelo, que darão volume ao prato.

ETERNITY DE CALVIN KLEIN

8 PESSOAS

COMPOSIÇÃO

Creme de baunilha

Gelatina de água de flor de laranjeira

Molho de manjericão

Gelatina de xarope de bordo

Granizado de tangerina

Sorvete de bergamota

—CREME DE BAUNILHA

RENDIMENTO: 650 G

500 g de creme de leite fresco
1 fava de baunilha
100 g de gemas de ovo
50 g de açúcar
42 g de maisena

Ferva o creme de leite com a baunilha e incorpore as gemas, o açúcar e a maisena. Pasteurize a mistura sem parar de mexer, até ficar encorpada e homogênea. Esfrie e reserve.

—GELATINA DE ÁGUA DE FLOR DE LARANJEIRA

RENDIMENTO: 195 G

200 g de água de flor de laranjeira
1 g de ágar-ágar

Misture o ágar-ágar com um terço da água e leve ao fogo até ferver; incorpore a água restante e estenda num tabuleiro de 1,5 cm de altura. Quando estiver sólido, corte o gel em cubos de 1,5 cm de lado.

—MOLHO DE MANJERICÃO

RENDIMENTO: 190 G

100 g de água
50 g de açúcar
50 g de manjericão fresco
3 g de ágar-ágar

Ferva 50 g de água com os 50 g de açúcar. Reserve.

Em outra panela, ferva os outros 50 g de água e escalde as folhas de manjericão por 20 segundos; esfrie-as rapidamente, mergulhando-as em água e gelo. Quando a água de escaldar estiver fria, coloque-a num liquidificador com a calda de açúcar e as folhas de manjericão; triture e coe. Misture uma parte da preparação obtida com o ágar-ágar, ferva e adicione o restante da mistura. Deixe solidificar e finalmente triture para romper a estrutura e obter um molho. Reserve.

—GELATINA DE XAROPE DE BORDO

RENDIMENTO: 190 G

150 g de xarope de bordo (*maple syrup*)
50 g de água
1 ½ folhas de gelatina

Dissolva o xarope de bordo com a água e aqueça ligeiramente até 40 °C. Adicione as folhas de gelatina previamente hidratadas e, quando tiverem diluído, despeje a mistura em um tabuleiro com 1,5 cm de altura. Deixe solidificar sob refrigeração e, uma vez endurecido, corte o gel em cubos de 1,5 cm de lado.

—GRANIZADO DE TANGERINA

RENDIMENTO: 650 G

500 g de suco de tangerina
100 g de dextrose
100 g de açúcar invertido
Raspas da casca de 3 tangerinas
4 folhas de gelatina

Ferva uma parte do suco de tangerina para diluir a dextrose e o açúcar invertido. Em seguida, adicione raspas da casca das tangerinas, tampe e deixe em infusão por 5 minutos. Adicione as folhas de gelatina previamente hidratadas, coe e incorpore ao restante do suco. Reserve no *freezer* a -20 °C.

—SORVETE DE BERGAMOTA

RENDIMENTO: 950 G

600 g de leite
300 g de creme de leite fresco
90 g de açúcar invertido
90 g de dextrose
60 g de açúcar
36 g de leite em pó (1% de gordura)
6 g de estabilizante para sorvetes
Raspas da casca de 4 bergamotas
120 g de suco de bergamota

Aqueça o leite, o creme de leite e o açúcar invertido até atingir 40 °C.

Em outro recipiente, misture a dextrose, o açúcar, o leite em pó e o estabilizante para sorvetes e adicione à mistura anterior. Pasteurize o conjunto até chegar a 85 °C. Coe a preparação, adicione as raspas e mexa rapidamente. Deixe descansar sob refrigeração durante 12 horas.

Transcorrido esse tempo, coe novamente a mistura e bata na sorveteira. Quando estiver a -1 °C, adicione o suco de bergamota sem parar de bater. Conserve a -20 °C.

FINALIZAÇÃO E MONTAGEM DO PRATO

8 gomos de tangerina descascada

Coloque no prato 3 pontos de creme de baunilha, 5 pontos de molho de manjericão, 3 cubos de gelatina de flor de laranjeira, 3 cubos de gelatina de xarope de bordo e um gomo de tangerina. Por cima, sirva o granizado de tangerina e finalize com uma *quenelle* de sorvete de bergamota.

HYPNOTIC POISON DE DIOR

8 PESSOAS

COMPOSIÇÃO

Creme de *toffee*
Geleia de rosas
Sorbet de amêndoas verdes
Pétalas de rosa cristalizadas
Marshmallow de coco

—CREME DE *TOFFEE*

RENDIMENTO: 650 G

200 g de açúcar
500 g de creme de leite fresco
2 folhas de gelatina

Hidrate as folhas de gelatina em água fria.

Aqueça o açúcar até 150 °C, adicione o creme de leite e, quando o caramelo tiver dissolvido, adicione a gelatina. Deixe esfriar a 4 °C por, no mínimo, 12 horas, para que se estabilize. Em seguida, bata o creme com a batedeira e reserve-a em um saco de confeitar com bico frisado.

—GELEIA DE ROSAS

RENDIMENTO: 200 G

100 g de água
20 g de rosas frescas
100 g de açúcar
10 g de pectina

Ferva a água, as rosas e 75 g de açúcar.

Em outro recipiente, misture os 25 g de açúcar restantes com a pectina e incorpore aos poucos à preparação de rosas, sem parar de mexer. Deixe reduzir até obter uma textura de geleia, lembrando que quando esfriar ficará mais densa.

—ÁGUA DE AMÊNDOAS VERDES

RENDIMENTO: 1.000 G

1.000 g de água
500 g de amêndoas verdes

Triture as amêndoas com a água, deixe macerar sob refrigeração por, no mínimo, 8 horas. Coe e reserve.

—*SORBET* DE AMÊNDOAS VERDES

RENDIMENTO: 1.400 G

200 g de água
20 g de açúcar invertido
1 fava de baunilha
200 g de açúcar
50 g de dextrose
30 g de glucose atomizada
7,5 g de estabilizante para *sorbets*
1.000 g de água de amêndoas verdes (elaboração anterior)

Aqueça a água com o açúcar invertido e a fava de baunilha. Antes que ferva, adicione o restante dos ingredientes secos, já misturados, e aumente a temperatura até atingir 85 °C. Incorpore, então, a água de amêndoas verdes e deixe descansar por 24 horas. No dia seguinte, bata a mistura na sorveteira e reserve no *freezer* a -20 °C.

—PÉTALAS DE ROSA CRISTALIZADAS

RENDIMENTO: 30 G

100 g de água
100 g de açúcar
30 g de pétalas de rosa frescas

Ferva a água com o açúcar, despeje a água ainda quente sobre as pétalas de rosa, deixe amornar e espalhe as pétalas sobre um tapete de silicone. Deixe secar a 50 °C durante 12 horas e, em seguida, reserve em um recipiente hermético.

—*MARSHMALLOW* DE COCO

RENDIMENTO: 2[illegible] UNIDADES

250 g de açúcar
50 g de água
90 g de purê de coco
5 ½ folhas de gelatina
30 g de claras de ovo
Coco ralado

Faça um merengue italiano: ferva a água com o açúcar até atingir 121 °C, limpando as paredes da panela com um pincel úmido para que a calda não cristalize. Com a calda ainda quente, adicione o purê de coco e a gelatina previamente hidratada. Bata as claras, despejando delicadamente a calda quente sobre elas até que adquiram volume. Estenda a preparação sobre um tabuleiro com 1 cm de altura, deixe que solidifique e corte em cubos de 1 cm de lado. Em seguida, passe os cubos pelo coco ralado. Reserve.

FINALIZAÇÃO E MONTAGEM DO PRATO

Morangos-silvestres
Pétalas de rosa frescas

Em um prato raso, com o saco de confeitar, faça alguns pontos frisados com o creme de *toffee* e acompanhe-os com a geleia de rosas, dois *marshmallows* de coco e algumas pétalas de rosa cristalizadas. Coloque o *sorbet* sobre o conjunto e finalize com os morangos-silvestres e as pétalas de rosa frescas.

TERRE D'HERMÈS

8 PESSOAS

COMPOSIÇÃO

Sorvete de patchuli
Mousse de chocolate ao leite
Biscoito de cacau
Destilado de terra
Ar de chá de jasmim

—SORVETE DE PATCHULI

RENDIMENTO: 1.000 G

500 g de leite
200 g de creme de leite fresco
200 g de dextrose
50 g de leite em pó
100 g de açúcar
6 g de estabilizador para sorvetes
20 g de raízes de patchuli secas
Chocolate ao leite 35%

Misture o leite e o creme de leite com a dextrose e o leite em pó, aqueça. Quando a mistura ficar em torno de 70 °C, adicione o açúcar e o estabilizante e, sem parar de mexer, aumente a temperatura para 85 °C. Em seguida, adicione o patchuli à mistura ainda quente e deixe-a em infusão até esfriar. Reserve.

Depois de 6 horas, já é possível bater o sorvete. Reserve a -18 °C.

Quando o sorvete estiver mais encorpado, faça bolas pequenas e volte a congelá-las para, em seguida, banhá-las no chocolate ao leite derretido. Reserve no *freezer*.

—*MOUSSE* DE CHOCOLATE AO LEITE

RENDIMENTO: 900 G

120 g de creme de leite fresco
80 g de gemas de ovo
20 g de açúcar
500 g de creme de leite fresco
260 g de chocolate ao leite 44%

Faça uma massa *bombe*, misturando o creme de leite, a gema e o açúcar e aquecendo até 85 °C. Ainda quente, bata na batedeira até triplicar de volume e esfriar. Reserve.

Em outro recipiente, bata os 500 g de creme de leite. Reserve.

Misture aos poucos a massa *bombe* com o chocolate e finalize, incorporando o creme de leite batido. Reserve num recipiente hermético no refrigerador

—BISCOITO DE CACAU

RENDIMENTO: 300 G

200 g de manteiga
50 g de açúcar de confeiteiro
20 g de gemas de ovo
275 g de farinha de trigo
40 g de cacau em pó

Em uma vasilha, misture todos os ingredientes, começando com a manteiga em ponto de pomada, o açúcar e as gemas. Em seguida, adicione a farinha e o cacau em pó peneirados. Reserve. Em uma assadeira forrada com um tapete de silicone, despeje a massa a uma altura de 0,5 cm. Asse a 180 °C por 5 minutos. Reserve em recipiente hermético.

—DESTILADO DE TERRA

RENDIMENTO: 430 G

430 g de destilado de terra (receitas-base)
1 g de goma xantana

Misture os dois ingredientes com o *mixer* e reserve sob refrigeração.

—AR DE CHÁ DE JASMIM

RENDIMENTO: 500 G

500 g de leite desnatado
10 g de chá de jasmim

Aqueça o leite até 80 °C e deixe o chá em infusão por 4 minutos. Em seguida, coe e reserve o leite no refrigerador. Na hora de servir, bata com a ajuda do *mixer*.

FINALIZAÇÃO E MONTAGEM DO PRATO

Gomos de laranja
Folhas de beterraba
Folhas de *shiso* roxo
Raspas de casca de *grapefruit*

Em um prato fundo de sobremesa, sirva a *quenelle* de *mousse* de chocolate ao leite. Coloque por cima três bolas de sorvete de patchuli, alguns gomos de laranja, o biscoito de cacau esfarelado, algumas gotas de destilado de terra, as folhas de beterraba e do *shiso* roxo e uma pitada de raspa de casca de *grapefruit*. Para finalizar, coloque em um lado do prato o ar de chá de jasmim.

K

—INOVAÇÃO

K

Toda cozinha é sofisticação. O primeiro fogo, a primeira cocção foram ações conscientes que perturbaram a até então ordem natural das coisas. Um primeiro passo que nos distanciou da necessidade e nos aproximou da depuração. De resto, significou uma evolução da técnica que a princípio tratou de superar o imediatismo e que, depois, se dirigiu ao paladar. Não apenas a técnica como ferramenta de progresso, mas também como mecanismo que, em determinado momento, nos revela novas formas de prazer, uma nova maneira de observar o produto. Revolução a serviço do prazer. É por isso que as inovações magistrais de Joan — a "perfume-cocção" e o cozimento a vácuo — não podem ser confinadas à prateleira das invenções cuja utilidade se explica em suas próprias instruções de uso. Elas deverão ser guardadas na estante das que servem para alcançar uma meta já traçada e prevista. As ferramentas são úteis porque antes já respondiam a um plano premeditado. Não são facas que servem para cortar, e sim buris que sulcam uma chapa para obter uma gravura que o artista já havia planejado.

Estamos falando de vapores, de destilação, de temperaturas, de acontecimentos e prodígios que se baseiam numa grande complexidade técnica. A inovação, no entanto, não é ter esses elementos ao alcance, e sim haver pensado que serviriam para alcançar a materialização de uma ideia.

Segundo os irmãos Roca

Inovação tecnológica: as ferramentas

Da tecnocracia ao sentimento. Nós nos sentimos muito próximos dos conceitos "tecnoemocionais". É uma forma de crescer, de melhorar, de nos sentirmos concidadãos de uma sociedade que deseja saber e compreender. Queremos propor a pesquisa como uma disposição vital, porém com maturidade conceitual, a fim de manter o caráter e o impulso empreendedor. Ser uma influência discreta nos fascina. A dimensão do que não é óbvio, mas que é sinal de predisposição curiosa. A grandeza da sedução e do estudo que está por trás. Ocultar a técnica para potencializar o sabor. Um jogo de espelhos entre a técnica que se esconde e o sabor que brilha...

A vinculação à tecnologia é parte da pesquisa e da obsessão pela melhoria das técnicas conhecidas e ancestrais de cozinhar. A possibilidade de aperfeiçoar a formação acadêmica adquirida na Escola de Hotelaria de Girona nos levou a entrar em contato, em 1988, com Georges Pralus, inventor do cozimento a vácuo. Desse modo, e a partir de alguns conhecimentos prévios, pudemos desenvolver todo um trabalho pedagógico sobre a precisão nas cocções a baixa temperatura graças ao Roner. Esse equipamento (patenteado por Joan Roca e Narcís Caner — daí seu nome, criado pela junção da primeira e da última sílaba dos respectivos nomes) foi pioneiro nesse método de cocção. O livro *La cocina al vacío*[1] foi a primeira obra sobre o cozimento a vácuo de preparações para consumo imediato.

1. J. ROCA & S. BRUGUÉS. *La cocina al vacío*. Barcelona: Montagud Editores S.A., 2003.

Esse primeiro trabalho nos levou a conhecer diversos fabricantes de máquinas para laboratórios, e assim acabamos estabelecendo contato com entidades muito interessantes e necessárias para crescermos no caminho do avanço tecnológico. A Fundação Alícia é a nossa parceria mais apaixonante e frutífera. Ficamos muito felizes pelo tratamento que recebemos por parte dos pesquisadores científicos que trabalham na fundação. Eles demonstraram clareza e profundidade de conhecimento no discurso docente. Dá gosto aprender com pessoas preparadas, discretas e humildes. É um privilégio que tem muito a ver com nosso crescimento e com as áreas de avanço em nossa cozinha. O Rotaval é outro equipamento de criação própria, fruto dessa colaboração: um destilador nascido da nossa obsessão pelos métodos de cocção das substâncias voláteis, os quais denominamos "perfume-cocção", ou seja, a obtenção do *flavor* (conjunto de propriedades olfativas, gustativas e táteis percebidas na degustação) dos alimentos e a extração de óleos essenciais naturais. Finalmente, temos o liofilizador, uma ferramenta também utilizada no Celler para criar cubos de caldos em forma de pastilhas, imitações de conchas de ostras e outras aplicações em materiais desidratados.

O contato com as indústrias alimentícias e de aromas nos permite estar próximos das novas tecnologias que nem sempre nos convêm; mas, por outro lado, é importante nos mantermos informados sobre como a indústria interfere ou poderá interferir na alimentação do futuro.
A técnica de encapsular aromas, por exemplo, é fascinante. O aperfeiçoamento técnico oferecido pelo Instituto de Pesquisa e Tecnologia Agroalimentar (Irta) sobre o cozimento a altas pressões possibilitou que aprofundássemos nosso conhecimento sobre intoxicação alimentar e sobre vírus em moluscos e ostras (mais informações sobre o tema na p. 273). O contato com os especialistas do âmbito sensorial e do *marketing* emocional também acrescentou complexidade e transcendência aromática à nossa cozinha. Os vínculos com a universidade, fonte inesgotável de correlações, são conexões abertas e importantes para gerenciarmos a inovação e dar continuidade à pesquisa tecnológica.

Inovação emocional: os valores

Um dos aspectos que temos reforçado ultimamente no restaurante tem a ver com a necessidade de encontrar um espaço para dialogar com a nossa equipe. Lidar com o sucesso e sua natureza devastadora pode distorcer o sentido da busca da qualidade, pelo peso de uma rotina repleta de arrogância equivocada, bem como pela falta de estímulo para sorrir e demonstrar empatia.
Como gestores de uma equipe, entendemos que é preciso adaptar-se com inovação, ser atraentes para os trabalhadores e conseguir surpreender continuamente. Apostamos em pessoas afins, abertas. Gostamos de nos ver rodeados por jovens capazes de evoluir. Queremos ser proativos. Sabemos que os valores compartilhados mobilizam e amplificam. Temos nos esforçado em esclarecer os objetivos que queremos alcançar e os analisamos e planejamos juntamente com a equipe...
Todas as terças, na hora do almoço, abrimos um espaço para nos dedicar à gestão emocional interna: faturar menos, para poder continuar aprendendo.

Do salão...

Com Andreu Carulla, criamos recipientes para pratos especiais. Levamos a cabo todo um processo reflexivo e, quando necessário, elaboramos um modelo para uma nova criação. Ou enfocamos os talheres de um modo distinto: pensamos se devem pesar menos porque um prato é mais etéreo, ou se devem ter um elemento de algodão no tato porque se encaixa com a proposta culinária. Talheres, bandejas e pratos são utensílios para se explorar com os dedos... É um campo aberto com muita estrada a ser percorrida. Uma contribuição importante, que oferece a nossos clientes uma experiência completa, na qual todos os sentidos intervêm.

OSTRA AO VAPOR DE AMONTILLADO

4 PESSOAS

COMPOSIÇÃO

Ostra
Redução de Oloroso Abocado
Sopa de ostras
Vapor de Manzanilla Pasada

—OSTRA

4 ostras

No momento de servir, abra as ostras, retire as barbas e reserve.

—REDUÇÃO DE OLOROSO ABOCADO

RENDIMENTO: 200 G

500 g de Oloroso Abocado

Coloque o Oloroso Abocado no Rotaval e destile a 45 °C de temperatura em banho-maria. Recupere a redução e reserve.

—SOPA DE OSTRAS

RENDIMENTO: 550 G

10 ostras
50 g de echalotas
5 g de manteiga
35 g de água das ostras
30 g de *oyster sauce* (molho de ostras asiático)
625 g de creme de leite fresco
Sal

Abra as ostras e reserve 35 g de sua água. Pique as echalotas em *julienne* bem fina e leve-as para suar com a manteiga e um pouco de sal em fogo bem baixo, até que estejam cozidas. Adicione e sele as ostras de ambos os lados, dourando-as levemente. Deglace com a água da ostra previamente reservada, adicione o molho de ostra, deixe cozinhar por 1 minuto e adicione o creme de leite. Ferva a preparação em fogo baixo durante 5 minutos, retire do fogo e coloque no processador. Triture e passe por um *chinois* fino. Reserve em banho-maria a 65 °C.

—VAPOR DE MANZANILLA PASADA

150 g de Manzanilla Pasada

Reserve esse vinho para cozinhar a ostra no vapor diante do comensal.

FINALIZAÇÃO E MONTAGEM DO PRATO

4 pedras

Aqueça as pedras em fogo alto. Coloque uma pedra bem quente no fundo de uma vasilha com uma peneira por cima. Sobre a peneira deverá ficar a ostra recém-aberta.

Em uma colher à parte, coloque uma gota da redução de Oloroso Abocado. Na frente do comensal, deixe cair um pouco de Manzanilla Pasada sobre a pedra quente e mantenha coberto por 20 segundos, para que seja gerado o vapor que irá perfumar e cozinhar ligeiramente a ostra. Enquanto isso, sirva um pequeno copo com 30 g de sopa de ostras bem quente.

DRY GAMBINI

8 PESSOAS

COMPOSIÇÃO

Camarão
Camarão em pó
Coquetel de camarão
Concentrado da destilação

—CAMARÃO

8 camarões grandes

Separe as cabeças dos camarões e reserve. Escalde os camarões em água fervente com sal a gosto. Descasque os camarões, deixando o rabo.

—CAMARÃO EM PÓ

RENDIMENTO: 5 G

8 cabeças de camarão

Triture as cabeças de camarão num processador até obter uma pasta homogênea. Estenda essa pasta sobre uma assadeira forrada com papel sulfurizado e coloque-a no forno a 120 °C por 12 minutos. Retire e deixe secar em uma estufa a 60 °C por 12 horas.

Quando a pasta estiver totalmente seca, triture com a ajuda de um moedor até obter um pó fino. Reserve dentro de um recipiente hermeticamente tampado e em lugar seco.

—COQUETEL DE CAMARÃO

RENDIMENTO: 125 G

500 g de caldo de camarão (receitas-base)
0,5 g de goma xantana
25 g de álcool vínico

Coloque o caldo de camarão no Rotaval a 56 °C de temperatura de banho-maria (Tb) e 45 °C de temperatura de destilação (Td) por 6 horas a 30 rpm. Obtém-se um destilado de camarão volátil, transparente e sutil, ao passo que, no primeiro balão, ficará um caldo intensamente saboroso, resultante da evaporação produzida pcr uma ebulição à baixa temperatura. Reserve o concentrado da destilação para o momento de montar o prato.

Misture 100 g do destilado com o álcool vínico e engrosse com a xantana. Reserve sob refrigeração.

FINALIZAÇÃO E MONTAGEM DO PRATO

Concentrado da destilação
(da elaboração anterior)

Coloque um pouco de camarão em pó em uma parte da borda de uma taça de coquetel e, do lado contrário, coloque uma gota do concentrado da destilação. Aqueça o camarão rapidamente, para perder o frio, e o apoie na borda da taça de maneira que o corpo fique quase por inteiro no interior da taça e as costas se inclinem para fora. Finalize servindo o coquetel frio.

VIAGEM A HAVANA

4 PESSOAS

COMPOSIÇÃO

Candies de rum
Gel de limão
Granizado de menta
Base de charuto
Cilindro de chocolate temperado

—*CANDIES* DE RUM

RENDIMENTO: 74 UNIDADES

20 g de água
60 g de açúcar
12 g de rum
Maisena

Faça uma calda com a água e o açúcar, levando ao fogo até atingir 109 °C. Retire do fogo e deixe que a temperatura diminua um pouco. Adicione o rum com muito cuidado. Para fazer essa operação, o ideal é ir derramando a calda aos poucos e bem lentamente, deixando-a deslizar pelas paredes do recipiente que contém o rum, e vice-versa, até que os dois líquidos e as duas densidades se integrem. Reserve.

Forre uma assadeira com uma camada de maisena e deixe secar a 80 °C por algumas horas. Compacte e alise a maisena, faça pequenos orifícios nela e preencha-os com a mistura de calda e rum. Polvilhe suavemente a superfície com um pouco mais de maisena seca e deixe por 24 horas a 40 °C, aproximadamente.

Transcorrido esse tempo, retire os *candies* da maisena, limpe-os com um pincel e reserve.

—GEL DE LIMÃO

RENDIMENTO: 100 G

75 g de água
20 g de açúcar
1,2 g de ágar-ágar
20 g de suco de limão

Ferva a água com o açúcar até que ele se dissolva. Deixe amornar e adicione o ágar-ágar, volte a ferver e retire do fogo. Adicione o suco de limão, misture a preparação e coloque-a numa forma para que esfrie e solidifique.

Uma vez solidificada, triture a preparação para obter um gel sedoso.

—ÁGUA DE MENTA

RENDIMENTO: 100 G

75 g de folhas de menta
50 g da água de escaldar fria
50 g de água

Leve ao fogo uma panela com água até ferver. Branqueie as folhas de menta por cerca de 20 segundos e retire. Esfrie em água com gelo.

Coloque as folhas de menta escaldadas junto com a água de escaldar já fria e com a água indicada na receita, triture até obter um líquido fino e homogêneo. Passe por um *chinois* fino, pressionando as folhas para recuperar a maior quantidade possível da água de menta. Reserve sob refrigeração.

—GRANIZADO DE MENTA

RENDIMENTO: 150 G

25 g de água
12,5 g de açúcar invertido
25 g de dextrose
½ folha de gelatina
100 g de água de menta (elaboração anterior)

Em uma panela, coloque a água, o açúcar invertido e a dextrose e leve para ferver. Retire do fogo e incorpore a gelatina previamente hidratada e escorrida; reduza a temperatura. Misture a calda já fria com a água de menta e congele.

—BASE DE CHARUTO

RENDIMENTO: 1.000 G

750 g de creme de leite fresco
150 g de dextrose
4 folhas de gelatina
1 charuto cubano Partagás série D nº 4

Misture o creme de leite e a dextrose em uma panela e leve ao fogo para ferver. Retire do fogo e incorpore a gelatina previamente hidratada, mexendo bem a preparação. Deixe esfriar por 6 horas sob refrigeração. Com uma batedeira, bata a mistura de creme de leite fria e ao mesmo tempo vá incorporando a fumaça do charuto com uma bomba de ar. Esse processo, além de introduzir ar com a batedeira, também introduz a fumaça na mistura, produzindo um sabor muito próximo do charuto. Quando o creme de leite estiver bem batido, retire a bomba e deixe esfriar.

—CILINDRO DE CHOCOLATE TEMPERADO

200 g de chocolate amargo
Base de charuto (elaboração anterior)

Corte retângulos de papel sulfurizado de 5 cm x 10 cm. Tempere o chocolate e, com a ajuda de uma espátula, espalhe uma camada bem fina sobre cada retângulo de papel, deixando 1 cm sem chocolate em um dos lados. Enrole para obter tubos regulares de modo que a parte do papel sem a película de chocolate fique com uma aba para ser retirada na hora de servir. Deixe o chocolate secar e, com um saco de confeiteiro, recheie os cilindros com a base de charuto. Congele e feche uma das pontas do charuto com o mesmo chocolate. Reserve no *freezer*.

FINALIZAÇÃO E MONTAGEM DO PRATO

Carvão de açúcar
Flores de menta

Com um ralador Microplane, rale o carvão de açúcar e coloque uma pequena quantidade em um cinzeiro para charutos. Mergulhe a ponta do charuto que não foi coberta com o chocolate amargo nessas raspas que simulam as cinzas caindo no cinzeiro. Coloque o charuto ao lado.

Encha um copo para licor com o gel de limão até ¾ de sua altura e coloque por cima o granizado de menta e os *candies* de rum. Finalize com as flores de menta na superfície.

FABRICA DE TABACOS
LA HABANA

LAGOSTIM NA FUMAÇA DE CURRY

8 PESSOAS

COMPOSIÇÃO

Lagostim na fumaça de *curry*
Velouté de crustáceos
Ar de queijo Comté
Cebola refogada
Echalotas e cebolinhas

—AR DE QUEIJO COMTÉ

RENDIMENTO: 380 G

125 g de queijo Comté
35 g de pasta de nozes
250 g de caldo de frango (receitas-base)
Sal
0,3 g de *curry*
1 g de lecitina de soja
0,5 g de sucroéster

Coloque o queijo Comté picado e a pasta de nozes num processador. Ferva o caldo de frango e adicione-o à mistura de Comté e nozes; triture todos os elementos até obter uma mistura homogênea. Passe por um *chinois* fino, coloque sal a gosto e adicione o *curry*, a lecitina e o sucroéster. Esfrie e reserve.

—LAGOSTIM NA FUMAÇA DE *CURRY*

8 lagostins frescos (de 20 cm a 25 cm)
Salmoura para peixes (receitas-base)
10 g de *curry*

Retire a casca e os intestinos dos lagostins. Mergulhe-os na salmoura por 3 minutos, retire e seque-os bem. Transpasse os lagostins longitudinalmente com um palito, para evitar que se enrolem durante o cozimento.

Aqueça uma panela com fogo baixo, adicione o *curry* e, em seguida, coloque uma peneira por cima, sobre a qual deverão ficar os lagostins previamente mergulhados na salmoura. Tampe o recipiente, deixe defumar por 5 minutos, retire do fogo e reserve.

—*VELOUTÉ* DE CRUSTÁCEOS

RENDIMENTO: 260 G

112 g de caldo de crustáceos (receitas-base)
130 g de creme de leite fresco
5 gemas de ovo
Sal

Em uma panela, coloque o caldo de crustáceos com o creme de leite, deixe ferver e retire do fogo. Adicione as gemas e mexa com um *fouet*. Coe e coloque em uma forma. Cubra com papel-alumínio e leve ao forno em banho-maria a 160 °C por 20 minutos.

Quando a preparação tiver engrossado, desenforme e passe na Thermomix para obter um creme liso e homogêneo. Coloque sal a gosto, cubra e reserve.

—CEBOLA REFOGADA

RENDIMENTO: 150 G

250 g de cebolas de Figueres
25 g de manteiga
10 g de azeite de oliva extravirgem
Sal

Em uma panela, aqueça o azeite de oliva juntamente com a manteiga, até que derreta. Adicione a cebola previamente cortada em *julienne* e coloque sal a gosto. Deixe refogar até que a cebola fique macia. Reserve.

—ECHALOTAS E CEBOLINHAS

8 echalotas
16 cebolinhas

Em uma panela com água fria, coloque as echalotas com casca e leve ao fogo até ferver; cozinhe por mais 5 minutos e esfrie em banho-maria invertido. Descasque as echalotas e, com a ajuda de uma faca de legumes, corte-as em três partes. Reserve.

Corte as cebolinhas em pedaços de 1,5 cm (só será utilizada a parte branca do talo) e escalde-as em água fervente com sal a gosto. Esfrie em banho-maria invertido e reserve 2 cebolinhas por prato.

FINALIZAÇÃO E MONTAGEM DO PRATO

Azeite de oliva
Brotos de *shiso* verde
Brotos de *shiso* roxo

Em uma frigideira com azeite de oliva, doure de ambos os lados os lagostins defumados na fumaça de *curry*.

Coloque as cebolas refogadas em um prato e faça lágrimas com o *velouté* de crustáceos quente. Coloque sobre as cebolas refogadas o lagostim grelhado e em volta as duas cebolinhas e a echalota cortada em três. Bata a preparação de queijo Comté para que fique aerada e faça pequenos pontos pelo prato. Finalize com as brotos de *shiso* verde e roxo.

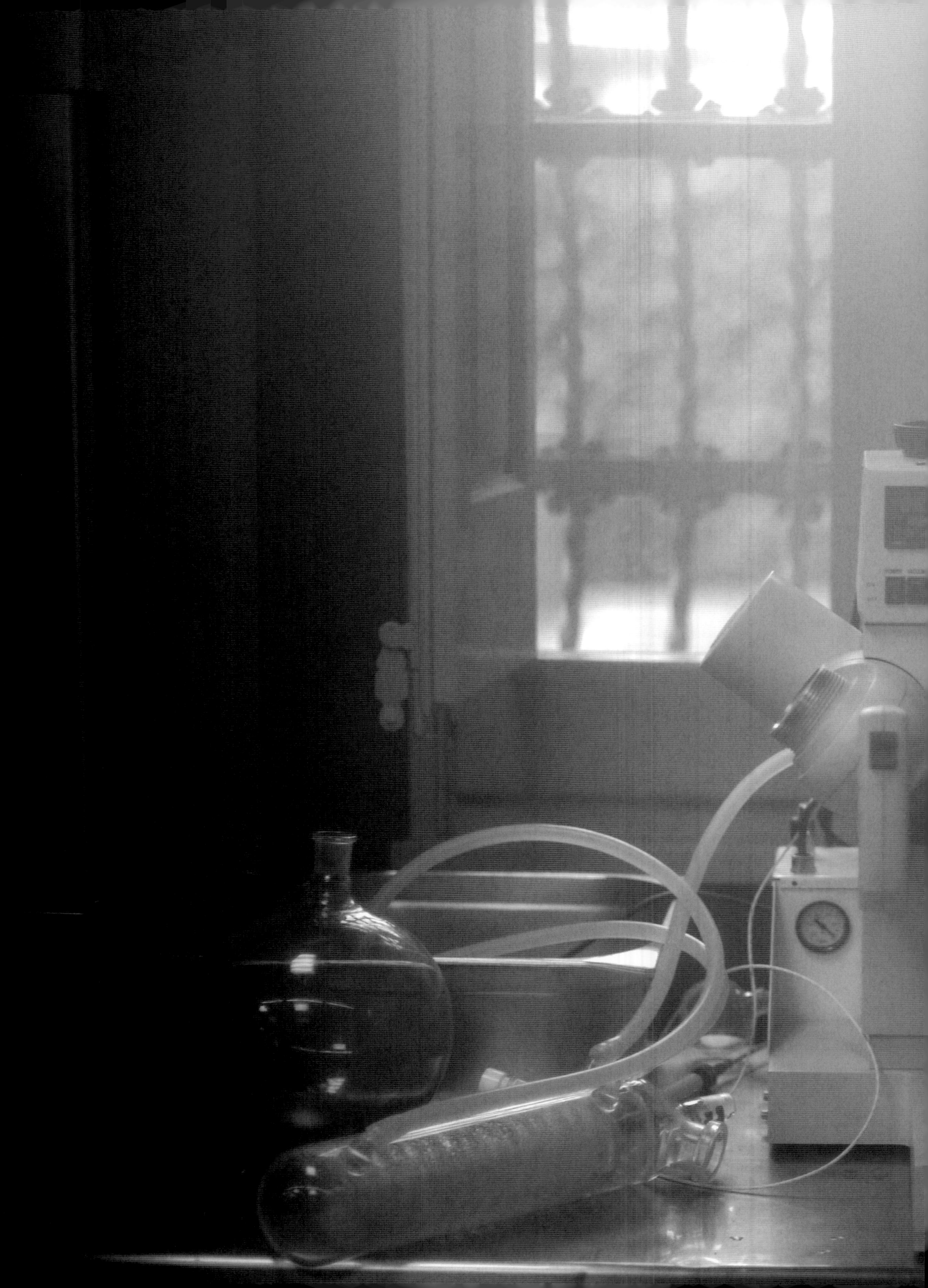

vácuo

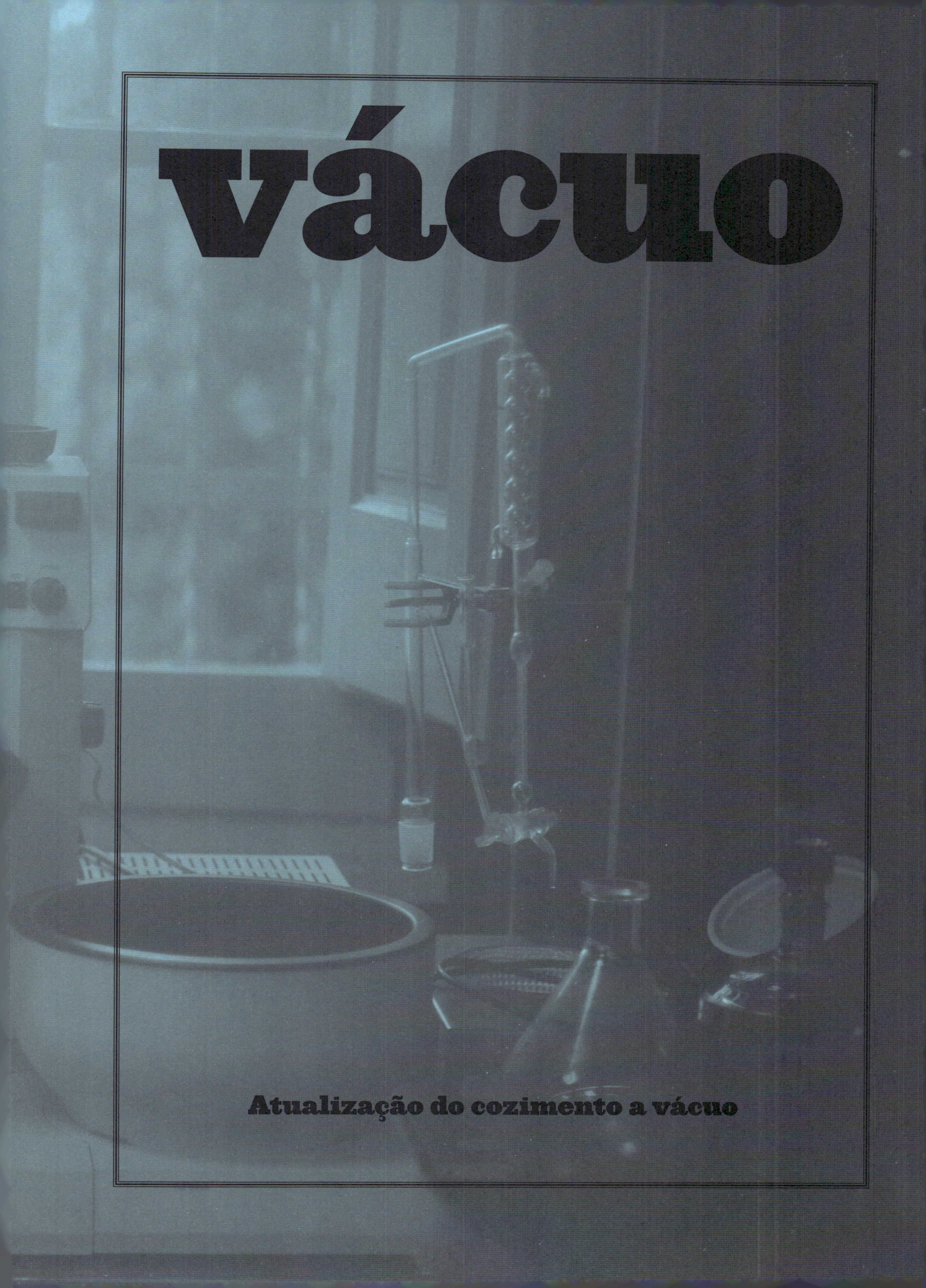

Atualização do cozimento a vácuo

Segundo os irmãos Roca

Poesia também é destilação, depuração de uma experiência. É a partir de alguns materiais concretos e específicos, de um cenário estabelecido, que se produz uma operação de alcance universal, sem limites. Nem tudo deve ser dito, e sim insinuado, por meio da regularidade da gramática e da disciplina do ritmo e da sintaxe aplicadas à imensa diversidade da vida. A cozinha do Celler persegue um objetivo similar. Afinal, os pratos não falam somente do que vemos, mas também da proposta que queremos evocar, de conceitos abstratos, de emoções que trazemos guardadas em algum lugar da memória.

Mais que a deglutição, ou até mesmo a beleza tangível, a poesia dessa cozinha busca a força da metáfora e da metonímia. As boas-vindas são dadas com uma oliveira que convida e acolhe; as espinhas nos falam sobre a capacidade de lidar com as dificuldades; a poderosa luz do Mediterrâneo se traduz em equilíbrio estático. As partes — a abundância de texturas do leite, por exemplo — nos levam a um todo, como um retorno à ternura.

A poesia é uma operação intelectual que nos permite adquirir um conhecimento mais profundo de nós mesmos, graças ao trabalho constante com a linguagem, à sua estilização. Wordsworth dizia que poesia é "recollection in tranquillity", a emoção vista a distância. Talvez não sejamos capazes de expressar tudo aquilo que o presente nos causa no momento em que o vivemos. É depois, durante a pausa, na vivência da poesia, e devido a mecanismos propiciados pela linguagem, que podemos extrair lições morais, memórias que se solidificam. Como na cozinha.

Muitas vezes, quando levamos um prato à mesa, ficamos em silêncio. O estímulo que nos impulsionou a criar o prato fica insinuado, e raras vezes explicamos o que está por trás. É melhor deixar aberta a porta da sedução. Assim, do mesmo modo que a poesia resume de maneira bela e essencial uma ideia, na cozinha com frequência podemos apresentar propostas com evocações poéticas.

A cozinha como poesia começa onde faltam as palavras, onde elas não são adequadas para expressar o que se quer expressar. A arte da poesia consiste em expressar-se de acordo com um ritmo, uma ideia, um sentimento que pode ultrapassar a própria linguagem e converter-se num detalhe físico simbolizando algo elevado ou emotivo.

O símbolo. Também nos é muito importante. Uma oliveira é um símbolo. Representa a paisagem que chega à mesa. Uma possibilidade de colher um fruto, a azeitona. Boas--vindas na forma de doce e salgado, a essência da cozinha de Jordi e Joan. Tudo isso está presente quando servimos a azeitona e o açúcar que a envolve. Um mar e montanha, com a azeitona alimentada de anchovas. É a nossa **OLIVEIRA**. Um prato. Um símbolo. Quiçá um poema...

E, para além do símbolo, a transformação e a criatividade. O aproveitamento do produto local, desfrutar da engenhosidade em tempos de escassez ou conseguir transformar o produto de descarte em extraordinária iguaria. Tudo isso também são formas de poesia na cozinha.

No final, o que se transforma em poesia é a comida. Poesia na boca. Algumas vezes adornada e elevada; outras vezes, cotidiana. Se, como diziam os sábios, a fala de todo dia é um poema desgastado pelo uso, a cozinha diária também pode ser considerada um poema esquecido... Que pode ser transformado em um maravilhoso recital, se assim for desejado.

Do salão...

A poesia no salão é saber seduzir. A sedução é importante no serviço: a mensagem existe e todos nós a conhecemos, e a interação com a mesa determina até onde podemos ir na nossa capacidade de apontar para além do que se está comendo.

É imprescindível interpretar bem os ritmos e as pausas das mesas. Passamos a ser narradores de contos, de pratos e de vinhos. A sabedoria é indispensável para uma descontração física e mental. Não é à toa que o estudo e o conhecimento fazem parte de nosso refúgio vaidoso. Eles permeiam os movimentos profissionais que realizamos. Os pilares são o estudo, a perseverança, a constância e a curiosidade. Tudo isso é muito importante, mas não vital. Os valores do garçom do futuro vão além do conhecimento e da formação específica: eles residem na generosidade e em saber gerenciar a inteligência emocional.

No serviço da mesa, cabe uma parte importante de respeito ao silêncio e à intimidade. A gastronomia desfruta de um reconhecimento social tão elevado que às vezes assumimos um tom excessivamente altivo na hora de lidar com nossos submissos clientes. Devemos ser capazes de nos mostrar pela insinuação, e não pelo óbvio. As explicações excessivas podem levar a uma hipérbole ou até romper a harmonia dialética de uma mesa. Trata-se de um cortejo no qual devemos saber atuar e, desde que haja uma abertura emocional da parte dos comensais, contribuir com nosso senso poético e criativo.

SOPA DE SABUGUEIRO E CEREJAS

8 PESSOAS

COMPOSIÇÃO

Molho de sabugueiro
Molho de cereja
Cereja ao Amaretto
Sorvete de gengibre
Gel de cereja
Cereja mimética
Amêndoas verdes
Gengibre cristalizado
Sardinha defumada
Cerejas laminadas

—INFUSÃO DE SABUGUEIRO

RENDIMENTO: 1.030 G

1.000 g de água
80 g de açúcar
40 g de flores de sabugueiro (*Sambucus nigra*)

Em uma panela, aqueça a água junto com o açúcar até que a mistura alcance 85 °C. Retire do fogo, adicione as flores de sabugueiro e cubra. Deixe em infusão por 30 minutos. Coe, esfrie e reserve.

—MOLHO DE SABUGUEIRO

RENDIMENTO: 480 G

500 g de infusão de sabugueiro (elaboração anterior)
1,5 g de iota

Em uma panela, misture a iota com a infusão de flor de sabugueiro e leve ao fogo até ferver. Retire do fogo, coe e deixe solidificar sob refrigeração. Reserve.

—MOLHO DE CEREJA

RENDIMENTO: 625 G

500 g de polpa de cereja
1 g de goma xantana
125 g de azeite de oliva
4 g de vinagre de Chardonnay

Triture a polpa da cereja junto com a xantana. Quando a mistura estiver homogênea, incorpore aos poucos o azeite de oliva e o vinagre até que o molho fique completamente emulsionado. Reserve dentro de uma bisnaga sob refrigeração.

—CEREJA AO AMARETTO

RENDIMENTO: 8 CEREJAS BANHADAS COM AMARETTO

8 cerejas
200 g de Amaretto
2 g de gelificante vegetal kappa

Lave as cerejas e corte uma fatia da base para retirar a semente. Retire o cabinho e, com um palito, fure a cereja justamente nesse ponto. Coloque o Amaretto numa panela juntamente com o gelificante e leve ao fogo até ferver. Banhe as cerejas até ficarem cobertas por uma camada de Amaretto. Reserve sob refrigeração.

—BASE BRANCA PARA SORVETES

RENDIMENTO: 2.[illegible]50 G

1.360 g de leite
430 g de creme de leite fresco
342,5 de dextrose
97,5 de leite em pó
252,5 g de açúcar
17,5 g de estabilizante para sorvetes

Aqueça o leite e o creme de leite juntamente com a dextrose e o leite em pó, até que a mistura atinja 40 °C. Adicione pouco a pouco o açúcar misturado com o estabilizante até que a mistura alcance 85 °C. Bata, coe e resfrie rapidamente. Reserve essa base para a elaboração do sorvete de gengibre.

—SORVETE DE GENGIBRE

RENDIMENTO: 5[illegible]0 G

750 g de base branca para sorvetes (elaboração anterior)
30 g de suco de gengibre centrifugado

Misture bem a base branca com o suco de gengibre centrifugado e deixe descansar sob refrigeração durante 24 horas. Transcorrido esse tempo, bata na sorveteira e reserve no *freezer* a -18 °C.

—GEL DE CEREJA

RENDIMENTO: 430 G

500 g de polpa de cereja
5 g de ágar-ágar
3 folhas de gelatina

Em uma panela, misture a polpa de cereja com o ágar-ágar e leve ao fogo até ferver. Retire do fogo e, quando a temperatura baixar um pouco, separe um terço da preparação para dissolver as folhas de gelatina previamente hidratadas. Junte novamente toda a mistura e deixe solidificar.

—CEREJA MIMÉTICA

RENDIMENTO: 45 CEREJAS MIMÉTICAS

500 g de gel de cereja (elaboração anterior)
Sorvete de gengibre (elaboração anterior)

Pegue os moldes com formato de cereja, feitos com silicone líquido (veja o processo na p. 429), e passe-os no nitrogênio líquido para que fiquem bem frios. Com um *mixer*, triture o gel de cereja e aqueça-o em uma panela. Despeje essa preparação bem quente nos moldes frios e, em seguida, esvazie-os para que se forme uma camada de gel de cereja nas paredes do molde. Deixe solidificar no *freezer* e, a seguir, termine de rechear com o sorvete de gengibre colocado em um saco de confeiteiro. Alise a superfície e mantenha no *freezer*. Antes de servir, retire as cerejas miméticas dos moldes e mantenha sempre no *freezer* a -18 °C.

—AMÊNDOAS VERDES

RENDIMENTO: 50 LÂMINAS

5 amêndoas verdes

Descasque e corte em lâminas as amêndoas verdes com uma faca de legumes. Reserve as amêndoas sob refrigeração e cobertas com um pano úmido.

—GENGIBRE CRISTALIZADO

RENDIMENTO: 15 CUBOS, APROXIMADAMENTE

8 g de gengibre cristalizado

Corte o gengibre em cubos regulares de 3 mm de lado. Reserve-os sob refrigeração e bem cobertos.

—SARDINHA

RENDIMENTO: 2 FILÉS

1 sardinha
Salmoura para peixes (receitas-base)

Retire as escamas e extraia os filés da sardinha. Retire as espinhas dos filés e coloque-os em um recipiente com a salmoura por 2 minutos. Retire da salmoura, seque bem e reserve.

—SARDINHA DEFUMADA

RENDIMENTO: 2 FILÉS DE SARDINHA DEFUMADA

2 filés de sardinha salgados
(elaboração anterior)

Coloque as sardinhas em um recipiente com orifícios, sem deixar que fiquem sobrepostas. Coloque o recipiente dentro de outro. Cubra o conjunto com um filme de PVC bem esticado e introduza a fumaça com uma pistola de defumação; vede com filme o pequeno orifício deixado pela pistola. Deixe defumar por 15 minutos. Retire o filme e reserve os filés sob refrigeração.

—CEREJAS LAMINADAS

RENDIMENTO: 24 LÂMINAS

4 cerejas

Corte as cerejas em rodelas muito finas e forme conjuntos de três lâminas para cada prato. Reserve sob refrigeração.

FINALIZAÇÃO E MONTAGEM DO PRATO

Shiso roxo
Flores de sabugueiro

Em um prato de sopa, coloque o molho de sabugueiro cobrindo todo o fundo. Com uma bisnaga, faça vários pontos de molho de cereja por toda a superfície do molho de sabugueiro. Coloque, de um lado, a cereja banhada em Amaretto com o *shiso* roxo por cima. Ao seu lado, disponha a cereja mimética e algumas lâminas de amêndoas verdes. Finalize com 2 cubos de gengibre cristalizado, 3 lâminas de cereja, 3 fatias pequenas de sardinha defumada e as flores de sabugueiro.

LINGUADO MEDITERRÂNEO

4 PESSOAS

COMPOSIÇÃO

Linguado
Emulsão de erva-doce
Emulsão de bergamota
Emulsão de *pinoli*
Emulsão de azeitona *manzanilla*
Caramelos de azeite de oliva
Emulsão de laranja

—LINGUADO

RENDIMENTO: 4 PORÇÕES

2 linguados (de aproximadamente 400 g cada um
Salmoura para peixes (receitas-base)
Azeite de oliva extravirgem

Em uma panela pequena, ferva água e escalde o rabo do linguado por 2 segundos. Com uma tesoura, corte as barbatanas laterais e, com um pano seco, retire a pele puxando do rabo até a cabeça. Escaldar o rabo facilita a separação da pele e do osso.

Retire a cabeça e o rabo do linguado, extraia os filés, corte-os em quadrados e mergulhe na salmoura por 5 minutos. Seque bem os filés com papel-toalha, junte-os de dois em dois, unindo as partes da carne que estavam em contato com a espinha. Embale a vácuo com azeite de oliva e cozinhe no Roner a 55 °C por 4 minutos. Reserve.

—EMULSÃO DE ERVA-DOCE

RENDIMENTO: 190 G

100 g de suco de folhas de erva-doce centrifugadas
0,7 g de goma xantana
Sal
100 g de azeite de oliva extravirgem

Misture o suco de folhas de erva-doce centrifugadas com a xantana e o sal, triture com o *mixer* por alguns minutos e finalmente emulsione aos poucos com o azeite. Reserve.

—GEL DE BERGAMOTA

RENDIMENTO: 150 G

125 g de água
25 g de açúcar
Casca de ½ bergamota
2 g de ágar-ágar
25 g de suco de bergamota

Leve a água e o açúcar para ferver em uma panela. Retire do fogo e deixe a casca da bergamota em infusão durante 15 minutos, com o recipiente bem tampado. Esfrie, coe e misture com o ágar-ágar. Leve ao fogo até ferver e adicione o suco de bergamota. Retire do fogo e deixe solidificar sob refrigeração.

—EMULSÃO DE BERGAMOTA

RENDIMENTO: 180 G

150 g de gel de bergamota
(elaboração anterior)
50 g de azeite de oliva extravirgem

Com a ajuda de um *mixer*, triture o gel de bergamota e, em seguida, emulsione-o aos poucos com o azeite de oliva. Reserve.

—EMULSÃO DE *PINOLI*

RENDIMENTO: 120 G

75 g de pasta pura de *pinoli*
20 g de azeite de oliva extravirgem
40 g de água
Sal

Triture com o *mixer* a pasta de *pinoli* junto com o azeite de oliva. Emulsione aos poucos com a água até obter uma massa homogênea. Coloque sal a gosto e reserve.

—EMULSÃO DE AZEITONA *MANZANILLA*

RENDIMENTO: 260 G

125 g de azeitonas *manzanilla* sem caroço
75 g de água das azeitonas
0,5 g de goma xantana
100 g de azeite de oliva *manzanilla* extravirgem

Triture as azeitonas com sua água até obter uma textura lisa e homogênea. Passe o purê obtido por uma peneira fina, em seguida triture o purê com a xantana por alguns minutos e emulsione-o aos poucos com o azeite de oliva. Reserve.

—CARAMELOS DE AZEITE DE OLIVA

RENDIMENTO: 20 CARAMELOS

100 g de isomalte
Azeite de oliva extravirgem

Em uma panela pequena, aqueça o açúcar a seco até seus grânulos derreterem. Uma vez fundido, mergulhe a ponta de um bico de confeitar de modo a criar uma película fina de caramelo, dentro da qual será derramada uma pequena quantidade de azeite de oliva.
O próprio peso do azeite fará com que a película se feche, obtendo-se assim um caramelo recheado de azeite. Os caramelos podem ser guardados imersos em azeite de oliva para preservá-los da umidade.

FINALIZAÇÃO E MONTAGEM DO PRATO

Azeite de oliva extravirgem
Emulsão de laranja (receitas-base)
Brotos de erva-doce
Flores brancas de sálvia
Casca de laranja confitada (receitas-base)
Pinoli crus

Abra a embalagem de cocção do linguado e retire os filés, que deverão estar grudados um no outro e bastante suculentos. Marque os filés com um pouco de azeite de oliva em uma grelha com lenha de azinheira.

Em um prato retangular, disponha um ponto de cada emulsão na seguinte ordem de baixo para cima (do princípio ao fim): erva-doce, bergamota, laranja, *pinoli* e azeitona. Coloque o linguado em paralelo com a linha de pontos. Sobre o filé, coloque os seguintes elementos complementares das emulsões nesta ordem: flor de erva-doce, flor branca de sálvia, casca de laranja confitada, *pinoli* crus e um caramelo de azeite de oliva.

BRIOCHE AO VAPOR DE TRUFAS

8 PESSOAS

COMPOSIÇÃO

Brioche
Caldo de *escudella* com trufas
Maionese de trufas

—BRIOCHE

RENDIMENTO: 80 BRIOCHES

30 g de açúcar
25 g de leite
12 g de fermento biológico
125 g de ovos
250 g de farinha de trigo
125 g de manteiga em ponto de pomada
3 g de sal

Coloque em um recipiente o açúcar, o leite, o fermento e misture bem até que o conjunto esteja bem integrado. Acrescente os ovos, peneire a farinha e incorpore à mistura em duas partes; em seguida, adicione a manteiga em ponto de pomada e o sal. Trabalhe a massa até que esteja bem lisa, elástica e soltando do recipiente. Coloque-a em uma vasilha, cubra e deixe descansar por 12 horas no refrigerador.

Passado esse tempo, abra a massa entre dois papéis sulfurizados com um rolo de macarrão e um pouco de farinha. Esfrie no refrigerador por 30 minutos, corte a massa em bolinhas de 6 g. Refrigere novamente. Boleie as bolinhas bem frias e deixe que fermentem por 40 minutos a 40 °C. Reserve os brioches fermentados.

—CALDO DE *ESCUDELLA*

RENDIMENTO: 2.000 G

2 coxas de frango
2 pés de porco
1 focinho de porco
500 g de ossos da espinha dorsal do porco
5.000 g de água
100 g de chirivia
70 g de aipo
100 g de nabo
70 g de repolho-crespo
200 g de cebola
100 g de cenoura

Coloque as carnes numa panela com água fria e leve ao fogo para ferver; retire a espuma quando levantar fervura. Adicione as verduras descascadas e cortadas e cozinhe por 6 horas. Coe e reserve.

—CALDO DE *ESCUDELLA* COM TRUFAS

RENDIMENTO: 1.020 G

1.000 g de caldo de *escudella* (elaboração anterior)
20 g de trufas

Limpe as trufas e pique-as em *brunoise*. Adicione as trufas picadas ao caldo e reserve-o para cozinhar os brioches.

—MAIONESE DE TRUFAS

RENDIMENTO: 175 G

25 g de gema de ovo
10 g de água
80 g de azeite de trufas negras (receitas-base)
45 g de azeite de oliva extravirgem
15 g de trufas
Sal

Misture a gema com a água e bata até que comece a espumar. Adicione pouco a pouco os azeites, batendo sempre, até adquirir uma textura espessa. Pique as trufas em *brunoise* e adicione à maionese. Tempere com sal a gosto. Coloque em saco de confeiteiro e reserve.

FINALIZAÇÃO E MONTAGEM DO PRATO

Lâminas de trufa negra

Coloque os brioches fermentados em uma panela de bambu para cozimento a vapor por cerca de 20 minutos, utilizando o caldo de *escudella* com trufas para gerar o vapor. Deixe cozinhar até que estejam bem cozidos. Recheie com a maionese de trufas (cerca de 3 g por brioche) e finalize sobrepondo algumas lâminas de trufa negra, que serão cortadas na hora de servir.

TEMPURA DE ESPINHAS DE ANCHOVA

8 PESSOAS

COMPOSIÇÃO

Tempura de espinhas de anchova
Tempura de algas

—PASTA DE ARROZ COZIDO

RENDIMENTO: 330 G

100 g de arroz de Pals, variedade Sénia
300 g de água
Sal

Coloque o arroz numa panela com a água, tampe e cozinhe em fogo brando. Triture na Thermomix o arroz com a água que sobrou da cocção e peneire. Reserve.

—*TEMPURA* DE ESPINHAS DE ANCHOVA

RENDIMENTO: 16 UNIDADES (DE 12 G CADA UMA)

165 g de pasta de arroz cozido (elaboração anterior)
16 espinhas de anchovas salgadas
1 L de azeite de oliva extravirgem

Coloque a pasta de arroz em um saco de confeiteiro e faça tiras de 6 cm de comprimento por 1 cm de largura sobre uma assadeira forrada com um tapete de silicone. Coloque uma espinha de anchova por cima de cada tira de pasta e seque na estufa a 40 °C por 12 horas.

Retire as tiras secas de arroz com a espinha e frite-as no azeite de oliva a 180 °C até que o arroz infle. Elimine o excesso de azeite com papel-toalha.

—*TEMPURA* DE ALGAS

RENDIMENTO: 18 UNIDADES (DE 9 G CADA UMA)

165 g de pasta de arroz cozido (elaboração anterior)
3 g de fitoplâncton
1 L de azeite de oliva extravirgem

Misture a pasta de arroz com o fitoplâncton e coloque em um saco de confeiteiro. Sobre uma assadeira forrada com um tapete de silicone, desenhe formas que se assemelham a pequenas algas marinhas. Seque na estufa a 40 °C por 12 horas.

Uma vez secas, frite-as em azeite de oliva a 180 °C até que inflem. Elimine o excesso de azeite com papel-toalha.

FINALIZAÇÃO E MONTAGEM DO PRATO

Sal

Tempere as espinhas e as algas com sal a gosto e sirva.

OLIVEIRA

8 PESSOAS
(2 *SNACKS* POR PESSOA)

COMPOSIÇÃO

Caramelo de azeitonas verdes
Azeitonas caramelizadas

—CARAMELO DE AZEITONAS VERDES

RENDIMENTO: 250 G

500 g de purê de azeitonas verdes
100 g de *fondant*
50 g de glucose
50 g de isomalte

Espalhe o purê de azeitonas sobre tapetes de silicone e coloque-o na desidratadora a 60 °C, até que o purê esteja completamente seco. Triture-o e guarde-o em um recipiente hermeticamente fechado.

Em outro recipiente, coloque o *fondant*, a glucose e o isomalte, aqueça até que a mistura derreta e atinja 160 °C, reduza a temperatura para 150 °C e adicione o purê de azeitonas seco. Mexa o caramelo obtido para homogeneizá-lo. Espalhe-o sobre um tapete de silicone, coloque outro tapete por cima e afine-o com um rolo de massas. Quando o caramelo estiver com uma espessura uniforme, retire o tapete de silicone e, com uma carretilha, corte em quadrados de aproximadamente 4 cm x 4 cm. Deixe esfriar e reserve dentro de um recipiente hermético em lugar seco.

Ponha 2 quadrados de caramelo sobre um tapete de silicone e derreta-os no forno a 180 °C. Depois de derretido, coloque outro tapete por cima e, com um rolo de massas, estique até obter uma lâmina de caramelo bem fina. Corte novamente com a carretilha em quadrados de 4 cm x 4 cm e deixe esfriar. Reserve em recipiente hermético.

—AZEITONAS CARAMELIZADAS

Caramelo de azeitonas verdes
(elaboração anterior)
16 azeitonas verdes recheadas com anchovas

Espalhe as azeitonas em uma assadeira e coloque um quadrado fino de caramelo por cima de cada uma. Asse a 180 °C para que o caramelo derreta e envolva a azeitona

FINALIZAÇÃO E MONTAGEM DO PRATO

Coloque um gancho em cada azeitona para poder pendurá-las no bonsai de oliveira.

LÁCTICO

4 PESSOAS

COMPOSIÇÃO

Doce de leite
Gel de goiaba
Sorvete de leite de ovelha *ripollesa*
Espuma de ricota de ovelha *ripollesa*
Placa de goiaba
Algodão-doce
Iogurte de leite de ovelha *ripollesa*
Caramelo branco

—SORVETE DE LEITE DE OVELHA *RIPOLLESA*

RENDIMENTO: 1.250 G

87,5 g de leite de ovelha *ripollesa*
205 g de creme de leite fresco
25 g de leite em pó
170 g de dextrose
128 g de açúcar
8,7 g de estabilizante para sorvetes
625 g de ricota de ovelha *ripollesa*

Aqueça o creme de leite, o leite de ovelha e o leite em pó até que a mistura atinja 40 °C; em seguida, adicione pouco a pouco a dextrose, o açúcar e o estabilizante, deixando que a temperatura suba a 85 °C. Uma vez pasteurizada, triture a mistura e esfrie rapidamente, até atingir 20 °C. Assim que alcançar essa temperatura, adicione a ricota, deixe descansar por 24 horas no refrigerador, bata e processe na sorveteira. Conserve o sorvete a -18 °C.

—ESPUMA DE RICOTA DE OVELHA *RIPOLLESA*

RENDIMENTO: 600 G

300 g de ricota de ovelha *ripollesa*
300 g de creme de leite fresco

Misture a ricota de ovelha com o creme de leite, coloque a mistura obtida em um sifão e adicione 3 cargas de gás. Reserve no refrigerador.

—DOCE DE LEITE

RENDIMENTO: 2.500 G

3.000 g de leite de ovelha
1.500 g de açúcar
450 g de glucose
4 cravos-da-índia
4,5 g de bicarbonato

Ferva o leite de ovelha com o açúcar, a glucose, os cravos-da-índia e o bicarbonato; deixe reduzir até obter uma cor de caramelo e uma textura densa quando frio. Reserve.

—GEL DE GOIABA

RENDIMENTO: 580 G

250 g de purê de goiaba
35 g de açúcar invertido
35 g de glucose
7,5 g de pectina de maçã
250 g de açúcar
7 g de ácido cítrico

Misture o purê com o açúcar invertido, a glucose e a pectina; ferva e, em seguida, acrescente o açúcar previamente misturado com o ácido cítrico. Mexa para que não se formem grumos e ferva até atingir 104 °C. Deixe esfriar e coloque o gel em sacos de confeiteiro.

—PLACA DE GOIABA

RENDIMENTO: 200 G

250 g de purê de goiaba
1 folha de gelatina

Aqueça uma pequena porção do purê de goiaba até atigir 50 °C. Dissolva nessa porção a folha de gelatina previamente hidratada com água e gelo e, em seguida, misture com o resto do purê. Espalhe sobre um tapete de silicone, de modo a formar uma fina camada. Congele.

—ALGODÃO-DOCE

RENDIMENTO: 7 ALGODÕES DOCES

20 g de açúcar

Coloque o açúcar na máquina de algodão--doce, recolha os fios de açúcar com uma varinha e reserve-os em um recipiente hermético ou prepare-os no momento de servir.

—IOGURTE DE OVELHA *RIPOLLESA*

RENDIMENTO: 200 G

200 g de iogurte de ovelha *ripollesa*

Mexa o iogurte com um *fouet* e coloque-o dentro de uma bisnaga.

—CARAMELO BRANCO

RENDIMENTO: 125 G

125 g de isomalte
5 g de corante alimentício branco

Coloque o isomalte em uma panela para que derreta e leve-o a 160 °C; em seguida, reduza sua temperatura para 140 °C, adicione o corante branco e misture para homogeneizar. Espalhe sobre um tapete de silicone com o auxílio de um rolo de massas para obter lâminas finas de caramelo. Corte em pedaços irregulares e reserve num recipiente hermético em local sem umidade.

FINALIZAÇÃO E MONTAGEM DO PRATO

Coloque o doce de leite na base de um prato fundo e disponha alguns pontos de gel de goiaba nos lados. No centro, por cima do doce de leite, faça uma *quenelle* de sorvete de leite de ovelha, cubra a *quenelle* com a espuma de ricota, finque uma placa de goiaba e coloque o algodão-doce na superfície da espuma. Finalize com alguns pontos de iogurte de ovelha ao redor e pedaços de caramelo branco sobre o algodão-doce.

salão
Poesia e sedução no salão

UM SALÃO MARAVILHOSO

O *go* é um jogo chinês fantástico, difundido por toda a civilização oriental. É um jogo de mesa em que vários adversários se enfrentam com peças brancas e pretas. Os mais ousados chegam a compará-lo com o xadrez, com seus dois mundos igualmente estanques, o das figuras brancas e o das figuras pretas, da mesma forma como poderíamos definir os mundos dos cozinheiros e dos garçons. No xadrez é preciso matar para ganhar. No *go* é necessário construir para sobreviver. O objetivo não é comer a peça do outro, mas conquistar um território maior. Portanto, na nossa gastronomia vindoura, devemos levar em conta a cumplicidade entre as equipes da cozinha e do salão. Construir e apresentar estratégias para seduzir. O salão de um restaurante é um espaço de coesão como poucos conseguem ser. É um universo de conexões emocionais enriquecidas com o *feedback* da proximidade. Devemos reinterpretar nossa profissão, aproveitando o bom momento da cozinha para crescer com *eles*, com esses "jaquetas brancas". Seduzir para que eles seduzam. Devemos ser capazes de nos conectar emocionalmente com os cozinheiros e preparar melhor nossa abordagem para com os comensais. Atender com um olhar intencional e tranquilo. Aproveitar a sabedoria oriental e seus rituais. O encantamento na cerimônia do chá é um exemplo para o serviço ocidental. Sentir-se bem, confortável, limpo; dizem que quem se perfuma — nós, sutilmente — tem um conceito melhor de si mesmo. Explorar as tendências da moda para reformular nossos uniformes. Saber perguntar. Refletir sobre o tom de voz. O sorriso natural, franco. Atitudes forçadas podem levar ao ridículo; a subserviência assusta e constrange. Simplicidade, por favor, simplicidade e naturalidade como norma.

A reconstrução da cozinha no salão, ao propor novas mudanças e conceitos, pode ser fascinante. Interpretar bem os ritmos e as pausas das mesas. Somos agora narradores de contos, de pratos, de vinhos e de tantas coisas mais... A sabedoria é indispensável para uma descontração física e mental, e não é à toa que o estudo e o conhecimento fazem parte de nosso refúgio vaidoso. Envolvem os movimentos profissionais que realizamos. Os pilares são o estudo, a perseverança, a constância e a curiosidade, para adquirir confiança e segurança. É importante, sim, mesmo que não seja vital. Os valores do garçom do futuro vão além do conhecimento e da formação específica: eles residem na generosidade e em saber gerenciar a inteligência emocional.

Eu me sinto muito feliz pelo apoio, pela disposição e pela cumplicidade da minha equipe de salão. Devo a todos eles uma parte importante do nosso sucesso. Vivemos uma situação extraordinária de inércias positivas, e é um verdadeiro luxo poder apresentar os encantos de nossa cozinha com a fidelidade, o rigor, a disposição e o carinho com que a minha equipe recebe e cativa. Tomara que toda essa energia positiva possa fluir para além de nossa casa.

Sebastià Serrano lembra que nós hominídeos viemos para cortejar. Sua sabedoria lhe dá o aval necessário; eu os motivo a cortejar os clientes mostrando afeto e a mão estendida.

Por sorte, entre celebrações de pratos e copos, a profissão de garçom se entrelaça na forma de uma árvore cheia de ninhos com clientes ávidos de calor e abrigo. Cada contato com uma pessoa é uma oportunidade para melhorar sua vida, dizem Alex Rovira e Fracesc Miralles em seu livro *El laberinto de la felicidad*.[1] Nessa obra, eles comentam sobre as descobertas feitas por uma pessoa após ter trabalhado quarenta anos como garçom:

—Eu calculei que o contato de um garçom com cada cliente que pede um café não dura em média mais do que um mísero minuto. É o tempo que leva para cumprimentar e perguntar "O que quer beber?", para o cliente fazer o pedido, pôr a xícara sobre a mesa, pedir a conta e despedir-se. São muitos momentos diferentes, mas o verdadeiro contato entre o garçom e o cliente não ultrapassa um minuto ao todo.

—E o que isso significa?

—Significa que é uma oportunidade! Independentemente da qualidade do café, que é o de menos, nesse minuto o garçom tem diante de si três opções, ou melhor, três possíveis resultados que dependem de sua atitude.

Depois de dizer isso, o garçom fez uma breve pausa tentando encontrar as palavras mais adequadas. Em seguida, explicou:

—Nesse minuto, se você for rude, pode fazer com que o cliente saia pior do que chegou. Ou talvez irá embora da mesma maneira que chegou, se você tratá-lo com indiferença. Por outro lado, se você lhe dispensar um mínimo de cortesia, também terá a oportunidade de fazer com que ele saia do café melhor do que entrou.

—E isso é tudo? — perguntou Ariadna, sem esconder a decepção. — Mas o que isso tem a ver com o sentido da vida?

—Isso É justamente o SENTIDO DA VIDA! E não somente para os garçons. A cada dia, todos nós temos dezenas de pequenos e grandes contatos com pessoas. Nosso desafio é conseguir obter um terceiro resultado: que a vida delas seja um pouco melhor depois de ter estado conosco. Esse é o desafio, o grande prêmio de cada encontro!

Ao escutar isso, Ariadna ficou pensativa. Então, o garçom piscou para ela e se despediu assim:

—E agora preciso ir: temos muitas vidas a melhorar.

Caros colegas, esperados comensais, queridos cozinheiros, o salão não está em perigo: como os bons vinhos generosos, valentes e sombreados, nunca morre, reinventa-se, e hoje pode estar melhor do que nunca. Deixem-se seduzir.

JOSEP ROCA

1. F. MIRALLES & A. ROVIRA. *El laberinto de la felicidad* Madrid: Aguilar, 2007.

M

—LIBERDADE

M

—LIBERDADE

Segundo os irmãos Roca

Não existe liberdade absoluta no processo criativo. A criação requer um enquadramento, uma vontade de contenção que permite, justamente pelo rigor que colocamos nela, um salto conceitual. Mas, ao mesmo tempo, sem um espírito que se eleve, que quebre as normas, que saiba lidar com os processos, que seja capaz de estabelecer a necessidade da imaginação como motor, a criação é árida.

É nesse sentido que a liberdade deve ser entendida no mundo do Celler. Quando submetida ao rigor de certos mecanismos, revela-se como componente essencial. Anuncia sua presença para além do protocolo habitual, para além do previsto e do estabelecido. A precisão é um elemento-chave, mas não exerce o papel opressivo de um corpete, ela se coloca a serviço do entusiasmo, da possibilidade do jogo, do humor, da brincadeira... Se não fosse assim, não existiria, por exemplo, a viagem de sabores pelo planeta que toma a forma de lanterna chinesa no jardim. Se falamos de fixação em uma paisagem, de evocação de terras próximas, por que não podemos também empreender uma viagem mais extensa, mais intensa, com destino a um mundo que está ao nosso alcance? Nesse universo que se revela com a explosão da esfera de papel, a aventura gustativa é a metáfora precisa do desejo de não ter limites. A liberdade não questiona as abordagens rígidas, os avanços técnicos, a moderação e o controle. Ela não os exclui. Aproveita-se deles no momento de propor uma operação criativa que não é supérflua. Não cede espaço à frivolidade, mas sim à capacidade do espírito para deslanchar, para tornar possível o que parece inaudito.

A cozinha é um ramo da geografia. Da geografia física e da geografia política. Ela nos fala dos climas e das paisagens, das orografias e das umidades, mas também dos hábitos culturais, das religiões, das riquezas e das dificuldades. O território se conhece na mesa.

Nossa cozinha é uma cozinha mediterrânea que sintetiza a montanha e o mar. É também uma cozinha dos Pireneus. Inteiramente de Girona. E amiga das outras cozinhas da costa mediterrânea. Nossa cozinha é aberta, assimiladora, plural, integradora, que se deixa influir pelas correntes migratórias e que absorve as inspirações das viagens realizadas. A mestiçagem é natural, como a lenta transformação da sociedade. Natural como a adaptação dos costumes gastronômicos que ao longo da história foi temperando a cozinha e a fez evoluir. A integração dos ingredientes não pode mudar a identidade; ao contrário, ela a enriquece. A evolução não afeta a essência, ela nos aproxima da essência a cada momento. Assim, abordamos a cozinha a partir do respeito pelo passado, integrando as influências e com a liberdade de transformar. A liberdade nutre a criatividade e navega por águas conhecidas para, algumas vezes, desviar-se delas e, outras vezes, voltar. Criamos novos caminhos, rotas e desvios que ampliam o mapa original, mas em nenhum momento o mapa é rasgado ou apagado de nossa memória. A geografia muda. O planeta é sempre, essencialmente, imutável.

Com a viagem pelo MUNDO, queremos mostrar nossa visão mais ampla. Abraçamos um mundo culinário vivo, gastronômico e social do qual nos sentimos participantes. Observamos que esse mundo dá voltas e que não é tão grande quanto nos dizem.

O fato de o tomate ser o principal ingrediente da Catalunha e da Itália, de a tortilha de batatas ser o prato espanhol por excelência, ou de o milho ser o alimento utilizado pelos franceses para engordar os patos do *foie gras*, são sinais de mestiçagem tão evidentes quanto o fato de serem a carne e o trigo (duas contribuições europeias) produtos exportados pela Argentina. Poderíamos continuar com o *gratin dauphinois*, batatas fritas com mexilhões ou a *Kartoffelsalat* dos franceses, belgas e alemães, ou o *gazpacho* andaluz ou o pimentão usado nas cozinhas basca e húngara. A dança dos alimentos segue viva, e os caminhos permanecem abertos. Ida e volta. Mestiçagem e intercâmbio. Liberdade para reinterpretar. Compartilhamos um mundo que desfrutamos, respeitamos sua riqueza e seus ciclos sazonais. E um mundo assim tão rico e com tantos matizes não pode ser interpretado sem um espírito de liberdade. Com as janelas abertas. Com uma visão a longa distância. Essa é a nossa maneira de comer O MUNDO. E com esse espírito nós o servimos à sua mesa.

Do salão...

Existe uma parte do serviço que precisa se libertar da rigidez e da hierarquia para que toda a equipe de salão se envolva, começando pelo primeiro ajudante. Dessa forma, o cliente pode observar o crescimento profissional e pessoal em cada um de nós. Temos de ajudar no crescimento de cada empregado, motivá-lo, fazer aflorar suas capacidades e inquietudes, para que ele tenha mais segurança e proximidade no trato com o cliente. Para nós, não existe diferença entre o tratamento dado ao cliente pelo *maître* ou *sommelier* e aquele dispensado pelos garçons mais veteranos. E essa unidade faz com que ninguém receba menos atenção; ao contrário: todos se sentem importantes. Assim, rompemos com a antiga abordagem de subserviência e conseguimos oferecer um ambiente sem complicações, necessário para ter um retorno de realidade, de verdade.

Quanto à harmonização de pratos e vinhos, é comum acontecer de fazermos uma sugestão de harmonia juntamente com nossa equipe e, num dado momento, esse controle e estrutura se rompem, caso interpretemos que naquele instante, naquela mesa, algo acontece que é diferente e que pode ter a ver com uma maior maturidade conceitual, com um estresse psíquico ou físico, com uma necessidade de descobrir pelo mero motivo de descobrir, com um propósito de buscar a novidade, e não o empirismo... Em suma, usamos princípios de insinuação, de psicologia aplicada ao instante, que podem fazer com que uma harmonização mude num determinado momento — isso porque, de fato, é o momento que é mutável. Não podemos nem desejamos manter situações padronizadas. Por isso, no Celler não há instruções rígidas de harmonização de pratos e vinhos, pois entendemos que não existem dois clientes iguais, não existem dois conhecimentos iguais do vinho e, conforme o caso, pode-se dar mais peso à acidez, mais peso ao verdor, mais peso à maturidade, menos peso à persistência... Queremos ter a liberdade de reinterpretar uma mesma harmonização em função de sua concentração no momento de servir; e até mesmo poder mostrar que nem sempre a harmonização perfeita é a mais ideal.

É preciso manter a capacidade de improvisação, mesmo que tudo tenha sido bem planejado, pensado e organizado. A improvisação só é possível a partir do estudo prévio, do conhecimento e da ordem. A improvisação não pode existir no caos absoluto. E, sem a capacidade de improvisar, não somos realmente livres. Planejar para poder mudar tudo, se necessário. Assim entendemos a liberdade.

O MUNDO

8 PESSOAS (*SNACKS*)

COMPOSIÇÃO

México
Creme de abacate
Água de tomate

Peru
Caldo de linguado
Leite de tigre

Marrocos
Nougat de amêndoas
Esferas de flor de laranjeira
Gelatina de água de rosas

Coreia
Massa de bolinho
Núcleo de pasta de soja fermentada

Líbano
Hummus

MÉXICO

—CREME DE ABACATE

RENDIMENTO: 290 G

15 g de suco de limão
3 g de tabasco
1 ½ folha de gelatina
260 g de abacate
12 g de azeite de oliva extravirgem
Sementes de tomate fresco

Aqueça o suco de limão com o tabasco e dissolva a gelatina previamente hidratada.

Retire a polpa do abacate e triture-a até ficar bem cremosa. Acrescente a gelatina dissolvida, o azeite e volte a triturar para evitar que se formem grumos.

Coloque um pedaço de filme de PVC sobre uma superfície plana, ponha no centro 3 g de creme de abacate e, no meio desse creme, 4 ou 5 sementes de tomate; cubra as sementes com um ponto de creme de abacate e feche juntando as pontas do filme para obter o formato de um tomate. Cada pacotinho deve pesar aproximadamente 6,5 g. Congele.

—ÁGUA DE TOMATE

RENDIMENTO: 500 G

500 g de água de tomate (receitas-base)
5 g de gelificante vegetal kappa

Retire o filme dos pacotinhos de abacate e fure-os delicadamente com um palito. Mantenha os pacotinhos no *freezer*.

Misture o gelificante kappa com a água de tomate fria e leve ao fogo até ferver. Retire do fogo, remova a espuma, e mergulhe os pequenos tomates de creme de abacate no suco de tomate ainda quente. Reserve sob refrigeração.

FINALIZAÇÃO E MONTAGEM DO *SNACK*

Brotos de coentro

Finalize com uma folha de broto de coentro e coloque o *snack* sobre a estrutura de metal.

PERU

—CALDO DE LINGUADO

RENDIMENTO: 200 G

250 g de espinhas de linguado
250 g de água

Dessangre as espinhas de linguado em água com gelo por 6 horas.

Depois desse tempo, retire as espinhas com uma peneira e embale-as a vácuo com os 250 g de água da receita; cozinhe no Roner a 80 °C por 30 minutos. Coe e reserve o caldo obtido.

—LEITE DE TIGRE

RENDIMENTO: 750 G (70 UNIDADES)

750 g de caldo de linguado (elaboração anterior)
55 g de cebolas
35 g de limão
25 g de pimentão amarelo
18 g de pimentão vermelho
7,5 g de sal
5,5 g de casca de limão
1,1 g de tabasco
7 g de goma xantana

Em um recipiente, misture todos os ingredientes, exceto a goma xantana, e deixe--os macerar por 24 horas.

Passado esse tempo, coe a mistura, triture-a com a xantana, coloque-a em moldes esféricos de 2,5 cm de diâmetro e congele.

—BANHO DAS ESFERAS

RENDIMENTO: 200 G

200 g de manteiga de cacau
1 limão

Espete um palito em cada esfera de leite de tigre e reserve-as no *freezer*.

Derreta a manteiga de cacau e banhe as esferas de modo que fiquem totalmente cobertas por uma fina camada de manteiga. Retire o palito da esfera e, com um ralador Microplane, rale a casca do limão sobre a superfície das esferas, cobrindo o orifício deixado pelo palito. Reserve sob refrigeração.

FINALIZAÇÃO E MONTAGEM DO *SNACK*

***Shiso* verde**

Coloque uma folha de *shiso* verde sobre a estrutura de metal e, por cima dela, a esfera banhada.

MARROCOS

—*NOUGAT* DE AMÊNDOAS

RENDIMENTO: 150 G

45 g de isomalte
45 g de glucose
95 g de *fondant*
55 g de amêndoas torradas

Misture o isomalte, a glucose e o *fondant* e aqueça-os até atingirem 145 °C. Retire do fogo e deixe que a temperatura baixe a 140 °C; adicione as amêndoas, previamente trituradas, e espalhe toda a preparação sobre tapetes de silicone, para que esfrie. Uma vez frio, triture o caramelo num processador e polvilhe uma camada muito fina do pó obtido sobre um tapete de silicone. Derreta novamente a mistura no forno a 180 °C e, enquanto ainda estiver quente, corte quadrados de 4 cm de lado.

—ESFERAS DE FLOR DE LARANJEIRA

RENDIMENTO: 250 UNIDADES

55 g de melado de cana
167 g de água
12 g de água de flor de laranjeira
6 g de gluconolactato de cálcio
9 g de goma xantana
Banho de alginato (receitas-base)
Estigmas de açafrão

Aqueça ligeiramente o melado para dissolvê-lo na água. Adicione a água de flor de laranjeira e reserve a metade da mistura para deixar as esferas descansando depois de prontas. Triture a metade restante com a xantana e o gluconolactato; deixe cair pequenas quantidades sobre o banho de alginato. Antes de fechar as esferas, coloque um estigma de açafrão em seu interior. Mantenha as esferas no banho por 3 minutos, retire-as e lave com água. Mergulhe--as na mistura reservada.

—GELATINA DE ÁGUA DE ROSAS

RENDIMENTO: 225 G

125 g de água de rosas
50 g de açúcar
50 g de água
0,8 g de ágar-ágar

Misture os ingredientes e leve-os ao fogo até ferver. Despeje a gelatina obtida em um recipiente com 0,5 cm de altura. Quando solidificada, corte-a em cubos de 0,5 cm de lado. Reserve.

FINALIZAÇÃO E MONTAGEM DO *SNACK*

Amêndoas torradas em pó
Ras el hanout
Sal
Folhas de menta
Iogurte de cabra

Coloque o quadrado de *nougat* de amêndoas sobre um cortador de massas de 2 cm de diâmetro, aqueça na salamandra para que o caramelo amoleça e tome a forma de um recipiente no qual serão colocados os ingredientes na seguinte ordem: amêndoas torradas em pó, *ras el hanout,* uma pitada de sal, 2 cubos de gelatina de água de rosas, amêndoa torrada, uma folha de menta e a esfera de flor de laranjeira. Finalize com um ponto de iogurte de cabra.

COREIA

—MASSA DE BOLINHO

RENDIMENTO: 345 G

145 g de farinha de trigo
1,5 g de bicarbonato de sódio
7 g de mel
30 g de açúcar
100 g de ovos
65 g de água

Misture todos os ingredientes, mexendo bem para evitar a formação de grumos. Deixe descansar sob refrigeração por 24 horas.

—NÚCLEO DE PASTA DE SOJA FERMENTADA

RENDIMENTO: 440 G (90 UNIDADES)

125 g de creme de leite fresco
4 folhas de gelatina
21 g de água
250 g de pasta de soja fermentada (missô) coreana
25 de vinagre de arroz
0,6 g de *yuzu*
Azeite de oliva extravirgem

Aqueça uma pequena quantidade de creme de leite para dissolver as folhas de gelatina previamente hidratadas no próprio creme de leite. Reserve.

Aqueça ligeiramente a água, misture com a pasta de soja fermentada, o vinagre, o *yuzu* e todo o creme de leite. Coloque a mistura em moldes semiesféricos de 1,5 cm de diâmetro por 1 cm de altura e reserve no *freezer*.

Prepare um recipiente com nitrogênio líquido. Retire as esferas de massa de soja fermentada dos moldes e termine de congelá-las no nitrogênio (se esse processo não for feito, a massa de bolinho não apresentará uma boa liga, o que dificulta sua cocção).

Prepare dois recipientes com azeite de oliva, um a 150 °C e outro a 180 °C. Espete os núcleos de pasta de soja fermentada com uma agulha e introduza-os na massa de bolinho; escorra o excesso de massa e frite-os primeiro no azeite a 150 °C, até que a massa fique firme e seu interior se descongele, e em seguida frite-os no azeite a 180 °C para que terminem de dourar.

FINALIZAÇÃO E MONTAGEM DO *SNACK*

10 g de gengibre fresco

Descasque o gengibre e corte-o em lâminas de 1 mm de grossura por 0,5 cm de largura.

Coloque a esfera na estrutura de metal e, por cima, o quadradinho de gengibre.

LÍBANO

—*HUMMUS*

RENDIMENTO: 250 G

250 g de grão-de-bico cozido
35 g de manteiga clarificada
15 g de água da cocção do grão-de-bico
3 g de azeite de oliva
1 g de óleo de gergelim
1 g de alho picado
0,6 g de suco de limão-siciliano
0,5 g de cominho moído
Sal

Coloque todos os ingredientes num recipiente e triture-os até obter um creme bem liso. Recheie os moldes com formato de grão-de--bico e deixe congelar.

—BANHO DAS ESFERAS DE *HUMMUS*

RENDIMENTO: 200 G

200 g de manteiga de cacau
Gergelim branco
Salsinha picada
Cominho moído

Toste e reserve o gergelim. Derreta a manteiga de cacau e combine-a com o gergelim tostado.

Desmolde os grãos-de-bico de *hummus* e espete um palito para banhá-los na mistura de manteiga de cacau e gergelim. Com a manteiga de cacau ainda mole, polvilhe as esferas com um pouco do cominho moído e a salsinha picada.

FINALIZAÇÃO E MONTAGEM DO *SNACK*

Coloque o grão-de-bico mimético sobre a estrutura de metal.

O MUNDO

A seleção de destinos dessa volta ao mundo gastronômica foi inspirada nas viagens mais recentes dos irmãos Roca. Dos sabores impregnados em sua memória, surgem essas "cápsulas" de cultura gustativa concentrada. A intenção é que, com o passar do tempo e das estações, a rota varie e outros destinos culinários sejam descobertos. Ultimamente, eles têm se dedicado a preparar quatro novos *snacks*: Brasil, Japão, Tailândia e Islândia.

DIM SUM DE SÉPIA COM ERVILHAS

8 PESSOAS

COMPOSIÇÃO

Sépia
Caldo de sépia
Purê de ervilhas

—SÉPIA

RENDIMENTO: 2 QUADRADOS DE 8 CM

1 sépia

Limpe a sépia e retire a pele. Corte-a em quadrados de aproximadamente 8 cm de lado e congele-os. Reserve as aparas para serem utilizadas no caldo.

—CALDO DE SÉPIA

RENDIMENTO: 500 G

300 g de cebolas
30 g de azeite de oliva extravirgem
500 g de aparas de sépia
(da elaboração anterior)
150 g de aipo
1.000 g de água

Corte as cebolas em *julienne* e refogue com o azeite de oliva; adicione as aparas do peixe, o aipo e a água. Deixe ferver lentamente até reduzir pela metade. Coe e reserve.

—PURÊ DE ERVILHAS

RENDIMENTO: 250 G

250 g de ervilhas
75 g de água da cocção das ervilhas
30 g de manteiga noisette
50 g de ervilhas-lágrima
Sal

Ferva as ervilhas em água e sal, triture-as com 75 g da água de sua cocção e, com a manteiga *noisette*, passe-as por uma peneira fina e esfrie. Misture o purê com as ervilhas-lágrima previamente escaldadas.

—*DIM SUM*

RENDIMENTO: 16 SAQUINHOS RECHEADOS

2 quadrados de 8 cm de sépia
(elaboração anterior)
Purê de ervilhas (elaboração anterior)

Corte a sépia na máquina de fatiar frios, fazendo lâminas muito finas; estique-as e coloque no centro de cada lâmina uma colher do purê de ervilhas. Feche as lâminas, juntando as pontas de cima para formar um saquinho, como se fosse massa recheada. Reserve.

FINALIZAÇÃO E MONTAGEM DO PRATO

Flores de ervilha

No momento de servir, coloque os *dim sum* de ervilhas numa panela a vapor para cozinhá-los ligeiramente no vapor do caldo de sépia. Sirva--os numa panela a vapor de bambu com uma xícara de caldo por baixo. Por último, adicione a flor de ervilha.

TORTILHA DE CAVIAR

8 PESSOAS

COMPOSIÇÃO

Banho de alginato e gema
Base branca de caviar
Gel de erva-doce

—BANHO DE ALGINATO E GEMA

RENDIMENTO: 600 G

500 g de água
7,5 g de alginato de cálcio
125 g de gema pasteurizada

Misture a água com o alginato, adicione a gema e mexa até homogeneizar. Retire o ar com uma máquina de vácuo.

—BASE BRANCA DE CAVIAR

RENDIMENTO: 450 G
(22 TORTILHAS, APROXIMADAMENTE)

250 g de leite
250 g de creme de leite fresco
10 g de sal
6 folhas de gelatina
1 g de goma xantana
10 g de gluconolactato de cálcio
75 g de caviar
8 g de cebolinha picada

Em uma panela, coloque o leite e o creme de leite juntamente com o sal e aqueça. Retire do fogo antes de acrescentar o restante dos ingredientes. Com a ajuda de um *mixer*, misture até homogeneizar; deixe que a temperatura baixe um pouco e adicione a cebolinha e o caviar.

Recheie moldes de silicone com 20 g de base branca de caviar e deixe esfriar para que gelifiquem. Desmolde e mergulhe as tortilhas no banho de alginato e gema por 10 minutos, virando-as depois de 5 minutos. Retire do banho e escorra bem todo o excesso de gema, para que a superfície fique lisa e sem bordas. Reserve.

—GEL DE ERVA-DOCE

RENDIMENTO: 250 G

300 g de folhas de erva-doce
75 g da água de escaldar a erva-doce
75 g de água
2,5 g de goma xantana
Sal

Escalde as folhas de erva-doce em água fervendo com sal, esfrie em banho-maria invertido e reserve os 75 g indicados dessa água. Uma vez fria, misture essa água com a erva-doce escaldada e os 75 g adicionais de água da receita, e triture tudo. Coe com uma peneira de malha fina, retifique o sal e acrescente a xantana, triturando com o *mixer* para evitar que se formem grumos. Coe mais uma vez o gel obtido e reserve.

FINALIZAÇÃO E MONTAGEM DO PRATO

Brotos de *dill*
Brotos de estragão
Brotos de cerefólio
Cebolinha

Marque a tortilha dos dois lados em uma chapa.

Em um prato retangular, coloque a tortilha quente e faça 5 pontos de gel de erva-doce, finalize com 3 brotos de *dill*, 2 de estragão, 2 de cerefólio e a cebolinha.

POMBO COM ANCHOVAS

8 PESSOAS

COMPOSIÇÃO

Peitos de pombo
Emulsão de anchovas
Coulis de amoras
Óleo de azeitonas pretas
Drupéolas de amoras
Molho de pombo

—PEITOS DE POMBO

RENDIMENTO: 8 FILÉS DE PEITO

4 peitos de pombo
Salmoura para carnes (receitas-base)
Azeite de oliva extravirgem

Mergulhe os peitos de pombo na salmoura por 10 minutos. Coloque um tabuleiro perfurado por cima de outro tabuleiro regular. Disponha os peitos no tabuleiro e envolva o conjunto com filme de PVC. Faça um pequeno orifício, por onde será inserida a fumaça de serragem por meio de uma pistola de defumação. Finalmente, vede o orifício e deixe defumar sob refrigeração por 2 horas.

Transcorrido esse tempo, remova o filme, embale os peitos a vácuo com azeite de oliva e cozinhe no Roner a 63 °C por 22 minutos. Retire, resfrie rapidamente e reserve sob refrigeração.

—EMULSÃO DE ANCHOVAS

RENDIMENTO: 130 G

50 g de anchovas
50 g do azeite das anchovas
30 g de água

Triture os filés de anchova até obter uma pasta bem lisa. Acrescente aos poucos o azeite, sem parar de triturar, e finalmente adicione a água para conseguir uma emulsão. Coe e reserve.

—*COULIS* DE AMORAS

RENDIMENTO: 154 G

125 g de amoras frescas
0,4 g de goma xantana
50 g de azeite de oliva extravirgem

Triture as amoras e passe o purê por um *chinois* fino. Acrescente a xantana e triture bem. Finalmente, emulsione com o azeite de oliva e reserve o molho obtido.

—ÓLEO DE AZEITONAS PRETAS

RENDIMENTO: 120 G

100 g de óleo de girassol
20 g de azeitonas pretas desidratadas

Triture o óleo de girassol e as azeitonas pretas até que fiquem completamente moídas e se obtenha um óleo negro e homogêneo.

—DRUPÉOLAS DE AMORAS

RENDIMENTO: 20 G

4 amoras

Congele as amoras. Quando estiverem bem congeladas, coloque-as entre duas folhas de papel sulfurizado e passe o rolo de massas para separar suas drupéolas. Reserve.

—MOLHO DE POMBO

RENDIMENTO: 180 G

1.250 g de carcaças de pombo
20 g de azeite de oliva extravirgem
160 g de *bresa* (receitas-base)
1.250 g de água
24 g de espessante *kuzu* (receitas-base)
25 g de manteiga
Sal

Doure as carcaças no azeite e adicione a *bresa*. Cubra com a água fria e deixe cozinhar por 3 horas. Passado esse tempo, coe o caldo e reduza-o até obter 150 g.

Leve à ebulição e acrescente a mistura de *kuzu*; finalize com a manteiga e, se necessário, coloque sal a gosto. Coe e reserve.

FINALIZAÇÃO E MONTAGEM DO PRATO

Anchovas
***Julienne* de trufas negras**
Brotos de beterraba

Regenere o filé de peito de pombo no Roner a 63 °C. Retire da embalagem e marque o filé na chapa pelo lado da pele, até ficar bem dourado. Deixe descansar 2 minutos na salamandra.

Sobre um prato raso, intercale alguns pontos de *coulis* de amora com outros de emulsão de anchovas, de molho de pombo e de óleo de azeitonas pretas. Disponha algumas drupéolas de amora e 2 quadradinhos de anchova. Finalize colocando o peito de pombo e, sobre ele, a *julienne* de trufas e alguns brotos de beterraba ao redor.

N

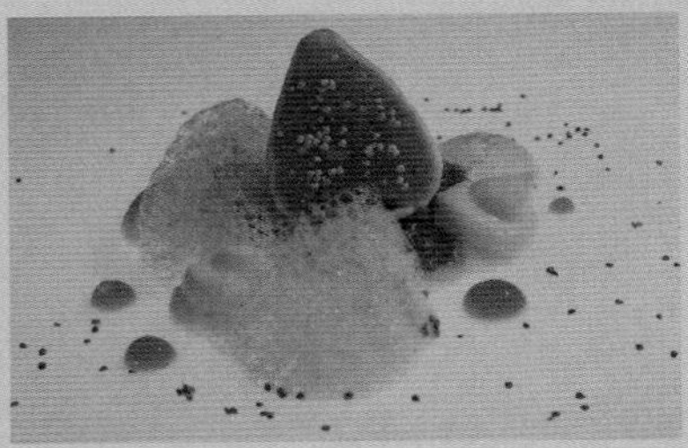

—OUSADIA

N

–OUSADIA

Uma das bases da criação é a quebra das expectativas. A luta contra o que parece previsível, a batalha constante contra o tédio que provoca no espectador, no observador, no comensal, a sensação de que tudo o que ele tem pela frente segue uma ordem imutável. É nesse ponto que a ousadia tem de ganhar a batalha. Ousar é desafiar, é propor um desafio às regras estabelecidas. O equilibrista que caminha pela corda estirada entre dois arranha-céus sabe que só há um final líquido e certo: à espera está o vazio, a queda, o fracasso. Mas, realmente, será que só esse final é possível? Nunca ninguém executou um exercício assim, tão arriscado, tão sem sentido. O que mais pode fazer o equilibrista além de provar que é capaz de fazê-lo? Nada, a não ser demonstrá-lo. Provar que, contra todas as previsões e todas as leis da gravidade, há outra possibilidade. A ousadia de contemplar o vazio e evitar que ele o engula.

Esses tipos de ação, aplicados à cozinha, respondem a um mecanismo intuitivo que só pode ser concebido a partir da generosidade, de uma paixão arrasadora. É o afã de buscar com audácia um caminho que não está sinalizado, que não tem marcos ou placas indicativas. Por que não tentar sintetizar o caos e, num exercício quase circense, cometer o "delito" de fazer o mais difícil até agora, mostrar que a anarquia pode ser também um caminho planejado?

A ousadia, no Celler, é um deixar-se levar, um exemplo de generosidade, o desejo de brincar com o absurdo para que sempre exista uma prova de que o equilíbrio, precário, é também uma fonte de saber.

Segundo os irmãos Roca

A máxima de um empreendedor é: "Se algo não pode ser feito, faça-o. Se não o fizer, não existirá". A negativa prévia incita à ação. Transformar um não em um sim é o desafio. A ousadia evita a base mais conhecida do saber. O conhecimento vem do passado, por isso é seguro e demonstrável. A experiência é completamente oposta à criatividade ousada. Podemos recorrer à experiência, mas temos de adaptá-la a novos desafios, novas soluções. Temos de abrir a mente e nos arriscar até o limite do código de ética, o qual nos faz sentir vivos e coerentes com uma filosofia de vanguarda. *Ousadia* é colocar uma pitada de sal e muito ácido na cozinha. Se não existissem as barreiras do código de ética, é provável que já tivéssemos servido algum prato como o BLOODY DE MARY (uma proposta clandestina que, dizem as más línguas, alguém comeu ou bebeu tarde da noite no Celler...).

Qual é o limite criativo assumido por um comensal? Escutamos Ferran Adrià dizer em conferências após sua viagem à China: "Não existem comidas estranhas, mas sim pessoas estranhas!". Uma maneira clara e aberta de explicar a influência dos hábitos culturais na alimentação da espécie humana ao longo dos anos. Da necessidade ao costume, podemos chegar a comer coelho com caramujos, um prato tradicional da Catalunha que provavelmente não triunfaria entre os anglo-saxões. Do mesmo modo que algumas pessoas gostam de comer o popular *hákarl* islandês, iguaria feita com tubarão curado mediante um processo de fermentação, e muito rica em ácido úrico, que os nativos aconselham seja engolida com o nariz tapado por causa do forte odor de amoníaco que exala. Também podemos ter dificuldade para engolir os *escamoles*, ovos de formiga negra gigante — denominada *Liometopum apiculatum* — considerados um ingrediente de luxo no estado mexicano de Hidalgo. E um *crickets on a stick* (espetinho de grilos) pode ser uma frivolidade extrema se não tivermos a mente aberta para esse aperitivo tão comum em Pequim ou Bangcoc. Portanto, não há nada de estranho na cozinha deles, senão culturas diferentes e preconceitos estabelecidos na hora de comer. Para mostrar ousadia, no entanto, as propostas não devem necessariamente nos levar a transgressões bombásticas e precipitadas. Não é necessário desafiar nossos clientes a dar saltos no escuro contra a vontade deles. Também é possível vincular a ousadia ao gesto simples, porém transgressor, de servir um *suquet* de peixe sem peixe... Nessa linha, vêm à nossa mente aqueles divertidos e chocantes ARROZ À CUBANA e FRANGO AO *CURRY* do El Bulli.

De vez em quando, abrimos as portas para a ousadia. Porque sim. Porque queremos manter vivo o espírito provocador e malicioso. E ainda para demonstrar que a cozinha também pode oferecer aventuras extremas, como as audaciosas propostas OSTRA E TERRA, a radical ANARQUIA, a fantástica ILHA DO TESOURO, VINHO NO PRATO E SOBREMESA NA TAÇA ou PEDRO XIMÉNEZ DESTILADO EM DOIS SERVIÇOS: CORPO E ALMA.

A OSTRA E TERRA é uma ousadia importante, mas é também uma maneira de transgredir um prato básico de mar e montanha. Mar e montanha na potência máxima, como nunca se havia proposto. Comer terra sem consistência de terra, mas com o choque emocional de um aroma conhecido e de uma consistência fluida e nítida surpreendente. Uma visão minimalista e poética geradora de ardorosos defensores e detratores. O artista Franc Aleu celebrou o fato de que o público vaiara e ao mesmo tempo aplaudira um espetáculo lírico no Scala de Milão, do qual havia participado. Seu sucesso foi provocar e suscitar debate, reconhecimento e polêmica pelo ousado caminho que havia seguido. O mesmo vale para nós.

ANARQUIA, uma das sobremesas mais radicais jamais vistas, nasceu de um aborrecimento de Jordi. Ele estava cansado de ter de justificar cada prato e cada movimento de um ingrediente em um prato. A ousadia da sobremesa ANARQUIA baseia-se na ideia de que o conhecimento é o passado, que está obsoleto, e que não é preciso justificar tudo. Um prato surpresa, incógnita, experimentação no vácuo, sem obstáculos nem preconceitos. Tudo é possível. Uma orgia de sabores. O máximo com o mínimo tempo no paladar. Sabores no limite, condição de grande festa, de loucos, audaciosos e valentes. Todos experimentando por si mesmos, compartilhando maravilhados cada pedaço. Celebrar, com antecipação, uma viagem acelerada na qual os costumes não ficam estanques, mas se mesclam. O jogo anárquico. A alegria liberadora.

O Rotaval nos permitiu romper a fronteira do sabor e fazer experimentações com a volatilidade dos elementos e o resultado contido no balão. Padrões que se rompem ao apresentar um vinho como o Pedro Ximénez VORS[1] em uma garrafa cortada ao meio; um vinho cor de iodo que colocamos no balão, destilamos e aproveitamos o vapor e o álcool para fazer uma grapa de Pedro Ximénez e servi--la acompanhada do vinho sem álcool: corpo e alma de um vinho à mesa, dois serviços. Pura audácia.

A ousadia persistirá em nosso espírito criativo como uma corrente insistente que banha a *ROCAlla*.[2] Porque, se não o fizermos, não existirá.

1. Iniciais de *Vinum Optimum Rare Signatum*, a mais alta classificação conferida a um Xerez cujo envelhecimento (*crianza*) é superior a 30 anos. (N. T.)

2. *Rocalla* é "cascalho" em espanhol, as pedrinhas resultantes do trabalho da lavra ou da erosão. Aqui, explorando a similaridade de *Roca* e *rocalla* (conjunto de *rocas*), os irmãos se comparam a esse cascalho banhado pelo rio da ousadia. (N.T.)

Do salão...

Josep chegou a fazer combinações de dois vinhos em uma única taça. Se isso é permitido em coquetéis, por que não um coquetel de vinho? Com o ANGEL DE THIERRY MUGLER, ele se surpreendeu com Jordi, que combinou em um prato o *toffee* com rosas, violetas e geleia de frutas vermelhas com baunilha. Nenhum vinho tinha todos esses elementos, e Josep combinou um Mataró de Alella (que tinha toques de madeira, baunilha e frutas vermelhas) e um Gewürztraminer (aromático, floral, vibrante). Até que descobriu os vinhos de *moscato rosa* de Alto Adige, de um produtor do norte da Itália, e outro Moscatel negro da Califórnia. Isto é, vinhos tintos de uva Moscatel negra!

Também existe ousadia nas harmonias de alguns produtos específicos, como a trufa com chá. Um *soufflé* de trufa, por exemplo, é tão etéreo, tão sutil e tão delicado que a dureza e o álcool do vinho produzem sensações excessivamente marcadas de causticidade. Nesse caso, o prato pode ser combinado com chás de quinze, vinte ou trinta anos, vindos da China e de Taiwan, envelhecidos em cavernas, o que lhes confere uma harmonia terrosa e aérea.

O VINHO NO PRATO E SOBREMESA NA TAÇA é uma ousadia do salão, como explica Josep: "Eu trouxe para os meus irmãos, em um prato de sopa, um vinho Beerenauslese (de safra bem tardia) de uma uva Riesling com muito pouco teor alcoólico natural. Eu lhes disse: 'Provem esta sopa'. Criei o efeito surpresa de beber e comer um vinho ao mesmo tempo. Nesse momento surgiu a ideia de fazer *sorbets* apenas com a adição de goma xantana, de modo a romper com todos os modelos de *sorbets*, mantendo ao máximo a pureza do vinho. É uma ousadia que vem da cozinha do vinho e do vinho na cozinha".

OSTRA E TERRA

4 PESSOAS

COMPOSIÇÃO

Ostra
Destilado de terra

—OSTRA

4 ostras

Abra as ostras e retire-as da concha procurando não machucá-las. Corte as barbas com uma faca apropriada e reserve-as sob refrigeração até o momento de servir.

—DESTILADO DE TERRA

RENDIMENTO: 430 G

300 g de terra
500 g de água
0,2 g de goma xantana
Sal

Misture a terra com a água, tampe o recipiente e deixe em infusão por 12 horas no refrigerador.

Coloque a infusão no balão de evaporação com o filtro de membrana de esterilização 0,22 μm entre o balão e a saída para o condensador. Destile a terra a 30-35 °C (temperatura do banho) por 1-2 horas e termine a 40-45 °C durante 30 minutos. Retire o destilado e embale-o a vácuo. Se quiser conservá-lo por alguns dias ou semanas, é melhor congelá-lo.

No momento de montar o prato, engrosse o destilado com a goma xantana e coloque sal a gosto.

FINALIZAÇÃO E MONTAGEM DO PRATO

Coloque a ostra no centro do prato e regue-a com o destilado de terra.

ANARQUIA

"A ideia surgiu um dia, quando Joan e Pitu [Josep] falavam de um prato de abacate, o porquê de cada elemento do prato, do seu conceito, fazendo uma análise exaustiva dos motivos que nos levam a colocar uma coisa ou outra... Nesse momento, ele me disse: 'Por que não fazer algo que demonstre que nem sempre é preciso dar um sentido específico a um prato ou a uma mistura de sabores?' Anarquia é a rebelião contra a ordem, é abrir o conceito para a percepção de cada comensal."

JORDI ROCA

COMPOSIÇÃO

Cremes
Gelatinas
Molhos
Esferas
Pães de ló
Crocantes
Sorvetes
Flores

—CREMES
Baunilha, cardamomo verde, cardamomo branco, chocolate ao leite, chocolate 70%, pimenta de Sichuan, pimenta-rosa, pimenta-de-java, chá verde, chá branco, amêndoa amarga, cominho, *curry*, alcaçuz.

—GELATINAS
Campari, flor de laranjeira, rosa, café, rum.

—MOLHOS
Manjericão, menta, morango, erva-doce, estragão, cacau, doce de leite, geleia de violeta, geleia de jasmim.

—ESFERAS
Açafrão, leite de ovelha, chocolate.

—PÃES DE LÓ
Chocolate, baunilha, cítricos, pistache, *madeleine*.

—CROCANTES
Cacau, leite, pistache, chocolate, grãos de milho torrados.

—SORVETES
Iogurte, gengibre, mel, Chartreuse.

FINALIZAÇÃO E MONTAGEM DO PRATO

Flores
Folhas
Brotos

A montagem desse prato é fiel a seu nome: não há uma ordem preestabelecida, e sua composição varia com o passar dos dias e das estações. Portanto, é impossível fixá-la no tempo e pormenorizá-la, isso seria contrariar sua essência. De um dia para outro, os ingredientes podem mudar em função de sua disponibilidade, mas mantém-se sempre a enorme variedade dos tipos de elaboração, do contraste dos sabores, do jogo das texturas e da riqueza cromática.

FIGOS COM QUEIJO BARIDÀ

8 PESSOAS

COMPOSIÇÃO

Creme de queijo Baridà
Purê de figo
Sementes de figo
Gel de goiaba
Ar de aspargos e rúcula
Sorbet de figo
Banho de queijo Baridà

—CREME DE BARIDÀ

RENDIMENTO: 270 G

150 g de queijo Baridà (Alt Urgell)
150 g de creme de leite fresco

Corte o queijo em cubos pequenos e reserve.

Ferva o creme de leite e despeje-o sobre o queijo, deixe a preparação descansar e, em seguida, triture com um *mixer* até obter um creme espesso. Coe e triture novamente se for necessário. Reserve.

—PURÊ DE FIGO

RENDIMENTO: 480 G

500 g de figos frescos
1,7 g de ágar-ágar

Retire e descarte a pele dos figos, e triture a polpa. Passe-a por uma peneira bem fina para separar as sementes, reserve-as em um recipiente à parte. Em outro recipiente, misture o purê sem sementes com o ágar-ágar. Aqueça a preparação até ferver e deixe esfriar para que solidifique. Quando tiver engrossado, triture com o *mixer* para obter um purê bem fino. Reserve.

—SEMENTES DE FIGO

Sementes de figo (da elaboração anterior)

Lave bem as sementes para eliminar resíduos da polpa. Coloque-as na desidratadora a 60 °C. Quando estiverem bem secas, toste-as ligeiramente na salamandra. Reserve.

—GEL DE GOIABA

RENDIMENTO: 580 G

250 g de purê de goiaba
35 g de açúcar invertido
35 g de glucose
7,5 g de pectina de maçã
250 g de açúcar
7 g de ácido cítrico

Misture o purê com o açúcar invertido, a glucose e a pectina, leve ao fogo para ferver e, em seguida, adicione o açúcar previamente misturado com o ácido cítrico. Mexa para que não se formem grumos e deixe ferver até chegar a 104 °C. Deixe esfriar e coloque o gel em sacos de confeiteiro.

—AR DE ASPARGOS E RÚCULA

RENDIMENTO: 250 G

500 g de aspargos
250 g de rúcula
2,5 g de lecitina de soja
1,5 g de sucroéster
Sal

Escalde os aspargos e a rúcula separadamente, esfrie e centrifugue os dois ingredientes.

Misture o suco de rúcula e o de aspargos com a lecitina de soja e o sucroéster. Coloque sal a gosto e reserve.

—*SORBET* DE FIGO

RENDIMENTO: 1.200 G

150 g de açúcar
0,6 g de estabilizante para *sorbets*
150 g de água
38 g de dextrose
25 g de glucose atomizada
13 g de açúcar invertido
800 g de purê de figo

Misture o estabilizante com um pouco do açúcar da receita. Reserve.

Misture a água com o restante dos ingredientes, exceto o purê de figo, e aqueça até atingir 50 °C; incorpore então a mistura de açúcar e estabilizante reservada anteriormente, triturando com o *mixer* para eliminar os grumos. Pasteurize essa base de *sorbet* elevando a temperatura até 85 °C; coe e esfrie. Deixe descansar sob refrigeração por 24 horas.

No dia seguinte, triture o purê de figo com a base de *sorbet* e bata na sorveteira; quando o sorvete estiver com a textura desejada, coloque-o em sacos de confeiteiro e recheie alguns moldes em forma de figo, feitos com silicone líquido (ver processo na p. 429). Reserve no *freezer* por 2 horas, para que terminem de tomar a forma do molde.

Em seguida, desmolde os figos e fure-os com uma agulha. Mantenha-os no *freezer* até a hora de banhá-los.

—BANHO DE QUEIJO BARIDÀ

RENDIMENTO: 400 G

300 g de leite
150 g de queijo Baridà (Alt Urgell)
4,5 g de ágar-ágar
2,5 folhas de gelatina

Rale o queijo e reserve-o num recipiente. Ferva o leite e despeje-o sobre o queijo ralado. Deixe descansar por 15 minutos e triture para eliminar os grumos. Uma vez frio, passe por uma peneira e adicione o ágar-ágar. Ferva a preparação e, uma vez fora do fogo, acrescente as folhas de gelatina previamente hidratadas.

Banhe os figos de *sorbet* nessa preparação e reserve-os no *freezer* novamente.

FINALIZAÇÃO E MONTAGEM DO PRATO

Corte ao meio os figos congelados e reserve-os.

Coloque no meio do prato uma colher de purê de figo; por cima, a metade de um figo congelado e, dos lados, alguns pontos de creme de queijo Baridà.

Com um *mixer*, bata a mistura de aspargos e rúcula para aerá-la; em seguida, coloque três colheradas dessa mistura ao redor do figo. Finalize com alguns pontos de gel de goiaba e salpique as sementes de figo.

ILHA DO TESOURO

4 PESSOAS

COMPOSIÇÃO

Ostra
Banho de *becada*
Espuma de terra
Fundo marinho
Areia de tinta

—OSTRA

4 ostras Gillardeau nº 1

Abra as ostras com um abridor de ostras, retire as barbas e guarde sua água para a elaboração do fundo marinho. Reserve-as sob refrigeração.

—CALDO DE *BECADA*

RENDIMENTO: 200 G

1.250 g de ossos de *becada* (*Scolopax rusticola*)
30 g de azeite de oliva extravirgem
100 g de *bresa* (receitas-base)
1.250 g de água
15 g de fígado de *becada*
20 g de azeite de oliva extravirgem
25 g de manteiga

Numa panela, doure os ossos da *becada* juntamente com o azeite de oliva até que fiquem bem tostados e adicione a *bresa*. Cubra com a água e cozinhe por 2 horas e 30 minutos.

Coe e deixe reduzir até obter 200 g de caldo de *becada*.

Salteie os fígados de *becada* com os 20 g de azeite de oliva, adicione-os ao caldo e triture todo o conjunto. Passe por um *chinois* fino, incorpore bem a manteiga e reserve.

—BANHO DE *BECADA*

RENDIMENTO: 200 G

150 g de caldo de *becada*
(elaboração anterior)
50 g de caldo de frango (receitas-base)
2 g de carragenato

Misture bem os dois caldos frios com a gelatina de algas vermelhas. Coloque os caldos em uma panela e leve ao fogo até ferver. Reserve para banhar as ostras.

—ESPUMA DE TERRA

RENDIMENTO: 350 G

350 g de destilado de terra (receitas-base)
½ folha de gelatina
3 g de clara de ovo em pó

Hidrate a gelatina em água e gelo, escorra bem e aqueça até 35 °C juntamente com 30 g de destilado de terra. Quando tiver dissolvido, misture com o resto do destilado e incorpore a clara em pó. Carregue um sifão de ½ litro com 2 cargas. Reserve.

—FUNDO MARINHO

RENDIMENTO: 200 G

500 g de manjericão roxo
300 g de água mineral
50 g de algas *kombu*
100 g de água de ostra
1,5 g de ágar-ágar

Numa panela com bastante água fervente e sal, branqueie as folhas de manjericão por 10 segundos. Retire e esfrie em água com gelo. Uma vez frias, retire-as da água e seque-as com papel-toalha. Reserve.

Coloque a água mineral e a alga *kombu* numa panela e leve ao fogo até ferver. Tampe e deixe em infusão por 30 minutos. Coe e esfrie.

Triture as folhas de manjericão escaldadas junto com a água de *kombu*, passe por um *chinois* fino, pressionando para extrair a maior quantidade de líquido possível, e adicione à água de ostra coada previamente. Deixe esfriar.

Misture 200 g de água de manjericão com o ágar-ágar e leve ao fogo para ferver (retire a espuma, se necessário). Despeje a água numa travessa redonda e, sobre a superfície da água, coloque um disco de papel sulfurizado do mesmo tamanho que a travessa. Em contato com a água, o papel enrugará e, ao esfriar, formará uma ondulação na gelatina que simulará visualmente a superfície do mar.

—AREIA DE TINTA

RENDIMENTO: 250 G

100 g de manteiga
10 g de tinta de lula
120 g de farinha de trigo
15 g de açúcar
3 g de sal

Misture a manteiga em ponto de pomada com a tinta de lula. À parte, misture a farinha peneirada com o sal e o açúcar e acrescente a mistura à preparação de manteiga, mexendo bem até homogeneizar a massa. Coloque a massa sobre um filme de PVC, abra e enrole, pressionando para que se torne um rolo compacto. Congele.

Com um ralador Microplane, rale a massa congelada sobre uma assadeira forrada com papel sulfurizado e asse a 180 °C por 15 minutos. Retire do forno e deixe esfriar. Pique com uma faca, se necessário, e guarde num recipiente hermético.

FINALIZAÇÃO E ACABAMENTO DO PRATO

Shiso roxo

Com a ajuda de um palito, mergulhe a ostra no banho quente de *becada* por 3 ou 4 vezes, até que se forme uma capa de gelatina de aproximadamente 2 mm de espessura.

Coloque a ostra no prato que contém o fundo marinho. Cubra a ostra com a espuma de destilado de terra e, sobre esta, coloque a areia de tinta de lula. Finalize plantando alguns brotos de *shiso* roxo.

VINHO NO PRATO E SOBREMESA NA TAÇA

8 PESSOAS

COMPOSIÇÃO

Compota de vinho
Sorbet de vinho
Infusão de cítricos e mel
Infusão de manjericão e menta
Infusão de frutas vermelhas

—COMPOTA DE VINHO

RENDIMENTO: 350 G

350 g de vinho Riesling
(2002 Oestrich Lenchen Beerenauslese, VDP Rheingau, de Peter Jakob Kühn)
1 g de goma xantana

Emulsione o vinho e a xantana com a ajuda de um *mixer*. Envase a preparação em um recipiente hermético e extraia o ar, acionando repetidamente a máquina de vácuo até que fique transparente. Reserve.

—*SORBET* DE VINHO

RENDIMENTO: 400 G

400 g de vinho Riesling
(2002 Oestrich Lenchen Beerenauslese, VDP Rheingau, de Peter Jakob Kühn)
0,7 g de goma xantana

Emulsione o vinho e a xantana com a ajuda de um *mixer*. Bata a preparação na sorveteira e reserve a -18 °C.

—INFUSÃO DE CÍTRICOS E MEL

RENDIMENTO: 160 G

100 g de suco de laranja
50 g de suco de limão-siciliano
30 g de mel
Casca de 1 limão-siciliano
Casca de 1 laranja
0,2 g de goma xantana

Aqueça os sucos de laranja e de limão--siciliano com o mel e as cascas de laranja e de limão. Coe a mistura e incorpore a xantana antes de emulsionar com o *mixer*. Envase a preparação num recipiente hermético e extraia o ar, acionando repetidamente a máquina de vácuo até que fique transparente. Reserve.

—INFUSÃO DE MANJERICÃO E MENTA

RENDIMENTO: 200 G

25 g de menta
125 g da água de escaldar a menta
25 g de manjericão
125 g da água de escaldar o manjericão
20 g de açúcar
0,1 g de goma xantana

Aqueça a água numa panela e escalde as folhas de menta por 20 segundos; retire-as e resfrie-as em água com gelo. Em outro recipiente, resfrie a quantidade indicada da água de escaldar a menta. Uma vez fria, coloque-a num processador junto com as folhas de menta e triture até que se torne um líquido bem fino; coe em seguida. Serão obtidos 100 g de água de menta.

Repita o mesmo procedimento para obter 100 g de água de manjericão.

Aqueça 50 g de água de menta com o açúcar, adicione o resto do líquido junto com a xantana e emulsione com a ajuda de um *mixer*. Envase a preparação em um recipiente hermético e extraia o ar, acionando repetidamente a máquina de vácuo até que fique transparente. Reserve.

—INFUSÃO DE FRUTAS VERMELHAS

RENDIMENTO: 200 G

200 g de frutas vermelhas
20 g de açúcar

Embale a vácuo todos os ingredientes e cozinhe no Roner a 80 °C por 1 hora. Coe e reserve o líquido obtido.

FINALIZAÇÃO E MONTAGEM DO PRATO

Flores de sálvia-ananás
Flores de sálvia adamascada
Brotos de erva-doce
Brotos de menta
Brotos de manjericão

Em uma tigela, sirva uma colher de compota de vinho com uma *quenelle* de *sorbet* de vinho por cima.

Em uma taça ao lado, coloque uma colher de infusão de cítricos e mel; sobre ela e com muita delicadeza, para evitar que se misturem as sopas, coloque a infusão de frutas vermelhas. Finalmente, derrame a infusão de menta e manjericão por cima. C resultado será composto de três camadas sobrepostas que se misturarão na boca à medida que se degusta o prato. Finalize com as flores e os brotos na superfície.

O

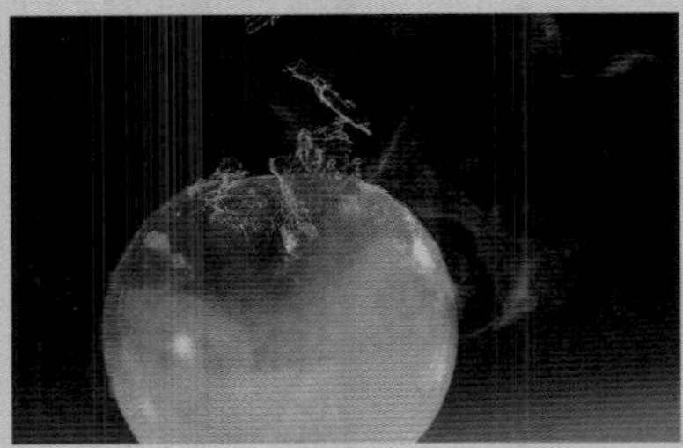

—MAGIA

0

—MAGIA

Já foi dito que dez por cento da magia é truque, técnica. E que o restante, os noventa por cento, se baseia na capacidade de gerar ilusão, na possibilidade de fazer crer no que não é. O cenário é compartilhado — e, com certeza, o Celler é um proscênio onde um espetáculo completo acontece — por quem procura surpreender e por quem está disposto a ser surpreendido. Nessa simbiose, esconde-se o segredo do prazer, a vontade compartilhada de criar o espetáculo e de assistir à representação com a consciência de estar diante de um evento efêmero que acabará se arraigando no edifício rotundo da memória.

A magia é o catalisador dessa fórmula. O comensal oferece seu tempo e recebe felicidade. Os Roca aceitam a ideia, e oferecem prestidigitação em troca da generosidade de quem se desapega das convenções e deseja agarrar os instantes de um contentamento que não se acabará. A operação é satisfatória porque ganha quem seduz e quem se deixa seduzir. Em todo o processo gastronômico e especialmente na iluminação que aparece no salão, quando se executam os números cuja função é deslumbrar. É uma espécie de epifania, de revelação, de superação dos limites. As convenções da física, ou o que tentamos entender dela, diluem-se quando um líquido se torna sólido diante de olhos atônitos. Não vale tentar descobrir os mecanismos da magia, e sim deixar-se levar pela vontade compartilhada de participar dela.

Magia como sinônimo de explosão, de deslumbramento. Uma bolha que habitamos enquanto dura — um instante perdurável — a exibição.

Segundo os irmãos Roca

Os sábios dizem que a ciência é uma coisa maravilhosa, desde que você não precise ganhar a vida com ela. Nós, que a abordamos entrando pela porta dos fundos, mergulhamos com inocência. Para os cozinheiros, a ciência é uma porta aberta ao conhecimento empírico. A ciência nos entusiasma porque nos permite redefinir, questionar, parodiar e encontrar novas maneiras de ver as coisas. Ela nos dá a oportunidade de seguir experimentando com os produtos e as formas. O que queremos é saber mais, para poder dar respostas, na medida do possível, próprias e originais.
A relação entre a arte, o artesanato e a ciência remonta aos tempos imemoriais. São conceitos absolutamente complementares, que vão além das discrepâncias ou polêmicas. E, graças à ciência, às transformações que ela nos permite realizar, às construções e desconstruções, à alquimia pura, terminamos imersos em um autêntico jogo de magia. Tanto para nós, como curiosos e ousados investigadores, quanto para nossos comensais, que participam da preparação da cena e admiram o espetáculo. E acabam comendo o objeto da magia. Um privilégio que os tradicionais números de magia não oferecem.

Gostamos de poder mostrar uma peça de vidro coberta com filme de PVC esticado como se fosse um tambor, sobre o qual colocamos uma *quenelle* de *parmentier* com minipolvos flutuando: a pressão da colher sobre o alimento faz com que alguns anéis de fumaça, escondidos no fundo e perfumados com páprica defumada, se elevem magicamente. Ou provocar um retorno à infância das brincadeiras com massinha de modelar, agora convertidas em moldes de silicone para fazer sorvetes e estruturas com saborosas formas imagináveis e miméticas (figo, noz, cogumelo *perretxiko*, trufa, cogumelo *boletus*, tangerina...). Ou até mesmo aproveitar um instante de impacto entre substâncias geladas para criar uma estalagmite sólida e crescente bem na frente do comensal.

A palavra *magia* é fantástica. *Magia* simboliza surpresas agradáveis, e os pratos criados com magia nem sempre são os mais fantasiosos, nem os mais espetaculares. Muitas vezes, encontramos a magia na simplicidade e na discrição. Criamos magia a partir da insinuação, apelando aos sentimentos primários, como a ternura. Miramos diretamente na carga emotiva que um instante mágico pode criar.

Do salão...

O novo Celler tem magia porque o ambiente assim o permite. Quando escurece, o fascinante jogo de espelhos faz com que os clientes descubram algo interessante seja lá para que lado olhem. É aqui que reside o luxo da gastronomia do futuro: no entretenimento, na diversão, no movimento, na cena, na atuação, na concepção teatral da obra.

A combinação perfeita entre estímulos externos e internos que a comida é capaz de gerar constitui outra parcela de magia. Como o momento de silêncio. E o tempo adequado para se representar cada ato, cada cena. Ou a possibilidade de assistir a belos efeitos dramáticos seguidos, ou precedidos, de surpresas sutis, emoções contidas, insinuações capturadas em pleno voo.

EUCALIPTUS

8 PESSOAS

COMPOSIÇÃO

Creme de abacate
Molho de limão
Candies de Chartreuse
Destilado de folhas de eucalipto
Açúcar de *shiso* verde
Gel de manjericão
Cubos de Maçã Granny Smith

—CREME DE ABACATE

RENDIMENTO: 400 G

300 g de abacate
75 g de açúcar
40 g de suco de limão-siciliano

Misture os ingredientes num recipiente e triture até obter um creme liso e untuoso. Reserve-o bem tampado para evitar que se oxide rapidamente.

—MOLHO DE LIMÃO

RENDIMENTO: 500 G

125 g de água
125 g de açúcar
Casca de 2 limões
5 g de ágar-ágar
250 g de suco de limão

Ferva a água com o açúcar e deixe as cascas dos limões em infusão. Coe e adicione o ágar-ágar, leve ao fogo até ferver e retire em seguida. Por fim, acrescente o suco de limão, deixe a preparação esfriar para que solidifique. Uma vez solidificada, triture com um *mixer* para obter um creme acetinado.

—*CANDIES* DE CHARTREUSE

RENDIMENTO: 40 UNIDADES

40 g de água
120 g de açúcar
25 g de Chartreuse verde
Maisena

Faça uma calda com a água e o açúcar aquecendo até atingir 109 °C. Retire do fogo e deixe a temperatura baixar um pouco. Adicione o Chartreuse verde com muito cuidado. Para fazer essa operação, o ideal é ir derramando a calda aos poucos e bem lentamente, deixando-a deslizar pelas paredes do recipiente que contém o Chartreuse, e vice-versa, até que os dois líquidos e as duas densidades estejam bem integrados. Reserve.

Forre uma assadeira com uma camada de maisena e deixe secar a 80 °C por algumas horas. Compacte e alise a maisena, faça pequenos orifícios nela e preencha-os com a mistura de calda e Chartreuse. Polvilhe suavemente a superfície com um pouco mais de maisena seca e deixe por 24 horas a 40 °C, aproximadamente. Passado esse tempo, retire os *candies* da maisena, limpe-os com um pincel e reserve.

—DESTILADO DE FOLHAS DE EUCALIPTO

RENDIMENTO: 1.000 G

1.000 g de água
200 g de folhas frescas de eucalipto

Rasgue as folhas de eucalipto e misture-as com a água; coloque no Rotaval e destile a 40 °C, até que toda a água se decante nc balão de recepção. Reserve em garrafas no *freezer* a -5 °C.

—AÇÚCAR DE *SHISO* VERDE

RENDIMENTO: 30 G

15 brotos de *shiso* verde
15 g de açúcar

Coloque os ingredientes no processador e triture até que a mistura esteja homogênea. Reserve esse açúcar em recipiente tampado para que não perca o aroma.

—GEL DE MANJERICÃO

RENDIMENTO: 120 G

50 g de manjericão
250 g da água de escaldar o manjericão
20 g de açúcar
2 g de ágar-ágar

Em uma panela, aqueça a água e escalde as folhas de manjericão por 20 segundos; retire as folhas e esfrie-as em água com gelo. Em outro recipiente, esfrie a quantidade indicada de água de escaldar.

Coloque o manjericão e os 250 g de água de escaldar já fria no processador e triture até obter um líquido bem fino; coe em seguida. Misture a metade da água de manjericão obtida com o ágar-ágar e o açúcar e leve ao fogo até ferver. Em seguida, misture com a outra metade da água reservada e despeje num recipiente para que solidifique. Quando tiver solidificado, triture-a até obter um purê bem fino.

—CUBOS DE MAÇÃ GRANNY SMITH

1 maçã Granny Smith
100 g de suco de limão

Descasque a maçã e corte-a em cubos de 1 cm de lado. Mergulhe os cubos no suco de limão e reserve-os.

FINALIZAÇÃO E MONTAGEM DO PRATO

Brotos de *shiso* verde
Lâminas de melão

Prepare um recipiente com nitrogênio líquido e mergulhe nele as lâminas de melão e os brotos de *shiso* por alguns instantes.

Em um prato fundo, coloque uma colher de creme de abacate, alguns pontos de molho de limão, 3 *candies* de Chartreuse, 3 pontos de gel de manjericão, uma pitada de açúcar de *shiso*, alguns cubos de maçã Granny Smith e finalmente disponha 1 lâmina de melão e 8 brotos de *shiso* congelados sobre o creme e os *candies*.

Para finalizar o prato, derrame o destilado de eucalipto a -5 °C por cima do melão e do *shiso* congelado, para que se forme uma estalagmite de destilado.

DE SÓLIDO A LÍQUIDO

A mudança de sólido para líquidc acontece no ponto de fusão, porém a mudança de líquido para sólido requer uma ordem: primeiro levar o líquido à temperatura de congelamento até que apareça um cristal de gelo que atua como desencadeante. Nesse caso, o melão e as folhas de *shiso* atuam como desencadeantes a -18 °C.

Isso explica por que é comum manter líquidos abaixo de seu ponto de congelamento sem que se congelem. Quanto mais baixa é a temperatura do líquido e do cristal de gelo, que funciona como catalisador, mais rápido o congelamento acontece.

FLOWER BOMB

8 PESSOAS

COMPOSIÇÃO

Esfera de açúcar soprado
Espuma de rosas
Sorbet de camomila
Geleia de violeta
Gelatina de mel
Algodão-doce de açúcar de violeta

—ESPUMA DE ROSAS
RENDIMENTO: 650 G

500 g de creme de leite fresco
100 g de gemas de ovo
30 g de açúcar
40 g de água de rosas

Prepare um creme inglês, aquecendo o creme de leite, misturando à parte as gemas com o açúcar e, em seguida, derramando essa mistura por cima do creme de leite. Mexa a mistura até atingir 85 °C. Retire do fogo, coe e adicione a água de rosas. Reserve o creme no refrigerador por 12 horas antes de colocá-lo em um sifão.

—ESFERA DE AÇÚCAR SOPRADO
RENDIMENTO: 20 ESFERAS

500 g de açúcar
70 g de água
100 g de glucose líquida
20 gotas de solução de ácido cítrico e água a 50%

Em uma panela, leve ao fogo a água e o açúcar. Quando começar a ferver, adicione a glucose líquida e deixe que ferva sem mexer. Mantenha a cocção a 158 °C, retire do fogo e incorpore 20 gotas da solução de ácido cítrico e água em partes iguais. Reserve a preparação por 1 minuto e aqueça-a ligeiramente, para poder retirar o caramelo da panela e derramá-lo sobre um tapete de silicone. Trabalhe o caramelo ainda quente, esticando e juntando as pontas entre 15 e 20 vezes, para distribuir as pequenas bolhas de ar de seu interior, dar-lhe um aspecto acetinado e homogeneizar o soprado posterior.

Com uma tesoura, corte o caramelo em porções e reserve-as num recipiente hermético com sílica-gel, para evitar a umidade. Para moldar os caramelos, é necessária uma lâmpada que permita trabalhar o açúcar. Aqueça o caramelo com o calor da lâmpada, insira nele uma bomba de ar e sopre para formar uma esfera o mais redonda possível. Desenganche a esfera da bomba, aquecendo a parte metálica com um maçarico; ao mesmo tempo, aqueça um tubo com o maçarico para poder fazer um orifício na base da esfera. Reserve.

—*SORBET* DE CAMOMILA
RENDIMENTO: 950 G

750 g de água
20 g de açúcar invertido
5 g de camomila (*Matricaria chamomilla*)
200 g de açúcar
40 g de glucose atomizada
36 g de dextrose
5 g de estabilizante para *sorbets*

Aqueça a água com o açúcar invertido e a camomila. Quando levantar fervura, incorpore o restante dos ingredientes secos, previamente misturados, e aumente a temperatura até 85 °C. Deixe a mistura descansar, coe e bata na sorveteira. Reserve a -18 °C.

—GELEIA DE VIOLETA
RENDIMENTO: 200 G

100 g de água
100 g de açúcar
20 g de violetas frescas
10 g de pectina

Ferva a água, as violetas e 75 g de açúcar.

Em outro recipiente, misture os 25 g de açúcar restantes com a pectina e incorpore a preparação aos poucos, sem parar de mexer. Deixe reduzir até obter uma textura de geleia, lembrando que, quando esfriar, ela ficará mais espessa.

—GELATINA DE MEL
RENDIMENTO: 120 G

100 g de água
50 g de mel
1 g de ágar-ágar

Aqueça todos os ingredientes até que a mistura ferva, sem parar de mexer. Despeje a preparação num tabuleiro de modo a obter uma lâmina fina de gelatina. Deixe-a esfriar antes de cortá-la.

—ALGODÃO-DOCE DE AÇÚCAR DE VIOLETA

50 g de açúcar de violeta

No momento de montar o prato, passe o açúcar pela máquina de algodão-doce.

FINALIZAÇÃO E MONTAGEM DO PRATO

Lichias
Flores: amor-perfeito, sálvia, malva, calêndula...

Vire a esfera de ponta cabeça e introduza pelo orifício primeiro as flores, seguidas de uma *quenelle* de *sorbet* de camomila, da gelatina de mel, das lichias cortadas, da geleia de violeta e da espuma de rosas. Sirva a esfera rodeada por uma nuvem de algodão-doce de açúcar de violeta.

SORVETE DE BOLETUS NA BRASA

8 PESSOAS

COMPOSIÇÃO

Carpaccio de *boletus* confitados
Óleo de *boletus*
Sorvete de *boletus* na brasa
Esfera de caramelo

—*CARPACCIO* DE *BOLETUS* CONFITADOS

RENDIMENTO: 120 G

200 g de cogumelos *boletus (Boletus edulis)*
200 g de azeite de oliva extravirgem

Limpe bem os cogumelos frescos e cozinhe-os mergulhados no azeite até que estejam bem macios.

Escorra o excesso de azeite e congele-os separadamente, para conservar sua forma. No momento de servir, corte-os em lâminas muito finas com a máquina de fatiar frios.

—ÓLEO DE *BOLETUS*

RENDIMENTO: 300 G

10 cogumelos *boletus (Boletus edulis)*
300 g de óleo de girassol
100 g de *boletus* em pó

Limpe os cogumelos, corte-os em lâminas grossas e doure as lâminas de ambos os lados numa frigideira com um pouco do óleo de girassol. Quando estiverem bem douradas, adicione o restante do óleo e deixe confitar por 2 horas a 70 °C. Retire do fogo, acrescente os *boletus* em pó e triture. Passe por um *chinois* fino e resfrie rapidamente. Reserve bem tampado e sob refrigeração.

—SORVETE DE *BOLETUS* NA BRASA

RENDIMENTO: 1.000 G

150 g de cogumelos *boletus (Boletus edulis)*
462 g de leite integral
124 g de creme de leite (35% de gordura)
54 g de leite desnatado em pó
176 g de dextrose
20 g de açúcar
6 g de sal
4 g de estabilizante para sorvetes

Salteie os cogumelos e deixe-os em infusão com a metade do leite; quando a infusão chegar a 60 °C, adicione o creme de leite, o leite restante, o leite em pó, a dextrose, o açúcar, o sal e o estabilizante para sorvetes. Pasteurize a mistura a 85 °C, triture com o *mixer* e deixe descansar por 12 horas sob refrigeração. Transcorrido esse tempo, coe, bata na sorveteira e conserve a -15 °C.

—ESFERA DE CARAMELO

RENDIMENTO: 220 G

100 g de *fondant*
67 g de isomalte
67 g de glucose
5 gotas de solução de ácido cítrico e água a 50%

Caramelize os açúcares até que atinjam 150 °C, adicione o ácido cítrico e aumente a temperatura para 160 °C. Espalhe o caramelo sobre um tapete de silicone. Estique-o e junte-o entre 15 e 20 vezes, para que o calor seja bem distribuído e para que fique com aparência acetinada. Corte o caramelo ainda quente e faça esferas de 2 g cada.

Aqueça uma esfera de caramelo sob o calor de uma lâmpada, esquente a ponta da bomba de ar, introduza-a na esfera e sopre até conseguir o formato e o tamanho desejado; a película de caramelo deverá ser a mais fina possível. Reserve num armário sem umidade ou num recipiente hermético com sílica-gel.

FINALIZAÇÃO E MONTAGEM DO PRATO

***Pinoli* tostados**
Sal

Coloque as lâminas de *boletus* no centro do prato. Tempere o *carpaccio* com óleo de *boletus* e sal. Corte os *pinoli* tostados pela metade e espalhe-os sobre as lâminas de *boletus*. Coloque uma bola de sorvete de *boletus* e, com uma pistola de defumação e serragem de oliveira, encha de fumaça a esfera de caramelo, posicionando-a exatamente em cima do sorvete.

MINIPOLVOS NA FUMAÇA DE PÁPRICA DEFUMADA

4 PESSOAS

COMPOSIÇÃO

Minipolvos
Damas de lula
Azeite de tinta de lula
Purê de batata

—MINIPOLVOS

16 minipolvos
Salmoura para peixes (receitas-base)
Azeite de oliva extravirgem

Limpe os minipolvos e mergulhe-os por 2 minutos na salmoura. Retire da salmoura, seque bem e salteie-os em uma frigideira com azeite de oliva. Sirva imediatamente.

—DAMAS DE LULA

2 lulas
Pimentão de La Vera

Limpe bem as lulas, retire a pele e corte a carne longitudinalmente, em tiras de 0,5 cm de largura.

Polvilhe o pimentão de La Vera (a páprica defumada) sobre as tiras de lula e enrole-as com filme de PVC, formando um cilindro que não deve ultrapassar 4 cm de diâmetro. Congele.

Com a ajuda de uma máquina de fatiar frios, corte discos de 1 mm de espessura e reserve-os sob refrigeração até o momento de montar o prato.

—AZEITE DE TINTA DE LULA

RENDIMENTO: 60 G

1 dente de alho
10 g de azeite de oliva extravirgem
5 g de farinha de trigo
50 g de água
5 g de tinta de lula

Frite o dente de alho picado no azeite de oliva, adicione a farinha e faça um *roux*. Incorpore a água e a tinta de lula e deixe levantar fervura. Retire do fogo, passe por um *chinois* fino antes de reservar em bisnagas.

—PREPARAÇÃO DO PRATO

4 tigelas de vidro
Pimentão de La Vera
Filme de PVC

Coloque uma colher de pimentão de La Vera (páprica defumada) no fundo de cada tigela. Cubra com filme de PVC, esticando as bordas (o plástico deve ficar bem esticado, imperceptível). Com uma ponta bem quente, corte o filme excedente das bordas das tigelas; faça uma pequena incisão no filme esticado, pela qual será introduzida a fumaça. Reserve as tigelas com o filme perfurado até o momento de montar o prato.

FINALIZAÇÃO E MONTAGEM DO PRATO

Purê de batata (receitas-base)
50 g de serragem de faia

Coloque uma *quenelle* de purê de batata e dois discos de lula sobre o filme de PVC. Por cima do purê, coloque os minipolvos que acabaram de ser salteados. Faça alguns pontos de azeite de tinta de lula ao lado do purê.

Por último, usando uma pistola de defumação com serragem de faia, introduza a fumaça pelo orifício do filme.

fumaça

Sequência criativa de Jordi Roca sobre a fumaça

Sorvetes

Jordi Roca deu os primeiros passos na técnica de fazer sorvetes sob a batuta do siciliano Angelo Corvitto. Uma das regras mais repetidas pelo mestre era a necessidade de uma atmosfera de trabalho completamente pura, já que o sorvete é uma emulsão na qual o ar é um ingrediente essencial. O sorvete é uma esponja de aromas. Essa regra de ouro é o que fez acender a chama da imaginação de Jordi. O que aconteceria se a fumaça fosse incorporada de propósito? Até então, ele já tinha ouvido falar de sorvetes de tabaco elaborados a partir de infusão, mas quem sabe o trabalho direto com a fumaça melhorasse o resultado final. Para realizar as primeiras experiências, ele teve de fumar um charuto e jogar a fumaça diretamente na sorveteira. Os resultados obtidos foram satisfatórios e surpreendentes, mas ele também se deu conta de que o método não era prático nem tampouco aconselhável para a própria saúde. Com a ajuda de seu pai, Jordi fabricou uma bomba de água que produz fumaça de forma mecânica, sem a necessidade de intervenção humana. A bomba absorve a fumaça por um lado, diretamente do charuto que nela está acoplado (hermeticamente acoplado a um globo), e joga a fumaça na sorveteira pelo outro lado. Como resultado dessa nova técnica, surgiu o CHARUTO GELADO PARTAGÁS SÉRIE D Nº4, de 2001, apresentado na forma de um cilindro de chocolate recheado de sorvete de base neutra impregnado de fumaça de charuto cubano. Um charuto que formará, juntamente com o MOJITO, a sobremesa VIAGEM A HAVANA (p. 306).

O Celler introduziu em seus pratos as frutas de açúcar soprado, um produto muito delicado e com um alto grau de dificuldade de elaboração, que deve ser manipulado com extremo cuidado. Em uma ocasião, durante a elaboração de maçãs de açúcar soprado, uma das frutas foi inflada além da conta, ficando deformada e muito fina. Como é comum nos processos criativos, um erro gerou uma nova reflexão: como seria possível rechear essa bolha de açúcar tão frágil sem que ficasse umedecida ou quebradiça? A resposta foi a fumaça.

A partir desse momento, Jordi passou a refletir sobre a possiblidade de realizar esse processo de forma mais prática, já que a bomba era muito pesada. Encontrou a solução em uma pistola de defumação, um dispositivo que "fuma", com uma combustão muito rápida e controlada, e que oferece a possibilidade de dirigir a fumaça para o interior de uma bolha de caramelo. Com a aplicação desse novo utensílio, surgiu o SORVETE DE *BOLETUS* NA BRASA (p. 390), um *carpaccio* de *boletus* com uma *quenelle* de sorvete de *boletus* na brasa por cima, que é servido coberto por uma bolha de caramelo recheada de fumaça de lenha de oliveira recém-queimada. Com essa receita, o Celler de Can Roca ganhou a sexta colocação do prêmio Prato do Ano no congresso espanhol O Melhor da Gastronomia. Foi o primeiro de uma série de pratos desenvolvidos segundo esse conceito, como o *TARTAR* DE SÉPIA DEFUMADA, as SARDINHAS MARINADAS COM BERINJELA NA BRASA ou os MINIPOLVOS NA FUMAÇA DE PÁPRICA DEFUMADA (p. 392).

Açúcar soprado

Brasa

Às vezes, o retorno à tradição serve de inspiração para criar novos procedimentos: uma vez, quando Jordi estava experimentando diversas técnicas para introduzir a fumaça nos pratos, ele parou por um momento e pensou na tradicional brasa. Que resultados poderia obter se captasse a fumaça em um recipiente para servi-la diretamente ao comensal? Para tentar reproduzir o efeito de fumaça, que é gerado quando a gordura respinga sobre a brasa, ele utilizou, de forma controlada, pequenas gotas de óleo. Quando se forma uma quantidade suficiente de fumaça, ele a recolhe com uma campânula de vidro e imediatamente cobre o prato com ela. É o retorno à tradição. Assim, surgiu o CORDEIRO COM PIMENTÃO E TOMATE NA BRASA ou a *ESCALIVADA* COM ANCHOVAS (p. 120).

Volcano

Mas Jordi continuou refletindo sobre a fumaça e descobriu o Volcano, um vaporizador que funciona com ar a uma temperatura controlada. Aplicando uma corrente de ar quente, os princípios ativos e os aromas de ervas, especiarias, plantas, flores, sementes ou resinas se vaporizam. Armazenado em uma bolsa, esse ar aromatizado pode ser esvaziado em cima de um produto ou de um prato. Embora as possibilidades desse novo equipamento tenham sido testadas, ele não foi utilizado nos pratos do Celler.

rocam bolesc

As sobremesas do Celler transformadas em sorvetes

> **“Queríamos recuperar aquele momento de magia, quando chega à mesa um carrinho repleto de bolos e você vê tantas coisas que não sabe o que escolher. Queríamos recriar esse fascínio.”**
>
> **JORDI ROCA**

Essa foi a origem da Rocambolesc, a sorveteria das sobremesas do Celler. Os irmãos pretendiam surpreender o cliente, ao introduzir um momento de magia e imprevisto a certa altura da refeição. Para começar, necessitavam de um veículo para transportar as iguarias em questão, e essa tarefa ficou a cargo do *designer* Andreu Carulla, criador de muitos recipientes e utensílios para o restaurante. Um dos esboços elaborados por Carulla era um carrinho desmontável, cheio de gavetas, que encantou os irmãos e os fez sonhar com a ideia de andar por Girona levando as sobremesas mais emblemáticas da história do Celler. Logo se imaginaram empurrando o carrinho pela Rambla de la Llibertat ou pela Plaça del Vi como vendedores ambulantes de ilusões, mas voltaram à realidade quando se depararam com a legislação, que permite a venda de comidas na rua somente em festas oficiais e eventos esportivos. No entanto, não renunciaram ao projeto; começaram a buscar alternativas à circulação dos produtos, pensando em um local minimalista em que o carrinho pudesse ficar estacionado e que passasse a impressão de ser uma garagem. Um passo levou ao outro, e então surgiu a pergunta: por que não abrir uma sorveteria baseada nas sobremesas do Celler?

Rocambolesc é a democratização da cozinha doce do restaurante. As criações de Jordi Roca podem ser saboreadas a preços módicos, transformadas em casquinhas ou *terrines* embaladas para viagem. Dessa maneira, a sobremesa LÁCTICO converte-se em sorvete de leite de ovelha com doce de leite de ovelha, geleia de goiaba e algodão-doce; o cromatismo LARANJA, em sorvete de laranja com tangerina, laranja em gomos, fisális e maracujá cristalizado; e a MAÇÃ AO FORNO (receita de sua mãe) transforma-se em sorvete de maçã ao forno com biscoito amanteigado e maçã fresca e caramelizada. Os sabores mudarão com as estações e surpreenderão em datas especiais, como as festividades de Sant Jordi.

No entanto, eles vão além. Querem que os clientes participem da emoção de criar, e oferecem um *kit* do LÁCTICO, composto de sorvete de ricota de ovelha, algodão-doce embalado a vácuo e um saco de confeitar de doce de leite de ovelha, goiaba e iogurte de ovelha, para ser montado em casa seguindo instruções simples. “Propomos um jogo de sobremesas para montar, como se montam os móveis da Ikea”, diz Jordi. Além disso, a Rocambolesc também comercializa uma variedade de sorvetes com sabores básicos de alta qualidade, como a baunilha e o chocolate, permitindo que o cliente ponha à prova sua própria imaginação ao combiná-los com diferentes coberturas, que aqui se denominam *añadidos* (complementos).

Sandra Tarruela é a responsável pelo *design* de interiores de um local que é uma homenagem às antigas sorveterias e ao mundo imaginário de Willy Wonka na *Fantástica fábrica de chocolate*, ou aos quadrinhos do professor *Franz de Copenhague*. Com um toque divertido em todos os elementos, a parede frontal parece a máquina que produz os sorvetes, cheia de tubos, espirais, luzes e engrenagens que rodeiam as seis manivelas que servem o produto em formato *soft*. As máquinas escondidas atrás desse aparato permitem bater os sorvetes no momento de servir, de maneira a evitar que o gelo cristalize e a obter um sorvete muito mais cremoso, feito na hora. Por isso, o antigo carrinho que exerce a função de vitrine, e que nas sorveterias italianas clássicas guardava os recipientes de sorvete, aqui é usado para guardar os complementos. A parede lateral, cheia de tubos de mentira, converte-se em dispensador de *terrines*, casquinhas, colheres e guardanapos. O carrinho de sobremesas tinha desaparecido do Celler havia muitos anos, devido à evolução das técnicas de produção de doces, agora muito mais complexas, e pela necessidade de finalizar cada prato no momento de servir. Mas agora a Rocambolesc traz de volta o espírito desse carrinho. “Não recuperamos o carrinho, mas sim o fascínio pelo que ele transporta”, explica Jordi.

GELAT LÀCTIC

P

—SENSO DE HUMOR

P

Joan Roca

–SENSO DE HUMOR

Aristóteles disse que o homem se distingue dos animais porque tem senso de humor. E Rabelais falou dos *agelastas*, aqueles que são incapazes de rir. Tempos depois, Kundera voltou a mencioná-los: “Pensam que a verdade é clara, mas se equivocam porque o homem se torna indivíduo quando perde a certeza dessa verdade”. Em outras palavras, quando rimos somos mais sábios. Rir implica não crer em verdades absolutas e eternas, significa reconhecer as próprias limitações, estar consciente das ondulações da vida, como sugeria Montaigne.

Todas essas reflexões confluem em uma parte da cozinha do Celler que não se vê com a seriedade de quem acredita ter em mãos argumentos indestrutíveis, mas sim de quem admite a dúvida como forma inquestionável de conhecimento. Rir é deixar-se levar, é afastar-se do convencional, é praticar uma dinâmica da inteligência que nos leva mais além, criando uma perspectiva diferente das coisas. E rir, exercer o senso de humor, é também compartilhar a experiência, um convite para brincar. Comer no Celler é também participar do espetáculo, não como espectadores, mas como integrantes da cena, como corresponsáveis pela festa. Admitir que, por alguns instantes, você é um cidadão de um país onde a rigidez não existe e onde as barreiras das convenções podem ser transpostas. Humor é igual a envolvimento, significa compartilhar um código que fomos convidados a entender com o objetivo de nos deixar maravilhar. Isso nos distingue como humanos. A capacidade de entender que a distância proporcionada pelo riso não é uma separação, mas uma operação que nos aproxima da sabedoria.

Segundo os irmãos Roca

Existe um prato que representa o senso de humor do Celler: o **GOL DE MESSI**. Ele procura agregar simpatia, depois de um extenso cardápio no qual se destacam o rigor, a sensualidade, a sensibilidade, a tradição, a criatividade regrada, o respeito pelo produto, a “tecnoemoção” e a intelectualidade. O gol de Messi simboliza a busca do impossível, com uma expressão amável e divertida. É uma expressão de alegria, diversão, surpresa, radicalidade, magia, brincadeira e sorrisos. É uma risada estimulante, visual, sonora e saborosa. A cozinha deve ter um espaço de transcendência, mas essa sobremesa emula a descontração. Uma expansão absoluta e exultante. A mesma que nos presenteia Messi cada vez que marca um gol pelo Barça. Por isso o prato é dedicado a ele. Porque somos seus fãs. Porque é nosso ídolo, e temos sua camisa autografada como um elemento predominante em nossa cozinha. Porque nos provoca alegria, sorrisos e felicidade.

Servimos o **GOL DE MESSI** num prato em forma de meia bola de futebol com grama artificial por cima, à qual adicionamos um destilado de óleo essencial de grama recém-cortada para a ocasião. Sobre a grama, colocamos uma figura plana de acrílico em forma de zigue-zague, com três pontos ao longo da trajetória, nos quais se veem os símbolos I + I + I +. Por cima desses pontos, colocamos alguns merengues macios com caramelo de violeta (por acaso seriam jogadores do Real Madrid?). No final do caminho de acrílico, há uma bola branca elaborada com doce de leite argentino. Ao lado, uma tigela branca coberta com uma rede de calda de açúcar que simula a trave do gol. Enquanto se ouve a voz gravada de Joaquim Maria Puyal retransmitindo o mítico gol de Messi contra o Getafe (numa sequência de lances em que driblou oito adversários a partir do meio de campo), o comensal tem de participar do jogo, seguir o zigue-zague, comer os merengues e, por último, lançar a bola na rede e saborear a sensação de marcar um gol, com uma explosão de menta em pó, creme de limão-siciliano, creme de maracujá, pepitas de Peta Zetas com chocolate e *mousse* suave de doce de leite. Alegria, euforia, excitação, paixão e bem-estar são os componentes dessa sobremesa.

O **GOL DE MESSI** é o êxtase, a fascinação, um sonho possível e, como não poderia deixar de ser, um jogo. Traz à mesa as interpretações individuais da vitória. Cada um visualiza seu próprio gol. Uma vez degustado, o prato segue seu curso saboroso, e a bola passa de boca em boca... Quando tudo se acaba, um sorriso. Fim do cardápio.

Do salão...

Existem pratos que são arrojados, ousados, espantosos ou radicais, e que requerem cumplicidade à mesa. No salão, procuramos passar essa visão mais juvenil, mais inocente, mais brincalhona de Jordi, e ser os transmissores desses valores. Mas sempre com respeito e sensibilidade, interpretando os ritmos e os humores. Temos de observar e saber traduzir a linguagem verbal e não verbal da mesa, como nossos clientes falam conosco, como se revelam. Temos de olhar em seus olhos, suas mãos. Olhar até mesmo para o seu relógio, seus sapatos, ou qualquer outro elemento que nos informa como é essa pessoa que temos diante de nós. Devemos saber quando podemos atuar, ou quando uma mesa está no caminho errado e precisa de mais envolvimento. Devemos ter a capacidade psicológica de intuir se um prato é adequado ou não. Existem elementos de subjetividade na criação de um toque mais humorístico. O espetáculo, portanto, nunca é igual. Do mesmo modo que o público nunca é igual. Como um bom *clown*, tentamos perceber se há margem para a brincadeira ou se o silêncio é mais conveniente.

SMILE

4 PESSOAS

COMPOSIÇÃO

Creme de cítricos
Gel de limão-siciliano
Gel de café
Rocha de limão
Sorbet de limão

—CREME DE CÍTRICOS

RENDIMENTO: 850 G

166 g de suco de *yuzu*
166 g de suco de maracujá
166 g de suco de limão-siciliano
125 g de gemas de ovo
125 g de açúcar
2 ½ folhas de gelatina
222 g de manteiga

Numa panela, misture os sucos das frutas e leve ao fogo para ferver. Numa vasilha à parte, branqueie as gemas com o açúcar e adicione-as à mistura de sucos quentes; mexa constantemente e leve de novo ao fogo para pasteurizar a 85 °C. Uma vez atingida a temperatura, retire do fogo, adicione a gelatina previamente hidratada e a manteiga fria cortada em cubos. Reserve.

—GEL DE LIMÃO-SICILIANO

RENDIMENTO: 300 G

2,5 g de iota
200 g de água
50 g de açúcar
50 g de suco de limão-siciliano

Hidrate a iota com a água, adicione o açúcar e leve para ferver; retire do fogo, incorpore o suco de limão-siciliano e deixe solidificar sob refrigeração.

—GEL DE CAFÉ

RENDIMENTO: 600 G

500 g de café
100 g de açúcar
6 g de ágar-ágar

Misture o café com o açúcar e o ágar-ágar e leve para ferver. Retire do fogo e deixe solidificar em um recipiente. Quando tiver esfriado, triture a preparação com o *mixer* e reserve.

—ROCHA DE LIMÃO

RENDIMENTO: 600 G

500 g de açúcar
150 g de água
100 g de Fizzy de Texturas (pastilhas efervescentes)
Raspas da casca de 2 limões

Coloque a água com o açúcar num recipiente e cozinhe até atingir 127 °C. Separadamente, triture as pastilhas efervescentes com as raspas de limão e adicione à mistura de água e açúcar. Coloque a preparação numa forma de 20 cm x 25 cm e deixe esfriar.

—BASE DE *SORBET*

RENDIMENTO: 750 G

500 g de água
10 g de estabilizante para *sorbets*
50 g de açúcar
100 g de glucose em pó
75 g de dextrose
40 g de açúcar invertido

Misture todos os ingredientes num recipiente e pasteurize-os a 85 °C; retire do fogo, esfrie e reserve.

—*SORBET* DE LIMÃO

RENDIMENTO: 750 G

250 g de xarope TPT (receitas-base)
250 g de suco de limão
250 g de base de *sorbet* (elaboração anterior)

Misture todos os ingredientes com um *mixer* e, em seguida, bata na sorveteira. Conserve o *sorbet* a -18 °C.

FINALIZAÇÃO E MONTAGEM DO PRATO

1 lima-dedo (*Citrus australasica*)

Corte as pontas da lima-dedo e retire a casca, corte-a ao meio e faça uma ligeira pressão sobre o albedo, para extrair delicadamente suas pérolas (alvéolos). Reserve-as.

Sobre um tapete de silicone, desenhe um rosto sorridente com gel de café e congele-o. Cubra-o com uma camada de 2 mm de espessura de creme de cítricos e volte a congelar.

Corte um círculo de 5 cm de diâmetro, contornando o rosto sorridente, e reserve no *freezer*.

Em um prato disponha um pouco de gel de limão-siciliano e de *sorbet* de limão, e coloque sobre eles o disco com o rosto sorridente. Finalize com algumas pérolas cítricas.

GOL DE MESSI

8 PESSOAS

COMPOSIÇÃO

Creme de maracujá
Pastilha de limão-siciliano
Mousse de doce de leite
Grama de menta e limão
Rede de açúcar
Bola de doce de leite
Merengue com açúcar de violeta

—CREME DE MARACUJÁ

RENDIMENTO: 860 G

400 g de purê de maracujá
80 g de gemas de ovo
100 g de ovos
100 g de açúcar
2 folhas de gelatina
180 g de manteiga

Pasteurize a polpa de maracujá juntamente com as gemas, os ovos e o açúcar até que a mistura atinja 85 °C; adicione as folhas de gelatina previamente hidratadas. Mexa bem a mistura e, quando a temperatura tiver baixado a 40 °C, incorpore a manteiga. Triture com um *mixer* até obter um creme homogêneo. Reserve sob refrigeração.

—PASTILHA DE LIMÃO-SICILIANO

RENDIMENTO: 450 G

150 g de suco de limão-siciliano
Raspas da casca de 1 limão-siciliano
150 de água
75 g de dextrose
75 g de açúcar invertido
1 ½ folha de gelatina

Misture todos os ingredientes, exceto a gelatina, e aqueça até 50 °C. Adicione a gelatina previamente hidratada, esfrie e congele em moldes de 2 cm de altura.

—*MOUSSE* DE DOCE DE LEITE

RENDIMENTO: 375 G

125 g de doce de leite
250 g de creme de leite fresco

Coloque os ingredientes em um sifão com 2 cargas e reserve sob refrigeração.

—GRAMA DE MENTA E LIMÃO

RENDIMENTO: 40 G

200 g de folhas de menta
Casca de 5 limões (para ralar)

Escalde as folhas de menta, escorra o excesso de água e desidrate.

Rale a casca dos limões sobre um tapete de silicone e desidrate.

Misture as duas elaborações e triture até obter um pó bem fino. Reserve em recipiente hermético.

—REDE DE AÇÚCAR

RENDIMENTO: 150 G

150 g de açúcar de confeiteiro
8 g de claras de ovo
3 gotas de ácido cítrico

Peneire o açúcar de confeiteiro, adicione as claras de ovo e as gotas de ácido cítrico, e mexa até homogeneizar. Coloque a mistura num saco de confeiteiro e desenhe uma rede sobre um tapete de silicone. Desidrate e reserve.

—BOLA DE DOCE DE LEITE

RENDIMENTO: 400 G

250 g de creme de leite fresco
125 g de doce de leite
125 g de manteiga de cacau
125 g de chocolate branco

Bata o creme de leite, misture com o doce de leite e recheie moldes esféricos de 5 cm de diâmetro. Congele.

Derreta a manteiga de cacau, misture-a com o chocolate branco também derretido e banhe os bombons de doce de leite. Reserve sob refrigeração.

—MERENGUE COM AÇÚCAR DE VIOLETA

RENDIMENTO: 630 G

100 g de água
65 g de glucose
330 g de açúcar
100 g de claras de ovo
20 g de açúcar
15 g de gelatina
Açúcar de confeiteiro
Açúcar de violeta

Faça uma calda com a água, a glucose e os 330 g de açúcar. Aumente a temperatura para 121 °C.

Comece a bater aos poucos a clara com os 20 g de açúcar.

Quando a calda estiver lisa, deixe-a cair progressivamente sobre a clara batida, batendo até que a temperatura diminua um pouco, e adicione a gelatina previamente hidratada. Continue batendo até que esfrie.

Coloque a mistura em sacos de confeiteiro e faça cilindros com um bico de 1 cm de diâmetro. Polvilhe com açúcar de confeiteiro e deixe secar. Corte os cilindros em pedaços de 1 cm de largura e, no momento de servir, cubra um dos lados com o açúcar de violeta.

FINALIZAÇÃO E MONTAGEM DO PRATO

Balas Peta Zetas de chocolate
Flores de menta

Sirva o creme de maracujá na tigela, especialmente desenhada para esta sobremesa em forma de meia bola (de futebol); no meio, coloque a pastilha de limão-siciliano, as balas Peta Zetas de chocolate e, por cima, a *mousse* de doce de leite cobrindo tudo. Alise bem a superfície e polvilhe por cima a grama de menta e limão. Adicione as flores de menta, cubra com a rede de açúcar e finalize colocando os merengues e a bola de doce de leite em seu lugar.

MESSI

MESSI

MACARRÃO DE LINGUEIRÃO AO PESTO

8 PESSOAS

COMPOSIÇÃO

Lingueirão
Pesto

—LINGUEIRÃO

RENDIMENTO: 24 MACARRÕES DE LINGUEIRÃO

12 lingueirões (moluscos bivalves)
Salmoura para peixes (receitas-base)

Deixe os lingueirões mergulhados durante 10 minutos na salmoura; em seguida, enxágue-os e seque o excesso de água. Embale os lingueirões a vácuo e cozinhe-os no Roner por 4 minutos a 63 °C. Retire-os da embalagem a vácuo, extraia-os da concha e corte o músculo central em forma de macarrão (separe o restante do corpo, que será utilizado na elaboração do *pesto*). Reserve.

—PESTO

RENDIMENTO: 310 G

25 g de *pinoli*
60 g de folhas de manjericão
30 g de água
½ dente de alho
10 g de queijo parmesão
15 g de queijo Pecorino
20 g de lingueirão cozido (da elaboração anterior)
150 g de óleo de girassol
Sal

Toste os *pinoli* no forno a 160 °C. Escalde as folhas de manjericão em água fervente com sal durante 10 segundos e esfrie-as rapidamente em banho-maria invertido. Retire as folhas, escorrendo o excesso de água. Triture-as junto com os 30 g de água, o ½ dente de alho, o parmesão, o Pecorino, o lingueirão cozido e os *pinoli* tostados. Bata a mistura com o óleo de girassol. Coloque sal a gosto e coe. Reserve em banho-maria quente.

FINALIZAÇÃO E MONTAGEM DO PRATO

Flores de manjericão
Brotos de manjericão roxo
Parmesão

Aqueça ligeiramente os lingueirões e, com uma espátula, trace uma lágrima de *pesto* no centro do prato. Coloque 3 macarrões de lingueirão sobre a lágrima de *pesto* e finalize com as flores, os brotos e um pouco de parmesão ralado.

SORBET DE LARANJA-SANGUÍNEA E BETERRABA

8 PESSOAS

COMPOSIÇÃO
Molho de beterraba
Alvéolos de laranja-sanguínea
Sorvete de mel e flor de laranjeira
Sorbet de laranja-sanguínea
Telha de beterraba
Açúcar de laranja-sanguínea

—MOLHO DE BETERRABA

RENDIMENTO: 300 G

200 g de suco de beterraba centrifugada
100 g de xarope TPT (receitas-base)
0,3 g de goma xantana

Misture todos os ingredientes frios e emulsione a mistura com a ajuda de um *mixer*. Reserve.

—ALVÉOLOS DE LARANJA-SANGUÍNEA

Gomos de laranja-sanguínea

Mergulhe os gomos de laranja-sanguínea num recipiente contendo nitrogênio líquido e, uma vez retirados, rompa-os com um golpe seco para esmigalhá-los e extrair seus alvéolos. Reserve no *freezer*.

—SORVETE DE MEL E FLOR DE LARANJEIRA

RENDIMENTO: 700 G

420 g de leite
200 g de creme de leite fresco
40 g de leite em pó
130 g de dextrose
75 g de mel
50 g de sacarose
5 g de estabilizante para sorvetes
70 g de água de laranjeira

Aqueça o leite, o creme de leite, o leite em pó e a dextrose até 60 °C, adicione rapidamente o mel e o restante dos ingredientes secos. Leve a mistura a 85 °C e, em seguida, resfrie-a até 4°C. Incorpore a água de flor de laranjeira e emulsione o conjunto com o auxílio de um *mixer*. Deixe descansar, bata na sorveteira e reserve o sorvete a -18 °C.

—*SORBET* DE LARANJA-SANGUÍNEA

RENDIMENTO: 900 G

735 g de suco de laranja-sanguínea
180 g de dextrose
60 g de glucose
20 g de sacarose
5 g de estabilizante para *sorbets*

Numa panela, misture 200 g de suco de laranja-sanguínea com a dextrose e aqueça até atingir 70 °C. Adicione, então, o restante dos ingredientes secos e aumente a temperatura para 85 °C. Retire do fogo, resfrie a 4 °C e incorpore o suco de laranja-sanguínea restante antes de emulsionar a mistura com o *mixer*. Deixe descansar, bata na sorveteira e reserve a -18 °C.

—TELHA DE BETERRABA

RENDIMENTO: 110 G

100 g de suco de beterraba centrifugada
100 g de açúcar
1 lâmina de obulato de 20 cm x 30 cm

Faça uma calda fervendo o suco de beterraba centrifugada com o açúcar. Reserve.

Forre uma assadeira com um tapete de silicone e pincele-o com a calda de beterraba. Coloque por cima a lâmina de obulato e pincele novamente com a calda. Asse a 120 °C por 40 minutos. Retire a lâmina de obulato, esmigalhe um pouco a telha de beterraba obtida e conserve-a em recipiente hermético com sílica-gel, para evitar a umidade.

—AÇÚCAR DE LARANJA-SANGUÍNEA

RENDIMENTO: 240 G

200 g de açúcar
40 g de casca de laranja-sanguínea

Coloque a casca de laranja com o açúcar em um liquidificador e triture bem até que a mistura esteja homogênea. Espalhe a mistura sobre um tabuleiro e deixe secar à temperatura ambiente. Reserve em recipiente hermético.

FINALIZAÇÃO E MONTAGEM DO PRATO

Em um prato raso, salpique irregularmente o molho de beterraba, simulando uma mancha de sangue. Coloque no centro os alvéolos de laranja-sanguínea, sobre eles uma tira ondulada de sorvete de mel e flor de laranjeira e por cima o *sorbet* de laranja. Finalize encaixando as telhas de beterraba e polvilhando com o açúcar da casca de laranja-sanguínea.

III.

—ANEXOS

III.

1. RECEITAS-BASE

—ÁGUA DE TOMATE

RENDIMENTO: 2,5 KG

8 kg de tomates

Lave os tomates e passe-os na centrífuga. Coloque o líquido num recipiente e deixe decantar sob refrigeração durante 12 horas. Retire a espuma que tiver subido à superfície e recupere o líquido obtido. Reserve sob refrigeração.

—AZEITE DE ALHO

RENDIMENTO: 150 G

3 dentes de alho
150 g de azeite de oliva extravirgem

Descasque os alhos e corte-os pela metade, para retirar o gérmen. Corte os alhos em lâminas e misture-os com o azeite. Confite a 90 °C durante 3 horas. Coe e reserve o azeite.

—AZEITE DE PIMENTA--MALAGUETA

RENDIMENTO: 100 G

3 pimentas-malagueta secas
100 g de azeite de oliva extravirgem

Numa panela, coloque para confitar as pimentas com o azeite de oliva a 65 °C durante 3 horas. Deixe esfriar e reserve.

—AZEITE DE TRUFA NEGRA

RENDIMENTO: 110 G

20 g de *brunoise* de trufas negras frescas
100 g de azeite de oliva extravirgem

Misture a trufa com o azeite de oliva e embale a vácuo. Cozinhe no Roner a 60 °C durante 2 horas. Retire da embalagem a vácuo e reserve.

—BANHO DE ALGINATO

1.000 g de água
5 g de alginato

Triture os ingredientes com um *mixer*, coe e reserve. Deixe descansar pelo menos 6 horas antes de utilizar.

—BATATAS *SOUFFLÉ*

RENDIMENTO: 45 UNIDADES, APROXIMADAMENTE

1 batata holandesa (tipo 1) média
Óleo de girassol

Corte a batata ao meio, no sentido longitudinal; de cada metade obtida, corte retângulos de 1,5 cm × 3 cm.

Com a mandolina, fatie finamente os retângulos pela parte mais larga e reserve.

Leve ao fogo duas caçarolas com óleo de girassol; aqueça uma a 130 °C e a outra a 180 °C. Frite as lâminas retangulares de batata, no óleo a 130 °C, até ficarem infladas. Em seguida, transfira-as com uma espumadeira de arame para o óleo a 180 °C, até que acabem de inflar e estejam douradas. Coloque-as sobre papel-toalha e reserve.

—*BRESA*

RENDIMENTO: 12 KG

13 kg de cebolas
2 kg de cenouras
1,750 kg de alho-poró
200 g de azeite de oliva extravirgem

Corte os vegetais em *mirepoix* e cozinhe-os no azeite, em fogo brando, durante 12 horas. Reserve.

—CALDO DE *BOGAVANTE*

RENDIMENTO: 2 L

7 kg de cabeças de *bogavante* (espécie de lagosta)
100 g de azeite de oliva extravirgem
1,2 kg de *bresa* (receitas-base)
15 L de água
8 g de açúcar

Doure as cabeças dos *bogavantes* no azeite de oliva e coloque-as numa panela junto com a *bresa*. Cubra com a água fria e deixe ferver. Retire a espuma, adicione o açúcar e continue cozinhando em fogo brando até obter 2 litros de caldo. Reserve.

—CALDO DE CAMARÃO

RENDIMENTO: 2 L

7 kg de cabeças de camarões
100 g de azeite de oliva extravirgem
1 kg de *bresa* (receitas-base)
13 L de água

Doure as cabeças dos camarões no azeite de oliva e coloque-as numa panela junto com a *bresa*. Cubra com a água fria e deixe ferver. Retire a espuma e continue cozinhando em fogo brando até obter 2 litros de caldo. Reserve.

—CALDO DE FRANGO

RENDIMENTO: 8,5 L

11 kg de carcaças de frango
1 kg de *bresa* (receitas-base)
15 L de água

Coloque as carcaças numa assadeira e doure-as no forno a 180 °C durante 40 minutos. Após esse tempo, passe as carcaças para uma panela e deglace com água a substância que ficou aderida à assadeira. Coloque o caldo obtido na panela e adicione a *bresa* e a água. Ferva durante 5 horas e coe.

—CALDO DE LAGOSTIM

RENDIMENTO: 2 L

7 kg de cabeças e pinças de lagostim
100 g de azeite de oliva extravirgem
1,2 kg de *bresa* (receitas-base)
14 L de água
12 g de açúcar

Doure as cabeças e as pinças dos lagostins no azeite de oliva e coloque-as numa panela junto com a *bresa*. Cubra com a água fria e deixe ferver. Retire a espuma, adicione o açúcar e continue cozinhando até obter 2 litros de caldo. Reserve.

—CALDO DE VITELO

RENDIMENTO: 200 G

1.000 g de ossos e retalhos de vitelo
160 g de *bresa* (receitas-base)
1.500 g de água
Azeite de oliva extravirgem
Sal

Coloque os ossos e os retalhos (aparas) de vitelo numa assadeira com azeite de oliva e doure-os a 200 °C.

Depois de tostados, retire o excesso de gordura e transfira-os para uma panela junto com a *bresa*. Deglace com água a substância que ficou aderida à assadeira e acrescente esse caldo à panela. Cubra com água fria e cozinhe durante 2 horas em fogo brando.

Passado esse tempo, coe e deixe reduzir até obter 200 g. Coloque sal gosto e reserve.

—CASCA DE LARANJA CONFITADA

RENDIMENTO: 140 G OU 20 TIRAS DE 1 CM

2 laranjas
700 g de xarope TPT (receitas-base)

Descasque as laranjas, de maneira a obter a casca com a pele branca e um pouco de polpa. Corte as cascas em tiras de 1 cm e coloque-as num recipiente com água fria. Leve ao fogo até ferver e, então, retire. Coloque as cascas novamente em água fria e ferva outra vez. Repetir essa operação por mais 5 vezes.

Depois de branqueadas, mergulhe-as no xarope TPT e ferva em fogo muito brando durante 3 horas.

Retire as cascas do xarope TPT e escorra-as sobre uma peneira de metal, para que sequem. Reserve.

—CEBOLA REFOGADA

RENDIMENTO: 1,2 KG

4 kg de cebolas cortadas em *julienne*
50 g de azeite de oliva extravirgem

Aqueça o azeite num recipiente e acrescente a cebola. Cozinhe em fogo brando durante 24 horas. Deixe esfriar e reserve.

—DESTILADO DE TERRA

RENDIMENTO: 480 G

300 g de terra
500 g de água

Misture a terra com a água, cubra o recipiente e deixe em infusão no refrigerador durante 12 horas.

Introduza a mistura obtida no balão de evaporação do Rotaval e coloque o filtro de membrana de esterilização 0,22 μm entre o balão e a saída para o condensador.

Destile a terra a 30-35 °C (temperatura do banho) por 1-2 horas e termine a 40-45 °C durante 30 minutos.

Retire o destilado e embale a vácuo para evitar que perca o aroma. Se quiser conservar por alguns dias ou semanas, é melhor congelá-lo.

—EMULSÃO DE LARANJA

RENDIMENTO: 160 G

200 g de suco de laranja
2 g de glucose
100 g de azeite de oliva arbequina extravirgem

Numa panela, misture o suco com a glucose e reduza em fogo baixo até obter um terço do volume inicial (70 g, aproximadamente). Deixe amornar e, quando a mistura estiver à temperatura ambiente, coloque em uma tigela. Deixe cair um fio de azeite e, enquanto isso, vá mexendo sem parar com um *fouet,* para emulsionar. Reserve.

—ESPESSANTE DE *KUZU*

RENDIMENTO: 400 G

150 g de *kuzu*
250 g de água fria

Misture os ingredientes e reserve. Mexa a preparação cada vez que for usar.

—MANTEIGA *NOISETTE*

RENDIMENTO: 180 G

250 g de manteiga

Coloque a manteiga numa frigideira em fogo médio-baixo; quando a proteína e a gordura se separarem, retire a parte sólida da manteiga, que ficará na superfície, e continue cozinhando o restante até dourar e adquirir um tom tostado. Passe por pano de algodão e reserve.

—ÓLEO DE CAMARÃO

RENDIMENTO: 300 G

150 g de cabeças de camarão
300 g de óleo de girassol

Numa panela, doure ligeiramente as cabeças dos camarões com um pouco de óleo de girassol. Uma vez douradas, cubra com o resto do óleo e deixe cozinhar lentamente a 65 °C durante 6 horas. Coe e deixe esfriar. Reserve o óleo.

—PÃO DE ESPECIARIAS

RENDIMENTO: 1.340 G DE MASSA

200 g de mel
200 g de açúcar
150 g de manteiga
300 g de água
500 g de farinha de trigo
90 g de pó de amêndoas
45 g de fermento químico
2 g de especiarias (canela, cravo, anis--estrelado, noz-moscada...)

Coloque o mel, o açúcar, a manteiga e a água num recipiente e dissolva em fogo brando. Ponha os demais ingredientes na batedeira, acrescente aos poucos a mistura dissolvida e bata até obter uma massa homogênea e densa.

Despeje a massa numa forma untada com manteiga. Asse no forno a 160 °C durante 45 minutos.

—PURÊ DE ALHO NEGRO

RENDIMENTO: 110 G

50 g de alhos negros
70 g de água
0,2 g de goma xantana
Sal

Triture todos os ingredientes e passe pelo *chinois*. Reserve.

—PURÊ DE BATATAS

RENDIMENTO: 450 G

500 g de batatas Monalisa
70 g de manteiga
30 g de azeite de oliva extravirgem
6 g de sal

Descasque e lave as batatas. Corte-as em cubos, embale-as a vácuo junto com a manteiga, o azeite e o sal, e cozinhe no Roner a 85 °C durante 4 horas. Retire da embalagem a vácuo, triture e reserve.

—REDUÇÃO DE LARANJA

RENDIMENTO: 90 G

375 g de suco de laranja coado
5 g de glucose líquida

Misture os ingredientes e deixe reduzir em fogo muito baixo, até obter a quantidade indicada.

—XAROPE TPT

RENDIMENTO: 1.300 G

1.000 g de água
1.000 g de açúcar

Coloque os dois ingredientes numa panela e leve ao fogo até ferver. Retire e deixe esfriar. Reserve.

SALMOURA

Para temperar carnes e peixes, recuperamos a técnica da salmoura leve, que consiste em mergulhar o produto numa solução de água e sal - cuja proporção varia entre 8% e 10% - durante certo tempo, dependendo fundamentalmente do tamanho e da consistência do ingrediente (alguns minutos para os peixes e algumas horas para as carnes).

Essa imersão tem vários efeitos positivos:

- Obtém-se um sabor homogêneo e regular, que não depende da mão do cozinheiro, na hora de salgar cada peça.
- O resultado, depois da cocção, é um produto mais suculento, já que a interação do sal e das proteínas resulta na maior capacidade de retenção de água nas células musculares, que absorvem a água da salmoura.
- O sal amolece a estrutura dos músculos e das fibras, obtendo-se assim carnes e peixes mais macios.

—SALMOURA PARA CARNES

RENDIMENTO: 1.000 G

1.000 g de água
80 g de sal

Coloque a água numa panela, deixe ferver e retire do fogo. Acrescente o sal.

Deixe esfriar e reserve em um recipiente tampado até o momento de utilizar.

—SALMOURA PARA PEIXES

RENDIMENTO: 1.000 G

1.000 g de água
100 g de sal

Coloque a água numa panela, leve ao fogo para ferver e retire. Acrescente o sal.

Deixe esfriar e reserve em um recipiente tampado até o momento de utilizar.

NOSSOS MOLDES DE SILICONE

Silicone líquido
Catalisador

Coloque, alinhados numa assadeira de alumínio, os ingredientes dos quais queira obter a forma. Fixe-os com alfinetes para papel, pela parte inferior, e cubra-os com a mistura de silicone líquido e catalisador. Mexa ligeiramente a assadeira, para assentar todo o silicone, e deixe repousar durante 12 horas.

Após esse tempo, vire a assadeira, para desprender todo o bloco de silicone, e retire os alfinetes. A seguir, retire também os ingredientes moldados, para que fique a marca oca deles no bloco de silicone.

2.

GLOSSÁRIO*

*Nesta edição, o glossário foi enriquecido com muitos termos, a maioria deles referentes às cozinhas catalã e espanhola. Com isso, esperamos facilitar a compreensão das receitas por parte do leitor brasileiro. (N. E.)

A

Abatedor de temperatura: também chamado "ultracongelador" ou "resfriador rápido", é um equipamento que permite resfriar rapidamente uma elaboração.

***Agastache adamascado*:** planta pertencente à família das *Lamiaceae*. Na cozinha, utiliza-se sua flor, de cor laranja.

***Aiguillette*:** tipo de corte fino e longitudinal que se retira de cada lado do peito das aves. Por extensão, também se refere a qualquer fatia fina de carne.

Albedo: parte branca da casca dos cítricos (camada branca entre a casca e os gomos do fruto), também chamada de mesocarpo.

Álcool vínico: álcool etílico produzido pela destilação do vinho e com teor alcoólico superior a 95% em volume.

Alga *pistillata*: *Gigartina pistillata*. Alga vermelha, de odor terroso, gosto ligeiramente amendoado e textura crocante.

Alginato: aditivo extraído de algas marrons e utilizado como gelificante, espessante e estabilizante. É um dos componentes usados para fazer esferificações.

Amontillado: refere-se ao vinho de Xerez de sabor seco e semelhante ao da avelã, de tonalidade âmbar e elevado teor alcoólico (16°-22°), características resultantes de uma dupla *crianza* – biológica e oxidativa. O Amontillado situa-se entre o Xerez Fino e o Oloroso.

Arroz de Pals: arroz cultivado no município de Pals, região do Alt Empordà, tradicional zona rizicultora da Catalunha.

Azeitona manzanilla: variedade de azeitona produzida exclusivamente na zona de El Aljarafe-Sevilla, Espanha.

B

Banho-maria invertido: técnica de resfriamento do alimento usando água fria e gelo.

Baridà: queijo curado, feito com leite de cabra cru, proveniente da região de Alt Urgell, Girona, na Catalunha. Sua produção é artesanal e local, a partir de um rebanho com pouco mais de uma centena de cabras-alpinas.

***Barreja*:** bebida catalã destilada de uva e anis.

***Becada*:** *Scolopax rusticola*. Ave de caça da família dos escolopacídeos, de ampla distribuição no continente eurasiano. Em Portugal, é conhecida como "galinhola".

Bitter Kas: nome comercial de uma bebida sem álcool, gaseificada e ligeiramente amarga.

***Blanquette*:** preparação, em geral de carnes brancas ou, às vezes, de peixes, legumes ou verduras, cozidos com um caldo branco aromatizado.

***Bok choy*:** *Brassica rapa pekinensis*. Variedade de repolho também conhecida como "acelga-chinesa", de sabor suave muito característico. É possível consumir tanto o talo quanto as folhas, cruas ou cozidas.

Bomba de caramelo: pera de borracha utilizada para soprar caramelo.

Branquear: refere-se às seguintes ações:

– Bater fortemente, com um *fouet*, gemas de ovos com açúcar para obter uma mistura aerada e clara.

– Mergulhar alimentos crus em água fervente com diversas finalidades: depurá-los, realçar sua cor, facilitar a remoção da casca ou da pele, etc.

***Bresa*:** palavra catalã que designa uma mistura de vegetais (cebola, cenoura, alho-poró, alho...) cortados em pedaços utilizada para aromatizar caldos, assados e outras elaborações.

Bristol Cream: nome comercial de Xerez, elaborado com uma mescla de um vinho generoso de *crianza* oxidativa (fundamentalmente Oloroso) e uma importante quantidade de vinho doce natural ou de mosto concentrado e retificado.

***Brunoise*:** tipo de corte de legumes em cubinhos de 1 mm a 2 mm de lado.

***Butifarra*:** tradicional embutido catalão, semelhante à salsicha.

C

***Calamansi*:** *Citrofortunella microcarpa*. Cítrico de 3 cm a 4 cm de diâmetro, caracterizado pela casca muito fina e por gomos diminutos, muito carnudos e aromáticos, de sabor bastante ácido.

***Capipota*:** palavra de origem catalã, também grafada *cap-i-pota* ou *cap i pota*, "cabeça e pata". Designa, originalmente, um guisado tradicional da cozinha catalã, preparado com a cabeça e as patas de vitelo, tripas e grão-de-bico. Atualmente, há muitas variações desse prato.

Capuchinha: *Tropaeolum majus*. Trepadeira originária da América do Sul cuja flor, por seu sabor agradável, é muito utilizada na cozinha como condimento, tanto crua quanto macerada em vinagre.

***Carajillo*:** café quente acrescido de bebida alcoólica, como o conhaque.

Carragenato: aditivo obtido a partir de algas vermelhas da família das *Rhodophyceae*. É utilizado como gelificante, espessante, emulsionante e estabilizante. Os *carragenatos* mais frequentes são a *kappa* e a *iota*.

Carvão de açúcar: em espanhol, *carbón de azúcar*. Calda de açúcar misturada a um glacê contendo corante preto ou tinta de lula. Trata-se de uma guloseima tradicional na Espanha, distribuída às crianças no Dia de Reis (6 de janeiro). Na Espanha, diz a tradição que criança malcriada não ganha presente nesse dia, e sim carvão... mas carvão de açúcar porque, afinal, ninguém é tão mau assim!

Cava: espumante catalão, produzido a partir das variedades Xarel·lo, Macabeo e Parellada.

Caviar cítrico: polpa da lima-dedo (ver p. 432).

Cebola de Figueres: variedade de cebola rosada, suculenta e suave, originária da Catalunha.

Chartreuse: licor tradicional francês assim chamado porque é proveniente do mosteiro cartuxo da Grande Chartreuse. Sua receita continua sendo secreta, embora se saiba que contém plantas como a melissa, o hissopo, o açafrão e a canela.

Clarificar: limpar um caldo ou líquido de impurezas para conseguir um resultado claro e puro. No caso da manteiga, consiste em fundi-la e, sem mexer, eliminar o soro (que forma um depósito esbranquiçado) e outras impurezas que sobem à superfície; dessa forma, obtém-se a manteiga pura que fica no meio.

Cogumelo *enoki*: *Flammulina velutipes*. Também chamado *enokitake*, é um cogumelo muito empregado na cozinha oriental. Nasce no tronco de uma árvore, também denominada *enoki*, e é encontrado em ramalhetes. De cor esbranquiçada, distingui-se pelo pé muito comprido e pelo chapéu muito pequeno. Pode ser silvestre ou, mais comumente, cultivado.

Cogumelo *enoki golden*: *Flammulina velutipes*. Distingue-se do *enoki* apenas pela cor, amarelada ou alaranjada, e por seu pé mais curto.

Comté: queijo não pasteurizado elaborado com leite de vaca da raça Montbéliard, procedente do Franché-Comté (região do leste da França). De pasta cozida e prensada, apresenta-se em formato cilíndrico, medindo entre 40 cm e 70 cm de diâmetro. Detém o selo AOC (Apelação de Origem Controlada).

Corte: sobremesa popular na Espanha que consiste em um pedaço de sorvete entre dois biscoitos, formando uma espécie de "sanduíche" de sorvete.

D

***Duxelle*:** molho elaborado à base de *echalotas* e *champignons* picados muito finos e normalmente refogados na manteiga. É uma elaboração essencial na cozinha clássica francesa, usada como recheio, guarnição ou como aromatizante em sopas e molhos.

E

Ervilha-lágrima: variedade de ervilha caracterizada por apresentar frutos pequenos, frescos e macios. Por seu sabor e colheita limitada (três semanas por ano), é considerada como "caviar vegetal" no norte da Espanha.

***Escalivada*:** prato da cozinha catalã que consiste numa salada composta de pimentões, berinjelas e outras hortaliças assadas.

***Escudella*:** tradicional cozido catalão, destacando-se a famosa a *escudella i carn d'olla*, à base de verduras e carnes diversas.

F

Fava-tonca: também chamada "cumaru", é a semente da árvore *Dipteryx odorata*, originária da América tropical. A França foi o primeiro país que importou essas sementes, muito utilizadas em *pâtisserie*.

***Fideuà*:** *paella* valenciana feita com macarrão em lugar de arroz.

Fitoplâncton: pasta comestível obtida a partir da reprodução de algas em laboratório, em condições de luminosidade e salinidade semelhantes às do alto-mar.

Fizzy Texturas: nome comercial de pastilhas efervescentes, de sabor neutro com um leve toque cítrico, que podem ser combinadas com inúmeros sabores e ingredientes. Um de seus usos na cozinha é na forma de pó triturado para ser adicionado a *sorbets* ou frutas.

Frango *a l'ast*: em catalão, *pollastre a l'ast*, "frango assado". Frango assado no espeto rotatório. É comumente temperado com limão, tomilho, alecrim e bastante sal e pimenta.

G

Gastrovac: panela e conjunto de aparelhos para cozinhar alimentos a vácuo, sem que percam suas propriedades. A ebulição da água faz-se a 35 °C e sem pressão. O aparelho foi desenvolvido conjuntamente pela Universidade Politécnica de Valência e pelos cozinheiros Javier Andrés e Sergio Torres.

***Gelée*:** espécie de gelatina obtida quando se solidifica uma preparação líquida graças aos elementos espessantes incorporados a ela.

Glicerina: produto de origem vegetal utilizado para emulsionar ou ainda como estabilizante na elaboração de sorvetes. Contém mais propriedades anticongelantes que a sacarose e, por isso, pode ser utilizada para obter sorvetes menos doces, sem diminuir seu poder de evitar o congelamento.

Gluconolactato de cálcio: mistura de dois tipos de sais de cálcio (gluconato de cálcio e lactato de cálcio) derivados de lácteos ou de produtos minerais, utilizada com alguns gelificantes (alginato) para elaborar esferificações.

Glucose atomizada: xarope de glucose desidratado com alto poder anticristalizante e estabilizante, razão pela qual é muito utilizado na elaboração de sorvetes.

Goma *gellan*: gelificante obtido a partir da fermentação da bactéria *Sphingomonas elodea*. É preciso aquecê-la até 85 °C com líquido para que se produza o efeito gelificante.

Goma xantana: espessante obtido a partir da fermentação do amido de milho, com uma bactéria presente no repolho. Adquire-se pouca quantidade de goma e, assim, as características organolépticas do líquido que deve ser espessado não se distorcem.

Granizado: sorvete rústico não emulsionado, feito com pedaços de gelo e suco de fruta.

H

***Hortolano*:** em espanhol, nome arcaico do *hortelano* (*Emberiza hortulanus*), "hortelão". Pássaro da família dos emberizídeos, antigamente caçado e tido, em alguns lugares da Espanha, como fina iguaria.

I

Idiazábal: queijo proveniente do norte da Espanha (País Basco e Navarra) feito à base de leite de ovelhas.

Iota: gelificante derivado de uma variedade de alga vermelha, do qual se obtém um gel mole e elástico. Suporta bem a temperatura, o que permite elaborar gelatinas quentes.

Isomalte: produto artificial proveniente da sacarose, usado como edulcorante por sua elevada estabilidade em ambientes muito úmidos e a temperaturas muito elevadas.

J

***Jamón* de Jabugo:** presunto de alta qualidade, elaborado com carne de porcos 100% ibéricos. Sua qualidade é atribuída às condições nas quais essa raça é criada: de maneira extensiva em terrenos com azinheiras e sobreiros, cujos frutos lhe servem de alimento.

***Jamón* serrano:** presunto elaborado com a carne de porcos brancos criados intensivamente e alimentados com ração predominantemente composta de cereais. Corresponde a 90% da produção espanhola.

K

Kappa: aditivo gelificante extraído de algas vermelhas que forma géis duros e fortes e é termorreversível. Gelifica com muita rapidez ao baixar a temperatura, razão pela qual é muito usado para recobrir alimentos.

Kumato: variedade de tomate de sabor intenso e doce, de cor quase negra, produzida pelo cruzamento de cultivares com tomates selvagens.

***Kuzu*:** amido obtido da raiz da *Pueraria lobata*, planta também chamada de *kuzu* ou *kudzu*, pertencente à família das fabáceas e originária do Extremo Oriente (China e Japão). De sabor neutro, o *kuzu* espessa os líquidos, deixando-os translúcidos após a cocção. Dissolve-se a frio e, de acordo com o tempo de cocção, obtêm-se diferentes texturas, mais moles ou menos moles. No Celler de Can Roca, elaboramos um espessante à base desse amido (ver também boxe na p. 153).

L

Leite de tigre: em espanhol, *leche de tigre*. Trata-se do caldo resultante da mistura dos ingredientes do *ceviche* peruano, que tem um sabor levemente picante e a fama de ser um bom revigorante.

Lima-dedo: *Citrus australasica*. Também chamada *australian finger lime*, é um cítrico originário da submata australiana. O fruto tem forma cilíndrica ou alongada, e a pele é fina. Em seu interior, contém umas esferas repletas de sumo ácido que lembra o limão-siciliano, com aromas de especiarias orientais, como a pimenta.

Na cozinha asiática, é utilizada para temperar moluscos, bivalves crus (ostras, amêijoas) e peixe cru. No Celler, nós a recebemos de nosso produtor local, Baches.

M

***Majorero*:** queijo de cabra elaborado na ilha de Fuerteventura, arquipélago das Canárias. Pode ser consumido fresco ou curado.

Mandolina: utensílio utilizado para cortar alimentos em fatias muito finas e uniformes.

Manteiga em ponto de pomada: estado intermediário entre a manteiga líquida e a sólida, que se consegue deixando a manteiga à temperatura ambiente, para que adquira uma textura cremosa.

Manteiga *noisette*: manteiga aquecida até atingir um tom dourado-escuro e um aroma que lembra o da avelã.

Manzanilla Pasada: vinho de Xerez Manzanilla mais envelhecido, com *crianza* oxidativa (chamada "véu de flor", que introduz ligeiras notas de oxidação à medida que "a flor" vai se esgotando da bota, depois de anos e anos de *crianza*) e com um pouco mais de álcool.

Massa Orly: massa mole para recobrir os alimentos antes de fritá-los.

***Matanza*:** na Espanha, peças de carne e vísceras suínas resultantes da matança do porco realizada de maneira tradicional e local. As carnes e os miúdos podem ser consumidos guisados ou utilizados em charcutaria.

***Mató*:** queijo de cabra ou de ovelha fresco, com baixo teor de gordura, cuja produção é tradicional na Catalunha. Geralmente é consumido com mel, na sobremesa chamada *mel i mató*.

Microplane: nome comercial de raladores muito finos e precisos, próprios para ralar cascas de cítricos, frutas secas ou queijo.

***Mirepoix*:** corte de legumes em cubos de aproximadamente 1,5 cm de lado.

***Mojito*:** bolo de amêndoas e rum, regado com molho de limão-siciliano e acompanhado de granizado de menta.

Molho Foyot: molho *béarnaise* enriquecido com caldo reduzido de carne.

Morango-albino: *Fragaria chiloensis*. Fruta semelhante ao morango-silvestre, mas de cor branca e sabor que lembra o abacaxi. É originária da América. No Celler, recebemos essa fruta de nosso produtor local de Sant Miquel de Canpmajor, Mas Bertrà.

Mousseline: maionese batida com a finalidade de obter uma textura mais leve.

O

Obulato: lâmina translúcida e muito fina feita de óleo, lecitina de soja e amido de batata, originária do Japão. Insípida e inodora, mantém o sabor do ingrediente introduzido em seu interior. Sua manipulação é difícil em presença de umidade

Oloroso: vinho de Xerez da variedade Palomino, acrescido de 17% de volume de álcool, para evitar o aparecimento do véu de flor. Envelhece em bota de vinho, com uma oxidação lenta, por meio do tradicional sistema de criadeiras e soleiras. Sua cor é escura, com aroma intenso de frutos secos (nozes); é um vinho estruturado e com muito corpo, que pode ser seco ou ligeiramente adocicado, caso em que é denominado Oloroso Abocado.

***Oxalis*:** gênero de plantas com mais de seiscentas espécies que se caracterizam pelo alto teor de ácido oxálico, que confere às folhas um sabor e um aroma acidulados. Entre as espécies mais conhecidas no Brasil, está a azedinha, ou trevo-azedo.

P

Pacojet: nome comercial de um potente triturador que permite processar e emulsionar os alimentos congelados para obter *mousses*, sorvetes e *sorbets*.

Palo Cortado: vinho de Xerez com características entre o Amontillado e o Oloroso.

Pão de ouro: lâmina muito fina de ouro comestível.

Papel sulfurizado: também chamado papel-pergaminho, é usado tanto para conservar quanto para cozinhar produtos, evitando a aderência.

***Parfait*:** elaboração cremosa com alto teor de gordura, o que lhe dá untuosidade e consistência características.

***Parmentier*:** purê de batatas normalmente enriquecido com creme de leite, ovo e queijo.

Pasta Orly: massa mole para revestir os alimentos antes de fritá-los.

Pectina: produto obtido a partir da maçã ou da casca do limão ou outros cítricos. Sua utilização requer um meio ácido e uma alta proporção de açúcares. Muito usado em *pâtisserie*, para fazer *pâte de fruits*, conservas e geleias.

Perretxikos: *Calocybe gambosa*. Cogumelos muito apreciados como iguaria, especialmente no norte da Espanha (País Basco, Navarra e La Rioja). Na Itália, são conhecidos como *marzolini*.

Peta Zetas: nome comercial de balas carbonadas que, uma vez em contato com a saliva, "explodem" na boca, pela efervescência da reação causada.

Pimenta *ñora*: variedade de pimenta (*Capsicum annum*) em forma de bola, de cor vermelha e sabor adocicado, originária de Múrcia. Normalmente secada ao sol, é usada em diversos pratos da cozinha catalã.

Pimentão rocoto: variedade de pimenta (*Capsicum pubescens*) originária da América andina, muito picante e carnuda, cujo formato é semelhante ao do pimentão, porém de tamanho menor.

Pimentão de La Vera: páprica defumada produzida no Vale de La Vera, em Extremadura (Espanha). A secagem dos pimentões é feita em estrados que ficam sobre o calor produzido pela queima de lenha de carvalho, daí o sabor característico de defumado.

Pimpinela: *Sanguisorba minor*. Erva aromática da família das rosáceas, cujas folhas têm sabor semelhante ao do pepino.

Praliné: oleaginosas e açúcar, caramelizados e triturados.

Priorato ou **Priorat:** denominação de origem espanhola localizada na Catalunha. Caracteriza-se pelo solo de ardósia (*licorella*), produzindo vinhos potentes. Juntamente com Rioja, são as únicas Denominações de Origem Qualificada.

R

Raor: *Xyrichtys novacula*. Conhecido como "budião-de-areia", é um peixe raro, da família dos lábridos, que se alimenta de crustáceos, moluscos e outros peixes. Pode ser pescado perto do litoral, no Mediterrâneo e no Atlântico.

Ras el hanout: expressão árabe que significa "o *top* da loja", ou seja, a melhor mistura de especiarias que um comerciante tem a oferecer. Mistura árabe tradicional composta de especiarias, como cúrcuma, coentro, canela, noz-moscada, cardamomo, gengibre, etc.

Ripollesa: raça de ovinos da Catalunha, conhecida pela excelente qualidade de seu leite.

Roner: ver "Início do cozimento a vácuo no Celler de Can Roca", p. 313.

Rotaval: ver "Rotaval: tecnologia para fazer molhos", p. 154.

Royalle: ver "As *royales*", p. 101.

S

Salamandra: equipamento para grelhar e gratinar alimentos.

Salmis: guisado de aves de caça, especialmente a becada, o pato-selvagem, o faisão e a perdiz.

Sálvia adamascada: variedade de sálvia (*Salvia greggii*) originária das zonas rochosas e altas do México e sudoeste do Texas (EUA), cultivada por suas flores cor de laranja ou damasco.

Sálvia-ananás: *Salvia elegans*. Planta originária do México cujas folhas têm um cheiro característico de abacaxi.

Serrat: queijo gordo de ovelha curado ou meia cura, produzido artesanalmente na região dos Pireneus catalães. A produção é restrita, em virtude de sua complexa fabricação.

Shiso: *Perilla frutescens*. Planta da família da menta, cultivada na Índia e no leste da Ásia. Seus óleos proporcionam um sabor muito forte, comparável, por sua intensidade, à menta ou à erva-doce.

Sílica-gel: dióxido de silício em forma granular, fabricado sinteticamente a partir de silicato sódico. Por sua capacidade de absorver a água, é utilizado para manter os produtos (alimentos ou outros tipos de produto) livres de umidade. É comercializado em pequenas bolsas.

Sucroéster: produto derivado da sacarose, utilizado como emulsionante e estabilizante.

Suquet: caldeirada catalã, em geral à base de peixe.

T

Tomate *concassé*: *brunoise* de tomate sem pele e sem sementes.

TPT: abreviatura da expressão francesa *tant pour tant*, que pode ser traduzida como "tanto por tanto". Utiliza-se para indicar que, em algumas preparações, usa-se a mesma proporção de dois ingredientes diferentes.

Trombetas-da-morte: *Craterellus Cornucopioides*. Cogumelos comestíveis, de cor negra e formato de funil (trombeta), encontrados em toda a Europa. São aromáticos e de sabor adocicado.

Tupinambo: *Helianthus tuberosus*. Planta originária da América Central e do Norte, cultivada por seu tubérculo, semelhante à batata, porém com mais nós; pode ser utilizado cru ou cozido.

V

Velouté: creme liso e aveludado que se obtém ligando um líquido com uma gema de ovo, creme de leite e manteiga.

Ventresca: parte macia da barriga do porco. Na Espanha, ventresca também se refere ao ventre dos peixes.

X

Xarope de bordo: também conhecido por xarope de ácer ou *maple syrup*. Trata-se da calda feita com a seiva do bordo, ou ácer, originário da América do Norte.

Y

Yuzu: *Citrus ichangesis x Citrus reticulata var. Austera*. Cítrico originário da China e depois introduzido no Japão e na Coreia. Seu aspecto é um misto de *grapefruit*, laranja e tangerina, com o tamanho dessa última. A casca apresenta uma cor entre amarelo e verde, de acordo com o tempo de amadurecimento. É muito doce e aromático. Nosso fornecedor é um produtor local de Sant Miquel de Campmajor, Mas Bertrà.

Z

Zarzuela: na Catalunha, guisado feito com vários tipos de peixe e frutos do mar frescos, ao qual se acrescenta um molho à base de amêndoas, nozes, *pinoli*, etc. triturados em pilão.

3.
CATÁLOGO ARRAZOADO

1986

Robalo recheado de marisco

Merluza com vinagrete de alhos e alecrim

Torta de berinjela com molho de queijo de cabra

1987

Linguado com laranja

Torta de abobrinha e marisco ao Cava

Coxinha de frango com camarões

1988

Bacalhau com *samfaina*

Cremoso de bochecha

Parmentier de bogavante com trombetas-da-morte

1989

Carpaccio de pezinhos de porco

Pombo com frutas vermelhas

Filé-mignon na manteiga de ervas e especiarias

Suquet de camarões

1990

Bouillabaisse de lagostim, pão crocante e *rouille*

Cappuccino de castanhas e trufas

Esqueixada de bacalhau

Mil-folhas de banana e chocolate

Tournedos Rossini

1991

Arroz de pombo

Blinis de *butifarra* negra

Caracóis com caranguejo-aranha e erva-doce

Glaçado de frutas silvestres ao *zabaione*

Torta de queijo fresco com pêssego

1992

Cabelo de anjo de abóbora com pimenta-rosa

Cabeça de vitelo *à la ravigote* com nabos e picles

Paleta de coelho confitada com canela

Ostras ao molho Foyot

Pezinhos de porco com pepino-do-mar e *chips* de alcachofra

1993

Cremoso de chocolate com menta

Papada de porco com *samfaina*

Prensado de alho-poró com camarões e trufas

Suquet de pepino-do-mar com *terrine* de batata, manteiga e açafrão

Vieira com abóbora e maracujá

1994

Salada de alcachofras recheada de *foie* e laranja

Mil-folhas de *brandade* de bacalhau

Salmonetes com laranja e batata-doce

1995

Aspargos brancos e verdes com azeite de cardamomo

Maçã dentro de uma maçã dentro de uma maçã

Tartelete de *boletus* e tutano

1996

Arroz de *butifarra* negra e ouriços-do-mar

Toucinho com polvo e picles

Rabo de boi recheado de tutano

Ovo a baixa temperatura com trufa

Ravióli de manga e queijo de cabra

Assado de *becada*

Timbale de maçã e *foie gras* com azeite de baunilha

1997

Bacalhau com espinafre, passas e *pinoli*

Vôngoles com *grapefruit* vermelho e Campari

Coco e melancia

Infusão de frutas vermelhas e sorvete de *mascarpone*

Robalo com maçã verde e azeite de baunilha

Raia com batatas-doces e cebolas *calçots*

1998

Arroz de perdiz e sépia

Foie gras com rosas e lichias

Sardinhas com sorvete de anchovas

Terrine de sardinhas
e pimentões de *piquillo*

Chocolate, menta
e morangos-silvestres

1999

Bombons gelados

Creme de flor de laranjeira

Escudella de bacalhau

Lebre *à la royale*

Linguado na brasa com molho
de Riesling e *tartufo bianco*

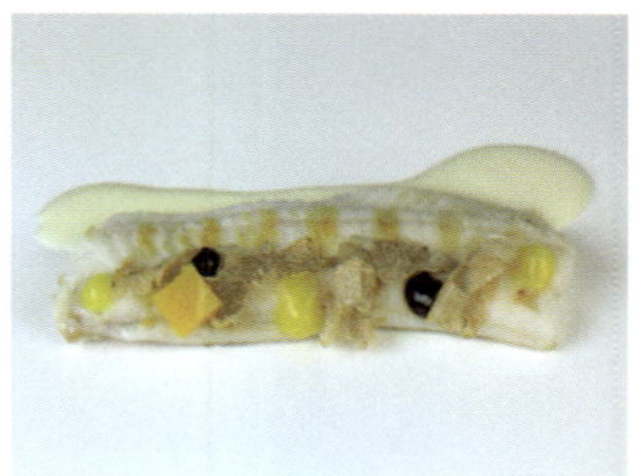

Mexilhões com abóbora e laranja

Steak tartare

Atum marinado com frutas vermelhas
e azeitonas pretas

Tortilha de caviar

2000

Canelone de faisão e trufa

Lagostins em *tempura*, amêndoas verdes, compota de maçã, *boletus* e *curry*

Leitão com marmelo e alhos

Granizado de mel com creme de baunilha

Mexilhões ao limão-siciliano

Parmentier de lulas

Gema de ovo com ouriços-do-mar

Tatin de peras

2001

Anchovas, trufa e Merlot

Brandade de bacalhau

Robalo com ervilhas

Cogumelos-dos-césares, parmesão e levedura

Tamboril com pão de *romesco*

Soufflé coulant

2002

Velouté de crustáceos

Vôngoles com batata-doce e bergamota

Pombo com sorvete de zimbro

Crustáceos com fumaça de especiarias

Fígado de tamboril com vagens

Foie Bourbon

Jardim mediterrâneo

Miracle de Lancôme

Rosa de *grapefruit* vermelho
e Campari com vôngoles

Sardinhas marinadas
com granizado de sangria

Sopa de ervas frescas com agraz,
caracóis e *senderuelas*

Sopa de cerejas com camarões
e sorvete do caroço

Terrine de pato com peras

Aspic quente de alcachofras,
laranja e trufa

Trésor de Lancôme

Cordeiro de leite com leite de ovelha

2003

Asinhas de frango com lagostim e algas

Salada Verdejo

Anchovas com azeite de oliva texturizado

Cereja com enguia defumada

Lagostim ao chá verde com o caldo de sua cabeça

Pepino-do-mar com água do mar

Fígado de tamboril com Talisker e caldo de algas

Filé-mignon ao Lagavulin

Foie destilado, morangos-silvestres e pimenta

Sorvete de eucalipto, compota de baunilha e ervas verdes

Lagosta na baunilha com milho

Robalo ligeiramente defumado com *kefir*

Merluza com molho holandês de avelãs

Parfait de pombo

Peito de galeto
com manga e azeitonas pretas

Rodaballo com salicórnia,
erva-doce e limão-siciliano

Velouté de erva-doce

Vieira com laranja e chá verde

Vieiras com trufa

2004

Salada de inverno

Arroz de cristas de galo
com lagostim e queijo Comté

Bochecha de peixe na fumaça
de alecrim

Pombo com rosas
e morangos-silvestres

Cromatismo laranja

Envy de Gucci

Lagostins defumados ao *curry*

Foie, damasco e Amaretto

Camarão com *fideuà* sem macarrão

Lagosta na fumaça
de açafrão e alface de corte

Macarrão recheado de *foie* e parmesão

Lombo com suco de pimentões assados

Lingueirão com tomate, parmesão e pistache com manjericão

Nêsperas recheadas de *foie* ao Viognier

Galeto com *perretxikos*

Sardinhas, pão e uva

Sopa de cereja com berbigões, *wasabi* e gengibre

Truta, genciana e amêndoas

2005

Enguia com Olivares

Bombom de *foie gras*

Carpaccio de cérebro de cordeiro com iogurte e menta

Pombo com anchovas

Copa Brasil

Endívias com *foie*

Figo com *foie* e açafrão

Lombo de cordeiro
com morquelas recheadas de seus pés

Miracle for Ever de Lancôme

Ostra ao Champanhe

Pó de parmesão, camarão,
vinagre de Módena tradicional
e geleia de limão-siciliano

Gema de ovo com morquelas e Oloroso

Sopa de maçã com anchovas
e granizado de tomate

Soufflé de boletus na brasa

Ventresca de cavalinha
com destilado de pimentões assados

Verduras ao Riesling

Cordeiro com *curry* de ervas
e emulsão de iogurte

2006

Bacalhau com sopa de pão

Bacalhau cozido a baixa temperatura
e frito com maionese de maçã verde

Caracóis na brasa
com destilado de alfafa

Carolina de Carolina Herrera

DKNY de Donna Karan

Ferragamo de Salvatore Ferragamo

Kin din

A planta

Timo de vitelo com San Simón, café, trufa e limão-siciliano

Morangos-silvestres com Cava *rosé* texturizado

Ostra Coche-Dury

Minipolvos com cebolinhas ao cacau

Salmonete com cítricos

Royale de alcachofras, *foie* e trufa

Sardinhas ao vapor de aguardente e uvas

Sopa de casca de pepino com vôngoles

Outono 2006

Rodaballo com seu suco e manteiga

Venerable

Ventresca de cabrito

2007

Salada de alcachofras com parmesão e granizado de Cynar

Arroz de café e rúcula

Bloody Mary 2007

Botrytis

Aspargos ao Viognier

Foie ao Palo Cortado com algas

Camarão ao Amontillado

Mexilhões Bulgari

Ervilhas com destilado de eucalipto

Bola de galeto trufado e seu *parfait*

Royale de alcachofras com sementes de girassol e laranja

Outono 2007

Pote de picles

2008

Barbatana de *rodaballo* com pó seco de sua carne seca e defumada e cítricos

Salada verde

Caixa Vermelha

Canelone de abacate recheado de *pinoli*

Cabeça de cabrito

Cerejas 2008

Bisteca de vaca na brasa
e sementes de pimentões de Padrón

Lagostim e *albariza*

Mexilhões de rocha

Ostra na brasa com cítricos
e pérolas de água do mar

Sardinhas marinadas
com berinjelas assadas

Sorbet de cerejas com Campari

Terrine de vitelo com trufa e picles

Velouté de crustáceos com
salicórnia, ouriços-do-mar e pêssego

Cordeiro com berinjela

2009

Berinjela recheada
de ouriço-do-mar com pó de chá preto

Bombom de lagostim ao cacau

Caranguejo-aranha com pezinhos de porco

Caixa de *petits*

Pescoço de cordeiro com pêssego

Consommé de *perretxikos* com sorvete de *pinoli* e abacate

Mil-folhas de azedinha com *sorbet* de ostras e caviar

Tamboril recheado de seu fígado e pimentões do mundo

Toffee de brócolis, ouriços-do-mar e caviar cítrico

2010

Carpaccio de ostra

Consommé de pescoço de atum com sementes de pimentões de Padrón

Consommé de feijões-brancos com ouriços-do-mar e pimentões

O mundo 2010

Filé de javali com ravióli de pimenta-rosa e caqui, cravo e canela, pimenta-de-java

Timo de vitelo, *foie*, *yuzu*, salsifi e trombetas-da-morte

Tutano de cordeiro com ervilhas

Ostra com *consommé* de grão-de-bico

Melancia gelada com coco e estragão

Tendões com azeitonas

Tortilha de alcachofra

Velouté de crustáceos

2011

Pato com enguia

Becada, maçã na brasa, vinagre de romã

Moka

Moluscada

Morquelas com pele de leite de ovelha

Ostra com pérola negra

Tartufo

Ventresca de cavalinha com picles

2012

Goraz com endívias

Bombom de Carpano

O pinheiro

Espuma de trufa e fumaça de incenso

Figo com queijo de pano

Granizado de caldo de chocolate com leite com sorvete de manteiga e compota de *yuzu*

Lebre *à la royale* Narcís Comadira, molho Volnay

Nozes verdes

Ostra com caça

Ostra liofilizada

Tartelete de codorniz selvagem

Pera com xarope de bordo e cerveja preta

Royale de lebre *à la royale*

Outono 2012

Todo o salmonete

Todo o camarão 2012

Tortilha de camarões

Cordeiro na fumaça de alcaçuz

4. ÍNDICE DE RECEITAS

5.
ÍNDICE ANALÍTICO

RECEITAS DETALHADAS NO LIVRO
Outros pratos citados no livro
Elaborações culinárias (e títulos de livros)

ADMINISTRAÇÃO REGIONAL DO SENAC NO ESTADO DE SÃO PAULO
Presidente do Conselho Regional: Abram Szajman
Diretor do Departamento Regional: Luiz Francisco de A. Salgado
Superintendente Universitário e de Desenvolvimento: Luiz Carlos Dourado

EDITORA SENAC SÃO PAULO
Conselho Editorial: Luiz Francisco de A. Salgado, Luiz Carlos Dourado, Darcio Sayad Maia, Lucila Mara Sbrana Sciotti, Jeane Passos Santana
Gerente/Publisher: Jeane Passos Santana (jpassos@sp.senac.br)
Coordenação Editorial: Márcia Cavalheiro Rodrigues de Almeida (mcavalhe@sp.senac.br)
Thaís Carvalho Lisboa (thais.clisboa@sp.senac.br)
Comercial: Marcelo Nogueira da Silva (marcelo.nsilva@sp.senac.br)
Administrativo: Luís Américo Tousi Botelho (luis.tbotelho@sp.senac.br)

Edição de Texto: Adalberto Luís de Oliveira
Revisão Técnica: Felipe Aidar Ribenboim
Preparação de Texto: Eloiza Helena Rodrigues
Revisão de Texto: Heloisa Hernandez (coord.), Alessandra Vidotti, Elaine Azevedo e Vera Ayres
Projeto Gráfico, Capa e Editoração Eletrônica: www.bisdixit.com
Impressão e Acabamento: Gràfiques APR (Barcelona)

Traduzido de
EL CELLER DE CAN ROCA

ISBN: 978-85-396-0498-2

Nota sobre as receitas:
Todos os pratos deste livro foram calculados para porções de degustação, salvo onde se indica *snack*.

II

Um dia no Celler com um caderno preto

De madrugada, com os três irmãos

Agora chega Jordi. Aproveito a presença dos três para esmiuçar minha teoria. Mas, que fique claro que o fazemos em um ambiente descontraído. O salão está vazio e às escuras. Diluiu-se a combinação sugestiva entre a luz vertida sobre a mesa e a penumbra a rodeá-la. Quem vem aqui não vem para comer, mas sim para viver uma experiência. Isso me leva a pensar, explico, no que escreveu Steiner: o compasso da vida na Europa. Um ritmo pausado que permite ao viajante observar as placas das ruas e assistir a uma aula de história. Penso também no *flâneur* de Baudelaire, que passeia embevecido pelas ruas, que caminha, observa e reflete. De fato, esse "dedicar tempo" é a origem da modernidade. Trata-se da necessidade de preencher, de enfrentar o "peso horrível" (voltando ao início: *Spleen de Paris*) do passar dos dias. E qual é a solução que propõe o poeta? "Há que estar sempre ébrio [...]. De vinho, poesia ou virtude [...]. Há que embriagar-se para não ser atormentado pelo tempo". A essa altura, já abandonamos os sofás e terminamos a conversa em pé, do lado de fora. "Ébrios? Tem certeza?", pergunta-me Josep. "Viver outra realidade – respondo –, você me entende".

Os clientes do Celler, na verdade, não lhes dedicam aquele tempo; o que eles desejam é preenchê-lo. Viver essa embriaguez. Artística, naturalmente. Vital.

Aqui, em qualquer momento, agora, à noite ou amanhã, quando quer que eu volte, sempre, respira-se a calma, a percepção de um ritmo diferente, alheio à velocidade.

Escrevo tudo isso muito depressa, sensações, num caderno de cor preta com um elástico, que comprei especialmente para escrever o que sei ou o que descobrirei do Celler. Mostro a agenda aos irmãos, aos três. Já tenho algumas anotações. Eles riem. "Não exageremos", dizem--me. Sua modéstia não é afetada, mas sim fruto da experiência de quem sempre trabalhou atrás de um balcão ou de um fogão, com o cheiro do cozido no corpo. De quem tem origem humilde e não quer ir além do óbvio. Comer é comer, concordo, mas tento convencê-los de que tudo o que eu lhes digo também é verdade. Impregnar-se de experiências para lutar contra a morte. Tenho algumas anotações na agenda: "Generosidade, afeto, paixão desmedida". Eles dizem que sim. E volto a me lembrar daquelas antigas lulas à romana. Na verdade, penso, estamos no mesmo ponto, idêntico lugar. É melhor ir dormir. Eu os noto cansados e já estou começando a delirar.

Às 11h30, ainda na cozinha

Preparam a *mise en place*, a necessária acomodação de tempo e espaço, matéria-prima e elaborações e molhos, para que depois tudo funcione. É como a oficina do relojoeiro, que trata de fazer com que a engrenagem seja precisa, para que não haja erros na hora de dar a hora.

Fico entretido com o que vejo na entrada. A camisa de Messi autografada, uma montagem da cena da Capela Sistina na qual Deus infunde vida a um ser humano que se parece com o treinador Pep Guardiola, papéis fixados com um ímã, os cardápios, os horários, as novidades e, principalmente, a lousa.

Uma parede, com duas tomadas na parte de baixo, na qual os Roca escrevem. A característica principal de uma superfície encerada é que tudo o que se escreve ou se desenha nela, com giz, pode ser apagado. Tudo pode desaparecer. Aqui, na lousa dos Roca, quando eu a contemplo, tenho a impressão de que sempre permanecerão os perfis das palavras que formam parte de seu ideário. Inextinguíveis. De fato, há rastos de desaparições, mas também certa sensação de perenidade. Os *pentimenti* talvez fossem erros ou rodeios, caminhos que não foram encontrados. Para conseguir a harmonia é preciso ter visitado a dissonância dos sons. Elas ainda estão aí, as grafias antigas, não foram completamente apagadas. Esse quadro-negro é uma pedra na qual se acha inscrita a história de um modelo de restauração. É como uma caverna onde permanecem as marcas dos primeiros ocupantes, as primeiras tentativas. E onde cada nova inscrição, duradoura, sim, é também consciente de sua fugacidade.

Leio "poesia, graça, coragem, ousadia, ruptura com o medo e a rigidez, vamos parar para pensar, não vale dinheiro, senso de humor, magia, errar, desafio, emoções, opostos". Seria possível escrever, com cada uma dessas ideias, um verbete de enciclopédia, um compêndio de tudo o que significa El Celler. Aí estão, relacionadas com um prato concreto, como um lembrete perene que admite variações em torno da mesma melodia.

V

Um dia no Celler com um caderno preto

Às 9h35, Joan passeia pelo triângulo

Seria ousado demais descrever com uma única palavra cada um dos três irmãos? Agora vejo Joan, que passeia, sozinho, percorrendo o perímetro do triângulo do salão, com o jardim menor no meio. O primeiro dos jardins é de boas-vindas. O segundo, rodeado pelo paramento das mesas, pelo discreto calor do salão, é um momento. Ali onde se recolhe o intercâmbio de percepções que o Celler oferece. O terceiro, ao fundo, com ervas aromáticas, é o jardim onde a natureza se faz presente, no estilo um pouco despretensioso, selvagem e ao mesmo tempo estudado, dos jardins ingleses. Josep é o primeiro jardim: calidez benfazeja. O segundo é Joan, a reflexão da forma que esconde um sentido. O terceiro é a loucura controlada de Jordi. Agora, pensando bem, no entanto, talvez seja o contrário. Ou, quem sabe, os três são as três coisas. Com certeza. É isso.

Falar das conjunções, dos laços, das unidades e das diferenças dos três irmãos poderia encher todo este caderno. É um caso curioso, inaudito, mas, sobretudo, produtivo. A fraternidade não é um exercício de benevolência provocada pela convenção familiar. É a graxa que faz deslizar a engrenagem, o óleo que mantém as máquinas em ordem, preparadas para a fabricação. Anoto "projeto de vida, crescimento pessoal" e também "três mundos que se unem". Acho que foram eles que me disseram isso. E, ao mesmo tempo, o fato de terem vindo da mesma fonte, de terem pisado o mesmo solo, de terem manuseado as mesmas frigideiras domésticas, de se sentirem herdeiros da mesma linhagem, contém um valor maior que não poderíamos encontrar em nenhum outro lugar. Fraternidade criativa.

Enquanto isso, Joan passeia, sozinho, pelo triângulo. Chegam os cozinheiros, os garçons do salão. Uma mulher está limpando.

XI
Um dia no Celler com um caderno preto

13h35, na cozinha

Possivelmente é o que mais me emociona. Entrar na cozinha. Compartilhar um serviço. Havia pensado inclusive em me vestir de cozinheiro, de ajudante. Lavar as mãos e ajudar, por exemplo, a colocar um fragmento de trufa sobre um brioche leve e macio. Renuncio imediatamente. Não é tão fácil. Na verdade, seria como querer intervir no ateliê de um ourives com as mãos de um lenhador. Ou como tocar piano com luvas para neve. Quero dizer que uma tarefa que, aparentemente, é menor, converte-se na tecla necessária para que toda a estrutura funcione. Se não colocássemos com delicadeza aquela minúscula porção, se esse detalhe não fosse o mais importante do mundo, tudo desmoronaria. Tudo? Que nome daríamos a esse tudo? Máquina? Orquestra? Equipe? Qualquer comparação seria válida, mas todas seriam uma leve aproximação da realidade. E Joan? O motor, o diretor, o técnico? Sempre, em qualquer caso, em qualquer situação, um homem tranquilo. Essa é uma cozinha onde a efervescência é contida, onde a atividade não se calcula pela velocidade, mas sim pela concentração, onde não há gritos, apenas metrônomos. Quando começa o serviço, a aparente normalidade, de ateliê calmo onde se engasta a esmeralda com precisão cirúrgica, torna-se desenfreio, mas um desenfreio de ritmo compassado. Se fosse possível observar o movimento de cima, o desenho se pareceria com as linhas decididas e nada caóticas que as formigas descrevem. Aqui, no entanto, são formigas conscientes. Referia-me ao brioche, mas também poderia dizer o mesmo da campânula que recolhe a fumaça num giro veloz, do bombom que se transforma em rocha, recoberto de manteiga de cacau e trombetas-da-morte. Ou daquela praia de areia comestível onde descansa o camarão na brasa e onde a cabeça e as patas se tornam amáveis, uma ilusão visual que esconde a natureza e se esconde na natureza.

VII

Um dia no Celler com um caderno preto

Quase às 11h, entro na cozinha

Quero vê-la antes de tudo começar. As mercadorias chegam por uma porta lateral, que dá acesso ao jardim de plantas aromáticas. Lá fora, as mesas já estão postas. As toalhas desceram com suavidade, com um caimento leve, como uma gaze. Depois, os pratos, os talheres, as três pedras, as arestas lisas e arredondadas.

Quero ver a cozinha. Já está cheia de gente. Passeio por todos os setores. Vejo como cortam a carne com precisão, como preparam bombons que são a trufa que será escondida dentro da pedra que se rompe. Também as máquinas, a de vácuo, a do perfume-cocção, os inventos de Joan. A cocção lenta, uma espécie de ritual no qual a baixa temperatura é como o conjuro imprescindível para que se produza a maravilha. Agora, os destiladores não estão funcionando, mas eu vi coisas que vocês nem poderiam acreditar. Vi como a terra úmida se liquefazia e se transformava em perfume. Como esse aparelho era capaz de sintetizar a lembrança de gerações, de séculos e séculos de movimentos pausados das rochas e do musgo. E todos esses momentos não se perdem como lágrimas em meio à chuva, mas se convertem em chuva. Gota a gota, conservam-se os rastos no destilador.

Resvalo outra vez para a ficção científica. É melhor retificar. Mas a verdade é que diante da depuração da técnica é difícil não se deixar levar pela ideia de que não estamos numa cozinha, mas sim num laboratório. A diferença é que, aqui, o objetivo não é sobressair-se com a descoberta, pensar que tudo está feito quando se consegue concluir o experimento com sucesso. Não. A máxima expressão do invento é a brevíssima essência de terra úmida que será delicadeza no prato, que se oferecerá em sacrifício para que o prato seja uma construção bela e eficaz.

VIII

Um dia no Celler com um caderno preto

Por volta das 12h, hora de comer

A essa hora, o sol impregna o salão de uma luz pura. Serenidade. Uma placidez intensa, um repouso antes da batalha. As árvores brancas fazem com que o cenário, esse espaço minimalista, irregular, limpo, se amplie para cima.

Jordi me avisa de que vamos almoçar. No Can Roca. Volta à minha lembrança aquela antiga imagem das lulas. Vamos todos juntos, e tenho a impressão de que é como uma procissão. Por um pequeno caminho, desde o Celler até a colina de Taialà, onde o pai, Josep, parava com seu ônibus GE-3929. Exercito a numerologia, enquanto caminhamos em fila, todos vestidos com o uniforme de trabalho. Os cozinheiros, de avental; os garçons, de paletó. Três mais nove mais dois mais nove são vinte e três: 23. Dois, Josep Roca e Montserrat Fontané, e três, os três filhos. Aquele ônibus surge em minha mente como uma aparição fantasmagórica. Ainda está parado diante da casa, há quase cinquenta anos ele está ali. E o Can Roca continua ali, como quando os pais decidiram abrir o negócio.

Hoje temos macarrão, lentilhas e costela na brasa. Também lulas. Vejo-me, eu também, anos atrás, sentado em uma mesa de fórmica. Os irmãos, os três, permanecem de pé, como sempre, ao lado da mãe. Querem saber o que mais ela está cozinhando. Hoje não há *escudella*, mas sim um assado. Eles experimentam. Comemos uma fruta e voltamos.

O dia a dia do Celler é um conjunto de rituais, e esse do almoço na casa dos pais talvez seja o mais importante. Penso em uma espécie de promessa, como as que se fazem naqueles caminhos ancestrais que rememoram um milagre de séculos atrás com o intuito de renovar a tradição. Essa é uma procissão laica, jovem e gastronômica. A casa-mãe acolhe os filhos e todos aqueles que trabalham no Celler, pouco antes de começar o trabalho, e eles vão como se fossem procurar uma bênção cotidiana da história, um salvo-conduto para empreender, dia após dia, um novo caminho.

IX
Um dia no Celler com um caderno preto

Às 12h48, no corredor

Sento-me numa cadeira, no corredor que vai da entrada à adega. Tiro uma fotografia. Resulta em um inesperado jogo de espelhos. Uma espécie de multiplicação dos três irmãos, que se expandem com os trabalhadores que já estão a postos para receber os primeiros clientes que lhes farão entrega de seu tempo. Não falamos somente de fraternidade, no sentido mais elevado, ou de projeto de vida, que é como eles falam de si mesmos, mas também de conjunção dos astros numa dança que todos os que trabalham no Celler, na cozinha, na recepção, na sala, executam com precisão, descontraídos e atentos.

Saio para o pátio. Há gente que entra, que sobe a rampa, que observa a casa, que espera por alguém; há aqueles que se aproximam da porta do restaurante. Olham para mim como se me pedissem licença, como se quisessem me perguntar se já está aberto. Acabamos de voltar do almoço e tudo está preparado.

Sento-me num sofá do jardim e relembro uma noite de outono de 2009, quando acabavam de conceder a terceira estrela ao El Celler. Um grupo de amigos, avisados por telefone, se reuniu para comemorar a consagração. Talvez não devêssemos chamá-la assim, porque esse é um termo muito impreciso. O que consagra mais?, a lenta, contínua cerimônia de cada serviço, dia após dia, ou a medalha que permite escalar um degrau? Tratava-se, então, de levar a cabo uma cerimônia estritamente privada que fosse condizente com o reconhecimento definitivo.

Sem alarido, sem bandeirolas ao vento. Somente um aplauso. Um longo e repentino aplauso que invadiu a entrada do novo Celler com a emoção dos momentos sérios, transcendentes. Alguém falou – creio que Josep – e também lá estavam os pais, emocionados, e todo o pessoal do restaurante, partícipe da alegria. Era uma noite fria em Girona, e ainda ecoa aquela singela homenagem, com a discrição de quem não deseja fogos de artifício, mas somente constância e rigor.

Naquela noite, eu me lembro, pensei em um dos diálogos que Marco Polo mantém com o Kublai Khan em *As cidades invisíveis* de Calvino. Marco Polo descreve uma ponte, pedra a pedra, e o monarca lhe pergunta qual é a pedra decisiva, a que sustenta a ponte. O viajante explica que nenhuma pedra tem essa função exclusiva. O importante é a linha do arco formado pelas pedras. O Khan reflete e acrescenta: "Por que me falas das pedras? A mim só interessa o arco". E Polo responde: "Sem pedras, o arco não existe". Pedras, rochas. Refleti sobre isso, naquela noite de 2009.

Hoje, volto a refletir.

X

Um dia no Celler com um caderno preto

13h15, de novo na adega

Acompanho, com Josep, alguns clientes na visita à adega. Ele é incansável. Provavelmente porque sabe, como Joan, como Jordi, que parte da magia do restaurante consiste em transformar cada visita num instante único, que não começa e termina numa mesa, à espera do que virá, mas sim que contém – esse instante que se prolonga no tempo – uma parte decisiva de tato, de olfato, de aroma, de observação, de deixar-se levar, de entrar num universo onde, por exemplo, também é importante a trilha sonora, a música que acompanha o vinho ou que está presente na tranquila disciplina da cozinha. Fixo os rostos de quem entra na adega ou de quem, acompanhado por Joan ou por Jordi, penetra na cozinha enquanto estão trabalhando. Olham com respeito, com medo de estorvar o processo, com certa veneração. Percebem que aquilo é um organismo vivo que avança diante de seu olhar atônito. Tiram fotos. Depois irão sentar-se para contemplar o espetáculo. Participarão. Agora, é como se tivessem entrado nos camarins, não para ver como os atores se maquiam, mas somente para apreciar uma obra: a eclosão do canto depende de como a voz foi aquecida. Cheiram, demoram-se e olham. Depois, à mesa, recordarão esses instantes de gênese. Também na adega.

É tão comovente visitá-la quanto penetrar às escondidas no processo de iniciação de alguém. De fato, é ainda mais. Anoto “Descartes” e escrevo ao lado: “a maravilha é a primeira das paixões”. Estar atento a como a maravilha se impõe é, talvez, ainda mais prazeroso. Porque nos vemos refletidos no outro, como se fôssemos nós mesmos que voltássemos a desfrutar da descoberta. Como no primeiro dia.

XII

Um dia no Celler com um caderno preto

14h10, ainda na cozinha

Agora, eu sou o que poderíamos chamar de observador privilegiado. Sentado num banquinho, atrás do balcão da entrada. Comendo e tomando notas sob uma luz zenital. Observo outra vez a lousa, além de outros objetos espalhados, como uma foto do prato em que se come o mundo. Antes, vi alguns cozinheiros que depositavam as frutas saborosas, frágeis, do México, do Peru, do Líbano, do Marrocos e da Coreia, esses *flashes*, reconstruções da essência, sobre a árvore de arame, como se fossem bolas da barraca de tiro ao alvo de uma quermesse. Joan fala do quilômetro zero e dessa viagem ao planeta. Não brigam entre si: explicam-se mutuamente, dialogam. Aqui não há dogmatismos, apenas um dos conceitos escritos na lousa: encantamento. Volto ao dicionário. Encantar, fascinar, "atrair irresistivelmente". E ficar encantado, imóvel, contemplando uma coisa. O fascínio diante do inexplicável e o que desaparecerá como se evapora uma representação de teatro. Para voltar no dia seguinte. Aqui anoto: Tadeusz Kantor. De onde sai, agora, o diretor polonês, um dos grandes? Uma vez o vi, sobre o palco. Ele já havia montado a peça, podia tê-la contemplado da plateia. Mas estava sobre o palco, marcando no chão, com as batidas de um cajado que levava na mão, o ritmo que imaginava que devia ter a representação.

Joan faz o mesmo hoje. Sem batidas no chão. Somente com sua presença.

XIII

Um dia no Celler com um caderno preto

16h20, enquanto tomo um conhaque

Os últimos comensais ainda estão tomando café e bebendo licores no salão de entrada. Estou com eles e acabo de rever as anotações, fotos que fiz. Agora, de longe, o mundo me parece um Cézanne.

Perguntar aos Roca sobre as referências pictóricas, as colaborações com artistas. Aquela vez em que Joan se inspirou em Proust; a lebre que dedicaram ao poeta Comadira. A devoção de Josep pela palavra, a necessidade de explicar, de se explicar, de sentar-se e pensar. De poder formular uma culinária não apenas a partir das receitas ou dos procedimentos, mas também da poesia. Ser conscientes do que procuram transmitir e não deixar, por outro lado, que a reflexão seja percebida no produto final. A refeição deve deslizar, como uma prosa burilada – perene – e alada ao mesmo tempo. Uma ondulação. Como deslizam os seixos empurrados pela correnteza da água.

Agora eles têm um encontro com a equipe. Eu os deixo. Discutirão as ideias que foram escritas primeiramente na lousa, depois detalhadas e que agora esperam um veredito final, a confirmação para engrossar o *corpus* de pratos que formam parte da história dos Roca.

O salão volta a ser um espaço de mesas nuas. À noite, tudo se iluminará novamente, dessa vez com uma luz que me faz pensar em Rosselló – Pòrcel: "Toda minha vida está ligada a ti, como na noite as chamas à escuridão".

Alguns amigos comentaram um dia que jantar no Celler era como jantar num lugar onde a claridade e a penumbra se combinam, um espaço próprio para saborear a presença diáfana da comida e para compenetrar-se na confidência. Dentro de algumas horas, as árvores do jardim menor estarão perfiladas, altivas e nuas, como lanças de fogo em meio à escuridão.

XIV
Um dia no Celler com um caderno preto

9h da noite, jantamos

Ainda estou escrevendo, mas agora uma amiga me acompanha. Talvez precisemos compartilhar com alguém a experiência de comer em um lugar como este. Claro que sim. Você sente falta de comentar a sugestão mais admirável e a evocação mais nostálgica. A maravilha que você observa e experimenta multiplica-se quando é compartilhada, porque você tem certeza de que sempre permanecerá. Como um vínculo. "Eu fui com você ao Celler". Quando um episódio assim for recordado, quando o retorno súbito de um prato, de uma combinação, de um molho, de um sabor, chegar novamente para instalar-se em seu presente, então você pensará em quem o acompanhava nessa noite.

Ela usa um vestido azul-marinho, curto, com zíper nos bolsos. Pensei que seria incapaz de comer sozinho, aqui. E se, ainda por cima, os clientes me vissem, se notassem que estou sozinho, talvez pensassem que sou o inspetor de um guia gastronômico. Janto com ela, então, e rememoro outros jantares, os pratos que não posso esquecer, aquele timbale de maçã, o havano gelado, o *parmentier* de bogavante. E tantos outros. Agora chegam todos aqueles com quem jantei no Celler. Sentam-se conosco. E também a vó Angeleta e meus pais. Minha amiga não sabe que há tanta gente à mesa.

E, no entanto, só estamos ela e eu, sozinhos, dispostos também a um trabalho que é, ao mesmo tempo, prazeroso e cúmplice: transformar esse tempo em um espaço que tenha solidez, construir momentos de tal intensidade que não sejam evanescentes. Este é um bom lugar para consegui-lo. Olho para os Roca, ainda atarefados. Tomamos um café. "Você continua com o caderno?", perguntam-me.

19h20, pouco antes de voltar ao Celler

Voltarei para jantar e terminarei as anotações do dia.

Agora estou pensando nos momentos que passei lá, com amigos, com a família. Uma vez em que fui com meus pais para comemorar um aniversário no antigo Celler. Meu pai era professor de inglês na Escola de Hotelaria de Girona e tinha muito apreço por eles. Tinha, meu pai, essa elegância natural que agora contemplo nos Roca. Sem nenhum excesso. Com uma finíssima ponta de humor, quase imperceptível de tão sutil, como um véu de leite de seu *meunière*. Penso no dia em que um prêmio Nobel de literatura comeu no Celler um livro feito de caramelo, como se fosse de cristal. Em pequenas porções, que é o que corresponde à literatura, “a estranha dignidade do que é inútil”, como dizia (volto a ele) Steiner. Romper-se. Não admitir a harmonia e a perfeição sem ter presente a ameaça (a possibilidade, quase a necessidade) do fracasso, da extinção. É assim que se constrói uma obra de arte: no limite, ultrapassando-o ou batendo contra ele. Os Roca, escrevo, são conscientes dessa fragilidade. Já disse antes. Aprisionar o efêmero é admitir que estamos falando de um trabalho homérico, talvez impossível. Eles são tentados pelo inefável, como escrevia Ferrater? Talvez sim. É o impulso da criação. Mas também está a serenidade do ourives que sabe que tudo, inclusive alcançar o sublime, depende nem tanto do arabesco florido quanto da estrita paciência.